Sabine Andresen · Isabell Diehm (Hrsg.)

Kinder, Kindheiten, Konstruktionen

Sabine Andresen
Isabell Diehm (Hrsg.)

Kinder, Kindheiten, Konstruktionen

Erziehungswissenschaftliche
Perspektiven und sozialpädagogische
Verortungen

Bibliografische Information Der Deutschen Nationalbibliothek
Die Deutsche Nationalbibliothek verzeichnet diese Publikation in der
Deutschen Nationalbibliografie; detaillierte bibliografische Daten sind im Internet über
<http://dnb.d-nb.de> abrufbar.

1. Auflage September 2006

Alle Rechte vorbehalten
© VS Verlag für Sozialwissenschaften | GWV Fachverlage GmbH, Wiesbaden 2006

Lektorat: Stefanie Laux

Der VS Verlag für Sozialwissenschaften ist ein Unternehmen von Springer Science+Business Media.
www.vs-verlag.de

Das Werk einschließlich aller seiner Teile ist urheberrechtlich geschützt. Jede Verwertung außerhalb der engen Grenzen des Urheberrechtsgesetzes ist ohne Zustimmung des Verlags unzulässig und strafbar. Das gilt insbesondere für Vervielfältigungen, Übersetzungen, Mikroverfilmungen und die Einspeicherung und Verarbeitung in elektronischen Systemen.

Die Wiedergabe von Gebrauchsnamen, Handelsnamen, Warenbezeichnungen usw. in diesem Werk berechtigt auch ohne besondere Kennzeichnung nicht zu der Annahme, dass solche Namen im Sinne der Warenzeichen- und Markenschutz-Gesetzgebung als frei zu betrachten wären und daher von jedermann benutzt werden dürften.

Umschlaggestaltung: KünkelLopka Medienentwicklung, Heidelberg
Druck und buchbinderische Verarbeitung: Krips b.v., Meppel
Gedruckt auf säurefreiem und chlorfrei gebleichtem Papier
Printed in the Netherlands

ISBN-10 3-531-15255-6
ISBN-13 978-3-531-15255-4

I Zur Einführung

Sabine Andresen/ Isabell Diehm
Einführung 9

II Erziehungswissenschaftliche Kindheitsforschung und sozialpädagogische Theoriebildung

Doris Bühler-Niederberger/ Heinz Sünke
Der Blick auf das Kind.
Sozialisationsforschung, Kindheitssoziologie und die Frage nach der
gesellschaftlich-generationalen Ordnung 25

Michael Göhlich
Medium Kind? Für eine system- und handlugstheoretische Fundierung
pädagogischer Reflexion 53

Micha Brumlik
Ethische Dimensionen einer sozialpädagogischen Theoriebildung zu
Kindern und Kindheit. Überlegungen im Anschluss an Fichte und Darwin 73

Michael Winkler
Weder Hexen noch Heilige – Bemerkungen zum Verhältnis von
Pädagogik und der neueren soziologischen Kindheitsforschung 83

III Relationale Perspektiven auf Kinder und Kindheiten

Magdalena Joos
De-Familialisierung und Sozialpädagogisierung. Eine Rekonstruktion
der Kindheitsbilder und politischen Leitideen des Zehnten und Elften
Kinder- und Jugendberichts 109

Barbara Rendtorff
Geschlechtstypisierende Aspekte im Kinderleben 135

Karin Bock
Kindheitserinnerungen im intergenerativen Vergleich.
Oder: Welchen Beitrag können biographische Studien für eine
sozialpädagogische Theoriebildung zu Kindern und Kindheiten leisten? 147

Sven Borsche
Politik für Kinder in Deutschland – Versuch einer Zwischenbilanz 173

Volker Lenhart
Kindheit in der Dritten Welt – gegen die Marginalisierung der
Mehrheit in der Theorie der Kindheit 201

Heide Kallert
Frühe Kindheit und pädagogische Konzepte in BRD – DDR 213

Gerold Scholz
Was ist eigentlich ein Schüler? Pädagogische Ansätze für eine
ethnologische Bildungsforschung 229

Jürgen Oelkers
Man muss auch anders können:
Über den Umgang mit Krisensemantik in der Erziehung 249

Verzeichnis der Autorinnen und Autoren 273

Zu den Herausgeberinnen 274

I Zur Einführung

Einführung

Sabine Andresen/ Isabell Diehm

Kinder, Kindheiten und damit verbundene Konstruktionen haben für sozialpädagogische Diskurse an Bedeutung gewonnen. Vor diesem Hintergrund zielt dieser Sammelband darauf, die Befunde der neueren sozialwissenschaftlichen Kindheitsforschung auf ihren Ertrag insbesondere für die Sozialpädagogik hin zu befragen. Damit gehen insgesamt Überlegungen einher, Kindheitsforschung in der Erziehungswissenschaft pointierter und differenzierter zu akzentuieren und auf die Frage zuzuspitzen, welches Potenzial die so genannte „neue", „neuere" oder auch „jüngere" Kindheitsforschung für erziehungswissenschaftliche Fragestellungen bietet.

Wissenschaftstheoretisch erfolgt die Einordnung der sozialwissenschaftlichen Kindheitsforschung im sozialkonstruktivistischen Paradigma, in dem Kindheit als eine soziale Konstruktion verstanden wird. Insbesondere diese erkenntnistheoretische Figur, verbunden mit der These von Michael-Sebastian Honig, Kindheit sei in eine „generationale Ordnung" eingebettet (Honig 1999), ist in der Erziehungswissenschaft produktiv aufgegriffen worden. Darüber hinaus wird in unterschiedlichen erziehungswissenschaftlichen Teildisziplinen nach dem systematischen Bezug zur Kindheitsforschung gefragt, etwa danach, welche Auswirkungen die sozialwissenschaftliche Kindheitsforschung auf das sozialpädagogische Handeln hat (vgl. Stickelmann/Frühauf 2003), inwieweit Schulforschung und Kindheitsforschung einen Gegensatz bilden (vgl. Breidenstein/ Prengel 2005) oder in welchem Wechselverhältnis Grundschulpädagogik und Kindheitsforschung (vgl. Panagiotopoulou/Brügelmann 2003) und Frühe Kindheit, Geschlechterordnung und Sozialpädagogik (vgl. Beinzger/Diehm 2003) zueinander stehen. Jedes dieser Projekte führt vor Augen, dass die hier verhandelten Fragen in eine fruchtbare Auseinandersetzung führen, wenn sich die Erziehungswissenschaft in ihrem jeweiligen teildisziplinären Zuschnitt auf die methodologischen Grundannahmen und methodischen Zugänge ebendieser sozialwissenschaftlichen Kindheitsforschung einlässt. Die diesem Band zugrunde liegende Intention zielt demnach auf eine Verschränkung von Kindheitsforschung und allgemein erziehungswissenschaftlichen wie sozialpädagogischen Perspektiven.

Welcher Unterscheidungen und Akzentuierungen aber bedarf es, um eine Kindheitsforschung, die sich der sozialwissenschaftlichen Sicht auf Kinder und Kindheit im weitesten Sinne anschließt, um erziehungswissenschaftliche Fragestellungen, Problemstellungen und Perspektiven erweitern und mithin vertiefen zu können? Was könnten solche spezifisch erziehungswissenschaftlichen Aspekte einer Kindheitsforschung sein, die womöglich bislang nicht deutlich genug herausgearbeitet wurden? Bezogen auf welche Problembeschreibungen von Kindheit oder Kinderleben kommt es unter Umständen zu inadäquaten und missverständlichen Vereinseitigungen, wenn nicht auch eine erziehungswissenschaftliche Perspektive eingenommen wird? Wo weisen die gegenstandsbezogenen Debatten aufgrund disziplinärer Befangenheiten „blinde Flecken" auf, die als solche auf den ersten Blick nicht wahrgenommen werden? Welches sind die „empfindlichen Stellen" des Gegenstandsbereiches, die disziplinär akzentuierte Betrachtungen herausfordern, wenn nicht gar notwendig machen?

Gegenüberstellungen von einerseits soziologischen und andererseits erziehungswissenschaftlichen Sichtweisen auf Kinder, Kinderleben und Kindheit liegen ansatzweise inzwischen vor (vgl. Herzberg 2003; Kelle 2005). Sie skizzieren, und mitunter problematisieren sie auch, dass die jeweiligen Perspektiven durchaus Verengungen oder Auslassungen mit sich bringen. Auch werden Zuschreibungen vorgetragen, die sich gegen die angeblich defizitäre Sichtweise der jeweils anderen Seite richten. Nicht zuletzt deshalb erscheint die Frage interessant, im Hinblick auf welche vermeintlichen Defizite auf beiden Seiten sich anregende Impulse für die erziehungswissenschaftliche Diskussion gewinnen lassen?

Die Inanspruchnahme des wissenschaftstheoretischen Paradigmas: Sozialkonstruktivismus durch die sozialwissenschaftliche Kindheitsforschung erwies sich insofern als innovativ, als sie es ermöglichte, soziale Kontextbedingungen des Aufwachsens in einer neuen Perspektive auszuleuchten. So hatte sie die gegenstandsbezogene Differenzierung zwischen „Kindheitsforschung" und „Kinderforschung" (vgl. Honig/Leu/Nissen 1999) als eine weit reichende Erweiterung des Spektrums der Sichtweisen auf Kinder und Kindheit zur Folge. „Auf der einen Seite analysiert man die staatlichen, rechtlichen institutionellen oder diskursiven Konstruktionen von Kindheit, auf der anderen Seite betrachtet man Kinder als Akteure in eigenem Recht und in eigener Lebenswirklichkeit (…)." (Kelle 2005, S. 145) Kinder können daher nun als eine eigene soziale Gruppe betrachtet werden und Kindheit lässt sich als eine Lebenslage behandeln, welche an den Sozialstatus ‚Kind' geknüpft ist. Der Begriff ‚Kind' markiert mithin eine in der Gegenwart wirksame Strukturkategorie, so dass der forschende Blick aufgrund dieses sozialwissenschaftlichen Zugangs wesentliche sozialstrukturelle und institutionelle Erweiterungen erfahren hat (vgl. Honig 1999; Kelle a.a.O.).

Dies schließt ein, dass Kindheit als Lebensphase gegenüber der lange dominierenden entwicklungspsychologischen Perspektive jetzt vor allem als „gesellschaftlich institutionalisierte Alterszugehörigkeit in den Blick" rückt (ebd.). Sozialpädagogik und Erziehungswissenschaft verdanken diesem theoretischen Blick auf Kindheit und Kinderleben eine enorme Bereicherung. Tradierte Verengungen der pädagogischen Betrachtungsweisen, die Kinder vor allem erwachsenenzentriert und zukunftsbezogen nur mehr als bedürftige Wesen und zukünftige Gesellschaftsmitglieder fokussier(t)en, lassen sich seither überwinden; von der für die Pädagogik konstitutiven Differenz zwischen Erwachsenen und Kindern kann (zeitweise) abgesehen werden bzw. sie lässt sich unter ordnungsbildenden Gesichtspunkten (generationale Ordnung) heuristisch fruchtbar machen.

So horizonterweiternd sich die sozialkonstruktivistische Theorieperspektive für die Erziehungswissenschaft insgesamt und die Sozialpädagogik erwiesen hat, so problematisch erscheint an diesem Zugang, dass er Dimensionen des Aufwachsens, die an Materialität gebunden sind, im Grunde nicht angemessen zu fassen bekommt. Sie aber sind aus erziehungswissenschaftlicher und sozialpädagogischer Sicht von ebenso zentraler Bedeutung wie die Berücksichtigung struktureller Bedingungen des Aufwachsens. In der Kindheitsforschung ist die Frage nach der Leiblichkeit des Kindes als einem wesentlichen Bestandteil des Kindseins bislang nur unbefriedigend beantwortet worden. Auch in der Diskussion um das Kind als Akteur wird sie nur partiell aufgegriffen. Dabei ist die Leiblichkeit des Kindes eine grundlegende Bedingung für den Aufbau von Erfahrungen, für die Verbindung zur Welt (Langeveld 1956; Prange 1981). Diese für die Theorie der Kindheit noch kaum beachtet zu haben, markiert ein Desiderat.

Anthropologisch betrachtet sind Kinder, und dies eben allererst unter leiblichen Gesichtspunkten, auf den Schutz und die Fürsorge durch Ältere angewiesen und deshalb in einem besonderen Maße von Erwachsenen abhängig. Nun ist die Veränderung der unmittelbaren Abhängigkeitsverhältnisse zweifellos ein Kennzeichen der Moderne, denn es sind die Institutionen, die als Verantwortungsträger verstärkt hinzukommen. Kindheit als Moratorium kennzeichnet ein solch spezifisches Abhängigkeitsverhältnis, es verweist sowohl auf gesamtgesellschaftliche Strukturen als auch auf ein kulturell verankertes Selbstverständnis. Mithin stellt Abhängigkeit eine zentrale Dimension der Kindheit und ihrer Theorie dar. An sie knüpfen sich Konzepte wie Hilfe und damit korrespondierend: der Begriff der Selbständigkeit, aber auch der des Rechts. Der Begriff des Moratoriums umfasst also überaus facettenreiche relationale Verhältnisse, die das erziehungswissenschaftliche Interesse einer Kindheitsforschung im Hinblick auf den jeweiligen historisch und gegenwartsdiagnostisch zu kontextualisierenden Rahmen sowie die Grenzen von Kindheit zu umgreifen vermögen.

Die Dimension der Hilfe, auf die Kinder existentiell angewiesen sind, bildet eine Voraussetzung menschlichen Daseins ebenso wie der gesellschaftlichen Ordnung – dies wird in einer anthropologischen Sicht auf Kinder und Kindheit deutlich. Das Ausmaß der Hilfe, die Formen und die daran beteiligten Personen bestimmen den Rahmen des Kindheitsmoratoriums und prägen darüber hinaus die sozialpädagogische Auffassung vom Kind. Lothar Böhnisch (1997) spannt den Bogen des Jahrhunderts zwischen Otto Rühles These über die Rationalisierung von Kindheit durch Verwertungsinteressen der Industriegesellschaft aus den 1920er Jahren und der Postmanschen Klage über das Verschwinden der Kindheit durch die Medien- und Konsumgesellschaft Anfang der 1980er Jahre. Er verweist damit insbesondere auf die frühen Bewältigungsleistungen von Kindern, die zwar auf Vergesellschaftung angewiesen, aber ihr zugleich auch ausgeliefert sind. Hilfe steht demnach in einem engen Zusammenhang zu den Formen der Vergesellschaftung und den Erfordernissen zur Lebensbewältigung. Erwachsene sind zur Hilfe verpflichtet, aber gegenüber Kindern immer auch zur Macht verführt (Thiersch 1986). Das tangiert ebenso das Verhältnis zwischen familialer und öffentlicher Hilfe im Zusammenhang des Aufwachsens als auch den zugrunde liegenden Schonraum. Pointiert spricht Böhnisch (a.a.O.) dann auch vom frühen Zwang, der den Kindern die Bewältigung einer ambivalenten Kindheit abverlangt.

Mit dem Hilfebegriff korrespondiert der Begriff der Selbständigkeit, die sich wiederum nur in sozialräumlichen Aneignungsprozessen entwickelt und stabilisiert. Vor dem Hintergrund der sozialen Auswirkung von Individualisierungstendenzen für sozial benachteiligte Familien und die sozialräumliche Ausgrenzung von deren Kindern reformuliert Böhnisch (ebd.) als sozialpädagogische Maxime die Gestaltung von Räumen, in denen Kinder ihre Kindheit ausleben können.

Hilfestrukturen sind in Rechtsstrukturen verankert und die internationale Geschichte der Kindheit verweist auf die zunehmende Verrechtlichung der Generationenverhältnisse. Das Verhältnis zwischen dem familialen und öffentlichen Anteil am Aufwachsen ist in einen juristischen Kontext gebettet. Kinderrechte stehen in einem engen Zusammenhang mit der Herausbildung von Kindheit seit der Aufklärung, beinhalteten lange Zeit jedoch vornehmlich den Kinderschutz als gesetzliche Bewahrung vor Kinderarbeit, vor Gewalt und vor Vernachlässigung. Seit Ende der siebziger Jahre des zwanzigsten Jahrhunderts konzentrierte sich in der Bundesrepublik die Diskussion auf das Recht auf Teilhabe und Partizipation sowie auf die Kritik an der Stellung des Kindes als Objekt. Gegenwärtig geht es um den Ausbau der Rechte des Kindes, mit dem Ziel, die

Bedingungen des Aufwachsens effektiv verbessern zu können. Dabei werden vor allem auch mehr Selbstbestimmungsrechte im Falle der Gewalt gegen Kinder gefordert. Ein zentrales Problem dieser Thematik ist, dass die Rechte der Kinder so beschaffen sein sollten, dass sie ebenso die prinzipielle Gleichheit in der Subjektstellung als auch die Bedingungen des Aufwachsens regeln können. In Gesetzen wird die Pflicht und das Recht der Eltern auf Personensorge ausformuliert sowie das Wächteramt des Staates definiert. Die Kindschaftsrechtsreform hat einige umfassende Veränderungen erwirkt und vor allem auch eine stärkere Verknüpfung zwischen Familienrecht und Kinder- und Jugendhilfeleistungen hervorgebracht. Wichtig war beispielsweise die Debatte um den in der UN-Kinderrechtskonvention verfassten Artikel zum Recht des Kindes auf eine gewaltfreie Erziehung. Die Kinderrechtskonvention sieht ein Recht auf Bildung, auf ökonomische Sicherung, auf Gesundheit und Schutz vor Umweltschäden sowie auf Schutz vor Vernachlässigung, Gewalt, Missbrauch und Ausbeutung vor. Zu den Forderungen gehört ebenfalls, Grundlagen für ein Flüchtlingsrecht für Kinder zu schaffen.

Honig machte darauf aufmerksam, dass die Rede über „Gewalt an Kindern" in Verbindung mit dem Konstrukt „Wohl des Kindes" Metaphern öffentlicher Diskurse über Kindheit, Familie und Staat sind und sich an bestimmten Modellen von Kindheit orientieren (Honig 1989). Dahinter verbirgt sich wiederum eine strukturelle Ambivalenz der Stellung des Kindes in der durch Individualisierung geprägten Gesellschaft. Böhnisch (a.a.O.) hebt den Widerspruch zwischen öffentlich propagierter Kinderfreundlichkeit und der strukturellen Kinderfeindlichkeit hervor. Insgesamt verdeutlicht die juristische Debatte die Schwierigkeit, wie Kindern in ihrer Besonderheit als Kinder und zugleich in ihrer Gleichheit mit Erwachsenen als Subjekte gerecht zu werden ist.

Anthropologische Betrachtungen beinhalten unausweichlich Überlegungen zur Natur des Kindes. Im Kern heben sie immer auf den Versuch ab, den Generationenunterschied und das Besondere des Kindes zu definieren. Insofern ist die im Zeitalter der Aufklärung sich herausbildende pädagogische Anthropologie als ein pädagogischer und bildungstheoretischer Rechtfertigungsansatz zu verstehen (Honig 1999). Die Entdeckung des Kindes als Entdeckung seiner Natur beruhe, so Honig, auf der anthropologischen Umformung der theologischen Unterscheidung von Gut und Böse in eine gute Natur und eine böse Gesellschaft. Damit eng verknüpft ist die Idee der kindlichen Unschuld (vgl. hierzu auch Bühler-Niederberger 2005), die zunächst Erziehung begründete, um dann zum Kriterium der Herstellung von Kindheit zu werden. Das Dilemma moderner Auffassungen von der Natur des Kindes ist die Ausgangsthese, dass das Kind bereits Mensch ist, aber durch Erziehung zugleich auch Mensch wird. Ferner ging es stets um die gute Natur, die sich im Kind entwickeln müsse, und zwar mit Hilfe der richtigen Erziehung. Schließlich beinhaltet die Debatte nicht nur die kindliche Entwicklung, sondern auch politische Zukunftsprojektionen und sittliche Bestimmungen. Daran knüpft auch der Gedanke der Vervollkommnungsfähigkeit des Menschen und Perfektibilität als Voraussetzung von Bildung an.

In diese Auseinandersetzung ist auch das Geschlechterverhältnis verwoben. Der Zusammenhang von Geschlecht und Generation liegt dabei auf der Hand. Nicht zuletzt die wissenschaftliche Diskussion hat in Anlehnung an die Entwicklung der *Gender-Studies* (Becker-Schmid/Knapp 1995; Butler 1991) eine narrative Darstellung der sozialen Konstruktion moderner Kindheit hervorgebracht. Diese sei in der Mittelschicht domestiziert und in ein Zwangsverhältnis zwischen Staat, Familie und Wohlfahrt eingebunden worden. Damit einher ging eine Standardisierung und Institutionalisierung der Bedingungen des Aufwachsens. Konstruiert worden sei bzw. seien ferner ein Typus Kind mit bestimmten Anforderungen bzw. Kinder als bedürftige Gruppe, denen „gute Erwachsene" gerecht werden müssten (Bühler-Niederberger/Hungerland/Bader 1999).

So sehr die anthropologischen und pädagogischen Erklärungen zur Generationendifferenz, zur Natur des Kindes und zum Schutzraumtheorem durch die sozialkonstruktivistische Perspektive der neueren Kindheitsforschung gewinnbringend erschüttert wurden, so wenig resultieren aus diesem Paradigma schlüssige Theoretisierungsversuche zu Fragen der Leiblichkeit und daraus abgeleitet der Schutzbedürftigkeit von Kindern. Die „Entwicklungstatsache", die vor diesem Hintergrund unmittelbar an die Generationendifferenz gebunden erscheint, bleibt dann als ein existentielles Abhängigkeitsverhältnis ebenfalls untheoretisiert bzw. sie wird unter Ideologieverdacht gestellt und nur mehr unter ordnungserhaltenden Gesichtspunkten gesehen.

Für die Kindheitsforschung inspirierend, im Kontext ihrer gängigen Theoriepositionen aber schwer einzuordnen, erweist sich der philosophische Ansatz Hannah Arendts (vgl. Andresen 2003). In das Differenzverhältnis zwischen Kindern und Erwachsenen sieht sie nämlich auch die Abhängigkeit der Erwachsenen von der nachwachsenden Generation von vornherein eingelassen. Bei dem behaupteten Abhängigkeitsverhältnis zwischen den Generationen handelt es sich in ihren Augen also explizit um ein wechselseitiges. Das menschliche Leben ist begrenzt und die Gattung insofern auf Nachwuchs angewiesen. In diesem Sinne kontrastiert Hannah Arendt Martin Heideggers Einlassungen zur Endlichkeit des Lebens mit dem Neuanfang durch das neugeborene Kind (Arendt 1958). In der ständig präsenten Konfrontation mit dem Neuen durch das Kind sieht Arendt eine zentrale Ursache für das Entstehen generationaler Konzepte. In ihrem Werk „Vom Leben des Geistes" reflektiert sie in Anlehnung an Augustinus die Bedingungen des Anfangens und der Freiheit durch die Geburt. Sie behandelt die Tatsache der Geburt als Zugang zur Freiheit, wozu der Mensch verurteilt sei, „ob sie uns nun ‚paßt' oder wir uns lieber ihrer furchtbaren Verantwortung entziehen (...). Dieser tote Punkt, wenn es einer ist, läßt sich einzig mittels eines weiteren geistigen Vermögens überwinden, nicht weniger geheimnisvoll als das Vermögen zum Beginnen: der Urteilskraft." (Arendt 1979, S. 207)

In ihrem zuerst in den USA erschienenen Buch „Vita activa oder Vom tätigen Leben" (1958) diskutiert Arendt die menschlichen Abhängigkeiten und Grundtätigkeiten: Arbeiten, Herstellen und Handeln. Diese Grundtätigkeiten korrespondieren, so Arendt, mit den Grundbedingungen Leben, Weltlichkeit und Pluralität. Vor allem aber sind sie mit der allgemeinsten Bedingtheit menschlichen Lebens – der Natalität und der Mortalität – verwoben. Im Bewusstsein der zeitlichen Begrenztheit menschlichen Lebens sichert Arbeit das Überleben des Individuums und das Weiterleben der Gattung, während die Tätigkeit des Herstellens eine künstliche Welt errichtet, die der Sterblichkeit ihrer Bewohner eine gewisse Dauerhaftigkeit voraus hat. Schließlich ermöglicht Handeln die Gründung und Erhaltung politischer Gemeinwesen und schafft Bedingungen für die Kontinuität der Generationen, für Erinnerung und damit für Geschichte. Handeln, die politische Tätigkeit par excellence, ist explizit an menschliches Sein, an die Grundbedingung der Natalität gebunden, weil jeder Neuankömmling einen neuen Anfang machen kann und somit die Fähigkeit zum Handeln besitzt. In diesem Sinne hält Arendt Natalität für ein entscheidendes Element politischen Denkens, vergleichbar der Bedeutung der Sterblichkeit für das metaphysisch-philosophische Denken. Als wissenschaftssoziologisch und wissenschaftshistorisch hochinteressant erweisen sich in diesem Zusammenhang die unterschiedlichen Richtungen, welche die Theologie als die Vorläuferin der Philosophie und Pädagogik genommen hat. Divergierende inhaltliche Schwerpunktsetzungen markieren diese: Im Falle der Philosophie liegt der Akzent auf der Beschäftigung mit der Mortalität, im Falle der Pädagogik auf der Beschäftigung mit der Natalität. Gleichwohl wird man Hannah Arendt nicht als eine Wissenschaftstheoretikerin der Pädagogik vereinnahmen können.

Brumlik hat den Gedanken der Natalität aufgegriffen, weil er darin die Basis eines auf Gerechtigkeit basierenden Generationenverhältnisses sieht (Brumlik 1995).

Arendt plädiert dafür, die Welt der Erwachsenen als politische Öffentlichkeit von der Sphäre der Kinder strikt zu trennen und als Erwachsene dem Anfang konservativ und weltbewahrend zu begegnen. Die als konservativ bezeichnete Haltung der Erwachsenen gibt den Kindern wiederum „ihre Chance, etwas Neues, von uns nicht Erwartetes zu unternehmen" (Arendt 1958b, S. 23). Hier formuliert sie demnach einen klaren Erziehungsauftrag und fordert eine strikte

Trennung innerhalb der generationalen Ordnung zwischen Kindern und Erwachsenen. Allein daran zeige sich, ob wir unsere Kinder genug lieben. Wenn Arendt von Erziehung spricht, dann hat sie einen Erziehungsraum vor Augen, in dem sich Kinder vor ihrem Eintritt in die Welt der Erwachsenen bewegen. In diesem Erziehungsraum sollen Kinder mit der Urteilskraft und dem Denken vertraut gemacht werden, um als Erwachsene Verantwortung übernehmen zu können. Es sind nicht pädagogische Motive, die Hannah Arendt, die Philosophin einer Politischen Theorie antreiben, sondern ihr geht es um die Zukunft der Politik. Auf der Grundlage ihres Natalitätsprinzips gelangt sie zu Aussagen, welche die Generationendifferenz und -ordnung unter politischen Gesichtspunkten betreffen. Ihre Analyse hebt auf die politischen Verhältnisse ab. Doch unterscheiden sich ihre Prämissen wie ihre Schlussfolgerungen gänzlich von denen der sozialwissenschaftlichen Kindheitsforschung, die das Generationenverhältnis ebenfalls ordnungs- und machtpolitisch beschreiben – analog dem Geschlechterverhältnis.

Die Beiträge dieses Bandes fokussieren Kinder und Kindheiten in unterschiedlichen theoretischen Perspektiven: *Doris Bühler-Niederberger* und *Heinz Sünker* sind an „blinden Flecken" interessiert – in kindheitssoziologischer Perspektive an einer Sozialisationsforschung, die Kindheit im Paradigma von Sozialisation verortet und dabei Sozialisation als Ordnungsmacht auszublenden versteht. Untersucht werden das Für und Wider des sozialisationstheoretischen Zugangs zur Kindheit: die Blindheit gegenüber generationalen Asymmetrien, aber auch: seine dekonstruktive Funktion, wenn es um die geläufige Fraglosigkeit gegenüber anthropologischen Apriori geht. Im Rückgriff auf Bourdieus Kapitalsortenfigur sei die Kindheitssoziologie um den Aspekt des „generationalen Kapitals" zu erweitern. Das generationale Arrangement erscheine eingelassen in die gesellschaftliche Ordnung und repräsentiere so das Sozialisationsarrangement, das es dringend zu verändern gäbe.

Michael Göhlich plädiert im Zuge seiner kindheitstheoretischen Überlegungen für die Forschung dafür, neue, durch theoretische Eindimensionalität hervorgebrachte Normbilder vom Kind möglichst zu vermeiden. In kritischer Auseinandersetzung mit Luhmanns Verständnis vom Kind der Pädagogik erweitert er die systemtheoretische Perspektive, indem er Batesons Ansatz hinzuzieht, diesen aber auch um eine handlungstheoretische Theorieperspektive erweitert und ergänzt. So könnten Körper und Körperlichkeit im Forschungsfeld dem forschenden Blick zugänglich gemacht werden. Erst die Fokussierung des pädagogischen Kontextes in einem doppelgleisigen, nämlich einem system- und einem handlungstheoretischen Zugang ermögliche schließlich das Verstehen von Kindern.

Im Anschluss an Fichte und Darwin entfaltet *Micha Brumlik* sein Plädoyer für eine universalistische und kulturübergreifende Ethik der Verschonung und Bildung. In der Bezogenheitsstruktur, die das Generationenverhältnis bietet, erhalten die Leiblichkeit und der kindliche Leib ihre Bedeutung und ihren Geltungsraum im Prozess des Aufwachsens. Inspiriert von evolutionstheoretischen und anthropologischen Zugängen liegt ihm daran, soziobiologische und evolutionspsychologische Ansätze für eine erziehungswissenschaftliche Kindheitsforschung fruchtbar zu machen, um der kindlichen Wirklichkeit, die sich allererst in einer vorsprachlichen Leiblichkeit Ausdruck verschafft, auf die Spur zu kommen und ihr so die ihr gebührende Anerkennung zuteil werden zu lassen.

Michael Winkler analysiert in seinem Beitrag das „subkutan empfundene und sublim ausgetragene Unbehagen" zwischen Pädagogik und jüngerer Kindheitsforschung. Indem er das spannungsreiche Verhältnis dieser beiden wissenschaftstheoretischen Zugänge zu Kindheit und Kindern mal aus der einen, mal aus der anderen Sicht beleuchtet und auf diese Weise Erkenntnisleistungen der einen Theorieposition für die jeweils andere herausarbeitet, vermag er zu zeigen, was jeweils ausgeblendet und auch vor sich selbst verdunkelt wird. Habe etwa die neuere Kindheitsforschung zwar die soziologische Aufklärung der Pädagogik erst ermöglicht und deren Funktion als Kontrollmacht ausgehebelt, so sei sie doch gleichzeitig auch zu kritisieren, weil sie Forschung außerhalb ihrer eigenen disziplinären Grenzen nicht wahrnehme. Der Erkenntnisse einer pädagogischen und erziehungswissenschaftlichen Kindheitsforschung, welche sich ihrer Historizität und Gesellschaftlichkeit durchaus bewusst seien, beraube sie sich mithin mutwillig.

Diesem ersten Teil des Bandes, in dem unterschiedliche gegenstandsbezogene Zugänge theoretisch übergreifend beleuchtet werden, folgen im zweiten Teil Beiträge, die relationale Perspektiven auf Kinder und Kindheiten einnehmen:

Magdalena Joos rekonstruiert entlang des 10. und 11. Kinder- und Jugendberichtes den Zusammenhang von De-Familialisierung und Sozialpädagogisierung. Obschon Kindheit als Schutz- und Schonraum zunehmend erodiert und zugleich in den öffentlichen, sprich: sozialpädagogischen (und schulischen) Bereich hinein expandiert, kann die Autorin noch für den 10. Bericht einen Begriff von Kindsein herausarbeiten, dem eindeutig familialistische Vorstellungen unterlegt sind. Erst im 11. Bericht geht es um Kindheit im Spannungsfeld von privater und öffentlicher Verantwortung.

Barbara Rendtorff hebt auf das Verhältnis von Subjekt und Geschlecht, von Kind und Geschlecht ab. Sie kritisiert die geläufige und zeitgemäße Dominanz sozialkonstruktivistischer Annahmen, wie sie im „*doing gender*" aufgehoben sind, da diese dazu führten, die leibliche Dimension von Geschlecht ebenso wie die Universalität und Persistenz der Geschlechterordnung und ihre Verankerung im Individuum zu verdunkeln. Im Rückgriff auf einen psychoanalytischen Zugang entfaltet sie eine Sicht auf das Aufwachsen, welche die persönliche Geschichte eines Kindes mit der sprachlich symbolischen (Geschlechter-) Ordnung verbindet.

In einer biographischen Studie untersucht *Karin Bock* Kindheitserinnerungen im intergenerativen Vergleich. Kindsein und Kindheit lassen sich auf diese Weise im Kontext intergenerativen Wandels rekonstruieren. Indem sie Biographie und (Sozial-) Geschichte miteinander verknüpft, entsteht unter methodologischen Gesichtspunkten eine Einheit für die Erforschung von Kinderleben/Kindsein und Kindheit. In den Blick geraten so die Möglichkeiten und Grenzen der Kinder als soziale Akteure, aber auch ihre Alltagskulturen und Bewältigungsstrategien. Sozialpädagogische Theoriebildung erfährt auf diesem Wege eine notwendige empirische Fundierung.

Eine Zwischenbilanz zur Politik für Kinder legt *Sven Borsche* vor. Vor dem Hintergrund der neuen wissenschaftstheoretischen Positionen in den Debatten um Kinder und Kindheit fragt er danach, ob in den vergangenen Jahren eine konsistente Politik für Kinder entwickelt wurde und Kinderrechte angemessen zur Entfaltung gebracht werden konnten. Er rekapituliert Widersprüche bezogen auf bisherige Ansätze einer Politik für Kinder, er konzipiert Eckpunkte eines Gesamtkonzeptes einer Kinder- und Jugendpolitik, benennt deutlich die aktuellen kinderpolitischen „Baustellen", um schließlich die Politik für Kinder als Ressort der Kinder- und Jugendpolitik zu begründen.

Die Nord-Südperspektive stellt *Volker Lenhart* in seinem Beitrag zur Diskussion. Er skandalisiert die eurozentristischen, genauer: die auf Nordeuropa beschränkten Sichtweisen auf Kinder und Kindheit, welche die aktuellen Auseinandersetzungen prägen. Die völlige Ausblendung der Probleme und Fragen des Südens, die sich in die Lebensweisen und -möglichkeiten der Kinder einschreiben, wird als eine ignorante Haltung erkennbar, welche der sozialpädagogischen und erziehungswissenschaftlichen Theoriebildung schlussendlich einen relevanten Zugang zur Empirie von Kinderleben und Kindheit versperrt.

H*eide Kallert* fragt nach den expliziten und impliziten Theorien über die frühe Kindheit und über Kinder im frühen Lebensalter, welche die Diskurse über sozialpädagogische Institutionen für Kinder unter drei Jahren bestimmen. Ihre dahin gehende diachrone Betrachtung und Rekonstruktion nimmt die Entwicklung in der DDR und der ehemaligen Bundesrepublik vergleichend in den Blick. Dem folgt die Auseinandersetzung mit den Qualitätskonzepten der 1990er Jahren und den ihnen inhärenten theoretischen Implikationen. Als Schlussfolgerung für eine ertragreiche Theorie- und Konzeptentwicklung im Bereich der frühesten Kindheit hält Heide Kallert fest, dass Pflege, Erziehung und Bildung als pädagogische Aufgabenbeschreibungen institutionell nicht zu trennen sind.

Aus Sicht der Schulpädagogik und -forschung konstatiert *Gerold Scholz*, dass die Komplexität des Geschehens im Unterricht bislang nicht erforscht sei. Eine qualitativ-empirische Schulforschung würde zu Tage fördern, dass die Unterscheidung von Kindern und Erwachsenen, auf der Erziehung überhaupt erst basiere, sich in der Unterscheidung: Schule und Unterricht fortsetze. Sie markiere zentrale Modi der Institutionalisierung von Erziehung. Innerhalb ihres Rahmens käme es, und dies wird von Scholz illustriert, zu einer Vielzahl an Missverständnissen zwischen Kindern und Erwachsenen, weil im Generationenverhältnis so vieles nicht geklärt sei.

Den Umgang mit Krisensemantik in der Erziehung beleuchtet *Jürgen Oelkers* in seinem Beitrag. Kritisch-rezeptiv setzt er sich auseinander mit „Erziehungsbüchern", welche die Kultur des Aufwachsens, die Erziehungskultur und das Generationenverhältnis in kulturpessimistischer Sicht problematisieren und derzeit im „Erbe der 68er" die Ursachen der behaupteten Probleme sehen. Da Erziehung und Bildung immer Perfektionserwartungen ausgesetzt sind, seien Enttäuschungen nicht zu vermeiden. Erziehungs- und Ratgeberliteratur stellten die semantische Ebene dar, auf der die zwangsläufig sich einstellenden Negativbefunde kommuniziert würden. Ihnen aber stehe der Alltag von und mit „realen" Kindern entgegen. Diese Unterscheidung nach Semantik und Alltag der Erziehung schließt die Zusammenstellung der Beiträge ab, die in je spezifischer Perspektive Kinder, Kindhei*ten* und ihre Konstruktionen untersuchen.

Der Anspruch der Herausgeberinnen, Beiträge zu versammeln, die in sozialkonstruktivistischer Perspektive nach sozialen Ordnungsverhältnissen in pädagogischen Zusammenhängen fragen, aber ebenso anthropologische und bildungstheoretische Überlegungen nachvollziehen, hebt darauf ab, den theoretischen, empirischen und methodologischen Rahmen einer Kindheitsforschung (sozial-) pädagogisch und erziehungswissenschaftlich zu akzentuieren. Das bestehende Spannungsverhältnis von „Konstruktion" und „Entwicklungstatsache" soll dabei jedoch nicht durch einseitige wissenschaftstheoretische Festlegungen und Vorannahmen in seiner Komplexität reduziert werden. Im Gegenteil sollen dieses Spannungsverhältnis und seine komplexe Struktur gerade sichtbar gemacht werden, um sie als spezifisch erziehungswissenschaftliche Theorieprobleme begreifen und mehrperspektivisch beleuchten zu können.

Den Autorinnen und Autoren der Beiträge ist es zu verdanken, dass das Projekt realisiert werden konnte. Bis zum Erscheinen des Bandes mussten sie sich lange gedulden, dafür gilt ihnen unser ganz besonderer Dank.

Ulrike Niermann hat das Manuskript mit langem Atem bearbeitet und zusammen mit Katharina Gerarts fertig gestellt. Hierfür danken wir ihr nachdrücklich. Dank sagen wir darüber hinaus der VolkswagenStiftung. Sie hat im Februar 2002 ein Symposion finanziert, das am Erziehungswissenschaftlichen Seminar der Universität Heidelberg unter dem Titel: „Kinder und Kindheit(en) im Fokus sozialpädagogischer Theoriebildung" stattfand. Es sind die Beiträge der Referentinnen und Referenten dieser Tagung, die nun vorliegen und erweitert wurden um Beiträge weiterer Autorinnen und Autoren, die wir für die Realisierung des Bandes gewinnen konnten.

Sabine Andresen und Isabell Diehm,
Bielefeld im Juli 2006

Literatur
Andresen, S. (2003): Zur Semantik des Neuen in der Pädagogik. In: Vierteljahreszeitschrift für wissenschaftliche Pädagogik. 7/2003, 489-500
Arendt, H. (1958): Vita activa oder vom tätigen Leben. München
Arendt, H. (1958b): Die Krise in der Erziehung. Bremen
Arendt, H. (1979): Vom Leben des Geistes. 2. Bd. München/Zürich
Becker-Schmid, R./Knapp, G. A. (Hrsg.) (1995): Das Geschlechterverhältnis als Gegenstand der Sozialwissenschaften. Frankfurt/M./New York
Beinzger, D./Diehm, I. (Hrsg.) (2003): Frühe Kindheit und Geschlechterverhältnisse. Konjunkturen in der Sozialpädagogik. Frankfurter Beiträge zur Erziehungswissenschaft. Kolloquien 6, Johann Wolfgang Goethe-Universität Frankfurt/M.
Böhnisch, L. (1997): Sozialpädagogik der Lebensalter. Eine Einführung. Weinheim/München
Breidenstein, G./Prengel, A. (Hrsg.) (2005): Schulforschung und Kindheitsforschung – ein Gegensatz? Wiesbaden
Brumlik, M. (1995): Gerechtigkeit zwischen den Generationen. Berlin
Bühler-Niederberger, D. (Hrsg.) (2005): Macht der Unschuld. Das Kind als Chiffre. Wiesbaden
Bühler-Niederberger, D./Hungerland, B./Bader, A. (1999): Minorität und moralische Instanz – der öffentliche Entwurf von Kindern. In: Zeitschrift für Soziologie der Erziehung und Sozialisation, Heft 2, S. 128-150
Butler, J. (1991): Das Unbehagen der Geschlechter. Frankfurt/M.
Herzberg, I. (2003): Kindheit, Kinder und Kinderkultur. Zum Verhältnis „alter" und „neuer" Perspektiven. In: Stickelmann, B./Frühauf, H.-P. (Hrsg.): Kindheit und sozialpädagogisches Handeln. Auswirkungen der Kindheitsforschung. Weinheim u. München, S. 37-77
Honig, M.-S. (1989): Individualisierung und Kindeswohl: Ist „Gewalt" ein Schlüsselbegriff zum Verständnis der sozialen Lage von Kindern in der Bundesrepublik? In: Melzer, W./Sünker, H. (Hrsg.): Wohl und Wehe der Kinder. Pädagogische Vermitt-

lungen von Kindheitstheorie, Kinderleben und gesellschaftlichen Kindheitsbildern. Weinheim/München, S. 121-144
Honig, M.-S. (1999): Entwurf einer Theorie der Kindheit. Frankfurt/M.
Honig, M.-S./Lange, A./Leu, H. R. (Hrsg.) (1999): Aus der Perspektive von Kindern? Zur Methodologie der Kindheitsforschung. Weinheim/München
Kelle, H. (2005): Kinder in der Schule. Zum Zusammenhang von Schulpädagogik und Kindheitsforschung. In: Breidenstein, G./Prengel, A. (Hrsg.): Schulforschung und Kindheitsforschung – ein Gegensatz? Wiesbaden, S. 139-160
Langeveld, M. J. (1956): Studien zur Anthropologie des Kindes. Tübingen
Panagiotopoulou, A./Brügelmann, H. (Hrsg.) (2005): Grundschulpädagogik *meets* Kindheitsforschung. Zum Wechselverhältnis von schulischem Lernen und außerschulischen Erfahrungen im Grundschulalter. Opladen
Prange, K. (1981): Pädagogik als Erfahrungsprozess. Band III. Die Pathologie der Erfahrung. Stuttgart
Stickelmann, B./Frühauf, H.-P. (Hrsg.) (2003): Kindheit und sozialpädagogisches Handeln. Auswirkungen der Kindheitsforschung. Weinheim u. München
Thiersch, H. (1986): Die Erfahrung der Wirklichkeit. Perspektiven einer alltagsorientierten Sozialpädagogik. Weinheim/München

II Erziehungswissenschaftliche Kindheitsforschung und sozialpädagogische Theoriebildung

Der Blick auf das Kind.
Sozialisationsforschung, Kindheitssoziologie und die Frage nach der gesellschaftlich-generationalen Ordnung

Doris Bühler-Niederberger/ Heinz Sünker

1 Einleitung

„Die Entdeckung der Kindheit als eines Phänomens sui generis ist ein später geschichtlicher Vorgang. Es gibt Ansätze in der Spätantike; Augustins Konfessionen decken erste Erlebnisse auf. Kindheit wird jedoch durch die Jahrhunderte fast gänzlich über die Erwachsenenwelt verstanden, über ihre Vorstellungen gewertet, als ihre noch unvollkommene Erscheinungswelt begriffen" (Heydorn 1980, S. 72).

Dieser Orientierung an der Erwachsenenwelt entspricht mindestens zweierlei: zum einen, dass sich über Erziehung eine existierende Gesellschaft zu reproduzieren sucht, sie sucht „in ihre Produktionsweisen und das System ihres Verkehrs einzuführen, ihre Werte zu vermitteln" (a.a.O.S. 63); zum anderen werden so historisch wechselnde, der gesellschaftlich-generationalen Ordnung(svorstellung) korrespondierende Blicke auf das Kind, d.h. Kindheitsbilder, produziert. Entsprechen jene Erziehungsoptionen im Kontext der Durchsetzung der bürgerlich-kapitalistischen Gesellschaftsformation, der „Ökonomisierung der Lebensverhältnisse" (Glantschnig 1987: S. 13; vgl. Muschg 1977, Kap. 3; Kaiser 1981, S. 270-393), der Vorstellung von sozialer Brauchbarkeit als oberstem Bildungsziel des Kindes, das so „zum Rad im herrschenden Getriebe, zum brauchbaren Glied in der Kette der modernen Güterproduktion" (Glantschnig 1987, S. 12) wird, so ergeben sich aus Blicken und Bildern – bei Dominanz dessen, was sich „Sozialisationscharakter der Erziehung, der sie unter das Gebot eines herrschenden Interesses stellt" (Heydorn 1980, S. 64), nennen lässt – Einsichten in die generationale Ordnung, die historisch zunächst in der angesprochenen Epoche mit der Unterordnung unter „Die Vernunft der Väter" (Wild 1987; vgl. Richter 1987) ihren Ausgang nimmt – daher kann Mason (1994) ihren Beitrag zu Kindheitsgeschichte und Generationenverhältnis auch gegenstandsangemessen mit dem Titel „From father's property to children's rights" überschreiben.

Ideologische Konstruktionen, die Reden von der „Natur" des Kindes und der „natürlichen" Ordnung im Generationenverhältnis legitimatorisch ins Zentrum der erwachsenen Aufmerksamkeit stellen, werden im Interesse der Produktion des „bürgerlichen Sozialcharakters" (Glantschnig 1987, S. 7ff.) so miteinander vermittelt, dass am Ende der produktiven Phase der bürgerlichen Entwicklung – um die Wende vom 19. zum 20. Jahrhundert – die Konzeptualisierung von Kindheit sich über die Nutzung des Naturbegriffs wesentlich ändert: Vor allem in der Reformpädagogik wird „der Vernunftcharakter der menschlichen Natur (s. Wild 1987; die Verf.) (...) schließlich durch einen vegetativen Charakter abgelöst. Natur wird am Beispiel einer Welt gefasst, die unterhalb des Bewusstseins verbleibt, nur als Ästhetik Gegenstand war. Somit tritt eine unbewusste Natur an die Stelle der Vernunftnatur des Menschen, eine Natur, in die das Bewusstsein als eigene Größe untergeht. Es ist dies ein Vorgang von außerordentlicher Bedeutung; an die Stelle der Vernunft als Antithese der historischen Gesellschaft tritt eine irrationalisierte Natur. So wird eine neue Kindesnatur eingeholt, die noch unberührt ist von den Veränderungen, die die Natur des Menschen erfahren hat; mit der Entdeckung des Kindes wird die Geschichte der Zivilisation negiert" (Heydorn 1980a, S. 126f)[1].

Wenn daher Helga Zeiher in einem Text, der sich mit der „Neubestimmung der Kindheitssoziologie" befasst, vor einigen Jahren ausführt, eine neue Emanzipationsbewegung habe eingesetzt, die Emanzipation der Kinder in der Gesellschaft betreffend, da nach den Debatten um Klassenverhältnis und Geschlechterverhältnis nunmehr das Verhältnis der Generationen – und darin vor allem die Stellung der Kinder – in die Diskussion gekommen sei (Zeiher 1996, S. 48; vgl. weiter Sünker 1993; Alanen 1994; Lange 1996, S. 46-65; Honig 1999; du Bois-Reymond/Sünker/Krüger 2001), dann verweist dies auf einen Perspektivenwechsel, in den der Übergang von der die Debatte seit der Mitte der sechziger Jahre des 20. Jh. bestimmenden Sozialisationsforschung zu einer neuen Perspektive in der Kindheitsforschung – u. a. als Soziologie der Kindheit gekennzeichnet – eingelassen ist. Dies wurde allerdings betrieben ohne zu berücksichtigen, dass die Sozialisationsforschung gegenüber vorhergehenden Blicken auf Kindheit und Kinderleben bereits einen zivilisatorischen Fortschritt verkörperte, bezog sie sich doch nicht mehr auf ‚Natur', sondern – in der Folge der Berück-

---

1 Heydorn führt dazu weiter aus: „Der Gedanke, daß sich im Kinde die reine Natur offenbart, derer wir verlustig gegangen sind, ist die Fortsetzung der religiösen Sentimentalisierung der Kindheit in einer säkularisierten Welt. Kindheit wird zum letzten Residuum der zerstörten Träume des Menschen, hier finden sie eine kurze Statt" (1980a, S. 130).

sichtigung der Doppelsozialisation von Citoyen und Bourgeois in der bürgerlich-kapitalistischen Gesellschaft – auf gesellschaftliche Existenzbedingungen[2].

Interessanterweise – und dies ist wissenschaftssoziologisch wie wissenschaftshistorisch relevant – wird mit dieser Perspektivenänderung, die zwischenzeitlich in Sozialwissenschaften und Soziologie sich weitgehend verbreitet hat[3], diskursanalytisch gesprochen, ein „Resonanzboden" benutzt, den viele Jahrzehnte zuvor Siegfried Bernfeld, ein psychoanalytisch orientierter Erziehungstheoretiker oder ein erziehungswissenschaftlich orientierter Psychoanaly-

---

2   Einen exemplarischen Ausdruck findet diese Position, die auf Qualifikation der Ware Arbeitskraft und kapitalistische Demokratie abhebt, in der Formulierung von Simon (1981, S. 136):„Such a perspective has important educational implications. It posits the development of high level human skills and knowledge across the entire population, and, it is important to recognise, not only technological and scientific skills, but also those required to support responsible democratic decision-making and those underlying a massive expansion of employment in tertiary industries and services, such as education. In this context, limited, pragmatic measures to cope with the micro-processor revolution simply by expanding, and making more specialised, higher education alone (and perhaps technical education) will be entirely inadequate – such measures relate directly to the first option, not the second. To develop a population with the qualities and knowledge base required involves raising educational sights at all levels, primary and secondary, as well as tertiary. And this involves rendering the process of education more effective, once again right across the board. Hence the urgent requirement now to begin, quite consciously and deliberately, to develop effective pedagogic means."
3   Zur Zeitdiagnostik, die mit diesen Positionsbestimmungen einhergeht, s. die zeitgenössische Einschätzung von Walter Benjamin (1991, S. 9): „Wir leben im Zeitalter des Sozialismus, der Frauenbewegung, des Verkehrs, des Individualismus. Gehen wir nicht dem Zeitalter der Jugend entgegen?"; selbstverständlich ist zudem an Ellen Keys Proklamierung vom „Jahrhundert des Kindes" (Key 1978) zu erinnern.

tiker, bereitet hat[4]. Denn Bernfeld hat in seinen kindheitstheoretischen Bestimmungen, die er in seiner Studie „Sisyphos oder die Grenzen der Erziehung" bereits 1925 vorgelegt hat, zur hier in Frage stehenden Problematik ausgeführt, dass mehrheitlich in pädagogischen Lehren realitätshaltige Aussagen über Kinder fehlten (Bernfeld 1967, S. 35). Entscheidend ist ihm zufolge die Frage: „Wie ist das Kind?" Die „großen Pädagogen" aber verwechseln für ihn Beobachter und Beobachtetes: „Sie sehen nicht das Kind, wie es ist, sondern im Grund nur das Kind und sich selbst, eins aufs andere bezogen. Und wenn sie selbst von sich abstrahieren könnten, es interessierte sie gar nicht, wie das Kind an und für sich ist, sondern einzig, wie man aus ihm etwas anderes bilden könnte. Das Kind ist Mittel zum theologischen, ethischen, sozialutopischen Zweck" (1967, S. 36 f.).

Benannt ist mit dieser Aussage, die zugleich Perspektive wie Interesse veranschaulicht, eine herrschende Tradition und deren je besondere disziplinäre Ausrichtungen; Funktionalisierung, Instrumentalisierung und Fremdbestimmung herrschen vor (Sünker 1989). Dominierend im Bereich der Forschung zu Kind-

---

4   Die Inhalte dieses Perspektivenwechsels hat Andreas Lange (1995, S. 65 f.) übersichtlich zusammengestellt: „Kindheitsforschung erscheint im Spiegel der besprochenen Literatur als ein profilreiches Terrain, dessen Grenzen noch lange nicht ausgelotet, geschweige denn abgesteckt sind. Man kann den sich in den besprochenen Büchern ausdrückenden Wandel der sozialwissenschaftlichen Repräsentationen von Kindheit, im Vergleich zur Situation vor etwa 10 Jahren, als Übergang vom „OPIA-Kind" zum „CAMP-Kind" kennzeichnen: „OPIA" steht dabei als Akronym für
    - „ontologically given": Definitionsfragen spielten keine wesentliche Rolle, die chronometrische Einteilung bestimmten Anfang und Ende der Kindheit.
    - „passively": Kinder wurden mehr oder weniger als passive Empfänger von Sozialisationsimpulsen gesehen.
    - „idyllic": Kindheit wurde wesentlich als gesellschaftliches Reservat angesehen.
    - „apolitical": Kindheitsfragen spielten keine herausragende Rolle im Zusammenhang mit Politik.
    Ebenso holzschnittartig lässt sich der heutige Diskussionsstand, mit dem Akronym „CAMP" typisieren:
    - „discursively constructed": Monographien haben zu einem differenzierten Einblick in die Prozesse verholfen, die dazu geführt haben, dass Kindheit heute als eine spezielle, eigenwertige Entwicklungsphase angesehen wird.
    - „actively acting": Kinder sind nicht mehr nur Opfer oder Erdulder von Sozialisationsprozessen, sondern sie geraten zunehmend als kompetente Akteure und Individuen, die eigene Interessen verfolgen, in den Blickwinkel der Sozialwissenschaften.
    - „modernized": Die Modernisierungstheorie und ihre spezifischen Varianten haben sich zu einem zentralen Bezugspunkt heutiger Kindheitsdiskurse entwickelt.
    - „politically contested": Kindheit ist heute ein umkämpftes politisches Terrain. In diesen Kämpfen geht es nicht alleine um eine Verbesserung kindlicher Lebensbedingungen, sondern auf der Tagesordnung stehen grundsätzliche Positionsbestimmungen über den gesellschaftlichen Status des Kindes."

heit und Kinderleben waren über lange Zeiten hinweg zudem Entwicklungspsychologie und Pädagogik, so dass James und Prout (1997, S. IX) zusammenfassend zu der Einschätzung gelangen: „The traditional consignment of childhood to the margins of the social sciences or its primarily location within the fields of developmental psychology and education is, then, beginning to change: it is now much more common to find acknowledgment that childhood should be regarded as a part of society and culture rather than a precursor to it; and that children should be seen as already social actors not beings in the process of becoming such. In short, although much remains to be done and these encouraging developments need to be taken much further, a significant change has occurred".[5]

Die Tradition, die mit diesen neuen Ansätzen kritisiert wird, ist in ihren gesellschaftstheoretischen wie gesellschaftspolitischen Dimensionen klar zu konturieren: Die gesellschaftliche „Integrationsperspektive", mit der im Kontext frühbürgerlicher Theorien noch Gesellschaft wie Pädagogik miteinander zu vermitteln gesucht wurde, und im exemplarischen Falle Schleiermachers von der Dialektik zwischen „Bewahren" und „Verändern" (Schleiermacher 1983) die Rede war, wurde aufgelöst ‚zugunsten' einer, wie Walter Benjamin es benennt, Konzeptionierung von „Zurichtungsprozessen" der Kinder, mit denen „zunehmend List anstelle der Gewalt" (Benjamin 1969, S. 87) trat. Vor diesem Hintergrund fragt einige Jahrzehnte nach Benjamin Ariès in seiner Geschichte von Kindheit und Familie unter dem Ancien Regime nach den Folgen des von ihm geschilderten gesellschaftlichen Entwicklungsprozesses für die Struktur- und Lebensbedingungen von Kindern sowie nach den Konsequenzen für die soziale Figuration „Kindheit". Seiner Interpretation zufolge handelt es sich um einen Prozess, mit dem die Verallgemeinerung sozialer Kontrolle und damit die Entwicklung von Eingriffsmöglichkeiten vorher unbekannter Art in Lebensverhältnisse einhergehen (Ariès 1992, S. 556 ff.). Das, was Beck im Rahmen seiner Gesellschaftsdiagnostik zu der These verdichten wird, gegenwärtig entwickle sich „ein System von Betreuungs-, Verwaltungs- und Politik-Institutionen", die „auf das von den amtlichen Normalitätsstandards ‚abweichende' Leben normativ pädagogisch disziplinierend" einwirkten (Beck 1986, S. 215), lässt sich – so zumindest eine Lesart – zu Verhältnissen und Betrachtungsweisen zurückver-

---

5   Die „Kritik am Entwicklungsparadigma" plädiert dafür, Kinder „als Produzenten ihres Lebenszusammenhangs statt als Rezipienten der Erwachsenenkultur zu betrachten. Diese Parteilichkeit für Kinder geht mit der Distanzierung von einer sozialisationstheoretischen Perspektive einher. Dieser Zusammenhang ist jedoch kaum je theoretisch expliziert worden, obwohl er für das Selbstverständnis der neuen Kindheitsforschung maßgeblich ist" (Honig/Leu/Nissen 1996, S. 11). Vor diesem Hintergrund ist auch die Situation in der deutschen Kindheitsforschung zu betrachten, die von Lynne Chisholm bis zum Beginn der 1990er Jahre des letzten Jahrhunderts in ihrer Tendenz als „romantisch" bezeichnet worden ist (Chisholm 1992).

folgen, mit denen „die Disziplinierung des kindlichen Körpers (...) der Ausbildung der Gemüts- und Verstandeskräfte voraus (geht). Moderne Erziehung bedeutet Verinnerlichung der Gewalt, denn die Substitution der Schläge durch Sprache und Vernunft macht deutlich, dass im pädagogischen Diskurs des frühen 18. Jahrhunderts internalisierte Vernunft und pädagogische Kommunikation auf einem Gewaltverhältnis gründen (...). Diesen Übergang zur Internalisierung des väterlichen Schlages leistete um die Jahrhundertmitte die moralische Intellektualisierung des Kindes, die im Kind lediglich das werdende Vernunftwesen sah, welches zur Einsicht erzogen wird" (Schindler 1994, S. 20 f.). „Die diskursive Produktion von Kindheit" (ebd., S. 9-38) geht einher mit Transformationen der häufig gewaltförmigen Beziehungsstrukturen zwischen Erwachsenen und Kindern, vor deren Hintergrund die gegenwärtigen Konzeptualisierungsansätze zur Kindheitsforschung immer mit zu betrachten sind (Richter 1987, S. 58)[6].

Im Vordergrund der neueren, in entscheidender Weise interdisziplinär ausgerichteten Kindheitsdiskurse steht die Frage, in welcher Weise gesellschaftliche Wandlungsprozesse mit dem Gegenstand „Kindheit" vermittelt sind bzw. inwieweit Veränderungen der Lebenslage von Kindern – auch in den Folgen für deren Lebensweisen – auf gesellschaftliche Entwicklungsprozesse zurückzuführen seien. Damit bildet die nur auf den ersten Blick simple Frage, was denn aus Kindern Kinder mache, einen analytischen Ausgangspunkt, in den gesellschaftstheoretische und gesellschaftspolitische Problemstellungen eingelassen sind. Selbst wenn sich gegen den Naturalismus alter Auffassungen von Kindheit nunmehr die Erkenntnis durchgesetzt hat, diese sei als „soziale Figuration" zu betrachten, das heißt konstituiert im Kontext gesellschaftlicher Zusammenhänge, historisch-konkreter Interessen sowie schon benannter Zugriffsweisen auf eine spezifische Altersphase, die zudem noch durch ihre Konstellation im Generationenverhältnis zu kennzeichnen ist, so bleibt doch die entscheidende Aufgabe, Konstitutionsbedingungen kindlicher Subjektivität im Rahmen von Vergesellschaftungsprozessen zu dechiffrieren (vgl. Sünker 1991; Honig/Leu/Nissen 1996, S. 14). In dieser Konstellation wird zumindest deutlich, dass die für die

---

6   Richter beschreibt diesen Prozess am Beispiel der Kinderliteratur des 18. Jh.: „Literaturpädagogik entsteht als Element des neuen Überwachungssystems, um die Privatsphäre der Kinder, einschließlich ihrer Phantasien, besser unter Kontrolle zu bringen. (...) Aber auch inhaltlich antwortet die neue Kinder- und Jugendliteratur auf die neue Vergesellschaftung der Kinder. (...) Nicht nur sind die Werte, die sie vermitteln will, die zentralen Tugenden des bürgerlichen Sozialcharakters und im Prozess der Zivilisation notwendigen Affektregulierung (...) – sie präsentiert in ihrer Sonderform des ‚negativen Beispiels', der Unglücksgeschichte, auch strukturell sehr häufig jene Situation, in der sich alle diese Fähigkeiten bewähren müssen: die Situation, in der das Individuum ‚auf sich' gestellt ist und ohne autoritativen Beistand zu entscheiden hat, wie es sich verhalten soll."

Kindheitsfrage wie für die Analyse von Kinderleben bedeutsamen Problematiken des Verhältnisses von Abhängigkeit und Autonomie sowie Entwicklung und Bildung weiter zu präzisieren sind[7].

Lässt sich demzufolge konstatieren, dass das neue Paradigma, mit dem Kindheit als eine gesellschaftlich geformte Tatsache betrachtet und verstanden wird, sich zumindest mehrheitlich im wissenschaftlichen Diskurs durchgesetzt hat, dass also – sit venia verbo – die Kindheitssoziologie gegenüber der Sozialisationsforschung „gewonnen" zu haben scheint, so bleibt gleichwohl festzuhalten, dass mit einem „Ausschalten" der Sozialisationsforschung nicht auch alle Probleme, die von dieser thematisiert worden sind, sich erledigt haben. Die abstrakte Negation der Position(en) der Sozialisationsforschung aus der Sicht einer Kindheitssoziologie, die sich zur heroischen Verteidigerin von Kindheit und Kindern stilisiert, verfehlt u. E. die Pointe einer fruchtbar zu machenden Auseinandersetzung (vgl. auch Zinnecker 1996, S. 32 f., 50; Honig 1999, S. 9 f., 162 f.)[8], wenn es um die Betonung von „Kindheit" und „Kinderleben" in einer jeweilig historisch-konkreten Besonderung wie um eine Beförderung emanzipatorisch gesellschaftlicher Entwicklungspotentiale im Interesse aller geht[9].

2 Von der Sozialisationsforschung zur Kindheitssoziologie

2.1 Soziale Ordnung und soziale Ungleichheit – die Perspektive der Sozialisation

Die Soziologie ließ sich bei der Erforschung der Kindheit zunächst von der Vorstellung der Sozialisation leiten. Aus zwei Gründen: Zum einen konzipierten soziologische Klassiker das Verhältnis von Individuum und Gesellschaft in der Art, dass soziale Ordnung – der Bezugspunkt seit den disziplinären Anfängen mit A. Comte – nur noch möglich schien, wenn stabile Wertorientierungen und Bedürfnismuster im Individuum aufgebaut wurden. Dem entspricht ein weit

---

7 In diesem Kontext sind auch die Debatten wie Kontroversen um „Kinderpolitik" wie „Kinderrechte" zu verorten (vgl. Neubauer/Sünker 1993; Güthoff/Sünker 2001; Honig 2001).
8 Dabei bleibt für uns unentschieden, ob, wie Zinnecker (1996, S. 47) vermutet, eine ethnographische Annäherung an Kinderkultur in antipädagogischen Positionen enden muss. Eine weitere Vermutung äußert Honig (1999, S. 84), der bezüglich der internationalen Kritikerinnen des Sozialisationsforschungsansatzes anmerkt, dass diesen eine „reformpädagogische" Orientierung eigne.
9 Mit diesen Perspektiven verbindet sich auch in concreto die Aufgabe der Beschäftigung mit der sozialen Lage von Kindern, die Notwendigkeit einer Sozialberichterstattung über deren Lebensverhältnisse (vgl. Joos 2001).

über die Soziologie hinaus geteilter „common sense" hinsichtlich der Grundlage gesellschaftlicher Ordnung. Für einen solchen Zugang hat in der Soziologie Durkheim die entscheidenden Weichen gestellt. Seine Kontrastierung von Individuum und Gesellschaft, mit der er darauf insistiert, dass Gesellschaft nicht auf Individuen und individuelle Interessen rückführbar sei, verlangt nach dem sozialen Tatbestand der „Sozialisation", einer Einpassung individueller Interessen und Bedürfnisse in die gesellschaftliche Ordnung (Durkheim 1972; 1973, 1973; 1976; 1977). Es lag dann nahe, diesen Aufbau einer sozialen Person der ersten Lebensphase als Lernprogramm von höchster Priorität zuzuschreiben. Zum zweiten gab die alltägliche Inszenierung von Kindheit die (unhinterfragte) Basis soziologischer Analyse ab. In dieser Hinsicht unterschied sich die Soziologie nicht von den Kindheitswissenschaften, sie hat vielmehr deren „separierenden Blick" übernommen (Bühler-Niederberger 1998). Vor diesem Hintergrund musste man zwischen einer Kategorie kompetenter und ordnungsfähiger Akteure, den Erwachsenen, und einer Kategorie inkompetenter und überhaupt erst zukünftiger Akteure, den Kindern, unterscheiden; das ist die für das Sozialisationskonzept konstitutive Differenzannahme[10].

Die Sozialisationsperspektive thematisiert die Kinder und das Heranwachsen also im Hinblick auf den Erwerb von Kompetenzen zur Teilhabe an Gesellschaft; demzufolge unter der Perspektive von Zukunft und Verzweckung. Damit braucht sie Kindheit allerdings nicht notwendigerweise auf die lückenlose Einpassung in gesellschaftliche Leitprinzipien zu reduzieren, wie dies etwa Parsons mit seiner Vorstellung der Passung von aufzubauenden individuellen Bedürfnisdispositionen in gesellschaftliche Orientierungsmuster tat (Parsons 1951; Parsons/Bales 1955; Geissler 1979). Allerdings drängt sich der Eindruck auf, dass bis in die Gegenwart hinein dieser Linie eine Priorität zukommt (vgl. Honig 1999, S. 66 ff.). Dabei kann mit diesem Ansatz durchaus kritischer nach dem Erwerb von Kompetenzen gefragt werden, die auch Bearbeitung und Veränderung von Gesellschaft ermöglichen sollen, wie sie das etwa unter Bezugnahme auf Mead (1973) und einen Begriff der sozialen Identität tat (Krappmann 1973; Döbert et al. 1980)[11]. Auf dieser theoretischen Ebene stellt die Arbeit mit dem Sozialisationsbegriff nicht a priori einen Beitrag zu einem Konzept der Aufrechterhaltung sozialer Ordnung dar.

---

10 Daran ändert sich auch nichts, wenn Sozialisation mittlerweile als lebenslanger Prozess verstanden wird, die in der Erwachsenenphase angesetzten Sozialisationsprozesse betreffen spezifische Erfordernisse und werden nicht als grundsätzlicher Aufbau der sozialen Person konzipiert.
11 In diesen Kontext gehört auch der Versuch Lorenzers (1972), eine „materialistische Sozialisationstheorie" – auf der Basis einer Vermittlung von Psychoanalyse und Marxismus – zu entwerfen.

Für die gesellschaftliche Analyse hat die Sozialisationsperspektive den Vorteil, dass sie mit der Frage der Reproduktion sozialer Ungleichheit verknüpft werden kann. Als „schichtspezifische Sozialisationsforschung" hat sie darauf aufmerksam gemacht, dass der Erwerb von Kompetenzen zur Teilnahme an Gesellschaft, der zentrale Interessengegenstand des Sozialisationsansatzes also, mit den Ungleichheitsstrukturen der Gesellschaft in entscheidender Weise verbunden ist. Ausgangspunkt waren Daten zu ungleichen Bildungschancen, die sich in der Klassenstruktur verorten ließen. Die Statistiken zur Bildungsbeteiligung sprechen eine überaus deutliche Sprache; sie zeigen, dass die soziale Stellung der Herkunftsfamilie – und zunächst auch noch weitere Variablen der Ungleichheit wie Geschlecht, Region, Konfession – die Bildungschancen der Kinder ganz deutlich beeinflussen, von den sechziger Jahren (Dahrendorf 1965; Bourdieu/Passeron 1971) bis heute (Köhler 1992; Blossfeld/Shavitt 1993; Grundmann et al. 1994; Müller/Haun 1994; Henz/Maas 1995; Büchner/Krüger 1996). Insgesamt zeigt sich zwar eine wachsende Partizipation an Bildung, ein sogenannter „Fahrstuhleffekt" ist damit aber umstritten, denn selbst auf dem höheren Niveau erreichter Bildungsabschlüsse bleiben die Unterschiede in der Folge sozialer Herkunft klar erhalten (Geissler 1996). Mit aller Deutlichkeit haben das die deutschen „PISA"- Ergebnisse (Baumert et al. 2001; Deutsches PISA Konsortium 2001) noch einmal ins Bewusstsein gerufen, was in einer öffentlichen Debatte zum Thema ‚Bildung und die Reproduktion sozialer Ungleichheit' fruchtbar gemacht werden könnte (s. Sünker 2003, Kap. I). Mehr als relativiert wird auch im Bereich der Bildung die These, dass wir uns „jenseits von Stand und Klasse" befänden, die in den Sozialwissenschaften unter Bezugnahme auf Beck (1986; vgl. kritisch Vester et al. 2001) von so manchem bis heute vertreten wird.

Nimmt man diese Daten zusammen mit den Einsichten zu einer strafferen Bindung von Berufskarrieren an schulische Abschlüsse, wie sie Mayer (1991) in einer Untersuchung verschiedener Kohorten zwischen Geburtsjahrgang 1929 und 1951 konstatierte, so kommt man nicht umhin, der Sozialisationsforschung nach wie vor das Verdienst zuzusprechen, einen zentralen Verteilungsmechanismus gesellschaftlicher Positionen zu thematisieren. Dennoch ist die Einbindung der Erforschung ungleicher Bildungschancen in ein Konzept der Sozialisation nicht unproblematisch. Mit ihrer Konzentration auf die Vorstellung von Kompetenzen und des Kompetenzzuwachses gerät eine „schichtspezifische Sozialisationsforschung", deren Inhalt und Absicht es ist, Ursachen ungleicher Bildungschancen zu erforschen, in die Gefahr einer normativen Austautologisierung von Institutionen, die in ihrem Zustandekommen und ihrer Verknüpfung als „bürgerliche" apostrophiert werden können: Familie und Schule. Erfasst sie Eigenarten der Familien der Mittelschicht und deren Auswirkungen auf den

Schulerfolg oder andere messbare Variablen des kindlichen Verhaltens, so avancieren diese unabhängigen und abhängigen Variablen nicht nur zu Kompetenzen schlechthin, sondern in dieser Einbettung in das Sozialisationsparadigma werden solche Familienstrukturen sogar zu Bedingungen der sozialen Ordnung und ihre Effekte auf das Kind werden zur notwendigen Ausrüstung des sozialen Akteurs überhaupt[12]. Dabei handelt es sich dann auch um ausgesprochen „bürgerliche Werte", die normativ validiert werden, allen voran eine auf die Sozialisation der Kinder orientierte Familienstruktur und als deren (behauptete) Erfolge eine hohe Leistungsmotivation und eine elaborierte Sprache – das alles sind schon seit dem 19. Jahrhundert zentrale Bestandteile der Kultur des Bürgertums (Budde 1994). Da die Korrelationen dieser Variablen der Familienstruktur und der kindlichen Kompetenzen mit dem Bildungserfolg außerdem weit geringer ausfallen als die Korrelation einfacher Schichtindikatoren mit eben diesem Erfolg des Kindes – und auch absolut gesehen sehr niedrig sind (Steinkamp 1991) – kann man zudem monieren, dass hier in erster Linie ein Stück Ideologie und nicht Realität einer qualitativen Andersartigkeit und Überlegenheit der mittelständischen Verhältnisse zum Ausdruck gebracht und über diese Diskussion festgeklopft werde. Es ist eine Ideologie – wie man damit konstatieren muss – der offensichtlich auch und immer noch „schichtspezifische Sozialisationsforscher" anhängen und die sich dann in der Vorstellung erforderlicher Kompensation von Defiziten der Unterschichtkinder niederschlägt[13]. Notwendig wäre dagegen bis heute für die deutsche Diskussion eine Wiederaufnahme aus der eigenen Tradition (Siemsen 1948) sowie eine Rezeption der angelsächsischen Debatten aus dem Felde der politics and sociology of education, um die gesellschaftlichen Grundlagen von Bildung und Erziehung klären zu können (vgl. Wexler 1990).

Wie sehr und unheilbar die Ideologie überlegener bürgerlicher Familienverhältnisse die Diskussion um schichtspezifische Bildungschancen – bei realen Klassendifferenzen – dominiert, hat sich in aller Deutlichkeit in der Diskussion um PISA gezeigt. Zeigte sich der soziale Status des Elternhauses einmal mehr als die entscheidende Variable für Entscheidungen hinsichtlich Schulwahl und für Lesekompetenzen, so wurde in der öffentlichen Diskussion vom familiären Hintergrund gesprochen und damit sehr allgemein die Vorstellung adäquater Familienstrukturen, ihres sozialen und kulturellen Kapitals, nahe gelegt. Verlän-

---

12   Zu den erhobenen Variablen der Familienstruktur und zu den gemessenen Variablen kindlicher Kompetenz vgl. Caesar (1972), Cook-Gumperz (1973), Rolff (1980) und Steinkamp (1991).
13   Dies endete in der Tat in vielfältigen Forderungen nach einer „kompensatorischen Erziehung" für sog. „Unterschichtkinder" (vgl. du Bois-Reymond 1971; Lorenzer 1972, S. 144-155).

gert wird auf diese Weise im Rahmen ihrer Deutungsmacht zum einen die bildungsbürgerliche Funktionalisierung von ‚Bildung' auf dem Markte der Konkurrenz um knappe Güter, d.h. Zugriffe auf Zugänge zu ‚hohen' Positionen und entsprechenden Mitteln wie Ressourcen – also Lebensqualität und ‚Wohlstand'; zum anderen geht es um die Fortexistenz einer reaktionären Begabungsideologie, mit der strukturelle Ursachen von Ungleichheit biologisiert werden sollen (vgl. Sünker 2003, S. 22f.)[14].

Die Ursachen des überlegenen Schulerfolgs der Mittelschichtkinder aber können ebenso sehr in anderen Bildungsentscheidungen (Meulemann 1985; Gambetta 1987; Walper 1988), in einem schulspezifischen Umsetzungs- und Bewertungseffekt (Hopf 1992; Ditton 1993) oder der Klassenstruktur (Marshall et al. 1997) gesehen werden als in höheren Kompetenzen, die eine intensivere oder geeignetere Sozialisation erzielen würde. Anders gesagt: Familienmerkmale und Persönlichkeitsmerkmale, die man auch als Eintrittskarten in die Gesellschaft betrachten könnte, die sie nun einmal deswegen sind, weil sie als solche gesellschaftlich gehandelt und d.h. belohnt werden – etwa in Gestalt von sozialem und kulturellem Kapital (Bourdieu) –, werden von der Sozialisationsforschung aufgrund der theoretischen Voreinstellungen, die dies eben hat, in den Status von Kompetenzen, mehr noch von Voraussetzungen sozialer Ordnung erhoben und dabei dann in ihrer Relevanz und auch in ihrer faktischen Schichtspezifität überschätzt.

2.2 Kinder als kompetente Akteure – der Zugang der Kindheitssoziologie

Ein neuer Blick auf Kindheit ist bereits in den 1970er und 1980er Jahren in die soziologische Debatte gekommen. Er implizierte Kritik an der Sozialisationsforschung. Zunächst waren es vor allem Forscher mit dem theoretischen Hintergrund der Ethnomethodologie und des symbolischen Interaktionismus, die einen paradoxen Umgang mit kindlicher Kompetenz aufzeigten, den die Sozialisationsperspektive beinhalte. Einerseits – so diese neuen Einsichten – verlangten die Institutionen und das Arrangement der Sozialisation nach sozialen Kompetenzen der Kinder, setzten diese sogar immer schon voraus. Über solche fundamentalen sozialen Kompetenzen, etwa die Fähigkeit zur sinnhaften Darstellung

---

14 Nicht allein in der Bildung, darin eingelassener Ungleichheiten, zeigt sich der Gehalt der bürgerlichen Familienideologie, dies zeigt sich auch in der Geschichte der Sozialen Arbeit, in der hinter dem Mantel von ‚Charity' und ‚Sorge' Eingriffe in nicht-bürgerliche Familien legitimiert, de facto Kinder aus proletarischen Familien genommen und in re-education Heime gesteckt wurden (vgl. Pelton 1989; Dekker 2001).

sozialer Welt oder des eigenen Selbst und zum Verständnis ihrer Basisregeln – und also insgesamt zur Mitkonstruktion an sozialer Welt – so zeigten Denzin (1971; 1977) und Sacks (1974), verfügten denn auch schon sehr kleine Kinder. Soweit es die Institutionen der Sozialisation betreffe, so setzten diese z.B. die genaue Kenntnis von Regeln und ihrer Geltung voraus und die Fähigkeit und Bereitschaft der Kinder, die jeweils geltenden Regeln recht eigentlich zu ermitteln (Mehan 1974; Mehan 1979; Davies 1983). Dabei handle es sich gerade auch um subtile Regeln der Interaktion, die die gesellschaftlichen Akteurskategorien von Kindern und Erwachsenen erst als unterschiedliche und komplementäre inszenierten, etwa in Routinen der Begrüßung (Payne 1976) oder in Gesprächsverläufen, die unterschiedliche Zugangsberechtigungen und Arten, das Gespräch zu führen, für die verschiedenen Akteurskategorien vorsähen (Speier 1976a; Sacks 1974). Andererseits – und darin bestünde nun eben die Paradoxie – würden diese Institutionen, sei es Familie oder Schule, diese Kompetenzen aber ignorieren und diese Ignoranz gegenüber Akteurskompetenzen der Kinder gelte für die Sozialisationsperspektive ganz grundsätzlich (Mackay 1974; Speier 1976b; Jenks 1982; Waksler 1986).

Die Sensitivierung auf Minoritäten innerhalb der Sozialwissenschaften verhalf solchen theoretischen Außenseiterpositionen in den neunziger Jahren zu Popularität und beeinflusste die wissenschaftliche Annäherung an Kindheit weit über die Soziologie hinaus. Analog zur feministischen Kritik warf die kindheitssoziologische Kritik der Soziologie vor, die Kinder als Akteure überhaupt kaum beachtet zu haben (Ambert 1986) oder wenn sie sie beachtet habe, dann immer als defizitäre Handelnde, die den Status des Akteurs erst zu erwerben hätten. In einer grundsätzlich nur perspektivisch möglichen Rekonstruktion der Welt sei damit die Stimme und Erfahrung der Kinder ähnlich der der Frauen ausgeschlossen geblieben (Alanen 1994), Kinder seien in eine erwachsenenzentrierte und patriarchale Perspektive eingeschlossen worden (Leonard 1990)[15]. Kindheit werde damit auch nicht als eigenständige Lebensphase und Lebenslage, sondern nur als Vorbereitungszeit thematisiert (Alanen 1989; 1997; Qvortrup 1993; James/Prout 1997; Zeiher 1996a).

Wiederum ist also auch dieser Zugang sensitiv auf soziale Ungleichheit. Das kulminiert im Vorschlag, den Begriff „generation" analog dem Konzept „gender" als sozial konstruierte Kategorie der gesellschaftlichen Ungleichheit zu verstehen (Alanen 1994). Die Sensitivität auf Ungleichheit wird auch belegt durch ein neues Interesse an Sozialstatistiken, die die Benachteiligung der Kinder im Vergleich zu anderen Alterskategorien im Hinblick auf die finanzielle

---

15 vgl. auch schon Firestone (1973)

Teilhabe aufzeigen (Sgritta 1996; Joos/Meyer 1998; Qvortrup 1998). Diese Sensitivität beschränkt sich nun aber weitgehend auf den Aspekt der generationalen Ungleichheit. War die Sozialisationsforschung blind gegenüber der generationalen Asymmetrie, die durch eine Reduktion der Kinder auf die Aspekte des Lernens und der Entwicklung und damit auf das, was sie erst noch zu werden hätten, geschaffen wurde, so zeigt die Kindheitssoziologie eine partielle Blindheit gegenüber Fragen der sozialen Schichtung bzw. der Klassenlage. Das mag auch damit zusammenhängen, dass sich manche kindheitssoziologischen Studien innerhalb eines individualisierungstheoretischen Ansatzes lokalisieren, in dem den „alten" Ungleichheiten, jedenfalls soweit sie die Klassenstruktur bzw. Schichtung der Gesellschaft betreffen, zugunsten „neuer" Differenzierungen weniger Aufmerksamkeit zuteil wird. Erst in einer neuen Strömung der Sozialberichterstattung zur Kindheit findet sich eine eigenständige Verbindung eines kindheitssoziologischen Interesses an der Gegenwart der Kinder, d.h. an kindlichen Lebenslagen, mit Fragen der Sozialstrukturanalyse (Joos 2001).

Innerhalb der neuen kindheitssoziologischen Perspektive entstanden Forschungsarbeiten, die sich von hergebrachten Sozialisationskontexten resp. Fragestellungen der Sozialisation auffällig fernhielten. Einige dieser Studien sollen exemplarisch genannt werden: Mehrere Projekte untersuchten, wie Kinder in Situationen, die erzieherisch nicht durchstrukturiert sind, kompetent agieren und auch die Bedingungen städtischer Räume und zu planender Zeiten zu nutzen wissen (Rabe-Kleberg/Zeiher 1984; Behnken 1990; Behnken et al. 1989; Zeiher/Zeiher 1994; Mayall 1994). Andere Studien untersuchten, welche kulturellen Leistungen Kinder erbringen und wie sie das Angebot einer Konsumindustrie in eigener Weise zu nutzen vermögen (Hengst 1990; Hengst 2000), oder wie sie unter sich eigene Regeln und Deutungen der Interaktion schaffen (Corsaro 1985, Corsaro/Eder 1990). Wieder andere Studien wandten sich zwar eigentlichen und als solche intendierten Sozialisationskontexten zu, thematisierten darin aber ebenfalls vor allem die Leistungen der Kinder als kompetenten Akteuren, etwa die Verhandlungen, die Kinder in ihren Familien betreiben (du Bois-Reymond 1998), die Verantwortung, die sie darin auch übernehmen (Solberg 1990; Morrow 1998; Song 1996; Zeiher 2000; Alanen 2000) oder die eigenen Welten, die sie in Schule oder Kindergärten untereinander zu schaffen verstehen (Shiose 1994, 1995; Breidenstein/Kelle 1996, 1998; Strandell 1997).

Alle diese Studien stellen ein wichtiges Korrektiv zur hergebrachten Sozialisationsforschung dar und schaffen Glaubwürdigkeit und Anschauungsmaterial für die Ausgangsprämisse des kompetenten Akteurs, sie belegen die Teilhabe an sozialer Welt, welche das Handeln der Kinder immer schon faktisch darstellt. Dennoch darf dabei nicht übersehen werden, dass die gesellschaftlichen Bemühungen der Sozialisation das Arrangement der Kindheit und das heißt auch das

Handeln der Kinder und den Kinderalltag weitgehend gestalten, auch wenn es richtig ist, darauf hinzuweisen, dass daneben autonomere Bereiche existieren. Es dürfte kaum eine andere Gruppe von relativ kompetenten Akteuren geben, deren Zeit- und Raumprogramm dermaßen weitgehend von anderen Akteuren strukturiert und kontrolliert wird und in dieser Weise auch standardisiert ist für die Angehörigen der ganzen Gruppe.

In den Blick geraten mit dieser Rahmung Problemstellungen, die ‚quer' zur Diskurslage liegen. Handelt es sich doch erst einmal um die Frage nach den Konstitutionsbedingungen von ‚agency', der Kompetenz der Akteure in ihrer Differenz zu dem, was mit ‚Subjekthaftigkeit' und ‚Subjektivität' zum Ausdruck gebracht wird, aber weiterer Grundlegung bedarf. Den wesentlichen Bezugspunkt bildet dabei die Frage nach der Besonderung einer jeweiligen individuellen Existenz, was im Kontext der Kindheitsthematik von entscheidender Bedeutung ist, um den zurecht kritisierten Adultismus nicht wieder ‚durch die Hintertür' einzuführen. Diese Ausgangslage hat Honig (1999, S. 212 f.) dazu geführt, zum einen von der „Relationalität der Kindheit", die nicht auf der Herrschaft der Erwachsenen basiere, „sondern auf der identitätsbildenden leiblichen Verwiesenheit von Kindern", und zum anderen von der kindlichen Rückbindung auf „nicht-reziproke Sorgebeziehungen" zu sprechen[16]. Im Kern handelt es sich um die Frage nach der Möglichkeit einer bildungstheoretischen Grundlegung der Kindheits-Thematik, damit um eine spezifische Herangehensweise an die bislang unter den Semantiken von ‚Defizit' oder ‚Differenz' abgehandelten Positionen[17]. Dabei handelt es sich im Grunde um einen qualitativ alternativen Zugang zur ‚noch-nicht-Problematik', die die gesamte Kindheitsforschung durchzieht und die ihren Ausgang mit der ‚Subjekt-Frage' nimmt. Gegen die Annahme einer quasi naturwüchsigen Realität von Subjektivität, die de facto nur als Austausch der vorher in die ‚Natur' des Kindes hineininterpretierten ‚Unterentwicklung' mit Bezug auf Normen des Erwachsenenlebens zu sehen ist, hat G. Koneffke festgehalten: „Dieser Anspruch enthält die erschlichene Behauptung, dass das menschliche Individuum umstandslos als Subjekt zu gelten habe. Erschlichen ist diese Behauptung, weil sie die Differenz von Potentialität und Aktualität, zwischen Individuum und Exemplar der Gattung stillschweigend einzieht. Aktuelles Subjekt seiner Geschichte ist der Mensch umstandslos nur als Exemplar seiner

---

16 Diese Überlegungen führen ihn dann zu den Schlussfragen seiner Studie, die wir hier nicht explizit diskutieren können: „Wie wird die Unterscheidung von Kindern und Erwachsenen sozial organisiert? Handelt es sich noch um eine, gar um *die* pädagogische Differenz?" (Honig 1999, S. 214)
17 Zur Skizzierung der Grundlegung von Bildungstheorie s. Sünker (2001).

Gattung, denn es gibt kein anderes Subjekt der Geschichte, wohl aber diese. Als Individuum ist der Mensch nur potentielles Subjekt, aktuell erst als Resultat der Bildung. Auf diese, auf Aktualisierung der Subjektivität hat jedes Individuum ein unveräußerliches und unverwirklichbares Recht" (1986, S. 72). Eingelassen in diese Fassung der ‚Subjekt-Frage' ist dementsprechend die nach den Konstitutionsbedingungen der Kompetenz zur Regulierung und Gestaltung individueller wie gesellschaftlicher Beziehungen, eine Frage, die eben nicht nur für Kinder gilt.

3 Perspektiven

3.1 Soziologie der Sozialisation

Das besondere Verdienst der Kindheitssoziologie besteht darin, dass sie die Fraglosigkeit, ja den Status einer „natürlichen" Begründung, die der Sozialisation als Konzept der Soziologie und als realer Inszenierung von Kindheit zukamen, dekonstruiert hat (Bühler-Niederberger 1998). Mit dem Konzept des Kindes als kompetentem Akteur und der darauf gegründeten Forschung entlarvt sie Annahmen der Sozialisation als Erwachsenenzentriertheit und als Ausschluss relevanter Fragestellungen. Aber es wäre kurzschlüssig nun das Arrangement der Sozialisation von der sozialwissenschaftlichen Thematisierung auszuklammern, wozu die kindheitssoziologische Forschungspraxis je nach Akzentuierung mehr oder weniger stark tendiert. Denn es ist gerade diese dekonstruierende Leistung der Kindheitssoziologie, die nun für ein neues Studium der Sozialisation jenseits anthropologisierender Apriori's genutzt werden sollte.

Zwei Gründe, die nach einer weiteren Untersuchung von Arrangements der Sozialisation verlangen, wurden bereits herausgearbeitet: Erstens, strukturieren die Annahmen und Institutionen der Sozialisation den Kinderalltag und die Kindheit als normatives Muster in umfassendem Maße, zweitens, sind diese mit der sozialen Ungleichheit im Sinne von schichtspezifischen Chancen auf Bildungs- und Berufsstatus signifikant verknüpft, wie dies die Sozialisationsforschung aufgezeigt hat. Nun soll aber ein dritter Grund angeführt werden, der mehr noch als die beiden genannten für eine sozialwissenschaftliche Annäherung an Sozialisation spricht. Es ist die Tatsache, dass „Sozialisation" als besonderes generationales Arrangement in vielfältiger Weise in die politische und gesellschaftliche Ordnung eingeflochten wurde, ja die moderne Gesellschaft in einem Maße kennzeichnet, dass man diese als eine „generationale Ordnung" – komplementär zu ihrer Klassenstrukturierung – bezeichnen kann.

Der Begriff der „generationalen Ordnung" ist neuerdings in der Kindheitssoziologie geläufig geworden, um das Faktum der sozialen und komplementären Konstruiertheit und Strukturiertheit von Kinder- und Erwachsenenkategorie und der Interaktionen zwischen den Angehörigen beider Kategorien zu erfassen. Er ist aber in der umfassenden gesellschaftlichen Bedeutung, die ihm zugemessen werden sollte, höchstens in Ansätzen analysiert worden. Programmatisch wurde in der Kindheitssoziologie in den vergangenen Jahren wiederholt postuliert, dass die Aufmerksamkeit sich nicht auf die Kinder beschränken dürfe, sondern auf das generationale Verhältnis gerichtet werden müsse, das als zentrales Element der Gesellschaft zu verstehen (Qvortrup 1987; Honig 1999; Alanen 2000) und in seinen Verschränkungen mit dem Geschlechterverhältnis und mit ökonomischen Interessenverhältnissen in den Blick zu nehmen sei (Zeiher 1996a). Eine solche Analyse, das soll hier behauptet werden, kann aber nur adäquat erfolgen, wenn sie auch und gerade Arrangements der Sozialisation – in ihrer je klassenspezifischen Vermitteltheit – in das Zentrum des Interesses rückt. Dies soll sie in aufgeklärter Weise tun, d.h. im Wissen darum, dass der Vorstellung der Sozialisation keine „Natürlichkeit", keine Zwangsnotwendigkeit" für die soziale Ordnung zugeschrieben werden kann, sondern dass ein solches generationales Arrangement als politisches, kulturelles und strukturelles begriffen werden muss. Damit wird den von Bourdieu vorgestellten Kapitalsorten – ökonomisch, sozial, kulturell –, die Strukturierungsprozesse der Gesellschaft fundieren, ein weiteres hinzugefügt: das generationale Kapital, das sich real und symbolisch in den Händen von Erwachsenen befindet.

Mit ihrer Vorstellung des immer schon kompetenten Akteurs übersieht die Kindheitssoziologie tendenziell, dass die ethnographisch angenäherten „Inseln", deren kulturelle Ausgestaltung durch eben diese Akteure sie studiert, zumeist nichts anderes sind als Hinterbühnen und informelle Strukturen von Institutionen der sozialen Ordnung als einer herrschaftlichen und durch Ungleichheit gekennzeichneten Ordnung. Und auch „Verhandlungshaushalte" sind letztlich generational klar strukturierte Arrangements, möglicherweise sogar solche, die tiefer greifen in den Psychen und Verhaltensroutinen ihrer Mitglieder und die die elterliche Liebe als Erziehungsmittel und „inneren Wegweiser" für das zukünftige Gesellschaftsmitglied radikalisieren. In diesem Sinne könnten sie sogar als besonders durchdachtes und gelungenes Sozialisationskalkül zur Vorbereitung auf die widersprüchlichen Anforderungen des bürgerlichen Alltags – zwischen Individualisierung und Institutionalisierung bei Standardisierung des Lebens (vgl. Sünker 1993) – betrachtet werden. Und zweifellos werden die Kompetenzen der kindlichen Akteure von der Kindheitssoziologie auch gelegentlich überschätzt, ist doch gerade die beobachtbare Kompetenz dann zum Teil nicht mehr als eine delegierte, kalkuliert zugestandene und jedenfalls schon vereinnahmte Kompetenz, aber doch keine wirkliche Gestaltung von Welt, weil diese verwehrt bleibt. Auch daran erweist sich, dass mit der quasi ontologischen Differenz zwischen Kindern und Erwachsenen, die im Interesse der generationalen Ordnung gesetzt wird, die reale Problematik der Dialektik von Autonomie und Abhängigkeit in allen Lebensaltern verkannt bleibt: Wenn Heydorn (1980, S. 72) davon spricht, es sei „partiell richtig", Kindheit als „unvollkommene Erscheinungswelt" vom Leben der Erwachsenen zu verstehen, dann verweist dies zum einen darauf, dass die Kompetenzfrage im Falle der Kinder auch wesentlich für die Erwachsenen gilt, zum anderen aber mit jenen sich im Kontext von Bildungsprozessen, deren gesellschaftliche Relevanz für Urteilskraft und Handlungsfähigkeit je besonders zu klären ist, die Möglichkeit einer Änderung, d.h. Verbesserung, ergibt[18].

Man kann auf die Kindheitsgeschichte zurückgreifen, um diese Forderung nach einer umfassenden Analyse der generationalen Ordnung zu begründen. Die historische Erforschung der Kindheit ist eine der Wurzeln der kindheitssoziologischen Perspektive. Die Kindheitssoziologie greift auf die Geschichte zurück, um Plausibilität für ihre Dekonstruktion des Sozialisationsbegriffs geltend zu machen. Die historische Analyse der Kindheit hat nämlich darauf aufmerksam gemacht, dass Kindheit keine natürliche Konstante, sondern das Produkt einer historischen Entwicklung ist (Ariès 1992; Hawes/Hiner 1991; Sommerville 1990; Becchi/Julia 1998), dass also andere Kindheiten und andere Konzeptionen der Kinderkategorie (und komplementär der Erwachsenenkategorie) nicht nur denkbar, sondern auch historisch ermittelbar sind – bis hin zu solchen Konstellationen, in denen die Unterschiede zwischen den Kategorien „Kinder" und „Erwachsene" höchstens in Ansätzen konstatiert werden können. Damit kann man – vom Mittelalter aus gesehen – von einer „Entdeckung der Kindheit" als neuzeitlicher Leistung sprechen (Ariès 1992). Die historische Erforschung der Kindheit – oder eben der generationalen Kategorien – ist darüber hinaus jedoch auch geeignet, darauf aufmerksam zu machen, in welchem Maße eine solche „Entdeckung" und ein darauf aufbauendes Arrangement der Sozialisation mit gesellschaftlichen Prozessen des Ordnens überhaupt verbunden ist.

Für jeweils verschiedene historische Epochen lässt die Kindheitsgeschichte erkennen, wie eine straffere Definition und Unterscheidung der Altersgruppen

---

18 Für Heydorn (1980, S. 73) ist festzuhalten: Mit Kindheit „wird Anfang inmitten aller Geschichte möglich. Dieser Gesichtspunkt hat eine unerhörte Bedeutung und will stets jenem anderen, der die gesellschaftlich-historische Vermitteltheit des Kindseins zugrunde legt, hinzugedacht sein. (…) Doch bleibt, dass Kindheit auch Neubeginn ist, stets wiederholte Möglichkeit. Die jüdische Tradition hat dies so gefasst, dass ein jedes Kind der Messias sein kann."

seit dem ausgehenden Mittelalter und vor allem der Reformation angestrebt wurde – die Transformation eines uneinheitlichen, von der neuen Zeit aus gesehen wenig auf ein öffentliches Wohl gerichteten generationalen Verhältnisses in ein solches der Sozialisation. In einem stark sozial-utilitaristischen Ordnungsinteresse wurden Erwachsene und Kinder als aufeinander verwiesene in die gesellschaftliche Pflicht genommen, zunächst durch Moralisten, später durch Männer des Staates und die allmählich auf den Plan tretenden Experten der Erziehung (Joseph/Fritsch/Battegay 1977; Strauss 1978; Donzelot 1979; Zelizer 1985; Peukert 1986; Hendrick 1997; Mahood 1995; Sieder 1998; de Coninck-Smith 1997; 1999; Julia 1998). Stellt man die Einsichten aus diesen Arbeiten zusammen, kann man erkennen wie eine neue generationale Ordnung Zug um Zug institutionalisiert wurde, hauptsächlich über Elternschaft und Schule. Eine solche Ordnung ging letztlich mit dem Anspruch ihrer Geltung für alle gesellschaftlichen Klassen einher. In das neue generationale Ordnungsdispositiv wurde das Geschlecht mit einbezogen: Das normative Muster der „guten Mutter" (Badinter 1981; Schütze 1991), das seit dem ausgehenden 18. Jahrhundert mit wachsendem rhetorischem und fürsorgerischem Aufwand postuliert wurde, ist gleichzeitig Generationenentwurf, Geschlechtsentwurf, Familienentwurf, und es ist fundamental auf die soziale Ordnung bezogen, die immer stärker auf (anerzogenen) Selbstzwang, auf „Sozialisation", statt Fremdzwang setzte (Elias 1976; Schrader 1996) und in der es Positionen nicht zuletzt durch eine „gute Kinderstube" zu legitimieren galt. Die letztere meint nicht nur ein erzieherisches Verhältnis, sondern ganz konkret auch die Verortung und Überwachung der Kinder in der Familie im Gegensatz zu ihrem Aufenthalt auf der funktionsdurchmischten Straße der alten Stadt, der von Agenten der Sozialdisziplinierung der Kampf angesagt wurde und der schließlich Architekten und Verkehr in ihrer alten Form den Todesstoß versetzten (Ariès 1994; Meyer 1983). Gerade an dieser Geschichte der Straße lässt sich sehr deutlich erkennen, wie die Etablierung des Sozialisationsverhältnisses mit einem ganzen Projekt strafferen gesellschaftlichen Ordnens im Sinne gesellschaftlicher Einordnung, damit Unterwerfung, verbunden ist.

Dabei darf allerdings nicht übersehen werden, dass die damit erfolgte Privatisierung und Neuordnung der Familie und d.h. des generationalen Verhältnisses nicht nur von außen oktroyiert und auch nicht einfach eine Folge ökonomischer Veränderungen war (Pfau-Effinger 1998). Eigene Impulse der Familien waren wirksam, die allerdings auch nicht nur an Emotionen orientiert waren, sondern ihrerseits mit Statuskalkülen verbunden. Solche Kalküle und die Strategien ihrer Umsetzung innerhalb der Familie werden aus zahlreichen Dokumenten, Autobiographien, Briefen ersichtlich (Stone 1977; Schlumbohm 1983; MacFarlane 1986; Budde 1994; Martin-Fugier 1992; Habermas 2000).

Im Zuge dieser Ordnungsbemühungen wurde eine lange, abhängige Kindheit durchgesetzt. Diese war zunächst nur für eine Minderheit von Kindern Realität, gilt nun aber für nahezu alle Kinder Europas. Sie ist als Baustein der sozialen Ordnung entstanden. Die soziale Ordnung Europas jedoch – für die diese Kindheit basales Element sein soll – zeichnet sich durch folgende Besonderheiten aus: „(...) die Abwesenheit persönlicher Herrschaft, die Ächtung individueller Gewalt- und Abhängigkeitsverhältnisse, die Vergesellschaftung durch begriffliche Abstraktionen, über die sich staatliche Macht organisiert (...)" (Schrader 1996, S. 12). Diese Besonderheiten werden von außereuropäischer Sicht bereits im 19. Jahrhundert erkennbar[19]. In einer Gesellschaft mit dem Schein besonderer Autonomie also werden die Kinder davon ausgenommen, ist ihre Realität durch Abhängigkeit und in besonderem Maße durch persönliche Abhängigkeit gekennzeichnet; wird das Leben der Erwachsenen wesentlich durch das Kapitalverhältnis strukturiert, so übernimmt dies im Falle des Kinderlebens die generationale Ordnung mit ihrer strukturierenden Kraft[20]. Und diese „Ausnahme" ist eben gerade nicht deshalb zustande gekommen, weil die Kinder als soziale Gruppe (und deren Lebensumstände) unter Absehung von der gesellschaftlichen Ordnung entworfen worden wären. Ihre Bedeutung, ihre Bestimmung, ja ihre „Natur" ist aus dem Interesse an einer neuen gesellschaftlichen Ordnung definiert und institutionalisiert worden. Das ist das Paradox der sich freiheitlich gebenden Ordnung (Bühler-Niederberger/Tremp 2001).

Obrigkeitliche und später staatliche Anstrengungen, auf Kindheit Einfluss zu nehmen, sind und waren ihrer Intention nach zumeist Versuche, eine geordnetere Kindheit zu erreichen. Institutionen geordneter Kindheit sind damit grundsätzlich politische Konstruktionen. In Anbetracht ihres politischen Charakters erstaunt es, dass sich diese Institutionen selbst bei recht gewichtigen politischen Veränderungen nur zum Teil veränderten. Das kann man erkennen, wenn man Institutionalisierungsprozesse und Institutionen der Kindheit im Deutschland des 20. Jahrhunderts studiert; denn dies ist zumindest in der ersten Hälfte durch einen raschen Wechsel politischer Regime gekennzeichnet (Bühler-Niederberger 2000). Dies lässt sich erklären durch ein sehr generelles Konzept generationaler Ordnung, auf das sich die verschiedensten Formen neuzeitli-

---

19 Schrader (1996, S.12) bezieht sich auf die Berichte der ersten chinesischen Diplomaten.
20 Gesellschaftstheoretisch entscheidend ist, dass Kinder sich damit nicht auf der Höhe der Gesellschaft, ihrer Vermittlungskontexte, befinden, sondern sich in quasi feudalen Verhältnissen bewegen. Denn, auch wenn Kapitalismus und die Geschichte der bürgerlichen Gesellschaft nicht identisch sind, wesentlich bleibt, dass sich unter dem Kapitalverhältnis Individuen als selbständige begegnen – also als Warenbesitzer. Dies bedeutet nicht, dass sie de facto autonom oder mündig in ihren Handlungen wären; zu den Folgen für die Pädagogik vgl. Koneffke (1982).

cher Regime stützen, obrigkeitliche und demokratische, totalitäre und liberale. In allen diesen Regimen sollte und soll ein tüchtiger disziplinierter Nachwuchs das allgemeine Wohl garantieren. Kaum je zielten die Maßnahmen dagegen auf Handlungsspielräume und -potential der Kinder. In einem sozial-utilitaristischen Ordnungskalkül interessierten die Kinder in erster Linie als Humankapital. Solches Kapital sollte durch eine genormte und uniforme Kindheit produziert werden. Dabei gilt es auch zu berücksichtigen, dass eine generationale Ordnung das Versprechen auf eine straffere Ordnung nicht auf die nächste Generation verschiebt, sondern zeitlich unmittelbar Ordnung schafft. Soll der Nachwuchs in ein dichteres und effektiveres erzieherisches Arrangement gestellt werden, dann werden die Eltern in die Pflicht genommen, dann wird von den Eltern die richtige Einstellung, vorbildliches Verhalten, Häuslichkeit und ganz umfassend eine disziplinierte Lebensführung verlangt. Und all das kann wiederum kontrolliert werden – über das Kind. Eine generationale Ordnung ist also ein doppelt wirksames Disziplinierungsarrangement. Es wirkt auf beide Kategorien – Erwachsene und Kinder. Lebensgeschichtlich gewendet kann man sagen, dass es die Individuen in ihrem Lebenslauf zweimal erfasst, das gilt längst nicht nur für Frauen (vgl. Donzelot 1979).

Stellt man in Rechnung, wie sehr das generationale Arrangement in die gesellschaftliche Ordnung eingelassen ist, so sind Veränderungen und Konstanten im Sozialisationsarrangement von höchstem Interesse[21]. Als Sozialisationsarrangement ist das Generationenverhältnis nicht nur ein zentraler Baustein der Gesellschaft, sondern auch ein versteckter, weil er, nachdem der Erkenntnisstand frühbürgerlicher Theorie vergessen wurde, bis vor wenigen Jahren „Natürlichkeit" beanspruchen konnte. Haben nun Kindheitsgeschichte und Kindheitssoziologie den Baustein in seiner Natürlichkeit dekonstruiert, so sollte es im nächsten Schritt Programm der Forschung sein, die Einsicht für seine Analyse und damit auch immer schon eine umfassende Analyse der gesellschaftlichen sowie je besonders geformten generationalen Ordnung überhaupt zu nutzen. Seien es politische Entscheidungen, familiäre Veränderungen, Entwicklungen im Bildungssystem oder ähnliches mehr, sie verdienen also auch deswegen eine herausgehobene Beachtung, weil sie nur in einem ersten Schritt auf Kindheit, in einem zweiten jedoch in umfassendem Sinne auf die Gesellschaft als ganze zielen.

---

21 Dies hat Benjamin zu dem Vorschlag veranlasst: „Ist nicht Erziehung vor allem die unerlässliche Ordnung des Verhältnisses zwischen den Generationen und also, wenn man von Beherrschung reden will, Beherrschung des Generationenverhältnisses und nicht der Kinder?" (1991a, S. 147; vgl. Brumlik 1995).

Der Blick der „alten" Sozialisationsforschung galt der sozialen Ordnung, aber in einer Weise, die diese als wesentlich sozialstaatlich verfasste trotz allem auch legitimierte, indem die Argumentation auf den Schein individueller Leistungs- und Kompetenzunterschiede rekurrierte und das Sozialisationsarrangement in der generationalen wie der Statushierarchie als natürliches etablierte. Eine neue gesellschaftstheoretisch und -politisch interessierte Sozialisations- und Bildungsforschung, wie sie auf den dekonstruierenden Leistungen der Kindheitssoziologie aufbauen kann, sieht einmal mehr auf Gesellschaft und deren gesellschaftlich-generationale Ordnung. Sie lässt sich aber – nun kindheitsanalytisch sensibilisiert – nicht mehr für deren herrschaftlich verfasste Anliegen einspannen. Indem sie die Vorstellung des kulturellen und sozialen Kapitals um die eines generationalen Kapitals erweitert, gewinnt sie Einblick in zentrale Prozesse der Produktion, Reproduktion und Legitimation sozialer Ungleichheit. Lenkt sie den Blick auf den kindlichen Akteur, so hat dessen Befähigung zur Partizipation an Gesellschaft und zur Bearbeitung ihrer Asymmetrien, der Überwindung klassenstrukturierter Ungleichheit im Interesse aller Gesellschaftsmitglieder im Vordergrund zu stehen.

Literatur

Alanen, L. (1989): Von kleinen und von großen Menschen. Plädoyer für eine Soziologie der Kindheit. Das Argument 173. S. 79-89

Alanen, L. (1994): Zur Theorie der Kindheit. In: Sozialwissenschaftliche Literatur Rundschau 17 (H. 28). S. 93-112

Alanen, L. (2000): Childhood as a Generational Condition. Towards a Relational Theory of Childhood. pp. 11-30 in Researchers Attached to the Research Project „Child and Youth Culture" (Eds.), Research in Childhood. Sociology, Culture & History. A Collection of Papers. Odense

Ambert, A.-M. (1986): Sociology of Sociology. The Place of Children in North American Sociology. Sociological Studies of Child Development 1. pp. 11-31

Ariès, Ph. (1992): Geschichte der Kindheit. München

Ariès, Ph. (1994): Das Kind und die Straße von der Stadt zur Anti-Stadt. In: Freibeuter, Vierteljahreszeitschrift für Kultur und Politik 60. S. 75-94

Badinter, E. (1981): Die Mutterliebe. Geschichte eines Gefühls vom 17. Jahrhundert bis heute. München

Baumert, J. et. al (Hrsg.) (2001): PISA 2000. Basiskompetenzen von Schülerinnen und Schülern im internationalen Vergleich. Opladen

Becchi, E./Julia, D. (Ed.) (1998): Histoire de l'enfance en occident. tome 1 et 2. Paris

Beck, U. (1986): Risikogesellschaft. Frankfurt/M.

Behnken, I. (Hrsg.) (1990): Stadtgesellschaft und Kindheit im Prozess der Zivilisation. Opladen

Behnken, I./du Bois-Reymond, M./Zinnecker, J. (1989): Stadtgeschichte als Kindheitsgeschichte. Lebensräume von Großstadtkindern in Deutschland und Holland um 1900. Opladen
Benjamin, W. (1969): Eine kommunistische Pädagogik. In: ders.: Über Kinder Jugend und Erziehung. Frankfurt/M. S. 87-90
Benjamin, W. (1991): Das Dornröschen. In: ders.: Ges. Schriften II, 1. Frankfurt/M. S. 9-12
Benjamin, W. (1991a): Einbahnstraße.. In: ders.: Ges. Schriften IV,1. Frankfurt/M. S. 83-148
Bernfeld, S. (1967): Sisyphos oder die Grenzen der Erziehung. Frankfurt/M.
Blossfeld, H.-P./Shavitt, Y. (1993): Dauerhafte Ungleichheiten. Zur Veränderung des Einflusses der sozialen Herkunft auf die Bildungschancen in dreizehn industrialisierten Ländern. In: Zeitschrift für Pädagogik 39. S. 25-52
Bourdieu, P./Passeron, J.-C. (1971): Die Illusion der Chancengleichheit. Stuttgart
Breidenstein, G./Kelle, H. (1998): Geschlechteralltag in der Schulklasse: ethnographische Studien zur Gleichaltrigenkultur. Weinheim
Breidenstein, G./Kelle, H. (1996): Jungen und Mädchen in Gruppen: die interaktive Herstellung sozialer Unterschiede. In: Lenzen, K.-D./Tillmann, K.-J. (Hrsg.): Gleichheit und Differenz. Impuls Bd. 28 (Veröffentlichungen der Laborschule), Bielefeld. S. 52-63
Brumlik, M. (1995): Gerechtigkeit zwischen den Generationen. Berlin
Büchner, P./Krüger, H.-H. (1996): Soziale Ungleichheiten beim Bildungserwerb innerhalb und außerhalb der Schule. In: Aus Politik und Zeitgeschichte 11. S. 21-30
Budde, G. (1994): Auf dem Weg ins Bürgerleben. Göttingen
Bühler-Niederberger, D./Tremp, P. (2001): Kinder und gesellschaftliche Ordnung – die generationale Grundlage moderner Demokratien. In: Güthoff, F./Sünker, H. (Hrsg.): Handbuch Kinderrechte. Münster. S. 37-67
Bühler-Niederberger, D. (1998): The separative view. Is there any Scientific Approach to Children. In: Behera, D. K. (Ed.): Children and Childhood in our Contemporary Societies. Delhi. P. 51-66
Bühler-Niederberger, D. (2000): Programme der Politik. In: Larass, P. (Hrsg.): Kindersein (k)ein Kinderspiel – Das Jahrhundert des Kindes? Halle. S. 339-360
Caesar, B. (1972): Autorität in der Familie. Hamburg
Chisholm, L. (1992): Paradise Lost – Lost Paradise. Ist die deutsche Kindheitsforschung zur Entromantisierung fähig? In: Sozialwissenschaftliche Literatur Rundschau 15. Heft 25. S. 98-111
Cook-Gumperz, J. (1973): Social Control and Socialization. London/Boston
Corsaro, W.A. (1985): Friendship and peer culture in the early years. Norwood/N.J.
Corsaro, W.A., Eder, D. (1990): Children's peer culture. Annual Review of Sociology 16. S. 197-220
Dahrendorf, R. (1965): Arbeiterkinder an deutschen Universitäten. Tübingen
Davies, B. (1983): The Role Pupils Play in the Social Construction of Classroom Order. British Journal of Sociology of Education 4. S. 55-69

de Coninck-Smith, N. (1997): The Struggle for the Child's time – at all Times. School and Children's Work in Town and Country in Denmark from 1900 to the 1960s. In: de Coninck-Smith, N. et al. (Eds.): Industrious Children. Work and Childhood in the Nordic Countries 1850-1990. Odense. pp. 129-159

de Coninck-Smith, N. (1999): Family Strategies and Schooling. Denmark 1880-1914. Odense

Dekker, J.: The Will to Change the Child. Re-education-Homes For Children at Risk in Nineteenth Century Western Europe. Frankfurt/M.

Denzin, N. K. (1971): Childhood as a Conversation of Gestures. In: Hamilton, P. (Ed.): George Herbert Mead: Critical Assessments. Vol IV. London, New York. pp. 51-66

Denzin, N. K. (1977): Childhood Socialization. Studies in the Development of Language, Social Behavior, and Identity. San Francisco

Deutsches PISA-Konsortium (Hrsg.) (2002): PISA 2000 – Ein differenzierter Blick auf die Länder der Bundsrepublik Deutschland. Opladen

Ditton, H. (1993): Bildung und Ungleichheit im Gefüge von Unterricht, schulischem Kontext und Schulsystem. In: Die Deutsche Schule 85. S. 348-363

Döbert, R./Habermas, J./Nunner-Winkler, G. (1980): Entwicklung des Ichs. Königstein/Ts. 2. Aufl.

Donzelot, J. (1979): Die Ordnung der Familie. Frankfurt/M.

du Bois-Reymond, M. (1971): Strategien kompensatorischer Erziehung. Das Beispiel der USA. Frankfurt/M.

du Bois-Reymond, M. (1998): Der Verhandlungshaushalt im Modernisierungsprozess. In: Büchner, P./du Bois-Reymond, M. /Ecarius, J./Fuhs, B./Krüger, H.-H. (Hrsg.): Teenie-Welten. Aufwachsen in drei europäischen Regionen. Opladen. S. 83-112

du Bois-Reymond, M./Sünker, H./Krüger, H.-H. (Hrsg.) (2001): Childhood in Europe. New York/Washington

Durkheim, E. (1972): Erziehung und Soziologie. Düsseldorf

Durkheim, E. (1973): Erziehung, Moral und Gesellschaft. Vorlesung an der Sorbonne 1902/1903. Neuwied

Durkheim, E. (1973a): Der Selbstmord. Neuwied

Durkheim, E. (1976): Die Regeln der soziologischen Methode. Darmstadt

Durkheim, E. (1977): Über die Teilung der sozialen Arbeit. Frankfurt/M.

Elias, N. (1976): Der Prozess der Zivilisation. 2 Bde. Frankfurt/M.

Firestone, S. (1973): Nieder mit der Kindheit. Kursbuch 34. S. 1-24

Gambetta, D. (1987): Were they Pushed or Did They Jump? Individual Decision Mechanism in Education. Cambridge/London/New York

Geissler, R. (1979): Die Sozialisationstheorie von Talcott Parsons. Anmerkungen zur Parsons-Rezeption in der deutschen Soziologie. In: Kölner Zeitschrift für Soziologie und Sozialpsychologie 31. S. 256-266

Geissler, R. (1996): Die Sozialstruktur Deutschlands. 2. neubearb. und erw. Auflage. Opladen

Glantschnig, H. (1987): Liebe als Dressur. Kindererziehung in der Aufklärung. Frankfurt/M.

Grundmann, M./Huinink, J./Krappmann, L. (1994): Familie und Bildung. In: Büchner, P. et al. (Hrsg.): Kindliche Lebenswelten, Bildung und innerfamiliale Beziehungen. München. S. 41-104

Güthoff, F./Sünker, H. (Hrsg.) (2001): Handbuch Kinderrechte. Partizipation, Kinderpolitik, Kinderkultur. Münster

Habermas, R. (2000): Frauen und Männer des Bürgertums. Eine Familiengeschichte (1750-1850). Göttingen

Hawes, J. M./Hiner, N. R. (Eds.) (1991): Children in Historical and Comparative Perspective. New York/Westport/London

Hendrick, H. (1997): Children, Childhood and English Society 1880–1990. Cambridge

Hengst, H. (1990): Szenenwechsel. Die Scripts der Medienindustrien in der Kinderkultur. In: Charlton, M./Brachmair, B. (Hrsg.): Medienkommunikation im Alltag. München/New York/London/Paris. S. 191-207

Hengst, H. (2000): Vom Cow-boy zum Horse-girl. Working Paper 12. Child and Youth Culture. The Department of Contemporary Cultural Studies. Odense

Henz, U./Maas, I. (1995): Chancengleichheit durch Bildungsexpansion. In: Kölner Zeitschrift für Soziologie und Sozialpsychologie 47, S. 605-634

Heydorn, H. J. (1980): Erziehung. In: ders.: Ungleichheit für alle: Bildungstheoretische Schriften Band 3. Frankfurt/M. S. 63-94

Heydorn, H. J. (1980a): Zu einer Neufassung des Bildungsbegriffs. In: ders.: Ungleichheit für alle: Bildungstheoretische Schriften Band 3. Frankfurt/M. S. 95-184

Honig, M.-S. (1999): Entwurf zu einer Theorie der Kindheit. Frankfurt/M.

Honig, M.-S. (2001): Kinderpolitik. In: Otto, H.-U./Thiersch, H. (Hrsg.): Handbuch Sozialarbeit/Sozialpädagogik. 2. völlig überarb. Auflage Neuwied. S. 936-948

Honig, M.-S./Leu, H. R./Nissen, U. (Hrsg.) (1996): Kinder und Kindheit. Soziokulturelle Muster – Sozialisationstheoretische Perspektiven. Weinheim

Honig, M.-S./Leu, H. R./Nissen, U. (1996): Kindheit als Sozialisationsphase und als kulturelles Muster. In: dies. (Hrsg.): Kinder und Kindheit. Soziokulturelle Muster - sozialisationstheoretische Perspektiven. Weinheim. S. 9-29

Hopf, W. (1992): Ausbildung und Statuserwerb. Theoretische Erklärungen und Ergebnisse der Sozialforschung. Frankfurt/M.

James, A./Prout, A. (eds.) (1997): Constructing and Reconstructing Childhood. London/Washington

James, A./Prout, A. (1997): Preface to Second Edition. pp. IX-XVII. In: dies.

Jenks, C. (1982): Constituting the Child. P. 9-24. In: ders. (Ed.): The Sociology of Childhood. Essential Readings. London

Joos, M. (2001): Die soziale Lage der Kinder. Sozialberichterstattung über die Lebensverhältnisse von Kindern in Deutschland. Weinheim

Joos, M., Meyer, W. (1998): Die Entwicklung der relativen Einkommensarmut von Kindern in Deutschland. In: Mansel, J./Neubauer, G. (Hrsg.): Armut und soziale Ungleichheit bei Kindern. Opladen. S. 19-33

Joseph, I./Fritsch, P./Battegay, A. (1977): Disciplines à domicile. L'édification de la famille. Recherches 28

Julia, D. (1998): L'enfance entre absolutisme et Lumières. In: Becchi, E./Julia, D. (Ed.): Histoire de l'enfance en Occident. Paris. S. 7-111

Kaiser, G. (1981): Gottfried Keller. Frankfurt/M.
Key, E. (1978): Das Jahrhundert des Kindes. Königstein
Köhler, H. (1992): Bildungsbeteiligung und Sozialstruktur in der Bundesrepublik. Zu Stabilität und Wandel der Ungleichheit von Bildungschancen. Max Planck Institut für Bildungsforschung. Studien und Berichte 53. Berlin
Koneffke, G. (1982): Wert und Erziehung. Zum Problem der Normierung des Handelns in der Konstitution der bürgerlichen Pädagogik. In: Zeitschrift für Pädagogik (Z.f.Päd.) 28. S. 935-950
Koneffke, G. (1986): Revidierte Allgemeinbildung, in: Widersprüche 6, Heft. 21. S. 67-76
Krappmann, L. (1973): Soziologische Dimensionen der Identität. Stuttgart
Lange, A. (1995): Eckpfeiler der sozialwissenschaftlichen Analyse von Kindheit heute. In: Sozialwissenschaftliche Literatur Rundschau 18, Heft 30. S. 55-68
Lange, A. (1996): Kindsein heute: Theoretische Konzepte und Befunde der sozialwissenschaftlichen Kindheitsforschung sowie eine Explorativuntersuchung zum Kinderalltag in einer bodenseenahen Gemeinde. Konstanz
Leonard, D. (1990): Entwicklungstendenzen der Soziologie der Kindheit in Großbritannien. In: Büchner, P./Krüger, H.-H./Chisholm, L. (Hrsg.): Kindheit und Jugend im internationalen Vergleich. Opladen. S. 37-52
Lorenzer, A. (1972): Zur Begründung einer materialistischen Sozialisationstheorie. Frankfurt/M.
MacFarlane, A. (1986): Marriage and love in England. Modes of reproduction 1300-1840. Oxford
Mackay, R. W. (1974): Conceptions of Children and Models of Socialization. In: Turner, R. (Ed.): Ethnomethodology. Selected Readings. Harmondsworth. P. 180-193
Mahood, L. (1995): Policing Gender, Class and Family. London
Marshall, G./Swift, R./Roberts, St. (1997): Against the Odds. Social Class and Social Justice in Industrial Societies. Oxford
Martin-Fugier, A. (1992): Riten der Bürgerlichkeit. In: Perrot, M. (Hrsg.): Geschichte des privaten Lebens. Bd. 4. Von der Revolution zum Großen Krieg. Frankfurt/M. S. 201-266
Mason, M. A. (1994): From Father's Property To Children's Rights. The History of Child Custody in the United States. New York
Mayall, B. (Hrsg.) (1994): Children's Childhoods: Observed and Experienced. London
Mayer, K. U. (1991): Lebensverlauf und Bildung. In: Unterrichtswissenschaft 19. S. 313-332
Mead, G. H. (1973): Geist, Identität und Gesellschaft. Frankfurt/M.
Mehan, H. (1974): Accomplishing Classroom Lessons. In: Cicourel, A. V. et al. (Eds.): Language Use and School Performance. New York/San Francisco/London. P. 76-142
Mehan, H. (1979): Learning Lessons. Social Organization in the Classroom. Cambridge/Massachusetts/London
Meulemann, H. (1985): Bildung und Lebensplanung. Die Sozialbeziehungen zwischen Elternhaus und Schule. Frankfurt/New York

Meyer, Ph. (1983): Das Kind und die Staatsräson oder die Verstaatlichung der Familie. Ein historisch-soziologischer Essay. Hamburg

Morrow, V. (1998): Understanding Families: Children's Perspectives. London

Müller, W./Haun, D. (1994): Bildungsungleichheit im sozialen Wandel. In: Kölner Zeitschrift für Soziologie und Sozialpsychologie 46 S. 1-42

Muschg, A. (1977): Gottfried Keller. München

Neubauer, G./Sünker, H. (Hrsg.) (1993): Kindheitspolitik international. Opladen

Otto, H.-U./Thiersch, H. (Hrsg.) (2001): Handbuch Sozialarbeit/Sozialpädagogik. Neuwied, 2., völlig überarb. Aufl..

Parsons, T. (1951): The Social System. New York

Parsons, T./Bales, R. F. (1955): Familiy, Socialization and Interaction Process. New York

Payne, G. C. (1976): Making a Lesson Happen. An Ethnomethodological Analysis. In: Hammersley, M./Woods, P. (Eds.): The Process of Schooling. London: Routledge. P. 33-40

Pelton, L. H. (1989): For Reasons of Poverty. A Critical Analysis of the Public Child Welfare System in the United States. New York

Peukert. D. J. K. (1986): Grenzen der Sozialdisziplinierung. Köln

Pfau-Effinger. B. (1998): Der soziologische Mythos von der Hausfrauenehe – soziohistorische Entwicklungspfade der Familie. In: Soziale Welt 49. S. 167-182

Qvortrup, J. (1987): Introduction. International Journal of Sociology 3 (Special Issue: The Sociology of Childhood) 17. S. 3-37

Qvortrup, J. (1993): „Die soziale Definition von Kindheit." In: Markefka, M./Nauck, B. (Hrsg.): Handbuch der Kindheitsforschung. Neuwied. S. 109-124

Qvortrup, J. (1998): Kinder in der intergenerationalen Ressourcenverteilung. In: Mansel, J./Neubauer, G. (Hrsg.): Armut und soziale Ungleichheit bei Kindern. Opladen. S. 214-229

Rabe-Kleberg, U./Zeiher, H. (1984): Kindheit und Zeit. Über das Eindringen moderner Zeitorganisation in die Lebensbedingungen von Kindern. In: Zeitschrift für Sozialisationsforschung und Erziehungssoziologie 4. S. 29-43

Richter, D. (1987): Das fremde Kind. Zur Entstehung der Kindheitsbilder des bürgerlichen Zeitalters. Frankfurt/M.

Rolff, H.-G. (1980): Sozialisation und Auslese durch die Schule. Heidelberg

Sacks, H. (1974): On the Analysability of Stories by Children. In: Turner, R. (Eds.): Ethnomethodology. Selected Readings. Harmondsworth. P. 216-232

Schindler, S. (1994): Das Subjekt als Kind. Die Erfindung der Kindheit im Roman des 18. Jahrhunderts. Berlin

Schleiermacher, F. (1983): Vorlesungen aus dem Jahre 1826. In: ders.: Pädagogische Schriften I, unter Mitarbeit von Th. Schulze hrsg. v. E. Weniger. Berlin. S. 1-369

Schlumbohm, J. (1983): Kinderstuben. Wie Kinder zu Bauern, Bürgern, Aristokraten wurden. München

Schrader, F. E. (1996): Die Formierung der bürgerlichen Gesellschaft. Frankfurt/M.

Schütze, Y. (1991): Die gute Mutter. Zur Geschichte des normativen Muster 'Mutterliebe'. Bielefeld

Sgritta, G.-B. (1996): The Golden Age of Child Poverty. Facts and Reasons. In: Eurosocial Report 61. Budapest. S. 25-42
Shiose, Y. (1994): Nous et les autres dans une classe au Québéc. Des univers parallèles. In: Anthropologie et Sociétés, vol. 18-1. S. 77-92
Shiose, Y. 1995: „Les loups sont-ils Québécois?" Collection Mutations et Sociétés. Laval
Sieder, R. (1998): Besitz und Begehren, Erbe und Elternglück. Familien in Deutschland und Österreich. In: Burguière, A. et. al. (Hrsg.): Geschichte der Familie, Bd.4. Frankfurt/M. S. 211-284
Siemsen, A. (1948): Die gesellschaftlichen Grundlagen der Erziehung. Hamburg
Simon, B. (1981): Why no Pedagogy in England? In: ders./Taylor, W. (Eds.), Education in the Eighties. London. S. 124-145
Solberg, A. (1990): Negotiating childhood. Changing Constructions of Age for Norwegian Children. In: James, A./Prout, A. (Eds.): Constructing and Reconstructing Childhood. Basingstoke. P. 118-137
Sommerville, C. J. (1990): The Rise and Fall of Childhood. New York: Vintage Books.
Song, M. (1996): „Helping Out": Children's Labour Participation in Chinese Take-Away Businesses in Britain. In: Brannen, J./O'Brien, M. (Eds.): Children in Families. Research and Policy. London/Washington D.C. P. 101-113
Speier, M. (1976a): The Child as a Conversationalist. In: Hammersley, M./Woods, P. (Eds.): The Process of Schooling. London. P. 98-102
Speier, M. (1976b): The Adult Ideological Viewpoints in Studies of Childhood. In: Skolnick, A. (Ed.): Rethinking Childhood. Perspectives on Development and Society. Boston. P. 168-186
Steinkamp, G. (1991): Sozialstruktur und Sozialisation. In: Hurrelmann, K./Ulich, D. (Hrsg.): Neues Handbuch der Sozialisationsforschung. Weinheim. S. 251-278
Stone, L. (1977): The Family, Sex and Marriage in England 1500-1800. London
Strandell, H. (1997): What are Children Doing? Paper Presented at the International Conference „Childhood and Children's Culture". Esbjerg, Denmark, 30 May to 2 June 1997
Strauss, G. (1978): Luther's House of Learning. Indoctrination of the Young in the German Reformation. Baltimore/London
Sünker, H. (1989): Pädagogik und Politik für Kinder: Gesellschaftliche Entwicklungen und Herausforderungen. In: Melzer, W./Sünker, H. (Hrsg.): Wohl und Wehe der Kinder. Pädagogische Vermittlungen von Kindheitstheorie, Kinderleben und gesellschaftlichen Kindheitsbildern. Weinheim. S. 10-29
Sünker, H. (1991): Das Kind als Subjekt. Notizen zu Kindheit und Kinderleben heute. In: Widersprüche 11 (H. 38). S. 7-20
Sünker, H. (1993): Kindheit zwischen Individualisierung und Institutionalisierung. In: Zentrum für Kindheits- und Jugendforschung. S. 15-31
Sünker, H. (2001): Bildung. In: Otto, H.-U./Thiersch, H. (Hrsg.): Handbuch Sozialarbeit/Sozialpädagogik. 2. völlig überarb. Auflage. Neuwied. S. 162-168
Sünker, H. 2003: Bildung, Politik und soziale Gerechtigkeit. Perspektiven für eine demokratische Gesellschaft. Frankfurt/M
Vester et al. (2001): Soziale Milieus im gesellschaftlichen Strukturwandel. Zwischen Integration und Ausgrenzung. München

Waksler, F. C. (1986): Studying Children. Phenomenological Insights. In: Human Studies 9. S. 71-82
Walper, S. (1988): Familiäre Konsequenzen ökonomischer Deprivation. (Fortschritte der psychologischen Forschung 2). München
Wexler, Ph. (1990): Social Analysis of Education. After the New Sociology. New York/London
Wild, R. (1987): Die Vernunft der Väter. Zur Psychographie von Bürgerlichkeit und Aufklärung in Deutschland am Beispiel der Literatur für Kinder. Stuttgart
Zeiher, H. (1996): Kindern eine Stimme geben. In: Sozialwissenschaftliche Literatur Rundschau 19 (H. 31/32). S. 48-54
Zeiher, H. (1996a): „Kinder in der Gesellschaft und Kindheit in der Soziologie." In: Zeitschrift für Sozialisationsforschung und Erziehungssoziologie 16. S. 26-46
Zeiher, H. (2000): Hausarbeit. Zur Integration der Kinder in die häusliche Arbeitsteilung. In: Hengst, H./Zeiher, H. (Hrsg.): Die Arbeit der Kinder. Kindheitskonzept und Arbeitsteilung zwischen den Generationen. München. S. 45-70
Zeiher, H./Zeiher, H. (1994): Orte und Zeiten im Leben der Kinder. München
Zelizer, V. (1985): Pricing the Priceless Child. The Changing Social Value of Children. Chicago
Zentrum für Kindheits- und Jugendforschung (Hrsg.) (1993): Wandlungen der Kindheit. Theoretische Überlegungen zum Strukturwandel der Kindheit heute. Opladen
Zinnecker, J. (1996): Soziologie der Kindheit oder Sozialisation des Kindes? Überlegungen zu einem aktuellen Paradigmenstreit. In: Honig, M.-S./Leu, H. R./Nissen, U. (Hrsg.): Kinder und Kindheit. Soziokulturelle Muster – Sozialisationstheoretische Perspektiven. Weinheim. S. 31-54

Medium Kind?
Für eine system- und handlungstheoretische Fundierung pädagogischer Reflexion

Michael Göhlich

Das Kind sei als Medium der Erziehung zu verstehen, postuliert Luhmann. Wie im Folgenden gezeigt wird, spricht einiges gegen diese These. Wenn ich dennoch für eine systemtheoretische Fundierung pädagogischer Reflexion plädiere, setzt dies eine andere Systemtheorie voraus. Will man die pädagogische Reflexion auf Kind, Kinder und Kindheit an Praxis anschlussfähig halten (und das halte ich für dringend geboten), muss ein Ansatz gesucht und entwickelt werden, der die systemtheoretische Perspektive mit Zugängen anderer, insbesondere handlungstheoretischer Provenienz verbindet. Ich gehe dabei in acht Schritten vor: Re-Lektüre der Luhmannschen These; etymologische Recherche zur Bedeutung des Wortes „Kind"; Überprüfung des Medium-Bedarfs der Pädagogik; Öffnung des diskursiven Horizonts über dem Verhältnis von Pädagogik und Kind; Rekurs auf Batesons Systemtheorie; Klärung von Möglichkeiten und Grenzen systemtheoretischen Verstehens; Verknüpfung system- und handlungstheoretischer Überlegungen; Reflexion pädagogischer Praxis als Muster und Habitus der Lernunterstützung.

1 „Das Kind als Medium der Erziehung"

Luhmanns 1991 in der Zeitschrift für Pädagogik veröffentlichter Aufsatz sucht ein Problem zu lösen, das sein theoretischer Zugriff gut zehn Jahre vorher, zu Beginn seiner intensiven Beteiligung am erziehungswissenschaftlichen Diskurs, aufgeworfen hatte (Luhmann/Schorr 1979). Im Unterschied zu den Systemen der Wirtschaft (Medium: Geld) und der Wissenschaft (Medium: Wahrheit) fand er nämlich für das System der Erziehung zunächst kein symbolisch generalisiertes Medium. Man muss kein Anhänger kritisch-rationalistischer Theoriekriterien sein, um zu erkennen, dass dies die Gültigkeit, zumindest aber die Reichweite seiner Theorie sozialer Systeme in Frage stellt. Luhmann selbst hat dies offenbar so wahrgenommen. Belege hierzu finden sich in der Einleitung seines hier fokussierten Aufsatzes, in der er – nach Abriss seiner ein Jahrzehnt zuvor formulierten Auffassung – schreibt: „Dennoch sollte dieser Ersteindruck überprüft werden. Es könnte doch sein, dass, wenn man die Problemstellung hinreichend abstrahiert, sich Parallelen entdecken lassen, denn schließlich hat auch die Erziehung es – vorläufig sagen wir: irgendwie – mit unwahrscheinlicher Kommunikation zu tun. Zumindest der Bedarf für ein symbolisch generalisiertes Kommunikationsmedium oder für funktionale Äquivalente lässt sich also nicht leugnen." (Luhmann 1991, S. 20).

Seine wie ein deus ex machina gefundene Antwort auf den – sich aus seiner theoretischen Perspektive ergebenden – Bedarf lautet nun: „Das Medium ist das Kind." Das Kind sei als Medium der Erziehung zu verstehen.

Gemeint ist das Kind hier ausdrücklich nicht als organisches und psychisches System, sondern als semantische Einheit. Damit entfernt sich Luhmann noch deutlicher als in seinem Hauptwerk „Soziale Systeme" von der Frage nach der Individualität psychischer Systeme, deren dortige – wenn auch marginale – Behandlung Interpreten wie Kneer/Nassehi (1994) und im pädagogischen Diskurs Oelkers (1987) zu der Annahme verleitete, seine Systemtheorie wäre von da her zu verstehen. Immanent folgerichtig sieht Oelkers (1987) Luhmanns Systemtheorie nahe an romantischer Subjektivität (in dem Sinne, dass das Individuum nicht zum Menschen erzogen werden muss, sondern sein Wesen von Kind an in sich findet). Luhmanns Systemtheorie ist jedoch gerade keine Theorie selbstreferentieller psychischer Systeme, sondern eine Theorie sozialer Systeme (die das Individuum bzw. psychische System des Individuums nur als deren Umwelt ansieht).

Mit der Antwort „Das Medium ist das Kind" wird diese Perspektive eindeutig. Ausgang des theoretischen Interesses ist nicht das Kind, sondern das Funktionssystem Erziehung, worunter Luhmann einen Kausalnexus versteht, der Kommunikation und Bewusstsein auf planmäßige und kontrollierbare, wenngleich nicht immer erfolgreiche Weise verknüpft. Der Ausdruck „Kind" bezeichne die Erfindung eines Mediums für Zwecke der Kommunikation. Erst einem Beobachter jener Beobachter, die die Unterscheidung Kind/Erwachsener benutzen und die er als „die Pädagogen" bezeichnet, falle auf, dass das Kind sowohl vom Erwachsenen als auch von den organisch-psychischen Systemen, welche als Kind nur bezeichnet werden, unterschieden werde. Bei aller Unklarheit über die Frage, seit wann es Kinder gibt, liege es auf der Hand, „dass diese Semantik für pädagogische Zwecke benötigt wird und also mit der Ausdifferenzierung von Erziehung (...) korreliert" (Luhmann 1991, S. 24).

2 Zur Etymologie des Wortes „Kind"

Die Untersuchung der Tragfähigkeit der Auffassung vom Kind als Medium der Erziehung kann deshalb bei der Etymologie des Wortes „Kind" ansetzen. Diese spricht allerdings nicht für eine Korrelation der Herausbildung des Wortes mit der Ausdifferenzierung von Erziehung. Kind bedeutet etymologisch betrachtet: Gezeugtes, Geborenes. Der Verbstamm lautet „kin", was erzeugen und gebären bedeutet. Die damit verbundenen Hinweise auf Abstammung und Geschlechtsreife bilden bis heute den Kern der Wortbedeutung, wie ein Abgleich der entsprechenden Ausführungen des Grimmschen Wörterbuchs (1873), des Brockhaus Wahrig (1982) und des Duden (1999) zeigt.

So stellt das Grimmsche Wörterbuch an den Anfang seiner Erläuterungen, dass das Neutrum hier die Aufgabe habe, „das Geschlecht als noch gleichgültig, wie noch nicht vorhanden zu bezeichnen, ganz wie bei lamm, kalb, kitz". Ähnlich fasst Brockhaus Wahrig das Kind als „Mensch von der Geburt bis zum Eintritt der Geschlechtsreife".

Als wichtigste Bedeutungen und Gebrauchsweisen des Wortes nennen Grimm/Grimm 1. Kind in Beziehung auf Vater und Mutter (Kinder zeugen, Kinder gebären, Kinder haben), 2. Kind in Beziehung auf Rechtsverhältnisse und Verwandtschaft (eheliches, noch im 18.Jh. auch: echtes Kind, außereheliches Kind), 3. Kind in Beziehung auf das Alter (neugeborenes Kind, das Kind wird zum Knaben oder zum Jüngling, zum Mädchen oder zur Jungfrau), 4. Kind in Bezug auf das Geschlecht (dass Kind ohne weiteres auch eines der beiden Geschlechter bezeichnet). Ein pädagogischer Zweck spielt in dem Gebrauch des Wortes, nimmt man die Grimmschen Hinweise ernst, offenbar keine prägende Rolle.

Dass neben der (fehlenden) Geschlechtsreife und dem (fehlenden) Alter auch die im Grimmschen Wörterbuch als zweite genannte rechtliche Bedeutung des Wortes wichtig ist, wird beispielsweise in dem bis heute gebrauchten, wenn auch kaum mehr verstandenen Ausdruck „mit Kind und Kegel" deutlich. Damit war einst das Zusammensein mit den eigenen ehelichen und unehelichen Kindern (und so mit der erweiterten „ganzen" Familie) gemeint (vgl. Duden 1999, S. 2110). Nur das eheliche Kind war das „echte Kind". Der modernere Gebrauch, mit dem Wort „Kind" jemanden zu bezeichnen, der zur Tatzeit noch nicht das 14. Lebensjahr vollendet hat (vgl. Brockhaus Wahrig 1982, S. 130), zeigt dessen rechtliche Semantik in anderer Hinsicht. Das Wort „Kind" wird nicht zur Erziehung bzw. zur Klärung von Erziehungsfragen, sondern zur Klärung von Erbschafts-, Status- und Tatschuld-Fragen benötigt. Dafür sprechen auch praxisgeschichtliche Belege aus dem Mittelalter. So schreiben Gesetzbücher wie der „Schwabenspiegel" oder die „Karolina" vor, Dieben unter 14 Jahren nicht das Leben zu nehmen (vgl. Althoff, S. 339).

Die Semantik des Wortes „Kind" ist also wesentlich eine biologische und juristische und keine pädagogische.

3 Braucht die Pädagogik das Kind?

Auch wenn wir einen anderen historischen Weg gehen, nämlich das Erziehungssystem statt den Begriff „Kind" fokussieren, also nicht die Bedeutung des Wortes „Kind", sondern die Geschichte der Pädagogik im Zeitraffer betrachten, spricht einiges gegen Luhmanns These. So kann beispielsweise als wichtiges Erziehungsverhältnis im antiken Griechenland das zwischen Erastos und Eromenos angesehen werden. Bei den Eromenoi handelt es sich jedoch weniger um Kinder als um Jugendliche. Und wenn heute ein Pädagoge berufstätigen Erwachsenen in Mitarbeiterschulungen eines Unternehmens Umgangs- und Kooperationsformen vermittelt, so findet dabei, wenn man den Begriff überhaupt verwenden will, durchaus „Erziehung" statt. Denn auch in soziokultureller Hinsicht, bei Fragen von Moral, Sitte und Norm, gilt die Forderung unserer Gesellschaft, lebenslang zu lernen, und Pädagogik ist die Disziplin, die hierzu Unterstützungskonzeptionen und -praxen liefert. Pädagogik hat es also keineswegs allein mit Kindern, sondern ebenso mit Jugendlichen, Erwachsenen und alten Menschen zu tun („lebenslanges Lernen").

Wo Lernen nie endet, muss die Unzulänglichkeit jeglicher Lernunterstützung (wie z.B. Erziehung) aber auch nicht verborgen werden. Das Medium der Erziehung in dem von Luhmann vorgestellten Sinn, dass es die Unterscheidung von Kind (und Erwachsenem) und organisch-psychischem System verdeckt und so die (unmögliche) Aufhellung der black box (vgl. Luhmann 1991, S. 24) und damit letztlich pädagogisches Handeln ermöglicht, ist das Kind offenkundig nicht, jedenfalls nicht grundsätzlich. Damit wird nicht in Abrede gestellt, dass es zu bestimmten Zeiten (z.B. in der Zeit der Reformpädagogiken des frühen 20. Jahrhunderts) pädagogische Ansätze gab, die eine Pädagogik „vom Kinde aus" proklamierten und sich auf meist selbstformulierte normative Wesenslehren „des" Kindes stützten. Ein Vergleich, z.B. mit neuen Reformpädagogiken (vgl. Göhlich 1997), zeigt jedoch, dass andere Ansätze ohne solch normative Wesenslehren auskommen und stattdessen von der Eigenständigkeit und Verschiedenheit der Kinder ausgehen und die damit verbundene Unsicherheit als Chance begreifen.

Wenn schon (wie eben aus Luhmanns Sicht) ein Medium der Erziehung, besser gesagt: ein Kommunikationsmedium des Erziehungssystems, theoretisch vonnöten ist, würde sich der Lernbegriff eher anbieten als das Kind oder andere personale Varianten. Dies gilt auch bei Zugrundelegung der Luhmannschen Definition symbolisch generalisierter Medien mittels ihrer Funktion, „die Selektion der Kommunikation so zu konditionieren, dass sie zugleich als Motivationsmittel wirken, also die Befolgung des Selektionsvorschlags hinreichend sicherstellen kann" (Luhmann 1987, S. 222). An den Lernbegriff können Änderungserwartungen geknüpft werden. Mit der Ja-Nein-Beurteilbarkeit von Änderungen auf Verhaltensebene wäre zudem die Luhmann so wichtige binäre Codierung der (hier: pädagogischen) Kommunikation gegeben. Und dass – bei aller pädagogischen Kommunikation – lernen jeder selbst muss, war Pädagogen schon vor dem 18. Jahrhundert, das immer wieder als Anfang der pädagogischen Disziplin genannt wird, klar (vgl. Göhlich 1993, S. 285).

Insofern hat es die Pädagogik nicht nötig, das unzugängliche psychische System des Individuums mittels des Begriffes „Kind" zu verdecken. Die Pädagogik braucht „das Kind" nicht, auch wenn einzelne pädagogische Ansätze darauf gründen. Sie weiß darum, dass jeder Organismus nur selbst lernen kann. Ihre Praxis bedarf deshalb stets der Hoffnung und des Zutrauens, und dieses Zutrauen bestimmt seit langem (vgl. Menondialog) die pädagogische Reflexion.

4 Öffnung des Reflexionshorizonts über dem Kind in der Pädagogik

Was bedeutet das Kind der Pädagogik, wenn es nicht Medium der Erziehung ist? Fragen wir nach der Bedeutung vom „Kind in der Pädagogik" (Lenzen 1994a, S. 358), so bietet sich eine Auseinandersetzung mit dem grundlegenden Aufsatz von Lenzen zu diesem Thema an. Damit knüpfen wir insofern an die bis hier geführte Diskussion an, als Lenzen als einer der Erziehungswissenschaftler gelten kann, die sich intensiv mit Luhmanns Systemtheorie auseinandergesetzt und sich ihr explizit angenähert haben (vgl. Lenzen 1994b, S. 35). Ohne dass Lenzen sich in dem uns interessierenden Aufsatz ausdrücklich auf Luhmann bezieht, ist dies auch dort zu erkennen, wenn er das „Kind" als ein Konstrukt vorstellt, das einerseits in der pädagogischen Kommunikation stabilisiert und andererseits von dieser benötigt wird: „(...) wie so oft in hochkomplexen Gesellschaften hat ein solches System eine Eigendynamik, die man self-fulfilling prophecy nennt: Weil es Pädagogen in großer Zahl gibt, muss gewissermaßen bewiesen werden, dass es hinreichend Unmündige gibt, die sich als Klientel eignen" (Lenzen 1994, S. 357).

Der hier erkennbare Blick Lenzens auf das Kind bzw. auf das Verhältnis von Pädagogik und Kind ähnelt dem systemtheoretischen Blick Luhmanns. Dennoch ist Lenzens Perspektive nicht mit der Luhmanns identisch. Während

Luhmann den Kind-Begriff selbst (vorrangig in der Funktion, die den Menschen jeden Lebensalters eigene Existenz als autopoietisches organisch-psychisches System zu verdecken) als Medium der Pädagogik versteht, sieht Lenzen in deren Zentrum den Begriff der Mündigkeit, genauer: der Selbstbestimmung. Mit dessen Hilfe erst konstruiere die Pädagogik das Kind „als Menschen, der (noch) nicht über sich selbst bestimmen kann" (Lenzen 1994, S. 360). Hier wird nicht die Verdeckungsfunktion, sondern die normative Funktion des Kind-Begriffs ins Auge gefasst.

Zugleich ist eine Umkehrung des Bezugsrahmens festzustellen. Ist bei Luhmann von „Erziehung" die Rede, wiewohl die Hinweise auf Lehrer, Schüler und Schule darauf hindeuten, dass auch Prozesse wie Bildung, Unterricht, Lernunterstützung, kurz: Pädagogik insgesamt gemeint ist, so spricht Lenzen zwar vom Kind in der „Pädagogik", fasst letztere jedoch mit dem Begriff der Mündigkeit normativ und somit vergleichsweise enger. Lässt sich Luhmanns Text als Desillusionierung der Pädagogik lesen, so ist Lenzens Text eine Kritik. Mit der Kritik an der Normativität des pädagogischen Begriffs vom Kind wirkt er selbst normativ.

Die zugrundeliegende Argumentation ist in beiden Fällen systemtheoretisch. Nur fokussiert der eine die (fehlende) Technologie, der andere die (fehlende) Legitimation. Aus Luhmanns Sicht brauchen Pädagogen den Kind-Begriff, um so tun zu können, als könnten sie durch ihre Kommunikation Bewusstseinsoperationen ihrer Gegenüber spezifizieren. Aus Lenzens Sicht benötigt die Pädagogik den Begriff des Kindes im Sinne der „Annahme, dass Menschen eines bestimmten Alters die Voraussetzungen zur Selbstbestimmung nicht erfüllen", für ihre Selbstlegitimation (Lenzen 1994, S. 360).

Abgesehen davon, dass die These von der existentiellen Notwendigkeit des Kindbegriffs für die Pädagogik durch die oben genannten Belege gegen die Luhmannsche Medium-Bedarfs-These mit in Frage gestellt wird, sowie davon, dass Lenzen hier das von ihm zuvor – als bei der pädagogischen Konstruktion des Kindes entscheidend – eingeführte Kriterium der Mündigkeit bzw. Selbstbestimmung durch den Hinweis auf das Lebensalter und damit auf zumindest ein weiteres Kriterium der begrifflichen Konstruktion schwächt, bietet seine Perspektive zwar einige über eine systemtheoretische Position im Sinne Luhmanns hinausführende Hinweise, etwa auf die Frage der Macht („Selbstlegitimation", „Selbstbestimmung"), verharrt jedoch wie dieser auf der Ebene der Analyse des disziplinären Theoriediskurses.

Zur Klärung der Bedeutung des Kindes in der Pädagogik ist erforderlich, auch und vorrangig der Ebene der Praxis die gebotene Aufmerksamkeit zukommen zu lassen. Denn Pädagogik ist wie z.B. Medizin zunächst und vorrangig Praxis und als Wissenschaft nicht nur reflexiv, sondern auch konstruktiv (ggf. bis hin zur Entwicklung umsetzbarer Orientierungshilfen für die pädagogische Praxis) auf diese Praxis bezogen. Als Praxis kennt die Pädagogik nicht „das" Kind, sondern nur ein (prozessuales) Verhältnis zwischen Pädagoge/n und Kind/ern. Dass es sich in der Regel um ein Verhältnis zwischen mehr als zwei Personen handelt, sei vorerst nur erwähnt. Ich werde darauf zurückkommen. Zunächst gilt es das genannte prozessuale Verhältnis und den pädagogischen Diskurs darüber näher zu betrachten.

Beginnen wir, um an Luhmann und Lenzen anzuknüpfen, mit der Reflexions- bzw. Diskursebene. Schon in der Phase der Etablierung moderner pädagogischer Reflexion zwischen 1750 und 1850 (vgl. Wulf 1996) wird von bis heute tradierten Pädagogen eben nicht allein das Kind, sondern das Verhältnis zwischen Pädagoge und Kind (welches zudem nicht unbedingt Kind, sondern auch Zögling, Schüler, Menschenwesen u.a. genannt wurde) reflektiert. Wo Aussagen über das Einzelwesen gemacht werden, interessiert dieses vorrangig als Mensch. Dabei betrachtet und interpretiert sich der Pädagoge nicht zuletzt selbst (vgl. Pestalozzis „Meine Nachforschungen über den Gang der Natur in der Entwicklung des Menschengeschlechts").

Den Möglichkeiten der Perfektibilität des Individuums stehen Pädagogen wie Rousseau, Pestalozzi und Schleiermacher, entgegen Luhmanns Charakterisierung pädagogischer Reflexion, eher skeptisch gegenüber (vgl. Wulf 1996a, S. 12). Dementsprechend wird das pädagogische Verhältnis, das lange vor Nohls Begriffsbildung den Kern pädagogischer Reflexion ausmachte, bereits damals als kontingent verstanden, ohne dass letzterer Begriff schon zur Verfügung stand. So betont Schleiermacher, dem die Perfektibilität des Menschen als unbestimmt gilt, und der davon ausgeht, dass der Erwachsene nicht mehr wissen kann, auf welche Anforderungen und Lebensbedingungen das Kind einmal stoßen wird, die Zukunftsoffenheit des pädagogischen Verhältnisses. Und Pestalozzi sucht das pädagogische Verhältnis nicht zuletzt aufgrund seines Wissens um die Selbstorganisation des Individuums mit dem Begriff der Liebe, d.h. mit dem Sich-Einlassen auf Möglichkeiten offener Beziehung und dem Vertrauen auf den Anderen und dessen Selbsttätigkeit, zu bestimmen.

Weil das Kind aus Pestalozzis Sicht als Mensch in die pädagogische Situation kommt und als solcher seinen Bildungsprozess autonom gestaltet, geht Pestalozzi, wo er nicht das pädagogische Verhältnis, sondern das Individuum fokussiert, nicht vom Kind aus, sondern von der Person, welche er unmittelbar erkennen und ggf. ändern zu können meint: von sich selbst (nicht zuletzt: als pädagogisch Tätigen). Der in der Hochphase seines praktischen Erfolges 1809 formulierte Begriff der sehenden Liebe unterstreicht die Notwendigkeit einer Verbindung von (in sich ruhender, nicht zuletzt Selbst-)Liebe und (suchender, selbstkritischer) Aufklärung, zu der auch das Durcharbeiten der Erwartung von Gegenliebe gehört (vgl. Göhlich 1996). Als Orientierungshilfe pädagogischer Praxis gewinnt der Begriff der sehenden Liebe gerade daraus seine Stärke, dass er nicht darauf setzt, „das Kind" zu verstehen und „vom Kinde aus" pädagogisch handeln zu können, sondern die Fragilität und Unvollkommenheit des pädagogischen Verhältnisses bzw. Prozesses präsent hält.

Damit sind wir der Praxis ein Stück näher gerückt. Wenn wir unseren Fokus weiter in diese Richtung verschieben und statt auf die Diskurs- auf die Praxisebene schauen, so fällt auf, dass pädagogische Praxis nicht nur nicht „das Kind" als Medium braucht oder sich als Verhältnis zwischen „dem" Pädagogen und „dem" Kind charakterisieren lässt, sondern auch nicht nur mit einem Kind zu tun hat und in der Regel nicht als Verhältnis zwischen einem Pädagogen und einem Kind konstatiert werden kann.

Pädagogische Praxis ist in der Regel ein prozessuales Verhältnis zwischen mehr als zwei Menschen. Insbesondere SchulpädagogInnen sind gefordert, ihr Bild vom Kind bzw. von Kindern in diesem Sinne zu überprüfen und an die Wirklichkeit anzuschließen. Sie werden hier deshalb eigens genannt, weil in der schulpädagogischen Lehre immer noch das Modell des didaktischen Dreiecks zu finden ist (z.B. Glöckel 1995, S. 57), das die Wirklichkeit tatsächlich auf das Verhältnis zwischen einem Lehrer, einem Gegenstand und einem Kind bzw. „dem" Kind reduziert, wiewohl auch Unterrichtsforschung längst gezeigt hat (vgl. Markowitz 1986), dass Unterricht ein komplexes Geflecht sozialsystemischer Prozesse ist, an denen viele und vieles beteiligt sind. Nicht mehr von Kind, Gegenstand und LehrerIn, sondern von Kindern, Gegenständen und LehrerInnen ist auszugehen, die dementsprechend nicht nur in den vom didaktischen Dreieck gedachten Bahnen, sondern auch im engeren Sinne untereinander (z.B. von Kind zu Kind) unterrichtsrelevante Beziehung aufnehmen und entfalten.

Notwendig ist hierzu kein neues Normbild vom Kind, sondern möglichst vielschichtige und perspektivenreiche Bilder von Kindern und Kindheiten, die auch die Schule selbst sowie andere pädagogische Institutionen bzw. deren Praxen als wesentliches Feld von Kindheiten in unserer Gesellschaft berücksichtigen. Die als soziologische begonnene und neuerdings auch pädagogische Kindheitsforschung hat einen großen Zuwachs an Wissen über Kinder und Kindheiten erbracht. Verwendung findet es (bzw.: kann es finden) als Entlastung, als Kritik, als Befremdung, als Entängstlichung und als Reformimpuls (vgl. Göhlich 2002). Der vorliegende Beitrag versteht sich als Versuch, durch theoretische Argumentation zur Erhellung des Wissens, insbesondere des mittels qualitativer Methoden erlangten und auf der Beschreibungsebene vorliegenden Wissens, über Kinder in der pädagogischen Praxis beizutragen.

5 Rekurs auf die Systemtheorie Batesons

Pädagogische Praxis ist ein komplexes, wirkliches Geschehen zwischen mehreren Menschen, Gegenständen, Ereignissen etc., besser gesagt: zwischen mehreren Mensch-Welt-Verhältnissen. Es macht durchaus Sinn, dieses komplexe relationale Geschehen als System bzw. als systemisches Prozessieren zu verstehen. Hierzu erforderlich ist allerdings eine Systemtheorie, die Menschen als Elemente sozialer Systeme einbezieht, statt sie als Umwelt jenseits der sozialen Systeme zu denken.

Dies ist auch theorieimmanent sinnvoller, da ein wissenschaftlicher „Beobachter" (um mit dem von Luhmann aufgegriffenen Begriff Maturanas zu sprechen) ein soziales System zwar von sich unterscheiden, aber nicht von sich abkoppeln kann. Zumindest auf der Metaebene existiert ein soziales System, dessen Teil der Beobachter selbst ist. Konsequenterweise ist dies auch für die Ebene des beobachteten sozialen Systems und dessen Beteiligte selbst anzunehmen.

Als Ausgangspunkt eines solchen systemtheoretischen Verständnisses pädagogischer Praxis kann der Ansatz Gregory Batesons dienen. Bateson sieht die Individuen nicht außerhalb des sozialen Systems, wiewohl auch er den humanistischen Subjektbegriff kritisiert. Er versteht Individuen, in seinen familientherapeutischen Studien etwa Kinder und Eltern, als Elemente des sozialen (in diesem Fall: familiären) Systems, und zwar als Elemente, welche nicht einfach reagieren, sondern sich selbst ein Bild von der Wirklichkeit machen, also stets zugleich Beobachter und Teil des Systems sind. Das klingt paradox, ist es jedoch nicht. Zum einen machen sich die Individuen ein Bild des Systems, als dessen Teile sie unter anderem ihr Selbst- und Fremdbild einbinden, und das soziale System wird wirklich, weil sich Bilder verschiedener Beteiligter überlappen und in dem geteilten Sinn der Wirklichkeiten koppeln. Zum anderen, und dies greift auf notwendige handlungstheoretische Ergänzungen vor, führen sie (Kinder, Eltern, Pädagogen) sich und ihr Verhältnis zueinander auf, performieren das soziale (pädagogische) System und machen es so wirklich.

Batesons Systemtheorie wird in der Erziehungswissenschaft immer noch (vgl. Göhlich 1997) vernachlässigt. So wird systemtheoretisches Denken weitgehend auf Luhmannscher Basis entfaltet, ohne etwa zu bedenken, dass Luhmanns Differenzbegriff wesentlich auf dem Batesons beruht, allerdings gegenüber diesem den Kontext, den Zusammenhang des Unterschiedenen vernachlässigt. Um die theoriebildende Bedeutung Batesons zu verdeutlichen, sei zumindest auf einige der von ihm geprägten Begriffe hingewiesen, die heute in ganz unterschiedlichen Disziplinen Früchte tragen: „Unterschied" (Soziologie: Luhmann), „Rahmen" (Soziologie des Alltags: Goffman), „double-bind" (Psychiatrie, Psychotherapie), „Meta-Kommunikation", „man kann nicht nicht kommunizieren" und andere Grundregeln der Kommunikation (Kommunikationstheorie: Watzlawick), „es ist der Kontext, der sich entwickelt" (Ökologie), „Deutero-Lernen" (Organisationstheorie: Argyris/Schön), „Schismogenese" (Erziehungswissenschaft: Göhlich, Fend), ganz abgesehen von seinen methodologischen Neuerungen wie z.B. die systematische Nutzung von Photographie als ethnographisches Forschungsinstrument und dem (der grounded theory vorgreifenden) Postulat eines spiralförmigen Wechsels von lockerem und striktem Denken im qualitativ-empirischen Forschungsprozess.

Die Besonderheit, die seine Arbeiten bis heute fruchtbar werden lassen, ist, dass Bateson zugleich differenztheoretisch und kontextorientiert denkt. Differenztheoretisch insofern, als ihn an Kybernetik und Informationstheorie – deren Ergebnisse er früh wahrnahm und an deren Diskussion und Weiterentwicklung er selbst als systemtheoretisch argumentierender Kulturanthropologe teilnahm – vor allem die Bedeutung des Unterschieds bzw. der Unterscheidung interessiert: „Jede fortdauernde Gesamtheit von Ereignissen und Gegenständen, der die geeignete Komplexität kausaler Kreisläufe und die geeigneten Energierelationen zukommen, (...) wird vergleichen, das heißt, auf Unterschiede reagieren (...) Ein `Bit´ Information lässt sich definieren als ein Unterschied, der einen Unterschied macht" (Bateson 1985, S. 407). Kontextorientiert insofern, als es aus Batesons Sicht nicht der einzelne Organismus oder, wie im Ideal humanistischer Bildung, das Subjekt, sondern der Kontext, d.h. die Vernetzung des Organismus-in-Umgebung ist, der sich entwickelt. Am Beispiel der Mensch-Maschine-Verbindung, des Baumfällens und des Umgangs mit dem Blindenstock zeigt Bateson, dass ein subjekttheoretischer Selbstbegriff zu eng greift, weil die Grenzen zwischen sich verhaltendem Organismus und Umwelt nicht von vornherein und für immer festliegen, sondern erst das kontextuelle systemische Prozessieren, an dem Organismus und Umwelt zusammenwirken, die Grenzen herausbildet. Dies gilt erst recht im Hinblick auf Menschen als Umwelten anderer Menschen sowie für soziale Systeme, die füreinander Umwelten bilden.

Im Hinblick auf ein Verständnis von Kindern als Elemente pädagogischer Praxis gewinnt Batesons Systemtheorie nicht zuletzt deshalb an Gewicht, weil sie auf ethnologischer Feldforschung (zuerst in Neuguinea u.ä., dann in einem amerikanischen Krankenhaus) gründet und dementsprechend vom Bemühen um das Verstehen getragen ist. Seine Systemtheorie ist – im Gegensatz zu der Luhmanns – kein Ansatz eines distanzierten, sondern eines teilnehmenden Beobachters.

Zugleich bringt der kulturanthropologische Zugang Kommunikation bzw. soziale (z.B. pädagogische) Praxis zunächst als „Kulturberührung", als Berührungen von kulturellen Gemeinschaften, Gruppen bzw. von Einzelnen mit solchen Gruppen in den Blick. Überträgt man diese Vorstellung auf die Praxis pädagogischer Institutionen, so lässt sich etwa eine Schule als Kommunikationssystem von Teilkulturen (die ihrerseits ebenfalls Kommunikationssysteme sind) verstehen (vgl. Göhlich 1997).

Kinder werden so als Elemente einer von Erwachsenen bzw. Lehrern geschiedenen und doch mit diesen kommunizierenden und somit verbundenen Kinder- bzw. Schülerkultur, aber auch als Elemente einer Kinder und Erwachsene bzw. Schüler, Lehrer und Eltern durch gemeinsame Interessen und Erwartungen verbindenden Teilkultur erkennbar.

Die Kommunikation zwischen nur zwei Individuen wird dann als Sonderfall sichtbar. Erst bei seinem Schüler Watzlawick, dessen Popularisierung und Technisierung Batesonscher Thesen, deren nachhaltige Rezeption in der Erziehungswissenschaft eher behindert hat, steht (wie übrigens auch bei Luhmann 1987, S. 125) die Zweipersonen-Kommunikation im Vordergrund. Bateson hingegen thematisiert das Zusammenspiel mehrerer.

Beides, der Blick des teilnehmenden Beobachters wie auch der Blick auf das Zusammenspiel mehrerer, kommt dem Reflexionsbedarf pädagogischer Praxis entgegen.

Bateson hat sich (im Unterschied zu Luhmann) nicht ausführlich zum Verhältnis von Kind(ern) und Pädagogik bzw. PädagogInnen geäußert. Dennoch finden sich einige nützliche Anmerkungen. Neben der Ausdehnung des Begriffs der Kulturberührung auf die Berührung zwischen differenzierten Gruppen von Individuen, z.B. zwischen Alt und Jung, und schließlich auch auf jene Prozesse, „durch welche ein Kind geformt und so erzogen wird, dass es in die Kultur passt, in die es hineingeboren wurde" (Bateson 1985, S.103), sind insbesondere seine Vorstudien zu einer Theorie der Schizophrenie zu nennen. Er analysiert darin familiale Praxis, allerdings nicht aus der Perspektive einer auf Lernunterstützung achtenden pädagogischen, sondern aus der Perspektive einer auf Lernbehinderung bzw. auf pathologische Lernunterstützungsprozesse achtenden therapeutischen Reflexion. Der als schizophren diagnostizierte Patient wird als Teil einer double-bind-Beziehung, als Kind einer pathologisch kommunizierenden Familie gefasst. Zwar setzt sich Bateson in anderen Arbeiten auch mit nichtpathologischem Lernen auseinander, denkt dabei jedoch weder speziell an Kinder noch an Fragen der Unterstützung des Lernens.

6 Möglichkeiten und Grenzen des systemtheoretischen Zugangs

Dass und weshalb eher Batesons als Luhmanns Ansatz Grundlage der Reflexion über Kinder in der pädagogischen Praxis sein kann, wurde oben gezeigt. Nun gilt es zusammenzutragen, weshalb in dieser Frage überhaupt ein systemtheoretischer Zugang notwendig ist, welche Möglichkeiten er eröffnet und welche Grenzen und damit Fragen er aufwirft.

Notwendig erscheint mir eine systemtheoretische Perspektive, damit sich die pädagogische Reflexion sowohl von der ursachen- und vergangenheitsfixierten Sicht (wie sie insbesondere seit der Rezeption psychoanalytischer Theorien nahe liegt) als auch von der intentionsorientierten Sicht (die verschiedene Handlungstheorien nahe legen) auf Menschen und ihr Verhalten lösen kann. Der systemtheoretische Zugang eröffnet andere Möglichkeiten, Kinder und ihr Verhalten in Beziehung zu anderen zu thematisieren. Sie erscheinen als Elemente eines spezifischen sozialen Systems (z.B. einer Familie, einer Kindergruppe, einer Schulklasse bzw. Schule), dessen Prozessieren an sich selbst anschließt (Selbstreferenz, Zirkularität) und mit aus System-Umwelt-Kontakten entstehenden Irritationen selbstreferentiell umgeht.

Notwendig erscheint mir eine systemtheoretische Perspektive auf Kinder und Kindheit auch deshalb, weil sie (und nicht nur sie, sondern Individuen im allgemeinen) in unserer Gesellschaft einen Großteil ihres Lebens in (nicht zuletzt pädagogischen) Institutionen bzw. Organisationen verbringen, welche als Praxis eine Eigendynamik entfalten, die jenseits des Willens, des Bewusstseins, aber auch des Unbewussten von Einzelnen liegt und funktionaler „Logik" folgt.

Als Vorteil systemtheoretischer Perspektive auf Individuen (Kinder wie Erwachsene) in pädagogischen Institutionen ergibt sich etwa, dass Integrations- und Ausgrenzungsprozesse über den konkreten Fall der Beteiligten hinaus als Anschluss an Grenzen und Strukturen und in diesem Sinne systemfunktional verstanden werden können. Ein gutes Beispiel dieses Zugangs bietet die Untersuchung von Gomolla und Radtke (2000) zu Mechanismen institutionalisierter Diskriminierung in der Schule.

Auch löst sich das aus interaktionistischer Tradition stammende und in der Erziehungswissenschaft lange Zeit stark vertretene „Gegenwelt"-Bild von Kindern und Kindheit unter systemtheoretischem Blick auf. Kinder wirken bereits an der Rahmung pädagogischer Praxis nicht nur kritisch oder abwehrend, sondern auch affirmativ und konstruktiv mit (vgl. Göhlich 1997; Göhlich/Wagner 2001).

Eine wichtige Leistung der Systemtheorie ist zudem die Erhellung von Grenzen und Grenzbildungsprozessen. Der Begriff der Grenze weist darauf hin, dass ein System (z.B. eine bestimmte Clique 5-Jähriger) mit seiner Umwelt (z.B. der Kindergarten, in den sie gehen, und die anderen Kinder in diesem Kindergarten; das Haus bzw. die Straße, in der sie wohnen, und die anderen Menschen in diesem Haus bzw. dieser Straße; ihre ggf. ebenfalls untereinander befreundeten Eltern und Geschwister) zusammengedacht und von ihr geschieden werden muss. Kontext und Differenz aktualisieren sich in der Grenze und sind zum Verständnis des Systems gleichermaßen zu berücksichtigen.

Zudem werden mit der Systemtheorie interne Strukturen (z.b. einer Kindergruppe oder, um Erwachsene, hier: PädagogInnen mit ins Bild zu holen, einer Kitagruppe) als Markierungen verständlich, die das betreffende soziale System selbstbeschreibend und zur Wahrung der Anschlussfähigkeit innersystemischer Kommunikationen und Handlungen setzt.

Der systemtheoretische Zugang ermöglicht und legt nahe (was im Hinblick auf die Bemühungen der Pädagogik um eine Entnormierung des Kindes von besonderem Interesse ist), ein bestimmtes Verhalten eines Kindes als Anschluss an vorgefundene Grenzen, Regeln und Strukturen eines sozialen Systems zu verstehen, es in diesem Sinne als funktional zu erkennen und so einer Bewertung zu entziehen oder dieser zumindest ein Hemmnis vorzuschalten. Trotz alledem reicht der systemtheoretische Zugang allein für ein Verständnis der pädagogischen Praxis und der Kinder in der pädagogischen Praxis nicht aus.

Schwer tut sich die Systemtheorie insbesondere mit dem, was Bateson mit dem Begriff des „Organismus-in-seiner-Umgebung" zu fassen sucht und was Luhmann als außerhalb des sozialen Systems und nicht zu dessen Verständnis erforderlich ausblenden zu können glaubt: mit den Individualitäten der an dem jeweiligen sozialen System Beteiligten (Kinder, Jugendliche, Erwachsene).

So ist kein Zufall, dass die systemtheoretische Diskussion den Konstruktivismus von Glasersfelds und von Foersters sowie Maturanas Beobachterbegriff begeistert aufgegriffen hat. Es ist der Akteur, welcher hier durch die Hintertür wieder ins theoretische Feld geholt wird, das – nun allerdings nur noch denkhandelnde – Individuum. Als „neue Systemtheorie" wurde dies des öfteren bezeichnet, tatsächlich ist es jedoch eine Melange unterschiedlicher Ansätze. Selbst die Einbindung des (ursprünglich von Maturana/Varela auf lebende Systeme bezogene) Autopoiesis-Begriffs in die Theorie sozialer Systeme kann so interpretiert werden, dass sie die Funktion erfüllt, dem Ganzen zum Ausgleich der aus Luhmanns Blick auf soziale Systeme ausgeblendeten Individuen eine „lebendige" Note zu verleihen.

7 Verknüpfung system- und handlungstheoretischer Zugänge

Offenbar lässt sich soziale Wirklichkeit nicht nachhaltig nur mittels der Fragen nach Selbstreferenz, Grenz- und Strukturbildung sowie Funktion verstehen. Interesse für einzelnes (nicht grundsätzlich, aber optional auch intentionales) Handeln und schließlich für handelnde Einzelwesen in all ihrer Lebendigkeit muss hinzukommen. Wenn schon mit dem Beobachter zumindest ein Konstrukteur, ein Denkhandelnder, in die neue Systemtheorie aufgenommen wird, warum dann nicht gleich das ganze Handeln und der ganze Akteur? System- und Handlungstheorie müssen verknüpft und zusammen genutzt werden. In dieser Forderung (vgl. Göhlich 1995) weiß ich mich inzwischen einig mit anderen, etwa mit Honig, der die generationale Ordnung als handlungstheoretisches und als systemisches Konzept zu fassen sucht und für die Kindheitsforschung postuliert, sie habe Interdependenzen und Eigenlogik der System- und Akteursebene zu untersuchen (vgl. Honig 1999, S. 48), ohne dies allerdings weiter auszuführen. Da ich die Verbindung system- und handlungstheoretischer Zugänge bereits an anderer Stelle ausgearbeitet habe (vgl. Göhlich 2001), gehe ich darauf im folgenden nur übersichtsartig ein.

Mir erscheint eine Verbindung am ehesten dann möglich, wenn System und Akteur nicht als starr, sondern als im Fluss befindlich vorgestellt werden. Systemisches Prozessieren verstehe ich als selbstreferentielles Funktionieren, das auf Anschlüsse, Grenzen und Strukturen, individuelles Handeln als sinnvolles Bewegen, das auf Bedeutung, Interesse, Wirkung und körperlichen Prozess untersucht werden kann.

Das systemische Prozessieren der Praxis einer pädagogischen Institution bzw. eines vorzugsweise pädagogisch (d.h. lernunterstützend) ausgerichteten sozialen Systems ist die Basis, aus der heraus Handeln entsteht. Systemisches Prozessieren wird mittels Zuschreibung und Verkörperung in Handeln überführt (das dann wiederum in sich dadurch möglicherweise veränderndes, systemisches Prozessieren eingebunden wird). Aus dem sozialen System der Praxis einer pädagogischen Institution schälen sich so Akteure heraus, die miteinander handeln.

Eine wesentliche Rolle bei der allmählichen Überführung sozialsystemischen Prozessierens in Handeln und viceversa spielen die Zusammenhänge von Muster (Bateson) und Habitus (Bourdieu) sowie von Zuschreibung (Luhmann) und Performativität (Austin, Butler). Aus dem sozialsystemischen Prozessieren bilden sich selbstreferentiell außer Grenzen und Strukturen auch prozessuale Muster des Umgangs mit Selbstreferenz, Grenze und Struktur. Diese Muster sind also verfestigte Formen sozialsystemischen Prozessierens. Wer immer (als Individuum oder Kollektiv) sich an dem betreffenden Prozessieren handelnd beteiligt, kann dies nur mittels einer (zumindest graduellen, im Wulfschen Sinne mimetischen) Angleichung an die sozialsystemischen Muster. Bei andauernder Beteiligung verfestigt sich dieses mustermimetische Handeln zu einem im Beteiligten verkörperlichten Handlungsmuster, zum Habitus eines Akteurs.

Der Körper (und der Leib; vgl. Meyer-Drawe 2002) ist dem systemischen Blick verborgen. Dies ist insofern problematischer als die diesem fehlende Option eines Blicks auf die Handlungsintention, als die Körper die steten (meist unbewussten) Garanten systemischen Prozessierens sind. Als Schwäche erweist sich der fehlende Blick auf den Körper außerdem bei der Suche nach Antworten auf die Frage der Macht. Im Blick auf den Körper erscheint ein handlungstheoretischer Zugang sinnvoller als ein systemtheoretischer, sind zumindest die neueren – weniger Vernunft als Ahnung und Gewohnheit, weniger Intention als Wirkungen betonende – Handlungstheorien weiter, ob nun Bourdieus Habituskonzept und die ihm verwandte Theorie mimetischen Handelns von Gebauer und Wulf oder die Butlersche Konzeption der Anrufung und andere Theorien des Performativen (Wulf/Göhlich/Zirfas 2001).

Mit der Verkörperlichung wird zugleich das Potential für einen weiteren Schritt, nämlich für die Bewusstwerdung der Habitualisierung des eigenen Handelns und letztlich der Muster sozialsystemischen Prozessierens gelegt. Bewusst kann ggf. die Verflüssigung des Habitus angeregt werden. Um einen Habitus zu verflüssigen, reicht allerdings bewusstes Handeln nicht aus, sondern ist unbewusstes psychosomato-systemisches Prozessieren in anderen sozialsystemischen Mustern notwendig. Möglicherweise findet in der Regel gar keine Verflüssigung im engen Sinne, sondern eine Überlagerung des einen Habitus durch einen anderen, u.U. gegensätzlichen statt.

Insgesamt erweist sich das Verhältnis von Handeln zu System als ein transformatives. Was auf der Ebene systemischen Prozessierens kommunikativer Sinn ist, ist als Handeln an Körper und Psyche der Akteure angeschlossen. Aus nur prozessual-funktional sinnvollem Geschehen wird motivational und antizipativ sinnvolles Bewegen, aus sozialsystemischem Prozessieren wird Miteinanderhandeln. Schließlich kann aus motivational und antizipativ sinnvollem Handeln unter Umständen bewusstes Handeln, aus Miteinanderhandeln gemeinsames Handeln werden.

8 Pädagogische Praxis als Muster und Habitus der Lernunterstützung

Entsprechend der Thematik des vorliegenden Sammelbandes geht auch mein Beitrag von der Frage nach Kind und Kindern aus. Der Blick auf die Bedeutung von Kind/ern in der Pädagogik bzw. pädagogischen Praxis führte jedoch zu der Feststellung, dass pädagogische Praxis keineswegs zwingend eine Praxis zwischen Kindern und Erwachsenen oder gar zwischen einem Kind und einem Erwachsenen sein muss, sondern zwischen den verschiedensten Individuen, Gruppen und letztlich auch Organisationen immer dann entsteht, wenn Lernunterstützungsgesuche oder -versuche unternommen werden. Dennoch werde ich mich abschließend, dem gewählten Thema entsprechend, der pädagogischen Praxis wieder als Prozess unter Beteiligung von Kindern zuwenden.

Was nützt hier die Verbindung von System- und Handlungstheorie? Ich möchte zumindest an einem Beispiel zeigen, dass und wie sie den Blick pädagogischer Forschung und Reflexion im Hinblick (auch) auf die Bedeutung von Kindern schärfen und spezifieren kann. Das Beispiel entstammt einem Forschungsprojekt an vierten und fünften Klassen einer Berliner Grundschule, in dem wir die Entstehung des Sozialen in Ritualen und Ritualisierungen untersuchten (vgl. Göhlich/Wagner 2001).

Wir haben die Übergänge der Kinder vom Kontext Pause zum Kontext Unterricht fokussiert und hierzu videogestützte Beobachtungen und Gruppendiskussionen durchgeführt. Dabei entdeckten wir Binnengruppen bzw. Teilkulturen, die sich – weniger durch ihre Äußerungen als durch ihre (wie sich in Gesprächen über die aufgenommenen Sequenzen zeigte: unbewussten bzw. selten bewussten) Verhaltensweisen – voneinander unterschieden. Einige Kinder kommen immer wieder deutlich vor den anderen und weit vor dem Lehrer ins Klassenzimmer, gehen direkt zu den Kleiderhaken im Raum, ziehen ihre Anoraks aus und hängen sie dort auf, gehen zu ihrem Platz, setzen sich hin, holen Unterrichtsmaterialien aus ihren Schultaschen heraus und legen sie auf den Tisch. Andere kommen ebenfalls früh herein, ziehen die Jacken aus und setzen sich hin, holen aber keine Unterrichtsmaterialien, sondern Speisen und Getränke aus ihren Schultaschen, essen und trinken und kommunizieren zum Teil darüber, etwa über mitgebrachte Süßigkeiten. Wieder andere übertreten die Türschwelle nur um ein oder zwei Meter, bleiben dort einander zugewandt stehen und sprechen teilweise miteinander, lassen ihre Jacken an, verlassen häufig wieder das Klassenzimmer und treten dann ein zweites Mal, häufig erst unmittelbar mit dem Lehrer, wieder ein. Zum Teil lassen sich diese Gruppierungen in der Pause auf dem Schulhof wieder erkennen.

Es kann hier nicht von einer Kinderkultur gesprochen werden, sondern es gibt offenbar gleich mehrere Teilkulturen bzw. Sozialsysteme unter den Kindern, deren Muster und Habitus sehr unterschiedlich sind und in teils kritischer, teils affirmativer Wechselwirkung mit institutionell hegemonialen Praktiken stehen. Unter den Kindern in der Schule bilden sich, wie bei den Erwachsenen, den LehrerInnen und Eltern, und zum Teil gegen sie, zum Teil mit ihnen, Teilkulturen im Hinblick auf Welterschließung und Schulverständnis.

Problematisch wird das, wenn pädagogische Praxis nur an eine dieser zur Teilkultur entwickelten sozialen Systeme, in der Regel an die, welche wir schulnah oder schulaffirmativ nennen, anschließt. Besonders problematisch wird es, wenn solche Praxis stillschweigend mit anderen Grenzziehungen gekoppelt ist, z.B. mit geschlechtsbezogenen, sozioökonomischen oder ethnischen Grenzziehungen, wie in der hier fokussierten Szene, die wir „Deutscher Kreis" genannt haben. Sie spielt in einer Klasse, die aus zwölf Kindern nicht-deutscher, zumeist türkischer Herkunft und aus sieben Kindern deutscher Herkunft besteht. Der (deutsche) Lehrer kommt in den Raum, eröffnet nicht wie sonst in Tafelnähe stehend offiziell den Unterricht, sondern geht zu einem an seinem Platz in der Mitte des Raumes sitzenden Mädchen (deutscher Herkunft), das der sich schulaffirmativ zeigenden Schülergruppe zuzurechnen ist, zieht einen Stuhl an den Tisch heran, setzt sich hin und bespricht mit dem Mädchen einen Text. Die Klassenzimmertür ist noch offen, unter anderen Kindern herrscht noch reges Hin und Her. Eines nach dem anderen kommen die meisten Kinder an dem Tisch vorbei, an dem das Mädchen und der Lehrer sitzen. Mehrere treten gezielt an ihn heran, schauen auf das Heft des Mädchens und hören der vom Lehrer als Lehrgespräch gestalteten Unterhaltung zwischen beiden zu.

Bei näherer Betrachtung fällt nun auf, dass lediglich die deutschen Kinder an dem Tisch stehen bleiben. So kommt es schließlich dazu, dass fünf Kinder deutscher Herkunft samt dem ebenfalls deutschen Lehrer einen – mit Fragen deutscher Schriftsprache beschäftigten – Kreis in der Mitte des Raumes bilden, der allen Außenstehenden den Rücken zukehrt, während alle zwölf Kinder nicht-deutscher Herkunft sich außerhalb dieses Kreises befinden bzw. nach einem kurzen Blick auf die Szene ihrerseits kommunikative Kleingruppen im Mittelgang des Klassenzimmers bilden.

Einem System- und Handlungstheorie gleichermaßen als notwendig zugrundelegenden Blick zeigt sich dieses Geschehen als spezifische Form institutioneller Diskriminierung. Die Besonderheit des Beispiels liegt weniger darin, dass hier gut erkennbar ist, dass und wie Kinder an institutioneller Diskriminierung beteiligt sind, als darin, dass die Diskriminierung hier sehr weit geht, nämlich bis zur Dichotomisierung der Klasse als strukturellem Bestandteil der Schule, also zur Selbstauflösung eines institutionellen Subsystems. Tatsächlich war es uns aufgrund der genannten und ähnlicher Beobachtungen möglich, die ein knappes Jahr später offiziell vollzogene Auflösung der Klasse im Forscherkreis frühzeitig als wahrscheinlich zu prognostizieren.

Das Beispiel zeigt, wie individuelles Handeln habituell bzw. in Mimesis zum systemischen Muster an systemisches Prozessieren anschließt. Die Suche nach einem Anfang oder einer Ursache führt hier nicht weit. Sicherlich kann als intentionales Handeln interpretiert werden, dass sich der Lehrer zu der Schülerin setzt und mit ihr über Fragen deutscher Schriftsprache spricht. Dies ist eine Entscheidung, aber nicht der Anfang des Geschehens. Dass ein Erwachsener ausführlich ein Kind hinsichtlich schriftsprachlicher Details belehrt und sich dieses belehren lässt, setzt den Kontext Unterricht als beiden bekannt und von beiden akzeptiert voraus. Zudem zeigt das Mädchen durch das am Platz Sitzen und das auf den Tisch Legen von Arbeitsmaterialien seine Unterrichtserwartung. Dass wiederum Unterricht als wahrscheinlich erwartet werden kann, ist dem seit Jahren erfahrenen Muster schulischer Praxis geschuldet. Dieses wiederum überliefert sich durch Erlebnisse und Erzählungen von Erwachsenen und Kindern.

Dass aus dem Geschehen für Sozialsystem und individuelle Akteure ein „Unterschied, der einen Unterschied macht" (Bateson 1985, S. 407) wird, ist ein latenter, schleichender, nur flüchtig kulminierender Prozess, in dem viele auf den ersten Blick unstrukturiert und unabhängig voneinander laufende Bewegungen und Äußerungen ineinander greifen. Aus System- und Handlungstheorie gleichermaßen zu Rate ziehender Perspektive erscheinen diese Bewegungen und Äußerungen als auf die Kommunikationsmuster klasseninterner Subsysteme bezogene mimetische Handlungen bzw. performative Äußerungen. Sie orientieren sich an dort jeweils geltenden Strukturen und Grenzen und konstituieren diese (nicht-identisch, also in mehr oder weniger bedeutsamen Nuancen neu) durch spezifische Aufführungen und Anrufungen. Was die beteiligten Kinder auch immer in die Nähe der Tischszene treibt, die Orientierung am schulaffirmativen Muster hält sie dort fest und zugleich festigt ihr Dort-Stehen-Bleiben das schulaffirmative Muster eines bestimmten Teils der Klasse (die hier dementsprechend nicht als Klassengemeinschaft bezeichnet werden kann), die Orientierung am schulkritischen Muster treibt andere fort und festigt zugleich ihre Entfernung vom inoffiziellen Unterrichtsort und mehr noch die gleichzeitige Bildung (ggf. auch sprachlich) „eigener" kommunikativer Zirkel dieses andere Muster.

Soweit mein Beispiel, das nicht mehr als eine rudimentäre Illustration des vorgestellten system- und handlungstheoretischen Verstehens von Kindern im pädagogischen Kontext sein kann. Dabei ist deutlich geworden, dass die hier beobachtete pädagogische Praxis Muster und Habitus der Lernunterstützung nur um den Preis gleichzeitiger Ausgrenzung großer Teile der Klasse, anders gesagt: um den Preis gleichzeitiger lernhemmender Muster und Habitus, aufzubauen vermag. Ziel meines Beitrags war, zur theoretischen Fundierung pädagogischer Reflexion beizutragen. Zur im engeren Sinne pädagogischen Reflexion wird der vorgestellte Blick dann, wenn über die Suche nach Möglichkeiten des Verstehens hinaus auch Möglichkeiten einer Unterstützung des Lernens der betreffenden sozialen Systeme und der an ihnen Beteiligten eruiert werden.

Literatur
Althoff, G. u.a. (1998): Menschen im Schatten der Kathedrale. Darmstadt
Bateson, G. (1985): Ökologie des Geistes. Frankfurt/M.
Brockhaus Wahrig (1982): Deutsches Wörterbuch, Bd. 4. Stuttgart. S. 130
Duden (1999): Das große Wörterbuch der deutschen Sprache. Bd. 5, 3. Aufl. Mannheim. S. 2110
Glöckel, H. (1996): Vom Unterricht. Lehrbuch der Allgemeinen Didaktik. Bad Heilbrunn
Göhlich, M. (1995): Systémové myslení a pedagogické jednani (Systemisches Denken und pädagogisches Handeln). In: Pedagogická Orientace 1995. Brno. S. 24-33
Göhlich, M. (1996): Bildung durch Liebe? Pestalozzis Suche nach dem Wesen des Menschen. In: Wulf, Ch. (Hrsg.): Anthropologisches Denken in der Pädagogik 1750-1850. Weinheim. S. 131-164
Göhlich, M. (1997): Schule als schismogene Kulturgemeinschaft. In: Zeitschrift für Sozialisationstheorie und Erziehungssoziologie. 17.Jg., H.4. S. 356-367
Göhlich, M. (2001): System, Handeln, Lernen unterstützen. Eine Theorie der Praxis pädagogischer Institutionen. Weinheim
Göhlich, M. (2001): Performative Äußerungen. J. L. Austins Begriff als Instrument erziehungswissenschaftlicher Forschung. In: Wulf, Ch./Göhlich, M./Zirfas, J. (Hrsg.): Grundlagen des Performativen. Eine Einführung in die Zusammenhänge von Sprache, Macht und Handeln. Weinheim. S. 25-46
Göhlich, Michael (2002): Befremdung und Entängstigung. Zum Zusammenhang zwischen Schulpädagogik und Kindheitsforschung. In: Online Zeitschrift Grundschulforschung Nr. 4
Göhlich, M./Wagner-Willi, M. (2001): Rituelle Übergänge im Schulalltag. Zwischen Peergroup und Unterrichtsgemeinschaft. In: Wulf, Ch. u.a.: Das Soziale als Ritual. Zur performativen Bildung von Gemeinschaften. Opladen. S. 119-204
Gomolla, M./Radtke, F.-O. (2000): Mechanismen institutionalisierter Diskriminierung in der Schule. In: Gogolin, I./Nauck, B. (Hrsg.): Migration, gesellschaftliche Differenzierung und Bildung. Resultate des Forschungsschwerpunktprogramms FABER. Opladen. S. 321-341
Grimm, J./Grimm, W. (1873): Kind. In: Grimm, J./Grimm, W.: Deutsches Wörterbuch. 5. Band. Leipzig. S. 707-726
Honig, M.-S. (1999): Forschung „vom Kinde aus"? Perspektivität in der Kindheitsforschung. In: ders./Lange, A./Leu, H. R. (Hrsg.): Aus der Perspektive von Kindern? Zur Methodologie der Kindheitsforschung. Weinheim. S. 33-50
Kneer, G./Nassehi, A. (1994): Niklas Luhmanns Theorie sozialer Systeme. München
Lenzen, D. (1994a): Das Kind. In: ders. (Hrsg.): Erziehungswissenschaft. Ein Grundkurs. Reinbek. S. 341-361
Lenzen, D. (1994b): Erziehungswissenschaft – Pädagogik. In: ders. (Hrsg.): Erziehungswissenschaft. Ein Grundkurs. Reinbek. S. 11-41
Luhmann, N. (1987): Soziale Systeme. Grundriss einer allgemeinen Theorie. Frankfurt/M.
Luhmann, N. (1991): Das Kind als Medium der Erziehung. In: Zeitschrift für Pädagogik. 37. Jg., Nr. 1. S. 19-40

Luhmann, N./Schorr, K. E. (1988): Reflexionsprobleme im Erziehungssystem. Frankfurt (Erstausgabe 1979)
Lyman, R. B. (1980): Barbarei und Religion. Kindheit in spätrömischer und frühmittelalterlicher Zeit. In: de Mause, Lloyd (Hrsg.): Hört ihr die Kinder weinen. Eine psychogenetische Geschichte der Kindheit. Frankfurt/M. S. 112-146
Markowitz, J. (1986): Verhalten im Systemkontext. Frankfurt/M.
Meyer-Drawe, K. (2002): Symbolträchtige Automatismen. Das praktische Wissen des Leibes. In: Körper. Seelze. S. 10-11
Oelkers, J. (1987): System, Subjekt und Erziehung. In: Oelkers, J./Tenorth, H.-E. (Hrsg.): Pädagogik, Erziehungswissenschaft und Systemtheorie. Weinheim
Stecher, L./Zinnecker, J. (1998): Kind oder Jugendlicher? Biographische Selbst- und Fremdwahrnehmung im Übergang. In: Zinnecker, J./Silbereisen, R. K.: Kindheit in Deutschland. Aktueller Survey über Kinder und ihre Eltern. Weinheim. S. 175-191
Wulf, Ch. (1996): Einleitung. In: ders. (Hrsg.): Anthropologisches Denken in der Pädagogik 1750-1850. Weinheim. S. 7-14
Wulf, Ch. (1997): Mimesis. In: ders. (Hrsg.): Vom Menschen. Handbuch Historische Anthropologie. Weinheim. S. 1015-1029
Wulf, Ch. (Hrsg.) (1996): Anthropologisches Denken in der Pädagogik 1750-1850. Weinheim
Wulf, Ch./Göhlich, M./Zirfas, J. (Hrsg.) (2001): Grundlagen des Performativen. Eine Einführung in die Zusammenhänge von Sprache, Macht und Handeln. Weinheim

Ethische Dimensionen einer sozialpädagogischen Theoriebildung zu Kindern und Kindheit. Überlegungen im Anschluss an Fichte und Darwin

Micha Brumlik

1 Vorbemerkung

Im Oktober 2001 berichtete die Wissenschaftsseite einer großen deutschen Tageszeitung über ein Symposion an der Universität Kiel zur griechischen Vasenmalerei. Die Archäologin Lesley Beaumont aus Sidney hatte sich dort mit der politischen Entwicklung der Polis und den Veränderungen der griechischen Familie seit dem sechsten vorchristlichen Jahrhundert befasst: „Mit der Einführung der Demokratie", so der Bericht, „wird die Familie zur Keimzelle der Polis. Das Kind ist nicht länger ein kleiner Erwachsener. Sein Körper wirkt unbeholfen und rundlich. Zwischen Vater und Mutter robbt es auf einer Pelike (um 440 v. Chr.) am Boden. Ein anderes Mal – auf einer kleinen Schale – sitzt es im Kinderstühlchen, die Arme nach der Mutter ausgestreckt" (Erche 2001).

2 Das Ende des Menschen und die Moral der Achtung

Die historischen Wissenschaften schienen bisher einzulösen, was Michel Foucault in seiner „Ordnung der Dinge" 1966 postuliert hatte: dass nämlich der undurchschaut normative Begriff des „Menschen" eine neuzeitliche Erfindung sei und ebenso verschwinden werde wie ein menschliches Antlitz, das am

Meeresufer in den Sand gezeichnet wurde[22]. Foucaults programmatische Abkehr vom Humanismus berührt einen Begriff vom „Menschen", der stets normative und damit ethische Konsequenzen hatte. Auch auf den ersten Blick rein rationale Moralen, die ihre Imperative nicht durch starke Annahmen einer vorgegebenen menschlichen Natur oder einer verbindlichen Güterlehre bestimmen, kommen offensichtlich ohne einen minimalen Begriff des Menschen nicht aus:

> „Das oberste Prinzip der Tugendlehre ist: " – so Kant in der „Metaphysik der Sitten" – „handle nach einer Maxime der Zwecke, die zu haben für jedermann ein allgemeines Gesetz sein kann. – Nach diesem Prinzip ist der Mensch sowohl sich selbst als andern Zweck und es ist nicht genug, daß er weder sich selbst, noch andere als bloße Mittel zu brauchen befugt ist (dabei er doch gegen sie auch indifferent sein kann), sondern den Menschen Überhaupt sich zum Zwecke zu machen ist an sich selbst des Menschen Pflicht" (Kant 1968, S. 526).

In diesem Programm spielt die Zugehörigkeit zur biologischen Gattung „Homo sapiens" allenfalls eine notwendige, aber keine hinreichende Bedingung. Das moralische Achtungsgebot steht unter der Bedingung, dass die Angehörigen dieser biologischen Gattung zu autonomen Individuen gebildet werden, und das dem Umstand zum Trotz, dass sie dies über eine nicht ganz geringe Spanne ihrer Lebenszeit noch nicht sind oder einmal nicht mehr sein werden. Dem entspricht eine „advokatorische Ethik", die die Anerkennung der menschlichen Würde von der Argumentationsfähigkeit der Person löst. Andernfalls wären nicht nur noch sprechunfähige Kinder aus dem Bereich zu respektierender Personen ausgeschlossen, sondern auch Demente, Bewusstlose, Praktisch Bildbare oder sog. „Geisteskranke". Warum sollten nach Maßgabe einer alleine auf „Argumentationsfähigkeit" abhebenden Ethik menschliche Wesen einen kategorischen Anspruch auf Würde und Schutz haben, von denen etwa als sicher gelten kann, dass sie unter keinen denkbaren Umständen an dem teilnehmen könnten, was als argumentative Rede ausgezeichnet wird? Bei aktuell noch sprechunfähigen Kindern kann unter der Annahme einer „normal" verlaufenden Entwicklung immerhin davon ausgegangen werden, dass sie durch advokatorisches, vorgrei-

---

22 Seine „Absage an Sartre", in der er 1969 begründete, warum gerade um der einzelnen Menschen willen der Begriff des „Menschen" und mit ihm der „Humanismus" als Ideologie destruiert werden müsse, endet mit einem programmatischen Aufruf: „Der Versuch, der gegenwärtig von einigen unserer Generation unternommen wird besteht daher nicht darin, sich für den Menschen gegen die Wissenschaft und gegen die Technik einzusetzen sondern deutlich zu zeigen, dass unser Denken, unser Leben, unsere Seinsweise bis hin zu unserem alltäglichsten Verhalten Teil des gleichen Organisationsschemas sind und also von den gleichen Kategorien abhängen wie die wissenschaftliche und technische Welt."

fendes Handeln einmal zu anerkannten, argumentationsfähigen Mitgliedern von Diskursgemeinschaften werden (Brumlik 1992). Wie sind aber jene zu beurteilen, bei denen nach aller plausibel begründeten Prognose diese Möglichkeit ausgeschlossen ist? Sofern eine pädagogische Ethik der Anerkennung jenen Bereich, der herkömmlicherweise der „Sonderpädagogik" zugeschrieben wird, nicht dezisionistisch ausblenden will, wird sie nicht umhin können, tiefer anzusetzen, nämlich nicht an der erwarteten oder erwartbaren Argumentationsfähigkeit der Edukanden, sondern an ihrer Angehörigkeit zur Gattung „Homo sapiens".

Das muss einer Erziehungswissenschaft, die sich nach Foucault noch immer nicht vom heilsamen Schock einer historisch gerichteten Diskursanalyse pädagogischer Semantiken in der Folge von Philippe Ariès, Elisabeth Badinter oder auch Judith Butler erholt hat, naiv erscheinen. Deren Untersuchungen durch die scheinbar selbstverständliche ontologische Voraussetzungen des Faches wie jene, dass es Kinder, biologische Geschlechter, ja sogar Menschen gäbe, über den Hinweis auf die Historizität der einschlägigen Vokabularien und die Relativität der entsprechenden Praxen erschüttert wurden, wirken bezüglich einer normativen Versicherung der Pädagogik nach. Gleichwohl zehren auch diese unter Hinweis auf Herrschaft begründeten kulturrelativistischen Auflösungen lebenslaufbezogener Bezeichnungen wie „Frau", „Mann", „Kind" oder „Jugendlicher" in ihrer Herrschaftskritik von einem normativen, oft genug pädagogischen Substrat[23].

---

[23] Das grundsätzliche erkenntnistheoretische Spannungsverhältnis von naivem Realismus und radikalem Konstruktivismus schlägt sich in den Sozial- und Erziehungswissenschaften als Spannungsverhältnis von Beschreibungen und Zuschreibungen nieder. Wer etwas beschreibt, meint, mit Mitteln der Sprache das hervorzuheben oder zu verdeutlichen, was ihren Sinnesorganen ohnehin gegeben ist. Wer etwas zuschreibt, legt Gegenständen eine Eigenschaft zu, die sie ohne diesen Akt des Zuschreibens im Rahmen einer Sprachgemeinschaft nicht hätten – oder genauer, die im Rahmen dieser Sprachgemeinschaft noch keine Rolle spielten. Die Existenz und Realität von Gegenständen und ihren Eigenschaften, genauer von jenen Begriffen, mit denen wir auf Gegenstände und Eigenschaften referieren, bemisst sich nach Maßgabe der pragmatistischen Philosophie an der praktischen Bedeutung, die sie für den menschlichen Weltumgang haben. Sie sind damit Funktionen im Rahmen einer nicht weiter hintergehbaren, stets auch normativ bestimmten Praxis. Auch wenn sich alle Eigenschaften, die wir Gegenständen zumessen, als Ergebnis von Zuschreibungs- und nicht von Beschreibungsprozessen erwiesen, wäre die Welt damit nicht weniger wirklich, da es wahre und falsche, gelungene und misslungene Zuschreibungen gibt. Auch Askriptionen folgen Geltungansprüchen, die ihren Grund auch in der Sache selbst haben und nicht auf bloße Konventionen zu reduzieren sind.

Evolution und Generationenverhältnis

Tatsächlich setzt – spätestens seit Rousseau – die Reform erzieherischer Praxis stets eine normativ bestimmte, aufs biologische Substrat bezogene Perspektive voraus. Diese Perspektive muss normativ sein, sonst könnte sie ihrem kritischen Anspruch nicht gerecht werden. Sie muss aber auch biologisch gerichtet sein, da sie sonst ihre Phänomene verlöre. Dieser Einsicht will sich auch die historisch verfahrende Kindheitsforschung nicht völlig entziehen, bleibt dabei jedoch insofern auf halbem Wege stehen, als sie das überhistorische Substrat, den kindlichen Leib, individualisiert, anstatt ihn dort zu positionieren, wohin er der Sache nach gehört: in ein zunächst biologisch zu betrachtendes Generationenverhältnis: „Wenn die Kindheit als ein genuin soziales Phänomen betrachtet und als institutionalisiertes Konstrukt von der Wirklichkeit der Kinder unterschieden wird, ist daher die Differenz zwischen der Kindheitssemantik und der vorsprachlichen Leiblichkeit der menschlichen Neulinge als Grenze und Bezugspunkt immer mitzudenken" (Honig 1999, S. 181).

Pädagogische Anthropologie hat als sachlichen Kern die Zeitlichkeit des menschlichen Lebens. In ihrer Perspektive stehen Phänomene wie Plastizität, Mündigkeit oder Bildsamkeit, Lernfähigkeit, Ausdrucks- und Kommunikationsfähigkeit im Zentrum. Ein genauerer Blick offenbart indes sogleich, dass all diese Begriffe direkt oder indirekt auf das Phänomen der Entwicklung und damit wiederum auf die Zeitgestalt des Menschen bzw. auf die von ihm zu gestaltende Zeit bezogen sind. Das Substrat dieser Lebensgeschichte, das Impulse zur Veränderung des menschlichen Individuums durch dieses sowie durch seine signifikanten Anderen vorgibt und damit überhaupt erst ermöglicht, ist des Menschen Körper, den er als seinen ausdrucksbaften, sich auch ohne seinen Willen verändernden Leib erlebt und bewohnt. Des Menschen Körper, sein Leib, der mehr und anderes ist als sein Gehirn, hat bisher, bei aller geschichts- und kulturrelativen Unterschiedlichkeit Phänomene der Bildung, Entwicklung und Erziehung markiert. Ob der menschliche Leib heute, im anbrechenden Zeitalter seiner technischen Reproduzierbarkeit, noch jene naive Spontaneität aufweisen wird, die bisher die Gestaltung von Leib und Leben ermöglichte und erzwang, muss derzeit mit einem Fragezeichen versehen werden. Womöglich naht mit dem Ende des „Menschen" in seinem alten Begriff auch das Ende dessen, was als „Bildung" und „Pädagogik" wir uns zu bezeichnen angewöhnt haben. Allerdings: Vor einem endgültigen Abgesang ist es sinnvoll, sich noch einmal dieser Leiblichkeit theoretisch zu versichern, dabei aber – anders als die Phänomenologie – den kindlichen Leib nicht isoliert zu betrachten, sondern ihn in jenes Verhältnis zu stellen, in dem alleine er erst seine Bedeutung gewinnt: in das Generationenverhältnis, in eine ganz besondere „Bezogenheitsstruktur". Aus anthropologischer wie aus gesellschaftlicher Perspektive wird die generative Differenz durch die „Entwicklungstatsache" der Zweizeitigkeit der menschlichen Entwicklung konstituiert:

„Groß" – stellt Luise Winterhager-Schmidt in gezielter Naivität fest – „sind diejenigen, die in der Lage sind, „Kleine" zu zeugen. Das können „Kleine" noch nicht (…). Das genealogische Generationenverhältnis ist allen anderen Generationsverhältnissen vorgelagert. Es ist unlösbar verknüpft mit der körperlichen Zweigeschlechtlichkeit des Menschen. Geschlechterdifferenz ist Voraussetzung für Generativität und Generation" (Winterhager-Schmidt 2000, S. 26).

Damit wurzelt die Geschichte einer sich selbst gar nicht anders denn historisch verstehen könnenden Menschheit in der Naturgeschichte, nicht nur der eigenen Gattung, sondern mindestens der warmblütigen Säugetiere. Die sexuelle und zweigeschlechtliche Vermehrung tierischer Gattungen vollzieht sich durch die Verschmelzung des Erbguts zweier, sexuell differenter zeugungs- und gebärfähiger, nicht zwittriger Partner. Dabei gilt die Sexualität auch einer strikt biologischen Betrachtungsweise inzwischen nicht mehr als Motor der Replikation des Erbguts, sondern als ein Verfahren für das Reparieren und Variieren individueller Erbprogramme (Wickler/Seibt 1998, S. 36). Die Replikation des Erbguts durch zwei unterschiedlich spezialisierte, eingeschlechtliche Exemplare einer Gattung hat sich im Zuge der Evolution zunächst vor jungfräulicher, dann vor zwittriger Fortpflanzung durchgesetzt, weil erstens die Zweigeschlechtlichkeit eine größere Variation des Erbguts ermöglicht und zweitens die Spezialisierung auf die alleinige Produktion von Eizellen hier und Spermien dort den jeweiligen Exemplaren größere Replikationschancen einräumt, als wenn sie zwittrig wären. Spermienproduzenten – Männchen – können hinfort die Verbreitung ihres Erbguts nicht mehr nur durch Begattung, sondern auch durch Kampf und Ausschaltung des Nachwuchses anderer befördern, ohne sich um Aufzucht und Pflege kümmern zu müssen, während die Eizellenproduzenten – Weibchen – der Pflege und Aufzucht nachgehen können und die Ausschaltung fremden Nachwuchses den Spermienproduzenten überlassen können. Soziobiologie und Populationsgenetik konnten vor diesem Hintergrund zwei grundsätzlich verschiedene Replikationsstrategien identifizieren: Während unter Bedingungen riskanter, das Überleben unwahrscheinlich lassender Umwelten, die schnelle und häufige Zeugung von Nachwuchs unter Inkaufnahme einer nicht intensiven Brutpflege optimal erscheint, prämieren stabile Umwelten seltener auftretende und langsamer verlaufende Zeugungs- und Gebärstrategien und eine hoch intensivierte Brutpflege, die im Fall dieser Strategie ein hohes Investment an Kraft, Zeit, Geld, Liebe und Sorge der Eltern erfordern (Scheunpflug 2001, S. 117). Der Nachwuchs von Exemplaren der biologischen Gattung „Homo Sapiens" ist als extrauterine Frühgeburt und sekundärer Nesthocker von seiner stammesgeschichtlichen Anlage her auf Strategien der zweiten Art eingestellt. Die Gattung „Homo Sapiens" weist so unter allen Primaten die längsten Schwangerschaften und die niedrigsten Fortpflanzungsraten auf. Dem entspricht die evolutionäre Bedeutung jener bei der Gattung ebenfalls besonders langen Lebensphase vor dem reifungsbedingten Einsetzen des Fortpflanzungsapparats, der hier als „biologische Kindheit" bezeichnet wird, deren Sinn darin besteht, eine lange Lehrzeit für das erfolgreiche Funktionieren als Erwachsener zu ermöglichen.

„Die zu erlernenden sozialen Umweltvariablen" – resümiert Athanasios Chasiotis – „wie etwa kulturelle Normen verändern sich zwar auch mit der Zeit, aber vergleichsweise langsam im Vergleich zur Lebensspanne der Menschen. Deshalb ist die optimale evolutionäre Strategie, für das Lernen besonders empfängliche „sensible Situationen" in der frühen Kindheit zu etablieren, in denen das Erlernen bestimmter Verhaltensweisen erleichtert wird. Die kindliche Pflegebedürftigkeit wird dabei als Voraussetzung gesehen mit der der Mensch seine Nachkommen zu „bessern", reproduktiv überdurchschnittlich erfolgreichen Erwachsenen großzuziehen in der Lage ist. Um dieses Ziel zu erreichen, ist in den ersten ungefähr fünf Lebensjahren von einer sensitiven Periode auszugehen, in der das Kind die Fortpflanzungsstrategien der erwachsenen Familienmitglieder übernehmen lernt (...)" (Chasiotis 1999, S. 14; vgl. auch Blaffer Hrdy 2000, S. 550f.). Diese Befunde stimmen nicht nur mit den Meinungen der Psychoanalyse und den empirischen Befunden der Bindungsforschung überein, sondern auch mit den Befunden einer entwicklungsorientierten Gehirnforschung (Eliot 2001). In diesem Sinne lässt sich auch durch transkulturelle, vergleichende Studien eine eindeutig bestimmbare, allenfalls in Geschwindigkeit und Ausprägung, nicht aber in Abfolge und Entwicklungslogik differierende biologische Kindheit des Nachwuchses von „Homo Sapiens" bestimmen.

Die evolutionspsychologischen Hinweise gewinnen ihren ethisch-moralischen und damit pädagogischen Sinn, wenn man sich vor dem Hintergrund der für die Gattung typischen Reproduktions- und Aufzuchtstrategien einerseits und der für die Gattung andererseits ebenso typischen „exzentrischen Positionalität" (H. Plessner) dem Umstand stellt, dass sich die relevanten Bezugspersonen Neugeborener – in der überwiegenden Mehrheit aller Fälle noch immer die biologische Mutter – ihren neugeborenen Kindern gegenüber in einer eigentümlichen Mischung aus vorbewussten Selektionsstrategien, moralischen Imperativen und partnerschaftsbezogenen Lebensentwürfen verhalten. Entsprechend lautet das Fazit der evolutionspsychologisch arbeitenden Anthropologin und Evolutionspsychologin Sarah Blaffer Hrdy zum Rätsel der Adoption ausgesprochen schwächlicher Kinder „Im Gegensatz zu anderen Tieren sind Menschen in der Lage bewusst Entscheidungen zu treffen, die ihrem Eigeninteresse zuwiderlaufen. Ein solches freiwilliges Verhalten, das im Widerspruch zu allen biologischen Eigeninteressen steht, besitzt die Merkmale wahren Heldentums, eines moralischen Heldentums, wie es George Eliot im Sinn hatte, als sie die Menschen von Darwins „albernen Tieren" unterschied und betonte, dass unsere Handlungen uns ebenso sehr bestimmen wie wir unsere Handlungen" (a.a.O. S. 253). Handlungen aber emergieren im Zuge der gesellschaftlichen Evolution zu Institutionen und Normensystemen, die im Zuge der Sozialisation des einzelnen Kindes dessen Selbstverständnis und Handlungsoptionen bestimmen sowie eingrenzen. Für die ethische Dimension einer sozialpädagogischen Theoriebildung kommt es daher darauf an, zu überprüfen, ob und inwieweit eine realistische Betrachtung des evolutionär vorgegebenen Generationenverhältnisses mit den Imperativen einer universalistischen Moral kompatibel ist.

3 Erziehung als Grundlage aller menschlichen Anerkennung

Einen entsprechenden, die biologisch-anthropologischen Aspekte durchaus berücksichtigenden Entwurf, hat Johann Gottlieb Fichte aufgestellt: „(...) Dieses alles, nicht einzeln, wie es durch den Philosophen zersplittert wird, sondern in einer Überraschenden und in einem Momente aufgefasste Verbindung, in der es sich den Sinn gibt, ist es, was jeden, der menschliches Angesicht trägt, nötigt, die menschliche Gestalt Überall, sie sei bloß angedeutet, und werde durch ihn erst abermals, mit Notwendigkeit, darauf Übertragen, oder sie stehe schon auf einer gewissen Stufe der Vollendung, anzuerkennen und zu respektieren. Menschengestalt ist dem Menschen heilig" (Fichte 1971, S.84/85).

An dieser Passage fällt nicht nur auf, dass sie sich ausdrücklich mit dem Gefälle von nur angedeuteter und vollendeter Menschengestalt auseinandersetzt, sondern auch die vorgeschlagene Begründung: Grund und Motiv des Respekts sei der nur ganzheitlich einholende Sinn des menschlichen Antlitzes. Fichtes Begründung zielt also nicht – wie bei Kant oder in der Diskursethik – auf das Achten von Zwecken bzw. die Fähigkeit zur Argumentation, sondern auf die Fähigkeit und Notwendigkeit der Menschen, ihresgleichen zu bilden:

„All dies, das ganze ausdrückende Gesicht ist, wie wir aus den Händen der Natur kommen, nichts; es ist eine weiche ineinanderfließende Masse, in der man höchstens finden kann, was aus ihr werden soll, und nur dadurch, daß man seine eigene Bildung in der Vorstellung darauf überträgt, findet – und eben durch diesen Mangel an Vollendung ist der Mensch dieser Bildsamkeit fähig" (a.a.O.). Die von Fichte postulierte – in der Folge von Arnold Gehlen systematisch entfaltete – konstitutive Mangelhaftigkeit des Menschen legt eine Theorie der Bildung nahe, die die Menschen in ihrem Anfang und Ursprung buchstäblich als

„nichts" ansieht: „Jedes Thier ist, was es ist: der Mensch allein ist ursprünglich gar nichts. Was er seyn soll, muss er werden: und da er doch ein Wesen für sich seyn soll, durch sich selbst werden" (a.a.O., S. 80). Menschen, die anders als Tiere nicht fertig, sondern nur „angedeutet und entworfen" auf die Welt kommen (vgl. a.a.O., S. 79) verspüren als Gattungsangehörige voreinander keine Furcht und seien – so Fichte – auf wechselseitige Mitteilung verwiesen. Ohne wechselseitige Hilfe der Menschen untereinander hätte die Gattung sich nicht erhalten können. Der neugeborene Mensch bedarf der Hilfe, er würde „ohne dieselbe, bald nach seiner Geburt umkommen. Wie er den Leib der Mutter verlassen hat, zieht die Natur die Hand ab von ihm, und wirft ihn gleichsam hin" (a.a.O., S. 81). Diese konstitutive äußerste Hilflosigkeit ist der Motor der Selbstproduktion der Gattung, die sich nur dadurch zur Vernunft und zur Vervollkommnung bilden kann, dass sie sich bewusst und willentlich der Pflege und Bildung ihrer natürlich-physiologischen Eigenschaften bewusst zuwendet, also wichtiger Organe wie Haut, Mund und Auge sowie der eigentümlichen, nur Menschen möglichen Motorik. So habe die Menschheit ihr „wichtigstes Organ, das des Betastens (...) durch die ganze Haut verbreitet (...) in die Fingerspitzen gelegt (...) weil wir es gewollt haben. Wir hätten jedem Theil des Leibes dasselbe feine Gefühl geben können (...)" (a.a.O., S. 82) In einem ebenso freien Willensakt habe sich die Gattung vom Boden erhoben und auf zwei Beine gestellt und damit die Freiheit der Hände erlangt. Dadurch wurde auch die Fortbildung des Auges als eines weltbemächtigenden, die Seele bildenden Organs möglich. Der Mund schließlich, der ursprünglich zum niedrigen Zwecke der Nahrungszufuhr bestimmt war, wird „durch Selbstbildung der Ausdruck aller gesellschaftlichen Empfindungen, sowie er das Organ der Mitteilung ist" (a.a.O., S. 84).

Fichte denkt die Menschlichkeit zumal des werdenden Menschen auf der Basis einer leiblich grundierten Fähigkeit, um auf dieser Basis den Wunsch und Willen, diese Freiheit auch dort zu realisieren, wo sie noch nicht ausgeprägt, sondern lediglich angedeutet ist, als Grund für die Unantastbarkeit eines jeden Menschen zu beglaubigen. Der menschliche Leib ist für Fichte der Hinweis darauf, dass es sich bei dem Wesen, das wir anerkennen, um ein vernünftiges Wesen handelt. Ohne menschlichen Leib – so Fichte – ließe sich die zur Freiheit erheischte Gemeinsamkeit der Menschen nicht realisieren[24]. Fichte begründet dies unter Verweis auf eine Entscheidung der Natur, auf eine biologische Disposition, die „sogleich auf wechselseitige Mitteilung" rechne. Es ist die menschliche Gestalt, der menschliche Leib, der dazu drängt, dass Menschen einander ohne jedes weitere Nachdenken anerkennen. Um dies zu vollziehen, bedarf es gerade nicht mühsamer theoretischer Überlegungen philosophischer Art – Aufgabe der Philosophie kann es in diesem Zusammenhang ohnehin nur sein, das zu entfalten, was im Leben selbstverständlich funktioniert. „Nur wolle man ja nicht glauben, dass der Mensch erst jenes lange und mühsame Raisonnement anzustellen habe, welches wir geführt haben, um sich begreiflich zu machen, daß ein gewisser Körper außer ihm einem Wesen seines Gleichen angehöre. Jene Anerkennung geschieht entweder gar nicht, oder sie wird in einem Augenblicke vollbracht, ohne daß man sich der Gründe bewusst wird. Nur dem Philosophen kommt es zu, Rechenschaft über dieselben abzulegen" (a.a.O.).

Mit diesen Aussagen ist freilich das Äußerste erreicht, was eine idealistische Philosophie, deren Ausgangs- und Endpunkt die normative Idee einer Gemeinschaft freier und einander anerkennender Wesen ist, in Bezug auf die Würde jener aussagen kann, die in vielfältiger Hinsicht diesem Ideal nicht zu genügen scheinen. Der philosophische Gedanke vollbringt hier nichts anderes als den Sinn eines sich ohnehin entweder spontan oder überhaupt nicht vollziehenden Anerkennungsgeschehens zwischen den Generationen der Gattung Homo Sapiens zu entfalten, eines Geschehens, dessen Motor die menschliche Ausdrucksgestalt ist und das seinen Sinn darin findet, die in der Ausdrucksgestalt angelegte Freiheit in jedem einzelnen Fall zu realisieren. Freilich sind die Intuitionen der idealistischen Philosophie durch die naturwissenschaftlich angelegte Wissenschaft vom Menschen, die von Darwin inspirierte evolutionäre Anthropologie, eindrucksvoll bestätigt worden. Die in der Pädagogik noch immer zu wenig berücksichtigten, auf dem Werk Charles Darwins aufbauenden Wissenschaften, nämlich Soziobiologie und Evolutionspsychologie können die Bedingungen entfalten, unter denen eine universalistische, kulturübergreifende Ethik der Verschonung und Bildung steht.

---

24 In diesem Zusammenhang fällt auf, dass sich Fichte bereits vor mehr als zweihundert Jahren mit eben jener Frage auseinandergesetzt hat, die Foucault zu seiner Polemik gegen den Humanismus geführt hat und heute, angesichts von Tierverhaltensforschung, den Forschungen zur künstlichen Intelligenz, von Entwicklungspsychologie und Gentechnologie, heftig umstritten ist: die Frage der begründeten und mithin moralisch und rechtlich folgenreichen Zuschreibung des Prädikats „vernünftig": „Denn wie weiß ich denn, welches bestimmte Object ein vernünftiges Wesen sei; ob etwa nur dem weißen Europäer oder auch dem schwarzen Neger, ob nur dem erwachsenen Menschen, oder auch dem Kinde der Schutz jener Gesetzgebung zukomme, und ob er nicht etwa auch dem treuen Hausthiere zukommen möchte." (a.a.O.)

Literatur

Blaffer Hrdy, S. (2000): Mutter Natur. Die weibliche Seite der Evolution. Berlin.
Brumlik, M. (1992): Advokatorische Ethik. Zur Legitimation pädagogischer Eingriffe. Bielefeld
Chasiotis, A. (1999): Kindheit und Lebenslauf. Untersuchungen zur evolutionären Psychologie der Lebensspanne. Bern
Eliot, L. (2001): Was geht da drinnen vor? Die Gehirnentwicklung in den ersten fünf Lebensjahren. Berlin
Erche, B (2001): Der Nymphen Garten ist nicht unversehrt. FAZ 17.10.2001
Fichte, I. H. (Hrsg.) (1971): Fichtes Werke III. Berlin
Foucault, M. (1969): Antwort an Sartre. In: G. Schiwy (Hrsg.): Der französische Strukturalismus. Reinbek
Foucault, M.(1974): Die Ordnung der Dinge. Eine Archäologie der Humanwissenschaften (Les mots et les choses, 1966). Aus dem Französischen von Ulrich Köppen. Frankfurt/M.
Honig, M.-S. (1999): Entwurf einer Theorie der Kindheit. Frankfurt/M.
Kant, I. (1968): Metaphysik der Sitten. In: Kant: Werke, Bd. 7, Darmstadt
Scheunpflug, A. (2001): Biologische Grundlagen des Lernens. Berlin
Wickler W./Seibt, U. (1998): Männlich – Weiblich. Ein Naturgesetz und seine Folgen. Heidelberg/Berlin
Winterhager-Schmidt, L. (2000): „Groß" und „Klein" – Zur Bedeutung der Erfahrung mit Generationendifferenz im Prozess des Heranwachsens. In: Dies. (Hrsg.): Erfahrung mit Generationendifferenz. Weinheim

Weder Hexen noch Heilige – Bemerkungen zum Verhältnis von Pädagogik und der neueren soziologischen Kindheitsforschung

Michael Winkler

Auch wenn es sich einem ersten Blick kaum enthüllt, lässt es sich doch nicht übersehen: Zwischen der jüngeren Kindheitsforschung und der Pädagogik bestehen eigentümliche Spannungen. Sie zeigen sich weniger in wissenschaftlichen Kontroversen oder als Auseinandersetzungen um paradigmatische Zugänge, sondern eher als subkutan empfundenes und sublim ausgetragenes Unbehagen. Dieses äußert sich in einem leicht gereizten Ton, der eine Verständigungsschwierigkeit nahelegt, die an Watzlawicksche Kommunikationsstörungen erinnert.

Um Missverständnissen vorzubeugen: Ein wenig dunkel wird hier von *der* jüngeren Kindheitsforschung und *der* Pädagogik gesprochen, nicht nur um Personalisierung zu vermeiden, sondern um Typen des Theoretisierens oder auch – folgt man Fleck (1980) – des Denkstils zu charakterisieren, die in solcher Reinheit gar nicht ausdrücklich zum Tragen kommen. Die Beteiligten denken gewiss differenzierter. Gleichwohl lässt sich im Sinne solcher Typen als eine mögliche Problemlage zumindest ein wechselseitig unterstellter Verdacht ungerechter Behandlung bester Absichten vermuten. Die Schwierigkeit könnte sogar darin liegen, dass die – noch einmal: es geht um Positionen nicht um Personen – Kontrahenten der Debatte mehr an gemeinsamen Vorstellungen teilen, als ihnen eigentlich lieb ist: Denn auf der einen Seite gehorcht die jüngere Kindheitsforschung *methodisch* durch ihr Insistieren auf soziologische Forschung und *inhaltlich* durch ihre Betonung einer klar kodifizierten Eigenständigkeit von Kindern einer Art antipädagogischer Grundtendenz. Auf der anderen Seite sehen sich Pädagogen zwar als Verteidiger einer Anthropologie der Kindheit wie jedoch zugleich als Anwalt der Kinder, um deren Schutz zu sichern und sie gegenüber gesellschaftlichen Inanspruchnahmen zu unterstützen. Die Pädagogik findet dabei mit dem Begriff der Kindheit und in diesem eine innere Spannung von Ambivalenzen: Dieser Begriff ermöglicht und rechtfertigt mit seinem Bezug auf eine als eigentümlich verstandene menschliche Lebensphase für sie nämlich beides, Schutz und Kontrolle, Ermächtigung und Unterwerfung, Hinführung zu gesellschaftlicher Mitwirkung und zugleich auch Ausschluss von dieser.

Hier wie dort wird also eine Figur der Eigenständigkeit von Kindern kultiviert, über deren Realitätsgehalt man ebenso streiten kann wie über das Ausmaß an Normativität, das in sie eingeht. Letztlich lässt sich daher gegen beide Positionen, also eben gegen die der jüngeren Kindheitsforschung wie gegen jene der Pädagogik polemisieren, wie man auch für sie einiges an Argumenten beisteuern kann. Die hier vorgetragenen Bemerkungen verfolgen jedoch – hoffentlich wenigstens – andere Absichten: Sie versuchen zunächst einmal die Position der Kindheitsforschung kurz zu rekonstruieren und dann in einigen kritischen Punkten zu diskutieren. In einem dritten Schritt nähern sie sich der Pädagogik an, um eine Art grundlagenorientierter Vergewisserung über das anzustellen, was man ihren Begriff oder auch die sie bestimmende Theorie nennen könnte.

Kurz und banal gesagt setzen sich die Überlegungen mit der Frage auseinander, ob und inwiefern die Pädagogik auf eine Vorstellung von Kindheit angewiesen ist. Darin klingt prima facie eine Präferenz für eine pädagogische Sichtweise an, zumal die Frage danach, ob Kindheitsforschung überhaupt jenseits pädagogischer Reflexionen betrieben werden kann, eher im kritischen Teil versteckt wird. Das hat weniger damit zu tun, dass man bekanntlich selbst nicht aus der eigenen Haut kann; die Sozialisation im Zusammenhang pädagogischen Denkens hinterlässt eben Spuren. Vielmehr besteht die gerade für Pädagogen bedenkenswerte Provokation der jüngeren Kindheitsforschung darin, dass sie selbst explizit den Zusammenhang zwischen Kindheit und Pädagogik lösen will.

Um eine Provokation handelt es sich dabei aus zwei Gründen. Zum einen steht dieses Ansinnen in einem solchen Widerspruch zur Evidenz, dass man geradezu ein kontrafaktisches Verfahren vermuten muss. Wenigstens alltagsweltlich ist nämlich der Zusammenhang von Kindheit und Pädagogik mit großer Selbstverständlichkeit und insofern fast unhintergehbar gegeben ist; es wird an Kinder gedacht, wenn man im Allgemeinen über Pädagogik oder über die pädagogischen Grundsachverhalte Erziehung, Unterricht und sogar Bildung redet. Dabei nimmt eben dieser Zusammenhang einschließlich einer emphatisch geladenen Vorstellung von Kindheit einen erheblichen Stellwert in unserer moralischen Ökonomie ein; Emotionen und Affekte sind selbst dann mit ihm verbunden, wenn man sich mit dem Nachwuchs gar nicht abgeben muss oder diesen mit unangenehmen Assoziationen verbindet. Zum anderen ist aber gar nicht so sicher, dass der Zusammenhang von Kindheitsvorstellung und Pädagogik tatsächlich in der Strenge besteht, wie dies sowohl im Alltagsverständnis wie dann von der Kindheitsforschung selbst unterstellt wird. Es lässt sich nicht ganz ausschließen, dass ein zunächst im Bewusstsein um semantische Traditionen und dann eher systematisch entwickelter Begriff der Pädagogik zu erkennen gibt, wie die Kindheitsvorstellung zwar im Konkreten wichtig ist, gleichwohl wenig weiter hilft, wenn es zu erkennen gilt, was denn nun die pädagogischen Sachverhalte konstitutiv ausmacht.

1

Die Ausgangslage ist wohl komplizierter, als dies zunächst erscheint. Tatsächlich kann man auch keine definitiven Urteile über die Qualität der neueren Kindheitsforschung und schon gar nicht über pädagogische Theorien aussprechen. Anliegen muss bleiben, einen Forschungs- und Denkprozess als solchen zu bewahren, wissenschaftliche und theoretische Fragestellungen zu generieren, damit die Debatte nicht vorzeitig zum Stillstand kommt.

Daher sollte diese Debatte auch nicht durch eine falsche Polarisierung von Kindheitsforschung und Pädagogik überstrapaziert werden. Zwar darf man angesichts der Entwicklungen in der Forschungswirklichkeit den Verdacht wenigstens äußern, dass es bei Kontroversen um Theorien eben auch darum geht, Claims im Wissenschaftsbereich wie bei der Zuständigkeit für Professionen zu erobern und kenntlich zu machen. Theorieentwürfe, welche eine wissenschaftliche Tatsache erzeugen wollen, sind nicht nur wahrheits- und geltungsorientiert angelegt, sondern proklamieren auch die Kompetenz für ein Feld, ein Thema und einen Gegenstand. Wissenschaftliche Tatsachen sind mit Inklusions- und Exklusionsregeln verbunden, die folgenreich sind. Wenn Kindheitsforschung als Thema der Soziologie gegenüber einer Pädagogik festgehalten wird, die sowohl als bloß normativ wie auch als soziale Regulierungsmacht diskreditiert wird, können Reputationsgewinne erzeugt und ein bedeutendes Terrain gesichert werden. Mit der Ausbildung etwa von Erzieherinnen oder auch Lehrerinnen sind dann eben nicht mehr Erziehungswissenschaftler, sondern Soziologen zu beauftragen, weil deren Wirklichkeitskonstruktionen und Deutungen als zutreffend gelten; inzwischen weiß man, wie schnell solche Zuständigkeiten verändert werden können: Spätestens seit den Untersuchungen des *Programme for International Student Assessment* haben die akademischen Schulpädagogen als Träger der Bildungswissenschaft weitgehend ausgedient und sind durch Vertreter der Psychologie ersetzt worden; dass diese zwar vielleicht Lerneffekte messen, aber den Einfluss von Lehr-Lern-Settings nicht analysieren können, tut dabei wenig zur Sache. Sie sind in ihrer Wirklichkeitsdefinition anerkannt – und dies entscheidet über die Geltung der wissenschaftlichen Tatsache.

Dennoch schwinden die Zuspitzungen der Debatte, wenn man weniger mit dem belastet erscheinenden Begriff der Pädagogik operiert und statt dessen einer disziplinären Selbstwahrnehmung folgt, die als Erziehungswissenschaft bezeichnet wird. In dieser tritt das angedeutete Konfliktfeld rasch in den Hintergrund, weil die Aufmerksamkeit vorrangig den vorfindlichen Sachverhalten gilt, wie sie sich in pädagogischen Institutionen und Praktiken zeigen; den Erziehungswissenschaftler interessieren Kindheit und Kinder, weil diese zu seinem Beobachtungsfeld gehören, ohne dass man darüber Rechenschaft abgeben muss, geschweige denn einen Konfliktfall mit anderen Phänomenen der Pädagogik oder gar dem pädagogischen Denken schlechthin antizipiert.

Allerdings werden hier die großen Theorien auch vermieden, die Generaldeutungen vornehmen wollen. Theorien sind Erklärungen von Phänomen, eher kleinlaut und mit eingestanden beschränkter Geltung. Das lässt sich auch kaum vermeiden. Denn die Wahl von Objekten der Forschung und noch deren Modellierung in gegenständlichen Theorien folgt in dieser gleichsam normalen Erziehungswissenschaft einer Pragmatik, die entweder noch durch Alltagsvorstellungen bestimmt ist oder sich (beispielsweise) gesetzlichen Vorgaben beugt. Die Beschreibung und Analyse der Wirklichkeit erfolgt aus dem Interesse an Problemen, wobei die Auseinandersetzung mit disziplinärer Herkunft und Tradition nahezu bedeutungslos, über Methoden aber mehr nach Sachadäquatheit und Bewährung entschieden wird. Soziologisches Denken ist dann nicht unbedingt besser als das erziehungswissenschaftliche und umgekehrt, wie solche Differenzen ohnedies keine herausragende Rolle spielen. Was als Kindheit untersucht wird, wie auch die Beobachtung von Kindern werden pragmatisch durch vorab gegebene Definitionen oder im Zuge der Hypothesenbildung bestimmt. Als ein Nebenprodukt mag noch der eine oder andere Zweifel an der Sinnhaftigkeit solcher Kategorien entstehen und als Anregung formuliert werden: So gibt es Zweifel, ob eine Festlegung von Kindheit nach Kriterien der Geschäftsfähigkeit von Kindern noch der Wirklichkeit einer Konsumgesellschaft entspricht, in der schon ihre allerjüngsten Mitglieder für Milliardenumsätze sorgen; nicht anders geht es etwa bei den heiklen, ebenfalls arbiträr-konventionellen Regelungen zur Strafmündigkeit von Kindern, zumal hier im internationalen Vergleich massive Differenzen ins Auge fallen. Strafrechtlich endet Kindheit in Irland und Großbritannien deutlich früher als in Deutschland – schon dieser Befund allein macht einen etwas bange gegenüber allzu großen Theorieentwürfen in Sachen Kindheit.

Im Zuge normaler Forschung und Theoriediskussion ergeben sich die Themen und Problemstellungen zudem meist aus Desiderata, die sich lebenspraktisch, durch Einsicht der Professionellen in fehlendes Wissen oder schlicht aus dem Forschungsprozess selbst ergeben; jeder weiß, wie Untersuchungen geradezu in Räume des Nichtwissens hineinführen. Als Beispiele einer unaufgeregten Kindheits- und Kinderforschung lassen sich die Studien zu den „Lücke-Kindern", zur Verinselung von Kindheit oder auch zu der Frage nennen, was denn Kinder am Nachmittag machen. In einer solchen normalen Forschung werden die prinzipiellen, eher kategorialen und begrifflichen Fragen eher niedrig gehängt, um überhaupt erst ein aussagefähiges Material erschließen zu können; Theorien schließen an diese an, bleiben aber vorsichtig beschränkt.

Abgesehen von einer derart nüchternen, auf Forschungswirklichkeit bezogenen Perspektive kann man jedoch festhalten, dass die hier ins Auge gefasste jüngere Debatte um Kindheit vorrangig eine Angelegenheit der Soziologie darstellt. Sie bestimmt dabei weniger das Interesse an empirischen Fragestellungen, sondern ist auf der Ebene einer zwar grundlagentheoretisch interessierten, im Verfahren aber meta-theoretischen und gegenstandskonzeptionellen Überlegung angesiedelt: das Interesse richtet sich darauf, einen umfassenden Begriff von Kindheit zu entwickeln, der noch über den Diagnosen vom Verschwinden und Verlust der Kindheit oder einer Infantilisierung der Gesellschaft angesiedelt werden kann. Leena Alanen hat schon früh ein „Plädoyer für eine Soziologie der Kindheit" (1989) vorgetragen, ehe sie dieses soziologische Interesse durch den Untertitel ihres berühmt gewordenen Buches deutlich gemacht wie auch in diesem selbst ins Zentrum gestellt hat. Es ging und geht ihr um das Problem „Exploring the ‚Child-Question' in Sociology" (Alanen 1992).

Den Ausgangspunkt bilden also Defizite soziologischer Forschung. Sie ergaben sich ursprünglich daraus, dass die Soziologie schlicht weder Kinder noch Kindheit wahrgenommen und zum Thema gemacht hatte – zumindest wohl im skandinavischen Raum. Soziologie hatte dabei nicht nur, so der Befund, versäumt, die Lebenssituation von Kindern wie vor allem auch die Vorstellung von Kindheit als soziale (oder soziologische) Tatsachen zur Kenntnis zu nehmen. Vielmehr hatte sie auch nicht zur Kenntnis genommen, dass Kinder als Akteure in der Welt wirken und daher nicht bloß als Adressaten des Handelns von Erwachsenen oder institutioneller Reglements des Erziehens und Unterrichts begriffen werden können.

Die akademisch-disziplinäre Ressortierung des Gegenstandes Kindheit hatte sich aber genau aus dieser objektivierenden Haltung ergeben: Kindheit und Kinder wurden – wenn überhaupt – als Themen der Pädagogik betrachtet, weil die zu beobachtenden Institutionen und Handlungsfelder, wie auch die untersuchten Praktiken als pädagogisch bezeichnet werden. In der Wahrnehmung einer soziologisch inspirierten Kindheitsforschung bedeutet dies aber zweierlei: Einmal sind die realen Lebensbedingungen von Kindern von vornherein durch normative Erwartungen kontaminiert. Pädagogik, so wenigstens die Unterstellung, folgt nicht dem Realitätsprinzip, denkt nicht empirisch, sondern nimmt ideale Zustände, zuweilen auch Ziele als bestimmende Merkmale, welche sowohl für die ganze Gesellschaft wie auch für die Einzelnen gelten; weder die Bedingungen des Aufwachsens noch die Möglichkeit der Realisierung von Ambitionen werden dabei geprüft. Eine kritische Soziologie der Kindheit sei aber zum anderen besonders deshalb gefordert, weil Lebensphasen angemessen nur als soziale Konstrukte begriffen werden können. Folgt man dem, dann ergibt sich unvermeidlich die Aufgabe zu zeigen, wie einerseits solche Lebensphasen gesellschaftlich erzeugt und konstituiert werden. Andererseits müssen sie dann in ihren Implikationen analysiert und begriffen werden; es geht um den sozialen Sinn der Lebensphasen, dann um ihre Funktion im gesellschaftlichen Zusammenhang. Kurz: Was bedeutet es, wenn Gesellschaften Kindheit erfinden – sofern dies überhaupt der Fall ist? Warum erfinden sie solche Lebensphasen, genauer gesagt: diese vorfindlichen? Und: Welche Folgen haben sie für die durch die Lebensphasen kategorisierten Subjekte?

Diese Problemlage stellt sich der jüngeren Kindheitsforschung auf drei Ebenen dar und wird von ihr sowohl deskriptiv und analytisch wie überraschenderweise mit einer, freilich uneingestandenen, normativen Wendung verfolgt:

- Auf einer ersten Ebene geht es um ein sozialwissenschaftlich zureichendes Verständnis der Lebenslage und Situationen von Kindern in modernen Gesellschaften. Kindheitsforschung setzt ein mit einer Bestandsaufnahme der realen Bedingungen, unter welchen Kinder ihre Entwicklungsaufgaben bewältigen. Als Forschungsabsicht lässt sich eine differenzierte und verstetigt durchgeführte Sozialberichterstattung über Kinder erkennen, die sich dann auch klassischer Indikatoren bedient, mithin Probleme der Armut von Kindern ebenso verfolgt wie solche, die sich aus Migration und ethnischen Differenzen ergeben. Geradezu mit programmatischer und paradigmatischer Wirkung hat sich in Deutschland der 10. Kinder- und Jugendbericht dieses Anliegen zu Eigen gemacht, der 11. Jugendbericht insofern dem Anliegen noch zusätzlichen Nachdruck gegeben, indem er eine eigene Datenerhebung als Desiderat beschreibt.

Diese Forschung steht in einer inzwischen langen Tradition, für die eine Vielzahl von Namen zu nennen wären. Dabei lässt sich an den beiden Jugendberichten besonders gut beobachten, wie eine Unterscheidung zwischen Soziologen und Pädagogen (wie auch Psychologen) keine große Rolle für die Praxis der Erhebung und Interpretation von Befunden spielt: Die Zugehörigkeit zu Disziplinen hat gerade bei dieser Querschnittsthematik nur geringes Gewicht; möglicherweise liegt darin auch ein Grund für die Produktivität der sozialwissenschaftlichen Kindheitsforschung. Sie entsteht aus der Integration von Einsichten in soziale und kulturelle Zusammenhänge, entwicklungspsychologischen Erkenntnissen und neuerdings auch neuro- sowie kognitionswissenschaftlichen

Zugängen. Zwar zeigen sich disziplinär bedingte Unterschiede in den Interessenlagen wie in den Bewertungen von Problemen. Während die pädagogische Aufmerksamkeit mehr die Kultur des Aufwachsens in den Vordergrund stellt, mithin förderliche Interaktionen thematisiert, hat Soziologie die Funktion von Gesellschaft im Auge, stellt sich mithin die Frage, warum diese ihren Mitgliedern einen bestimmten Status zuspricht oder eben nicht. Dennoch kann eine empirisch interessierte Forschung auf die große Debatte um den Status von Kindern in einer Gesellschaft und das Konzept der Kindheit verzichten. Lebenslagen von Kindern lassen sich beschreiben und analysieren, indem man einer Legaldefinition von Kindheit und Jugend folgt, mithin die Aufmerksamkeit darauf richtet, wie es beispielsweise jenen geht, die in der Bundesrepublik Deutschland das 18. Lebensjahr noch nicht abgeschlossen haben.

Eine implizit normative Begründung liegt dabei allerdings jenen Forschungsansätzen zugrunde, welche Kinder nicht bloß als Adressaten etwa elterlichen Handelns oder auch des Wohlfahrtsstaates, sondern als durchaus selbstbewusste Akteure wahrnehmen, die Einfluss auf ihre Lebensumstände nehmen. Explizit wird die Normativität, wo das Urteil über die beobachteten Lebensverhältnisse in Ansätze der Kinderpolitik übergeht, die insbesondere auf einen vollgültigen Rechtsstatus junger Menschen abhebt.

– Auf einer zweiten Ebene geht es jedoch um mehr. Denn aus ihrem Blick auf die Lebensverhältnisse von Kindern hat die jüngere Kindheitsforschung eine theoriebildende Perspektive entwickelt, die eine umfassende, ambitionierte Deutung des Konzepts der *Kindheit* anstrebt. *Kindheit* wird dabei unterschieden von *Kindern*. Der Ausdruck *Kinder* hebe nämlich eher neutral und unprätentiös auf einfache, objektivierbare Sachverhalte wie etwa die Körpergröße ab; sie seien durch die Entwicklungstatsache gegeben und als unproblematisch anzusehen – wobei freilich anzumerken wäre, dass schon physische Merkmale, erst recht aber psychologische Sachverhalte bei genauer Betrachtung sich als doch entschieden komplexer darstellen. Mag man noch jene Tätigkeiten im Umgang mit Kindern als unproblematisch hinnehmen, welche Kant bekanntlich mit dem schönen Ausdruck der „Wartung" bezeichnet hat, fällt es entschieden schwerer die Objektivität etwa jener Abhängigkeit der Kinder von Erwachsenen zu konstatieren, auf welche beispielsweise die Bindungsforschung hinweist. Sind Kinder nun für eine gute Entwicklung darauf angewiesen, sichere Beziehungen zu Erwachsenen eingehen zu können oder verbirgt sich nicht hinter diesen vorgeblich sicheren Befunden doch schon eine kulturell vermittelte Vorstellung zunächst menschlicher Existenz, dann des Umgangs mit Kindern?

Zumindest in soziologischer Hinsicht stellt aber das Konzept von *Kindheit* ein Muster dar, mit welchem sich eine Form der sozialen Ordnung präsentiert. Den bekannten Formen sozialer Ordnung wird damit das Konzept der generationalen Ordnung zur Seite gestellt. In diesem geht es um den Tatbestand einer Struktur, in welcher Gesellschaft sich organisiert. Kindheit bildet demnach den Ausdruck einer „moralischen Ökonomie": „‚Kindheit' ist ein interpretativer Rahmen, ein Set von Symbolen und Bedeutungen, die – z.B. in Gestalt von kulturellen und rechtlichen Altersnormen – ein Lebensalter als ‚Kindlich' deuten (statt ‚altersgebunden' zu sein)" (Honig 1999, S. 195).

- Dies verweist nun auf eine dritte Ebene: Die mit „Kindheit" codierte generationale Ordnung sei nämlich einerseits spezifisch für die neuzeitliche, eigentlich die moderne, bürgerliche Gesellschaft. Andererseits sei sie eng verbunden mit den in dieser Gesellschaft etablierten pädagogischen Konzepten. Mehr noch: Kindheit ist Erziehungskindheit (vgl. Honig 1999, S. 85 ff.), die als solche eine Struktur der sozialen Ordnung repräsentiere, in welcher sich ein machtvoller Apparat der Herrschaft und Disziplinierung niederschlage. Die in der Metapher der Kindheit zum Ausdruck gebrachte pädagogische Kontrolle dient der Beherrschung der Gesellschaft und ihrer Mitglieder, mithin der Sicherung sozialer Ordnung.

Hier setzt also ein, was als die genuine Erkenntnisleistung der neueren Kindheitsforschung bezeichnet werden kann, nämlich jene doppelsinnig angelegte Gegenstandskonstruktion, in der in einer Art Dekonstruktion des Verständnisses von Kindheit sichtbar gemacht wird, wie das Problem der sozialen Ordnung moderner Gesellschaften mit dem der Pädagogik verknüpft und verschmolzen wird. Dabei zeigt sich im Hintergrund wieder ein normatives Element, das in die Formel von der Entpädagogisierung der Kindheit gefasst wird (Honig 1988) – mit dem Problem freilich, dass schon der Ausdruck „Pädagogisierung" einige Schwierigkeiten in sich birgt, die mit seiner Verneinung eher noch gesteigert werden.

Die jüngere Debatte um Kindheit macht daher einen radikalen Vorschlag. Sie empfiehlt, den Zusammenhang von Kindheit und Pädagogik aufzulösen, Kindheit als Metapher einer sozialen Konstruktion zu begreifen und sie daher in einer Politik für Kinder pragmatisch werden zu lassen. Dabei geht es nicht darum, eine besondere Lebenssituation von Kindern zu negieren, die aus der Entwicklungstatsache und der durch sie gegebenen psychischen Realität entsteht. Im Zentrum steht jedoch die Überlegung, dass ein gesellschaftlich und kulturell konstruierter Status von Kindheit spezifische Kontrollbedürfnisse der modernen bürgerlichen Gesellschaft ausspricht, damit jedoch Lebensmöglichkeiten in einer Weise einschränkt, die mit egalitärer Politik kollidiert. Die soziale Konstruktion von Kindheit als solcher führt zur Erzeugung einer eingeschlossenen und ausgeschlossenen Bevölkerungsgruppe, der dann noch das falsche Versprechen von Erziehung und Bildung gegeben werde.

Die Zerstörung des pädagogischen Mythos der Kindheit eröffnet demgegenüber, so die Annahme, Potenziale individueller Gleichstellung; sie ermögliche vielleicht sogar Befreiung wie sie auch den Anstoß gesellschaftlicher Veränderung geben könnte. Solche Konsequenzen bleiben zwar unausgesprochen, werden aber durch den Vergleich der generationale Ordnung mit jener angedeutet, die als gender-Ordnung zumindest im Rahmen der Frauenbewegung thematisch geworden ist: Ins Zentrum rückt die Auflösung von Herrschaftsverhältnissen, die mit der absichtsvollen Verwechslung sozialer und psychologischer Kategorien letztlich einer unzulässigen Naturalisierung verfallen – hier des Geschlechts, dort des Zustands der Nicht-Erwachsenen. Der Pädagogik, vor allem aber der Erziehung kommt dabei die Funktion einer Kontrollmacht zu, die durch soziologische Aufklärung in Frage gestellt und aufgelöst werden muss.

2

Es soll gar nicht in Abrede gestellt werden, dass die Radikalität dieses Ansatzes wichtige Irritationen auslöst. Sie hat eine wissenschaftliche Aufklärungsfunktion, weil sie nämlich das Alltagswissen und die öffentlich gebrauchten Vorstellungen nicht nur an ihre Orientierungsfunktionen, sondern auch daran erinnert, dass sich genau über diese soziale Strukturen herstellen und reproduzieren. Insofern wäre es naiv, daran zu zweifeln, dass die Vorstellung und das Verständnis von Lebensphasen ihrer Mitglieder keine Funktion für Gesellschaften haben. Sie sind empirisch mit Ausschluss und Einschluss, Exklusion und Inklusion, auch mit Desintegration und Integration verbunden, nach Regeln, die sich beobachten und rekonstruieren lassen; sie werden eingebettet in soziale und kulturelle Kommunikation, die somit soziale Wirklichkeiten deuten und handhabbar werden lassen sollen.

Dennoch fällt auf, dass die große Theorie der Kindheit unter einiger Simplizität und zugleich Unklarheit schon bei der Verwendung des Begriffs der *Kindheit* leidet; sie unterscheidet nicht hinreichend zwischen Wort, Begriff und Sache. Die Theorie ist daher allzu einfach gestrickt, weil sie wenigstens zunächst eine ontologisierende Vorstellung von Kindheit zum Ausgangspunkt macht, um dann erstaunt zu erklären, dass die Wesensbehauptung gar nicht zutrifft, sondern eine Naturalisierung des Sozialen vornimmt; aber damit bewegt sie sich schon hin zu den kollektiv geteilten Vorstellungen und endlich zum

Sprachgebrauch. Doch wird eigentlich schon im Alltag, erst recht aber in den mit dem Problem befassten wissenschaftlichen und professionellen Zusammenhängen so einfach von *Kindheit* gesprochen, als ob damit eine eindeutig identifizierbare Wirklichkeit zu fassen wäre?

Paradoxerweise lautet die Antwort „ja" und „nein". „Ja", weil gesellschaftliche Kommunikation häufig mit uneigentlichen, manchmal symbolhaft gebrauchten Ausdrücken erfolgreich operiert, um überhaupt jenes unbestimmt Allgemeine zu fassen, das uns in alltäglichen Lebenssituationen konkret begegnet und doch zugleich als Phänomen einer häufig anzutreffenden Realität begriffen wird. Spätestens in der absichtsvollen Destruktion solcher Allgemein-Sachverhalte wird ihre Schwierigkeit sichtbar; so etwa wenn die frühere englische Premierministerin Margaret Thatcher energisch erklärt, sie kenne keine Gesellschaft, sondern nur Individuen. Selbst bei aller Opposition zu ihren politischen Auffassungen ist dem, recht betrachtet, nicht zu widersprechen. Ähnlich geht es mit der Kindheit: Es gibt sie eigentlich wirklich nicht, vielmehr hat man mit vielen Kindern zu tun; der Ausdruck *Kindheit* stellt mithin zunächst eine eher nachlässige façon de parler dar.

„Nein" lautet die Antwort, weil wir mit *Kindheit* als einer Art Generalbegriff operieren, der uns einen Gesamtzusammenhang deutlich macht. Er macht zunächst auf ein Problem aufmerksam, das spätestens mit der Selbsterzeugung von Menschen durch Arbeit und Gestaltung einer Umwelt auftritt, mit der wachsenden Differenzierung von Gesellschaften aber zunehmend drängend wird. Vorstellungen von Kindheit drücken aus, dass Gesellschaften und Kulturen älter als ihre Mitglieder sind und daher eine Zeit des Hineinwachsens in sie benötigen. Dieser Vorgang, die mit ihm verbundenen Interaktionen und Strukturierungsleistungen dauern; sie sind sowohl auf ein biologisches wie auch auf ein kulturell gewährtes Zeitfenster angewiesen. Dieses kann man als den Grund dafür sehen, dass Gesellschaften Vorstellungen von Kindheit und Jugend ausbilden, wenigstens aber von Phasen des menschlichen Lebens, die in besonderer Weise auf die Unterstützung von Entwicklung hin inszeniert werden.

Gleichwohl handelt sich bei dem Begriff der Kindheit wie bei vergleichbaren Begriffen mehr um Metaphern des Sozialen, die nicht unmittelbar und schon gar nicht eindeutig funktional gefasst werden können. Die jüngere Theorie der Kindheit aber will gerade dies nahe legen. Doch wie könnte sie dann mit den strukturell ähnlichen Vorstellungen wie Alter vorgehen. Lässt sich das Alter ebenfalls als Ausdruck eines Musters sozialer Ordnung rekonstruieren. Aber es ist schon schwerer, eine ähnliche Rekonstruktion für das „Alter" vorzunehmen. Wie endlich kann man den „Tod" in seiner gesellschaftlichen Funktionalität begreifen? Gewiss entstehen all diese Vorstellungen als Ausdruck sozialer Prozesse und werden in solchen hervorgebracht; gewiss erzeugen Gesellschaften auch Realitäten, die dann mit diesen Ausdrücken bezeichnet werden. Dennoch lassen sich keine einfachen Relationen zwischen Begriffen und Sachverhalten herstellen, die sie bezeichnen – und schon gar nicht kann die Struktur einer Gesellschaft in die Vorstellungen einer Lebensphase übersetzt werden.

Kindheit ist also kein einfacher Begriff, ebenso wenig wie der mit ihm bezeichnete Sachverhalt in eine Formel zu bringen ist. Der Status dieses Begriffs in sozialen Kontexten, genauer: seine Referenz für die sozialen Akteure bleibt aber in der jüngeren Kindheitsforschung ungeklärt. „Kindheit" wird in dieser Theorie ganz eigentümlich selbstverständlich und vor allem substanziell ontologisch gebraucht, ohne zu fragen, wie die Gesellschaften und ihre Mitglieder diesen Ausdruck verwenden, gänzlich offen bleibt aber, wie sie ein Bewusstsein von Kindheit entwickeln. Schon prinzipiell gesehen kann dies auf ganz unterschiedlichen Ebenen geschehen, die sprachphilosophisch und linguistisch, bewusstseinsphilosophisch, letztendlich dann aber wissenssoziologisch zu klären wären. So ist unsicher, wie die semantische Extension und Intension von *Kindheit* ausgestaltet werden. Als summarisch gebrauchter Kollektivsingular kann dies Wort weitgehend unterschiedliche Praktiken in sich fassen und ausdrücken. Dies gilt in historischer wie in synchroner Hinsicht:

Nicht nur weist einiges darauf hin, dass in den unterschiedlichen Epochen mit allerdings differierender Intensität Vorstellungen ausgebildet waren, welche den Umgang der Generationen im Blick auf Lebensphasen regelten. Es gibt dafür einen prominenten Zeugen noch aus der neueren Kindheitsdebatte. Denn Lloyd de Mause ist mit seiner Spekulation zur Evolution in den Eltern-Kind-Beziehungen einer solchen Überlegung von der Historizität der Kindheitsvorstellungen gefolgt; ironischerweise bestätigen aber nicht einmal die Beiträge in dem von ihm herausgegebenen Band seine These von der einsinnigen Entwicklungsrichtung, die von der Grausamkeit hin zu einer empathischen Unterstützung führt. Vielmehr können solche Vorstellungen auch nebeneinander bestehen, der Ausdruck kann mithin zwar als Symbol und vielleicht sogar Metapher für dann jedoch unterschiedliche Praktiken dienen. Gesellschaften und ihre Mitglieder codieren dann eben gleichzeitig Kindheit mit Hexen- und Heiligenbildern (vgl. Weber 1991, Weisser 1995). Die gesellschaftlich mögliche Vorstellung von Kindheit, die begrifflichen und sprachlich weniger klaren Äquivalente für diese bilden offensichtlich einen sehr weiten, vage umrissenen Rahmen, der mehr als Projektionsfläche denn als distinkte Vorstellung dienen – wobei dies nicht psychoanalytisch überstrapaziert werden sollte.

Mehr noch: Es kann nicht ausgeschlossen werden, dass die Mitglieder einer Gesellschaft eine bedeutungsvolle Vorstellung von Kindheit haben, ohne jedoch einen entsprechenden Ausdruck tatsächlich zu benutzen; sie können dies institutionell und pragmatisch vollziehen, müssen jedoch weder ein Bewusstsein noch eine sprachlich gebundene Vorstellung verwenden. Es ist also denkbar, dass Gesellschaften einigermaßen regelmäßig eine Vorstellung von Kindheit entwickeln und benötigen, die aber historisch und je nach formativer Qualität der Gesellschaft unterschiedlich ausgefüllt wird; man kann dies sogar dahin gehen und zuspitzen, dass Gesellschaften und ihre Mitglieder zwar von Kindheit sprechen, aber ganz unterschiedliche Realitäten in den Blick nehmen.

Es stellt also ein einigermaßen gewagtes Unternehmen dar, von Sozialstrukturen auf sprachliche und begriffliche Vorstellungen schließen zu wollen; man muss nur daran denken, welche Schwierigkeiten etwa ästhetische Theorien mit vergleichbaren Ansätzen haben. Offensichtlich unterstellt jedoch die „große Theorie der Kindheit" einen Zusammenhang von Sozialstruktur und Kindheitsvorstellung. Wenngleich Anleihen zu Foucaults Idee des Dispositiv kaum zu übersehen sind, wird ein sehr viel engerer, geradezu funktionaler Zusammenhang zwischen Gesellschaftsstruktur und dem Konzept der Kindheit behauptet; dieses repräsentiert offensichtlich ein Muster in der Ordnung des Sozialen.

All dies lässt endlich die Behauptung ein wenig schwankend werden, dass das Konzept der Kindheit eng mit der Erziehungskindheit der Moderne verkoppelt sei und einen für sie charakteristischen Mechanismus der Herstellung von sozialer Ordnung darstelle. Ohnedies zeichnet die Überlegung zwar eine hohe Komplexität aus, während die materiale Evidenz ein wenig dünner ausfällt. Nüchtern betrachtet stellt der Ansatz eigentlich wenig mehr als eine soziologisch weiter geführte, freilich übersteigernde Interpretation der Thesen dar, die Philippe Ariès in seinem Buch „l'enfant et la vie familiale sous l'ancien régime" entfaltet hat. Nicht nur das: Ariès suchte am Thema Familie und Kinder in den fünfziger Jahren des 20. Jahrhunderts das in den Annales entwickelte (und immer wieder) modifizierte Konzept einer Mentalitätsgeschichte mit Fragen gesellschaftlicher Veränderungen zu verbinden und insofern zu erproben (vgl. Middel/Sammler 1994). Er hat eher eine Veränderung moralischer Auffassungen insbesondere an ikonographischem Material sowie an der Entwicklung der pädagogischen Institutionen nachgezeichnet, aber nur bedingt eine große Theorie entworfen; die ersten Kapitel seines Buches weisen zwar auf eine solche hin, gehen zudem mit einigen Überzeichnungen einher, die kaum einer sorgfältigen Prüfung standhalten; sie haben sich allerdings, wie etwa seine Beobachtungen zur Kleidung (vgl. z. B. Ariès 1976, S. 112 ff.) ins allgemeine Bewusstsein eingegraben. Der Großteil seines Buches bleibt zurückhaltend, für manchen Leser wirkt es eher langweilig – und man geht wohl mit der Vermutung nicht fehl, dass es wohl gar nicht so weit gelesen wurde, wie man angesichts der Aufmerksamkeit auf das Buch vermuten müsste.

Die jüngere Kindheitsforschung hat sich offensichtlich vor allem durch die Passagen beeindrucken lassen, in welchen Ariès mit dem Motiv einer Entdeckung der Kindheit spielt, das vor allem in der reformpädagogischen Rezeption Rousseaus eine Rolle spielt. Zumindest für die deutsche Kindheitsdebatte möchte man sogar darüber hinaus vermuten, dass sich die Auseinandersetzung mit Ariès auf den eher unglücklichen Teil im Vorwort Hartmut von Hentigs stützt, in welchem dieser nach dem Nutzen des Buches fragt. Während er nämlich zunächst die historische Wendung von vorgeblich systematischen Debatten begrüßt und dabei die lange Tradition einer umfassenden bildungs- und erziehungsgeschichtlichen Forschung in Erinnerung bringt, wird hier in der Tat einerseits das Rousseausche Motiv gespielt, andererseits aber schon die Skepsis gegenüber der pädagogisierten Kindheit geltend gemacht (von Hentig 1976, S. 38) – übrigens in deutlichem Widerspruch zu der nur wenige Seiten zuvor entworfenen These von der Zeitgebundenheit kindlicher Existenz. Denn boshaft formuliert: Wenn diese Annahme zutrifft, dann kann die besonders intensive pädagogische Aufmerksamkeit Kindern nicht schaden; sie bleibt ein Element in eben ihrer jeweils gegebenen Geschichte. Paradoxerweise wird freilich gerade in dieser Verbindung eine reformpädagogische Vorstellung aktiviert, nämlich die der Rettung einer eigenständigen Kindheit gegenüber den gesellschaftlichen Inanspruchnahmen. In der radikalen Zuspitzung der Thesen von Philippe Ariès klingen die Motive nach, welche die reformpädagogische Rezeption Rousseaus auszeichnen (vgl. Grell 1996). Rousseau bleibt als der Denker der Kindheit gewahrt, als ihr Entdecker, der so der Pädagogik eine große Wendung gab, mit der sie sich gleichsam gegen sich selbst richtete, nämlich ein politisches Konzept verkörpern sollte.

Es gehört zur Ironie des Diskurses um Kindheit, dass eben dieses reformpädagogische Muster von der jüngeren kindheitssoziologischen Forschung durchaus wieder geltend gemacht wird, sowohl in ihrer Kritik an Pädagogik, als auch in ihrem Insistieren auf eine Eigenständigkeit der Kinder gegenüber den Mustern sozialer Regelung, die in der generationalen Ordnung zum Tragen kommen. Dies geschieht wider alles bessere Wissen um den möglicherweise zweifelhaften Erfolg Rousseaus für die Entwicklung des pädagogischen Denkens. Denn nicht nur, dass er wenig originell zeitgenössische Diskussion um seiner eigenen Programmatik willen popularisierte (vgl. Snyders 1971), blieb er hinter dem zugänglichen Stand des Wissens deutlich zurück (vgl. Mercier 1961).

Man könnte all dies als Glosse festhalten, wären nicht Züge des Symptomatischen zu konstatieren. Symptome nämlich einer geradezu konsequenten Nicht-Wahrnehmung von Forschung, die außerhalb der eigenen, soziologischen Linien durchgeführt wird. Weil dies ein wenig peinlich als Propaganda in eigener Sache interpretiert werden könnte, zumal in dieser sozialwissenschaftliche Methoden in ihr eine wichtige Rolle spielen, soll nur kurz auf eine doch lange

Tradition pädagogischer und erziehungswissenschaftlicher Kindheitsforschung hingewiesen werden, die sich der Historizität und Gesellschaftlichkeit ihres Gegenstandes, mithin sowohl der Realität von Kindheit wie auch des Konzepts selbst vergewissert hat. Im Grunde markierte dies sogar von vornherein den geisteswissenschaftlichen Ansatz, der immerhin aus Diltheys Kritik der historischen Vernunft entwickelt worden war und die Erziehungswirklichkeit eben in ihrer geschichtlichen Gegebenheit sehen wollte. Allerdings kann man zurecht einwenden, dass dieser Zugang spätestens seit der Suche nach einem eigenen pädagogischen Gedankengang aufgegeben blieb. Immerhin hat sich die pädagogische Debatte lang und intensiv von den Einsichten und Überlegungen zur Geschichtlichkeit vordergründig anthropologischer Befunde anregen lassen, die van den Berg 1960 unter dem Titel „Metabletica" vorgelegt hat (van den Berg 1960), um eine intensive Forschung in der historischen Anthropologie anzuregen. Aber auch eher systematisch angelegte Überlegungen sind von der Debatte kaum wahrgenommen werden, wie sie beispielsweise Martinus J. Langeveld aus einem phänomenologischen Ansatz heraus entworfen hat. Dies überrascht um so mehr, weil seine Beschreibungen und Analysen von einer Struktur ausgehen, in der Kinder eine sehr starke Position einnehmen, von der aus sie die Welt erobern und aneignen. Erwachsene wie auch die pädagogischen Institutionen haben keinen Anspruch gegenüber Kindern, sondern werden in einem Zusammenhang verstanden, den Langeveld als Begegnung begreift; Kindheit ist dann ein kulturell möglich gewordener Raum einer solchen Begegnung, der durch Pädagogik gewahrt bleiben soll auch und gegenüber Bemächtigungsansprüchen, welche von Gesellschaften eben auch ausgehen – aber das verweist schon auf einen Gedanken, der später noch einmal aufgegriffen werden soll (vgl. z. B. Langeveld 1963).

Zu den eigentümlichen Defiziten der neueren Kindheitsforschung gehört aber nicht nur ihre Ignoranz gegenüber den pädagogischen Beiträgen zum Thema. Angesichts der Forderung nach Entpädagogisierung überrascht diese nicht so sehr. Irritieren aber muss die Vernachlässigung der Forschung anderer Disziplinen. So findet einerseits die Diskussion in den angelsächsischen Ländern kaum Berücksichtigung, die einer Sozialgeschichte der Erziehungssysteme und damit verbunden der Lebenssituation von Familien und Kindern gilt; Kindheit wird dort im Zusammenhang mit spezifischen Institutionen und Praktiken rekonstruiert, die einer eigenen Entwicklung unterliegen (vgl. Hurt 1972). Ohnedies tendiert etwa die englische Historiographie der Pädagogik zu einer empirisch gesättigten Betrachtung konkreter sozialer Lebensverhältnisse und Bedingungen des Aufwachsens (vgl. Walvin 1982). Andererseits hat sich im Zusammenhang mit der Tradition des literary criticism eine Forschungsrichtung etabliert, die Kindheit in Gestalt ästhetischer Repräsentationen analysiert (vgl. Coveney 1967), wobei hier Motive nachklingen, die ein Pendant zur reformpädagogischen Glorifizierung des Kindes bilden. Literaturwissenschaftliche Zugänge zu Kindheit sind freilich auch aus der deutschsprachigen Diskussion vertraut, wie etwa – übrigens in willkürlicher Auswahl – die Studien Gerd Uedings (Ueding 1977) oder Richters „Das fremde Kind" belegen (Richter 1987).

Ganz besonders irritiert aber die Distanz der soziologischen Kindheitsdebatte gegenüber den historischen Forschungen, allzumal gegenüber jenen, die aus der Kritik an Ariès entstanden sind und inzwischen mit einiger Evidenz zeigen, dass es allerdings Vorstellungen von Kindheit schon länger (wenn nicht sogar schon immer) gegeben hat, die zugleich aber auch mit solchen verbunden wurden, die wir einem pädagogischen Denken zuordnen können: Will man nicht gleich an Platon und Aristoteles zurückdenken, die immerhin eigenartige, auf uns heute mit ihren eugenische Zügen eher abschreckende Konzeptionen einer Organisation des Aufwachsens vorstellen und diskutieren, so hat doch Marrou überzeugend Belege für differenzierte Erziehungssysteme im klassischen Altertum aufgezeigt, die nun in der Tat mit Kindern rechnen und insofern eine dann vielleicht zwar unausgesprochene Vorstellung von Kindheit institutionalisieren (vgl. Marrou 1977, bes. S. 273 ff., 498 ff.). Für das Mittelalter belegt die Forschung mit solcher Nachdrücklichkeit eine Aufmerksamkeit für Kinder und ein Bewusstsein von Kindheit, dass man getrost Nicolas Orme's Verdikt über Ariès folgen und es auf die jüngere Kindheitsforschung übertragen kann: „None of the scholars [...] has found material to support the assertions of Ariès; all, in different ways have rebutted them. They have gathered copious evidence to show that adults regarded childhood as a distinct phase or phases of life, that parents treated children as children as well as like adults, that did so with care and sympathy, and that children had cultural activities and possessions of their own" (Orme 2003, S. 5). Orme hält für sein eigenes Buch noch ausdrücklich fest: „Medieval people, especially (but not only) after the twelfth century, had concepts of what childhood was, and when it began and ended. The arrival of children in the world was a notable event, and their upbringing and education were taken seriously" (Orme 2003, S. 59). Becchi und Julia kommen mit den Beiträgen in ihren Bänden zur „Histoir de l'enfance en occident" nicht minder nachdrücklich zu einem zweifachen Befund: Zum einen läßt sich ein Bewusstsein von Kindheit sowohl als ein überhistorisches wie zugleich als ein geschichtlich sich modifizierendes Phänomen festhalten; zum anderen aber kann ein enger Zusammenhang mit Institutionen und Praktiken der Erziehung gar nicht übersehen werden, der geradezu dauerhaft besteht und insofern wenigstens eine lange Tradition der Kindheitsvorstellung nahe legt.

Was lehrt uns dies nun alles? Banal formuliert: Ein Besuch im Wiener Kunsthistorischen Museum führt zu dem Bild „Kinderspiele" von Pieter Breughel, das sowohl – nämlich in der Wahl des sujets – demonstriert, wie in der Vormoderne ein Bewusstsein von Kindheit besteht, wie es allerdings auch zeigt, dass das Verständnis von dieser durch Beobachtung der Lebenswirklichkeit von Kindern zumindest vertieft werden kann. Demgegenüber eröffnet zwar der Versuch, Kindheit als soziologischen Tatbestand und dabei als Ausdruck einer generationalen Ordnung zu theoretisieren, die Gesellschaft aufrecht erhält, eine reizvolle Perspektive für die Analyse der Funktionen, welche Kindheit unter den Bedingungen der Moderne auch erfüllt. Er zeigt, dass und wie *ein* Konzept von Kindheit als ein integrales Moment der bürgerlichen Gesellschaft wirkt und in der generationalen Ordnung (wie auch als Ausdruck dieser) als eine Art „Dynamometer" (Foucault) in einem Herrschafts- und Kontrollmechanismus dient. Aber die damit gewonnene Theorie bleibt schematisch und greift zu kurz. Sie reicht weder hin, um zu erklären, dass ein Konzept von Kindheit offensichtlich historisch weiter verbreitet ist – wie auch immer ausgeprägt und durch die historischen Bedingungen so modifiziert, dass es in seiner Ereignishaftigkeit zu prüfen, wenn nicht in einen weiten Kontext etwa einer zivilisationsgeschichtlichen Deutung zu stellen wäre. Mehr noch: Folgt man dem historisch verfügbaren Material, dann zeigt sich, dass es historisch offensichtlich immer eine besondere Aufmerksamkeit für Kinder gegeben hat, in der eine Vorstellung von Handlungen wenigstens mitschwang, die auf ihre Förderung und Unterstützung zielte. Es gab mithin sowohl wenigstens eine Intuition von Kindheit wie auch eine Idee des Pädagogischen für diese, genauer: eine Idee der Erziehung und der Unterrichtung von Kindern.

Kindheit wird sich mithin nur als eine Vorstellung begreifen lassen, die selbst als Konzept oder Begriff historischen Wandlungen unterworfen ist, dabei zugleich auf einen Zusammenhang verweist, der ebenfalls historisch und gesellschaftlich rekonstruiert werden muss. Kindheit ist als historische und soziale Realität zu begreifen, die auf einer sehr abstrakten Ebene einerseits von den Zeitgenossen kommuniziert und organisiert wird. In dieser Organisation aber spielen besondere Institutionen und Praktiken eine Rolle, die zunächst und primär aus der Aufmerksamkeit für jene und auf jene entstehen, die sich entwickeln – wobei sie in diesem Vorgang durchaus selbst Akteure sind. Man kann dies als Pädagogik bezeichnen. Die Erforschung dieses Geschehens muss konkret, interessiert an seiner durch Dokumente und Materialien gegebenen Ereignishaftigkeit erfolgen; dabei kann Forschung nur im Bewusstsein um eine komplexe Hermeneutik in dem dafür erforderlichen Erkenntnisprozess geschehen. Sie wird eher bedroht durch große Theorien, die einem dann doch funktionalistisch eingeschränkten Zugang gehorchen.

3

Eine gewisse Tragik der jüngeren Kindheitsforschung besteht in der Tat darin, dass sie auch Vorstellungen von Pädagogik kultiviert, die eher trivial sind und hinter den erreichten Forschungsstand zurückfallen. Dies hängt wohl damit zusammen, dass populäre Vorstellungen aufgenommen werden, ohne die nötige Differenz etwa zwischen Pädagogik und den kollektiv verfügbaren und in die lebensweltlichen Praktiken eingehenden Vorstellungen von Erziehung zu nützen. Damit bleibt aber auch ausgeblendet, dass gerade die unter Pädagogik gefassten Vorstellungen keineswegs notwendig auf einen Begriff der Kindheit verweisen. Man kann mithin Zweifel an dem engen Zusammenhang von Pädagogik und Kindheitskonzept haben.

Gemessen sowohl an Alltagsvorstellungen wie auch an einigen fachlichen Beiträgen scheint solcher Zweifel einigermaßen absurd. Gleichwohl besteht das Problem vorrangig darin, dass viele Beiträge zur Debatte allzu schnell der Etymologie verfallen. Dass im Begriff der Pädagogik das griechische pais agein anklingt, verführt dazu, auf einen Erziehungsbegriff zu schließen, der ein Handeln meint, in welchem der unfertige zum vollwertigen Mensch gemacht werde (vgl. Richter 1999, S. 295). Die Antike kannte allerdings nur den *Pädagogen* und noch gar nicht die *Pädagogik*. Zudem wurden schon die alten Griechen mit einer etwas komplizierten Struktur konfrontiert. Denn als Pädagoge und insofern Knabenführer wirkte nämlich ein Sklave. Mithin musste ein persönlich Abhängiger die Sorge für einen ihm eigentlich überlegenen, weil freien jungen Menschen wahrnehmen.

Schon dies müsste eigentlich zur Vorsicht gegenüber Fantasien mahnen, die pädagogische Sachverhalte vor allem als Kontrollstruktur fassen wollen. Wort- wie begriffsgeschichtlich taucht jedenfalls der Summenbegriff Pädagogik erst am Ende des 18. Jahrhunderts auf (vgl. Roessler 1978) und zielt sowohl auf den umfassenden Zusammenhang eines Erziehungssystems wie auch die Dimension der Professionalität in diesem – wobei es faktisch mehr um Schule, Unterricht und Lehren ging, während das Erziehen im Hintergrund blieb. Konzeptionell thematisiert mithin der Begriff *Pädagogik* einen – durchaus komplizierten – Zusammenhang von Strukturen und Handlungen, nämlich einer vielleicht als didaktisch zu beschreibenden Praxis, die sich in institutionalisierten Arrangements und Settings vollzieht, um Welt zugänglich zu machen. Empirisch haben diese Institutionen in der Regel schon bald vorrangig mit Kindern zu tun; insofern erzeugen sie eine Erziehungskindheit. Gleichwohl kann man dies nicht als ein systematisch prioritäres Merkmal von Pädagogik bewerten. (Einen guten Beleg dafür bietet übrigens schon Comenius, der – da er eben noch keinen Begriff von Pädagogik hat – in seiner magna didactica das ganze pädagogische Geschäft unter dem Gesichtspunkt der Pan-Sophie in einer Weise interpretiert, die sämtliche Lebensphasen einschließt.)

Ohne den Beweis im Einzelnen erbringen zu können, kann man jedenfalls behaupten, dass nur Rousseau den Zusammenhang von pädagogischen Fragen und Kindheit als vorrangig gegeben herstellt; selbst Fröbel lässt die Kinder erst zu sich kommen, nachdem der Begründungszusammenhang für das pädagogische Geschehen sehr viel weiter hergestellt ist, nämlich im Bezug auf Gott und eine mathematisch-astronomisch analysierte Welt gleichermaßen. Etwas grob formuliert: Gleich ob vor oder nach Etablierung des Begriffs Pädagogik interessieren sich die pädagogischen Theorien nur nebenbei und erst zweitrangig für Kindheit; zunächst argumentieren sie gleichsam universalistisch, nämlich auf lernende und sich entwickelnde Wesen bezogen – emphatisch formuliert: Mit Interesse an Subjekten. Dabei darf nicht aus den Augen verloren werden, dass der für pädagogisches Denken hier als zentral behauptete Universalismus vor allem mit den theologischen Wurzeln dieses Denkens zu tun hat.

Dieses zunächst im Blick auf historisch verfügbare Texte plausibilisierte Argument könnte man auch in der Sache verfolgen: Über die Problemstrukturen, welche pädagogisch zu bearbeiten sind, ebenso wie die so entstehenden Sachstrukturen von Erziehung, Unterricht und Bildung kann man sich verständigen, ohne von vornherein auf Lebenssituationen abheben zu müssen, die mit dem Alter der Beteiligten zu tun haben – in den Niederlanden wollte man die Andragogik als Leitvorstellung durchsetzen, um so der Kindzentrierung von Pädagogik zu entgehen und eine systematisch taugliche Grundlage für die Beschreibung und Analyse der gemeinten Vorgänge zu finden. Tatsächlich scheint es eher Einsicht und Erkenntnis zu blockieren, wenn das pädagogische Geschehen nur mit dem Code *Kindheit* verknüpft und auf Kinder bezogen analysiert wird; wie soll man dann mit dem Erfahrungsbefund umgehen, dass die vierte Lebensphase der Hochaltrigkeit mit Situationen konfrontiert, die jenen im Umgang mit Kleinstkindern wenigstens gleichen. Man verstellt sich also den Blick auf eine Vielzahl von Fragestellungen, die man in der Empirie allzumal eines längst weit ausdifferenzierten, alle Lebensspannen umfassenden pädagogischen Systems zu bewältigen hat; insofern kann man, bei manchem anderen Vorbehalt, den Überlegungen von Dieter Lenzen schon zustimmen, der den ganzen Lebenslauf als Thema pädagogischer Reflexion und Organisation sieht (freilich ebenfalls auf den Begriff der Pädagogik aus der falschen Verknüpfung mit Kindheit verzichten will).

Kurz und gut: Selbstverständlich wird man die physiologischen und neurologischen Determinanten nicht ignorieren, welche den Abstand zwischen Erwachsenen und Kindern bestimmen und insofern Asymmetrien erzeugen; aber schon hier belegt empirische Forschung, dass es eher um ein Geflecht von ganz unterschiedlichen Ungleichheiten und Machtmöglichkeiten geht, in welchen keineswegs nur eine Gruppe unterlegen ist. In der Erziehungswirklichkeit zeigt sich, dass Kindheit nicht mit Unterlegenheit einhergeht – und insofern führt eine Theorie in die Irre, die eben dies als Element einer generationalen Ordnung behauptet. So ruht also die mit dem Begriff der Pädagogik erinnerte Wirklichkeit zwar auf Entwicklungsprozessen auf, in welchen sich die neuronalen Strukturen erst etablieren, welche für Kognition und Emotion, für Motorik und Volition von Menschen entscheidend sind; Strukturen, die zwar eine biologische Voraussetzung haben, zugleich aber doch einen Zusammenhang mit sozialen und kulturellen Effekten und Bedingungen menschlicher Existenz eingehen, welche – evolutionstheoretisch betrachtet – um ein Vielfaches schneller sich verändern als die biologische Ausstattung von Menschen. Die höheren Nervenfunktionen sind daran gebunden, dass Gene und Meme sowohl interagieren wie auch in bestimmter Weise zu Strukturen vernetzt werden, so dass kulturelle Voraussetzungen zur Grundlage menschlicher Aktivitäten werden – und zugleich eine Art Wagenhebereffekt wirksam wird, der eine Rückentwicklung verhindert (vgl. Tomasello 2002).

Dies alles bedeutet aber, dass die Struktur des – um so konventionell zu sprechen – pädagogischen Problems eben nicht (allein) als generationale Ordnung und gesellschaftlicher Machtzusammenhang allein zu beschreiben und schon gar nicht mit dem Bezug auf Kindheit zu begreifen ist. Die Angelegenheit ist ganz offensichtlich komplizierter, so dass man geradezu einen Kategorienfehler begeht, wenn man Pädagogik vorrangig mit Kindheit konnotiert. Kindheit und Jugend bilden mithin keine vorrangig pädagogischen Bestimmungen; Lebensalter sind empirisch und insofern kontingent gegenüber den Grundsachverhalten, die zumindest in der Moderne mit Pädagogik verbunden sind.

Auch und gerade in einer historischen Perspektive zeigt sich der pädagogische Grundsachverhalt in der Antwort auf die Frage, wie Subjektivität im Kontext gesellschaftlicher Bedingungen ermöglicht wird – wobei dies vorsichtig im Bezug auf Gesellschaften zu relativieren ist, die über ein Konzept von Subjektivität verfügen. Dabei schließt dieser Vorbehalt nicht aus, dass auch frühere Gesellschaften Erziehung in einer vergleichbaren Weise organisiert haben. Einer pädagogischen Theorie geht es dann darum, die Bedingungen zu klären und zu organisieren, unter welchen Subjektivität im Kontext gesellschaftlicher Bedingungen möglich wird. Dies meint entschieden mehr als eine Sozialisationstheorie. Eine pädagogische Theorie setzt nämlich die Einsicht in die Selbsterzeugung von Subjektivität an den Anfang: die Einsicht in eine Selbsterzeugung, die als Entwicklung und Veränderung aufgrund von Lernprozessen stattfindet; eine Selbsterzeugung, die als ein zugleich eigensinniger Prozess unter bestimmbaren Bedingungen und in der Auseinandersetzung mit sozialen und kulturellen Anforderungen realisiert wird. Mit Bedingungen und Anforderungen endlich, die Einfluss auf Subjektivität schlechthin und im konkreten Falle haben – und zwar sowohl Subjektivität begünstigen wie auch behindern, sogar zerstören können. Es geht also nicht bloß um einen Vorgang der Adaption oder Assimilation durch Aufnahme sozialer und kultureller Strukturen in die eigene Persönlichkeitsstruktur. Selbsterzeugung von Subjektivität richtet sich auf mehr. Sie meint nämlich zugleich auch den Eingriff in soziale und kulturelle Praktiken, sie meint Vergegenständlichung von Subjektivität; sie hebt darauf ab, dass ein Subjekt Zeugnis von seiner Existenz gibt und noch Einfluss auf die Bedingungen nimmt, welche ihm doch vorausgesetzt sind.

Das klingt nun in der Tat wieder einmal verdächtig nach normativer Pädagogik. Doch abgesehen davon, dass das Geschehen freilich historisch unterschiedlich belegt ist, gibt es viele Gründe, den pädagogischen Zusammenhang so zu analysieren und zu bestimmen; nicht zuletzt Befunde aus den Neurowissenschaften belegen das Geschehen. Paradoxerweise kann man sogar die neuere Kindheitsforschung mit ihrer Vorstellung von einer durch die generationale Ordnung und somit durch den Begriff der Kindheit vermittelten Regelungsstruktur als Zeugen heranziehen. Denn ihr Argument zielt ja darauf zu zeigen, dass Muster der gesellschaftlichen Organisation wie das der im Kindheitsverständnis ausgedrückten generationalen Ordnung eine – im weitesten Sinne des Ausdrucks – Kontrollfunktion erfüllen. Insofern bietet sie ein Argument dafür an, die Wirklichkeit pädagogischer Prozesse darauf hin zu untersuchen, ob sie gegen jene Strukturbedingungen verstoßen, die im Begriff der Pädagogik denkbar werden – sozusagen als der Sinn von Pädagogik, der in der Moderne eben möglich wurde.

Der systematische und kategoriale Fehler einer Verknüpfung von Erziehung mit Kindheit kann also helfen, die Gefahrenstellen zu identifizieren, die im Geschäft mit Kindern in der Tat drohen: Weil es so schwer fällt, sich einen Säugling als kompetent vorzustellen, weil die Selbstständigkeit junger Menschen in den institutionellen scholaren Settings kaum unterstützt wird, drängt sich auf, Pädagogik mit dem zu identifizieren, was man Kindern an Grausamkeiten antut. Aber dies ist ein Fehlschluss, der in die Nähe des Vorwurfs eines medizinischen Kunstfehlers geht, der an ein Kräuterweiblein gerichtet wird. Man kann aus dem Wissen um eine schlechte Praxis nicht die Vorstellung von dem bilden, was diese Praxis strukturell auszeichnet. Pädagogik ist eben weder im Allgemeinen identisch mit den Übeln, welche wir in Zusammenhängen finden, die als pädagogische bezeichnet werden, noch kann sie im Besonderen mit Kindheit in eins gesetzt werden, um so eine Art Disziplinarkomplex in der modernen Gesellschaft zu erfassen.

Hinter diesen sollte man vorsichtshalber nicht zurückfallen, weder mit einer dramatischen Theorie der Kindheit, die von historischen Befunden absieht, noch mit einer Verknüpfung von Kindheitsvorstellung, Pädagogik und gesellschaftlicher Disziplinarstruktur. So hilfreich dies für eine Art Heuristik der immer möglichen pädagogischen Schrecknisse und Grausamkeiten sein kann, trägt es nicht als Theorie. Dabei soll gänzlich unbenommen bleiben, pädagogische Sachverhalte vorrangig im Blick auf Kinder zu thematisieren; solches dient einer Plausibilisierung oder kann aus Gründen einer Illustration nützlich sein, die an alltagsweltliche Redeweisen anknüpft. Man muss aber zugleich klarstellen, dass dies nicht auf die Kernbedeutung verweist, die im Begriff der Pädagogik enthalten ist und wohl auch schon länger in grundlegenden Theorien des pädagogischen Geschäfts deutlich gemacht wurde.

Hier aber wäre doch noch eine Dialektik in Erinnerung zu bringen, die ein wenig an die der Aufklärung und die *Eclipse of Reason* erinnert (vgl. zum Folgenden: Winkler 2003); Erkenntnis, so zeigen Adorno und Horkheimer, schlägt zuweilen selbst in Machtstrukturen um. Man kann sich nämlich noch fragen, welche Bedeutung die Dekonstruktion von Kindheit angesichts der Entwicklung moderner Gesellschaften haben könnte. Was heißt es eigentlich, Kindheit als eine Ordnung sozialer Kontrolle und Ordnung nachzuweisen, die durch Pädagogik idealisiert und zementiert wird? Was passiert also, wenn die pädagogische Sicht der Kindheit dementiert und destruiert wird?

Wahrscheinlich lautet die Antwort: Es passiert gar nichts. Denn die menschliche Lebenspraxis im Umgang der Generationen scheint bei allen Form- und Gestaltwechseln manchmal verblüffend zäh – alles spricht dafür, dass am Ende seit Jahrtausenden Vorstellungen von Kindheit bestehen und diese mit Erziehung verbunden sind. Historische Forschung erzeugt zuweilen Ernüchterung, allzumal wenn sie mehr Kontinuitäten aufdeckt, als dem gefällt, der in sozialwissenschaftlicher Relativierung geschult ist. Man bleibt jedenfalls irritiert stehen, weil man mit einem Perennieren von archaischen Mustern konfrontiert wird, die den Verdacht nähren, doch mit Anthropologie zu tun zu haben.

Nicht auszuschließen ist aber auch, dass die Kinder ohne Kindheit, dass die aus der pädagogisierten generationalen Ordnung befreiten Kinder schlicht zu Individuen sans phrase in einer Gesellschaft werden, die sich um Differenzen nicht mehr kümmert; die pädagogische Sorge ist dann vergessen, optimistisch kann man darauf vertrauen, dass die Kinder eben Individuen ihrer Zeit sind, mehr nicht, aber auch nicht weniger. Das hat Entlastungen zur Folge, löst vielleicht auch die Pädagogik aus ihrer engen Verklammerung mit Kulturkritik. Indes ist so sicher nicht, ob damit nicht sogar Voraussetzungen von Gesellschaft selbst demontiert werden. Wenn diese zu runaway societies (Giddens 2002) mutieren, flüssig werden (vgl. Bauman 2000), ambivalent und ambigue, so könnte es sein, dass eine Vorstellung von Kindheit nötig ist, um wenigstens die Minimalbedingungen des Aufwachsens überhaupt noch zu sichern. Wenn es sie denn überhaupt noch gibt, müssen Kinder vielleicht durch eine Vorstellung einer für sie wichtigen Lebensphase festgehalten und dingfest gemacht werden – gewiss dies klingt wiederum normativ, zudem nach schwarzer Pädagogik. Aber möglicherweise ist die Alternative viel dramatischer, weil nämlich Barbarei.

Literatur
Alanen, L. (1992): Modern Childhood? Exploring the >Child Question< in Sociology. Jyväskyla.
Alanen, L (1994): Zur Theorie der Kindheit. Die „Kinderfrage" in den Sozialwissenschaften. In: Sozialwissenschaftliche Literatur Rundschau, 17. Jg., Heft 28. S. 93-112.
Ariès, P. (1976): Geschichte der Kindheit. München/Wien.
Bauman, Z. (2000): Liquid Modernity. Cambridge.
Becchi, E./Julia, D. (Directeurs) (1998a): Histoire de l'enfance en occident. De l'antiquité au XVIIe Siècle. Paris.
Becchi, E./Julia, D. (Directeurs) (1998b): Histoire de l'enfance en occident.Du XVIIIe siècle a nos jours. Paris.
van den Berg, J. H. (1960): Über die Wandlung des Menschen. Grundlagen einer historischen Psychologie. Göttingen.
Coveney, P. (1967): The Image of Childhood. The Individual and Society: a Study of the Theme in English Literature. Harmondsworth: Peregrine.
Fleck, L. (1980): Entstehung und Entwicklung einer wissenschaftlichen Tatsache. Einführung in die Lehre von Denkstil und Denkkollektiv. Frankfurt/M.
Giddens, A. (2002): Runaway World. How Globalisation is Reshaping our Lives. London
Grell, F. (1996): Der Rousseau der Reformpädagogen. Würzburg.
Honig, M.-S. (1988): Kindheitsforschung- Abkehr von der Pädagogisierung. In: Soziologische Revue, 11. Jg. S. 169-178.
Honig, M.-S. (1995): Kindheit als sozialer Status. In: Widersprüche 15. Jg., Heft 58. S. 9-18.
Honig, M.-S. (1999): Entwurf einer Theorie der Kindheit. Frankfurt/M.
Honig, M.-S. (2001): Das böse Kind. Eine Auseinandersetzung mit pädagogischen Kritikern der neueren Kindheitsforschung. In: Zeitschrift für pädagogische Historiographie 7. Jg., Heft 1. S. 35-43.
Hurt, J. (1972): Education in Evolution. London.
Langeveld, M. J. (1963): Die Schule als der Weg des Kindes. Versuch einer Anthropologie der Schule. 2. Auflg. Braunschweig.
de Mause, L. (Ed.) (1975): The History of Childhood. New York.
Marrou, H. I. (1977): Geschichte der Erziehung im klassischen Altertum. München.
Mercier, R. (1961): L'enfant dans la société du XVIIIe siècle (Avant L'Émile). Dakar

Middel, M./Sammler, S. (Hrsg.) (1994): Alles Gewordene hat Geschichte. Die Schule der ANNALES in ihren Texten. Leipzig.

Neubauer, G./Sünker, H. (Hrsg.) (1993): Kindheitspolitik international. Opladen.

Orme, N. (2003): Medieval Children, New Haven and London.

Richter, D. (1987): Das fremde Kind. Zur Entstehung des Kindheitsbilder des bürgerlichen Zeitalters. Frankfurt/M.

Richter, D. (1999): Kindheit. In: Reinhold, G./Pollak, G./Heim H. (Hrsg.): Pädagogik-Lexikon. München/Wien: Oldenbourg. S. 294-297

Snyders, G. (1971): Die große Wende der Pädagogik. Die Entdeckung des Kindes und die Revolution der Erziehung im 17. und 18. Jahrhundert in Frankreich. Paderborn.

Tomasello, M. (2002): Die kulturelle Entwicklung des menschlichen Denkens, Frankfurt/M.

Ueding, G. (1977): Wilhelm Busch. Das 19. Jahrhundert en miniature. Frankfurt/M.

Walvin, J. (1982): A Child's World. A Social History of English Childhood 1800-1914. Harmondsworth.

Weber, H. (1991): Kinderhexenprozesse. Frankfurt/M./Leipzig.

Weisser, J. (1995): Das heilige Kind. Über einige Beziehungen zwischen Religionskritik, materialistischer Wissenschaft und Reformpädagogik im 19. und zu Beginn des 20. Jahrhunderts. Würzburg.

Winkler, M. (2003): Sozialpädagogik und Kindheit – systematische und zeitdiagnostische Überlegungen. In: Stickelmann, B./Frühauf, H.-P. (Hrsg.): Kindheit und sozialpädagogisches Handeln. Auswirkungen der Kindheitsforschung. Weinheim und München. S. 79-118.

III Relationale Perspektiven auf Kinder und Kindheiten

De-Familialisierung und Sozialpädagogisierung.
Eine Rekonstruktion der Kindheitsbilder und politischen Leitideen des Zehnten und Elften Kinder- und Jugendberichts

Magdalena Joos

In diesem Beitrag geht es um eine Re-Konstruktion der dem Zehnten und Elften Kinderbericht zugrunde liegenden Kinder- und Kindheitsbilder, der (kinder-) politischen Leitideen, die die Berichte entwerfen und der sozialen Indikatoren, die verwendet werden, um die Lebenslagen und -situationen von Kindern treffend zu beschreiben. Meine These ist, dass sich in den Kinderberichten eine Tendenz der De-Familialisierung beobachten lässt, die vor allem im Elften Kinderbericht vorangetrieben wird und die der Sozialpädagogik im Sinne einer flächendeckenden Bereitstellung von Betreuungs- und Bildungseinrichtungen in der Gestaltung von Kindheit ein immer stärkeres Gewicht zuweist.

1 Einleitung

Kinder erleben einerseits in gegenwärtigen Gesellschaften ein beispielloses Maß an Aufmerksamkeit, was sich auch in der Zunahme von Berichten über die Lebenssituationen und Lebenslagen von Kindern manifestiert. Andererseits zeigt die öffentliche Diskussion, z.b. um die Ganztagsbetreuung, dass die Familien, insbesondere die Mütter (von den Vätern wird diesbezüglich nach wie vor weniger erwartet), immer weniger Zeit für die Betreuung und Erziehung ihrer Kinder haben, weil die Erfordernisse des Arbeitsmarktes, die Sicherung der Existenz und gewandelte Rollenverständnisse vor allem der Frauen zu einem Betreuungsproblem führen, welches auch in der aktuellen Diskussion um die „work-life-balance" zum Ausdruck kommt (z.B. Hochschild 2002; Rinderspacher 2003).

Hier wird jedoch davon ausgegangen, dass es sich nicht lediglich um ein Vereinbarkeitsproblem von Beruf und Familie handelt, wie es häufig diskutiert wird, sondern dass ein Strukturproblem postindustrieller Gesellschaften vorliegt, weshalb der Begriff des *strukturellen Betreuungsdefizits* angemessener erscheint, da hierdurch die strukturelle Nicht-Passung von (Arbeits-)Markt, Familie und Staat stärker betont wird (Honig/Joos 2003; siehe auch Jürgens 2003, die von der Schimäre der Vereinbarkeit spricht). Die Ursache der *strukturellen Betreuungskrise* bildet – so die Annahme – der Niedergang des lange dominierenden Familienmodells, in dem der Mann für die materielle Subsistenzsicherung und die Frau für Kindererziehung, Pflege der älteren Familienmitglieder, Haus- und Beziehungsarbeit verantwortlich ist (male-breadwinner-model) (Lewis 2001). Das Normalarbeitsverhältnis und die darauf abgestimmten institutionalisierten Muster (männlicher) Erwerbsbiographien erodieren zunehmend und das Geschlechterverhältnis verliert seine traditionale Komplementarität. Die demographische Entwicklung ist durch einen starken Geburtenrückgang gekennzeichnet. Im Ergebnis führt dies zu einer Entwicklung, die in der deutschen Diskussion als „Pluralisierung familialer Lebensformen" bezeichnet wird.

Sozialberichte über Kinder greifen dieses (Betreuungs-)Dilemma in unterschiedlichen Fokussierungen auf. Dort kreisen die Beschreibungen der Lebenssituationen von Kindern um die plural gewordenen familialen Lebensformen (z.B. Alt 2002; BMFSFJ 1998; Joos 2001; Kränzl-Nagl/Riepl/Wintersberger 1998). Es wird thematisiert, welche Formen der innerfamilialen Betreuung zu leisten sind, welche Betreuungsformen außerfamilial in welchem Ausmaß in Anspruch genommen werden (Nauck 1993; Joos 1996; Honig/Joos/Schreiber 2002, 2003) und wie die Familien mit den täglichen Herausforderungen auf den unterschiedlichsten Ebenen, auch auf der ökonomischen, zurecht kommen (Armutsberechnungen in Abhängigkeit von der Familienform, z.B. Nauck/Joos 1996; Joos 1997; Bacher/Wenzig 2002).

Durch die PISA-Studie (Baumert/Schümer 2002; OECD 2001) ist deutlich geworden, dass das Bildungssystem und die Familien den gesellschaftlichen Erwartungen im Hinblick auf eine ihrer zentralen Aufgaben, der Bildung des Humanvermögens, nicht mehr gerecht zu werden scheinen. Ein prekärer Aspekt der Erosion des male-breadwinner-Regimes wird durch die PISA-Ergebnisse sichtbar: Der sozio-ökonomische Status einer Familie gilt als zentraler Prädiktor für den Bildungserfolg von Kindern in Deutschland (ebd.). Durch den Rückgang des Normalarbeitsverhältnisses sind auch die Mütter immer mehr in die Pflicht genommen, ebenfalls zum Status der Familie bzw. zum Familieneinkommen beizutragen, um darüber überhaupt erst die Voraussetzung dafür zu schaffen, dass die Kinder die Kompetenzen und Bildung erwerben können, die in den

Wissensgesellschaften als wichtig erachtet werden[25]. Hier ist auch der wachsende Markt der außerschulischen Bildungsangebote angesprochen.

Ein Blick über die nationalen Grenzen macht deutlich, dass die europäischen Nachbarn mit dem Problem der öffentlichen Betreuung und Erziehung von Kindern anders umgehen (z.b. Schweden oder Frankreich; Veil 2002). Dies scheint andere Folgen nach sich zu ziehen, wie sich an einer höheren Frauen- und Müttererwerbstätigkeit sowie an höheren Fertilitätsraten ablesen lässt, die deutlich über denen in Deutschland liegen (z.b. Huinink 2002, S. 66ff.)[26]. Insbesondere Akademikerinnen bleiben in Deutschland häufig kinderlos: Laut Mikrozensus führten im Jahr 2000 44,3 Prozent von den 35 bis 39-jährigen westdeutschen Frauen mit Hochschulabschluss oder Promotion einen kinderlosen Haushalt (Engstler & Menning 2003, S. 76).

Als Fazit aus dieser Problemlage wird immer häufiger die Forderung vertreten, dass weniger die ökonomischen Transfers an Eltern ausgeweitet werden sollen als vielmehr die soziale Infrastruktur und die Dienstleistungen für Kinder und Familien[27], damit das strukturelle Betreuungsdefizit entschärft und der bei jungen Menschen vorhandene Kinder- und Familienwunsch realisiert werden kann (z.b. Bender 2002; BMFSFJ 2002b; Engelbert/Kaufmann 2003; Winter 2003).

Dieser Argumentationswechsel – so die These dieses Beitrags – zeigt sich ebenfalls in den Argumentationslinien des Zehnten und Elften Kinderberichts: Während der Zehnte Kinderbericht eher einen familialistischen Kindheitsbegriff reproduziert, indem vorrangig eine Unterstützung der materiellen Lebensbedingungen von Familien gefordert wird (BMFSFJ 1998, S. 94, S. 290), geht es dem Elften Kinderbericht um eine Neu-Justierung des Verhältnisses zwischen privater und öffentlicher Verantwortung für das Aufwachsen von Kindern und Jugendlichen und zwar vermittelt über den Ausbau der sozialen Infrastruktur für Kinder und Familien.

Überspitzt ließe sich formulieren, dass „weniger Familie", d.h. mehr öffentliche Betreuung, Erziehung und Bildung, für „mehr Familie" sorgen soll. Dies kommt im Konzept der *De-Familialisierung* zum Ausdruck. Huinink

---

25 Wobei sich über den Kompetenzbegriff des PISA-Konsortiums sicher streiten lässt – aber dies ist nicht Thema dieses Aufsatzes.
26 Die Geburtenziffer der Frauen liegt in Deutschland bei durchschnittlich 1,36 Kindern, womit Deutschland zu den Ländern mit den niedrigsten Geburtenraten Europas gehört (Jürgens 2003, S. 255; Engstler & Menning 2003, S. 71).
27 Als Beleg kann das Investitionsprogramm „Zukunft Bildung und Betreuung" der Bundesregierung herangezogen werden, das im September 2003 gestartet wurde und das Ziel verfolgt, den Betreuungsbereich für Kinder unter drei Jahren sowohl quantitativ als auch qualitativ auszubauen (Bildung PLUS Newsletter des Forum Bildung).

(2002) formuliert, dass nur im Zuge einer weitreichenden De-Familialisierung – und das erscheint auf den ersten Blick tatsächlich paradox – d.h. durch Regelungen zur Gewährleistung der Vereinbarkeit von Familie und Beruf für Frauen (und Männer), ein verändertes Geschlechtsrollenregime und eine fortbestehende Familienorientierung der Menschen in Einklang gebracht werden könne. Die Forderung der De-Familialisierung meint damit auch die möglichst weitgehende Befreiung der Familie von ihren Betreuungspflichten – im Interesse des Erhalts der Familie (Ostner 2002, S. 249)[28].

Dies soll sich nicht nur für Kinder als die bessere Variante herausstellen, sondern auch für Frauen und Mütter, weil durch die Mobilisierung ihrer Beschäftigungsmöglichkeiten auch ihre Gleichstellung befördert würde – da nach wie vor die Nahtstelle für die Gleichstellung der Geschlechter innerhalb der Familie zwischen gesellschaftlicher Produktions- und Reproduktionsarbeit verläuft (Winter 2003, S. 2). Schließlich soll auch ein „besseres Humanvermögen" für die Gesellschaft resultieren, indem Kindertageseinrichtungen geschaffen werden, die nicht lediglich die Betreuungsarbeit in der Abwesenheit der Eltern übernehmen, sondern Bildungsinstitutionen sind (Joos 2002a).

Kindertageseinrichtungen funktionieren somit als sozialpädagogische Institutionen bzw. als Angebote der Jugendhilfe im Zusammenhang zwischen der sich wandelnden, flexibilisierten Arbeitswelt, Familien und (Sozial-)Staat, zwischen Privatsphäre, Beruf und Öffentlichkeit, zwischen Familienleben und sozialer Kinderwelt als „institutionelles Bindeglied" (Colberg-Schrader 1999, S. 113)[29]. Dieser Bereich der Kinder- und Jugendhilfe ist mittlerweile so stark expandiert, dass Tageseinrichtungen für Kinder als sozialpädagogisches Dienstleistungsangebot den weitaus größten Teil an den Gesamtausgaben der Jugendhilfe ausmachen (Stickelmann 2003; BMFSFJ 2002a, S. 72). Vor diesem Hintergrund kann die Annahme vertreten werden, dass sich durch die voranschreitende „De-Familialisierung" eine weiter zunehmende „Sozialpädagogisierung" der frühen Kindheit im Sinne der außerfamilialen Betreuung, Erziehung und Bildung vollziehen wird[30].

---

28 Diese Forderung wird von „machtnahen" Eliten, z.B. Experten der OECD oder der Europäischen Kommission, vertreten, die allerdings ohne Rückkopplung an die Lebenspraxis empirischer Familien und Kinder formuliert sind. Familien würden dort in erster Linie in ihrer Funktion für den Arbeitsmarkt und als Anhängsel desselben begriffen, so Ostner, weshalb sie ihren Aufsatz betitelt „Am Kind vorbei – Ideen und Interessen in der jüngeren Familienpolitik".
29 In dieser Beobachtung von Colberg-Schrader fehlt jedoch die explizite Funktionsbestimmung von Kindereinrichtungen als Bildungseinrichtung, die gerade auch im Rahmen des Betreuungsdefizits immer wichtiger wird (Joos 2002a, 2003).
30 Mierendorff und Olk (2003, S. 453) sprechen in diesem Zusammenhang (durchaus kritisch) von einem Umbau der Kindheit. Damit meinen sie die Erosion der Familienkindheit, die Ausdehnung der Bildungskindheit und die Vergesellschaftung von Kindheit.

Die Fragestellung dieses Beitrags zielt nun darauf, wie die skizzierte Problemstellung in den beiden zentralen Dokumenten der Kinderberichterstattung aufgegriffen wird. Wie wird dieser Gegenstand formuliert, welche Lösungsansätze werden angedacht? Welches Kindheits- und Familienbild wird entfaltet und welche Politikoption angestrebt, um die umrissenen Probleme anzugehen?

In drei zentralen Schritten soll die folgende Analyse bzw. Rekonstruktion erfolgen:

a. Kinder- und Kindheitsbilder und politische Leitideen sollen in ihrem Verhältnis zueinander betrachtet werden;
b. die beiden zentralen Dokumente der Kinderberichterstattung sollen auf ihre Kinder- und Kindheitsbilder hin analysiert sowie die politischen Leitthemen vorgestellt werden, um in einem dritten Schritt
c. die verwendeten Sozialindikatoren für die Beschreibung der Familienkindheit einander gegenüberzustellen, um darüber die vorgeschlagenen Strategien zur Lösung der oben angedeuteten Problemstellung des *Betreuungsdilemmas* zu rekonstruieren.

Das moderne Kindheitsmuster, das vorrangig als Familienkindheit (und als Schulkindheit) konstruiert war, wird sich durch die aufgezeigten Entwicklungen verändern. Kindheit als Schutz- und Vorbereitungsraum, der durch Familialisierung und Scholarisierung gekennzeichnet ist, erodiert und expandiert gleichermaßen (Zeiher 1996; Joos 2001), wobei Erosionsprozesse vor allem durch die zentralen Instanzen Familie, Schule und Arbeit ausgelöst werden. In diesem Beitrag wird danach gefragt, welche Konsequenzen sich durch die soeben beschriebenen Tendenzen der De-Familialisierung und einer stärkeren Sozialpädagogisierung von Kindheit ergeben. Hierbei wird vorrangig die frühe Kindheit fokussiert und weniger die Schulkindheit.

2 Kindheitskonstruktionen und kinderpolitische Leitideen

Bevor im folgenden der theoretischen Fundierung von zwei Ansätzen kindbezogener Sozialberichterstattung – dem Zehnten und dem Elften Kinderbericht – nachgespürt und danach gefragt wird, welches *Bild* vom *Kind* bzw. *Kindheitsbild* diesen zugrunde liegt und auf welches *Leitkonzept* hin die entsprechenden *Indikatorensysteme* entwickelt werden, wird in diesem Kapitel zuerst allgemein das Verhältnis zwischen Konstruktionen von Kindern und Kindheit auf der einen Seite und Strategien, Ansatzpunkte und Verortungen von Kinderpolitik auf der anderen Seite beleuchtet.

Kindheitsbilder sind „Kindheitskonstruktionen", unter denen jene Vorstellungen über Kinder verstanden werden können, die in den Theorien Erwachsener zu finden sind und die Vorbilder und Leitbilder bereitstellen, nach denen Kinder z.B. erzogen und belehrt werden (Scholz 1994, S. 8; 2001)[31]. Liegle (2003) formuliert, dass jede Gesellschaft bestimmte Vorstellungen über Kinder entwickelt und auf der Grundlage dieser Vorstellungen spezifische Maßnahmen für Kinder ergreift. Dazu gehören z.B. Formen des Kinderschutzes oder auch eigens für Kinder geschaffene Einrichtungen. Durch diese Vorstellungen über und Maßnahmen für Kinder werde Kindheit zu einer äußerlich sichtbaren und eigenständigen Lebensphase, die sich durch bestimmte, vom Lebensalter abgeleitete Merkmale von den Lebensphasen der Jugend und des Erwachsenenalters unterscheidet; und sie begründen Kindheit als einen sozialen Status eigener Art (Liegle 2003, S. 39).

Die zu untersuchende Frage ist nun, wie zugrunde liegende Vorstellungen von „guter Kindheit" bzw. Kinderbilder den Zuschnitt der Sozialberichte, die Auswahl der Indikatoren[32], die Kriterien zur Beurteilung der pluralen Lebensbedingungen von Kindern und die auf der Datenbasis gründenden sozial- bzw. kinderpolitischen Strategien und Maßnahmen bestimmen (z.B. welche *Hilfen* für Kinder anzubieten sind; auf welche *Bedarfe* reagiert wird).

Es geht somit um die Erläuterung der Beziehung zwischen drei Elementen:

- dem Kindheitsbild bzw. Konzeptionen vom Kind,
- Sozialberichterstattung über Kinder und Maßstäbe zur Beurteilung der Lebenslagen von Kindern sowie
- (kinder-)politische Leitideen bzw. Grundtypen von Kinderpolitik.

In Anlehnung an Kurt Lüscher (1999, S. 384) lassen sich drei Konzepte von Kindern unterscheiden:

- das *verletzliche, schutzbedürftige (verwahrloste) Subjekt*; hier werden Kinder in Notlagen assoziiert, ausgebeutete, misshandelte und diskriminierte Kinder. Aus historischer Sicht handelt es sich um Waisen, uneheliche

---

31 siehe auch Oelkers (1999) zu Kinderbildern als Erziehungsmedium.
32 Unter Indikatoren werden beobachtbare, messbare Sachverhalte verstanden, die den theoretischen Konstrukten zugeordnet werden.

Kinder und proletarische Kinder[33]; dieser Konzeptualisierung von Kindern entspricht die genuin sozialpädagogische Perspektive auf Kinder (Stickelmann 2003), die als Defizitperspektive charakterisiert wird (Andresen/Diehm idB), von der sich die Sozialpädagogik – auch durch die Einflüsse der neueren sozialwissenschaftlichen Kindheitsforschung – jedoch verabschieden will;

- die sich *in aktiver Auseinandersetzung mit Lebenswelten entwickelnde Person*; dieses Leitbild geht davon aus, dass sich das genetische Potential des einzelnen Menschen in Interaktionsprozessen mit der physischen und sozialen Umwelt entfaltet und sich das Individuum von Beginn an entsprechend seiner Fähigkeiten und seiner Reifung aktiv daran beteiligt. Soziale Beziehungen spielen in dieser Konzeption eine zentrale Rolle für die personale Entwicklung und die Förderung der Handlungsbefähigung („agency'; vgl. hierzu auch Grundmann 2000; 2001; Schneewind 2000; Bronfenbrenner/Morris 2000); mit diesem Kinderbild operiert der Zehnte Kinderbericht (BMFSFJ 1998);
- sowie das *autonome, mit Rechten ausgestattete Individuum*; dieses Leitbild ist dasjenige eines Menschen, der von Geburt an nicht nur als Person anzuerkennen ist, sondern grundsätzlich seine Rechte und Interessen selbst wahrzunehmen vermag (Lüscher 1999, S. 386). Diesem Kinderbild fühlt sich vor allem die skandinavische Kindheitsforschung verpflichtet.

Mit den Konzeptionen vom Kinde[34] stehen verschiedene politische Leitideen in Zusammenhang. Lüscher (1999, S. 383ff.) unterscheidet *drei Grundtypen der Kinderpolitik*:

1. Kinder schützen oder Kinderpolitik als „Fürsorge" (Schutz); es handelt sich hier um eine fürsorgerische Kinderpolitik, die eine Teilmenge der Familien- bzw. der Sozialpolitik darstellt;
2. Kinder fördern oder Kinderpolitik als Sozialökologie menschlicher Entwicklung (Förderung); bei dieser idealtypischen Form der Kinderpolitik geht es um die gesellschaftliche Organisation der kindlichen Lebensräume und ihres wechselseitigen Verhältnisses, aber auch um die Gestaltung sozi-

---

33 vgl. zum Kinderbild des „children as vulnerable" auch Mills 2000.
34 Darüber hinaus ließen sich noch weitere Kinderbilder unterscheiden, z.B. in Anlehnung an Mills (2000), der sechs Konstruktionen von Kindern identifiziert: „children as innocent, as apprentices, as persons in their own right, as members of a distinct group, as vulnerable, as animals" (Mills 2000, S. 9).

aler Beziehungen, die für die Förderung von ‚agency' von elementarer Bedeutung sind[35];
3. Kinder befreien oder Kinderpolitik als „Emanzipation" (Befreiung); diese Form distanziert sich von der Familienpolitik, zumindest in ihrer historisch gewachsenen Form, der „Familialismus" vorgeworfen wird, d.h. die Unterordnung des Kindes unter den Vorrang der Institution und die Autorität der Eltern; Kindheitspolitik wird als eigenständiger Politikbereich gefordert. Aus dem zugrunde liegenden Kinderbild – das autonome, mit Rechten ausgestattete Individuum – wird die Forderung abgeleitet, das Stimm- und Wahlrecht markant früher anzusetzen als bisher und zusätzlich die Leistungen, die Kinder erbringen, gesellschaftlich anzuerkennen und finanziell zu entschädigen (z.B. Wintersberger 1997; 2000; Qvortrup 2000; 2003).

Durch die Darstellung ist deutlich geworden, in welch enger Korrelation die Konstruktion von Kindern und die Ansatzpunkte, Verortungen sowie die Intentionen von Kinderpolitik stehen[36]. Das erst genannte Kinderbild, das verletzliche, schutzbedürftige und verwahrloste Kind, das der traditionellen sozialpädagogischen (Defizit-)Perspektive auf Kinder entspricht und mit dem Kinderpolitiktyp der Fürsorge und des Schutzes einhergeht, entspricht nicht mehr den gegenwärtigen Vorstellungen vom Kind, wie auch die nachfolgende Analyse der beiden Kinderberichte zeigen wird[37]. Im Gegenteil, das neue Paradigma der soziologischen Kindheitsforschung (Prout/James 1997) hat sich flächendeckend und disziplinübergreifend durchgesetzt und mit ihm die neue Kindheitskonstruktion: Das Kind als *kompetenter Akteur* stellt das neue Leitbild dar. Bei diesem Bild handelt es sich um eine wünschenswerte Vorstellung, um die Hoffnung auf eine bessere Zukunft und es beinhaltet für eine Kinderpolitik klare Implikationen: Kinderpolitik wird als Politik der Förderung, als Politik der Gestaltung entwicklungsfördernder Umwelten und Beziehungen definiert, so dass sich die Fähigkeiten und Kompetenzen von Kindern bestmöglich entfalten können.

Auch in den Sozialberichten über Kinder hat sich das zugrunde liegende Kinderbild gewandelt. Diese Entwicklung ist ebenfalls in internationalen Pro-

---

35 Für die Praxis wird die Bedeutung des eigenen Wissens von Eltern und Erziehenden, aber auch des Fachwissens und seiner Vermittlung hervorgehoben: Die Erforschung der Wechselbeziehungen von Wissen und Handeln gewinnt somit an Bedeutung.
36 vgl. zum systematischen Zusammenhang zwischen Kindheitskonstruktionen und den Ansatzpunkten, Prioritäten und Instrumenten einer Kinderwohlfahrtspolitik auch Mierendorff/Olk 2003, S. 422.
37 (zur Analyse eines US-amerikanischen Sozialberichts, dem diese (traditionelle) Kindheitsvorstellung zugrunde liegt, siehe Joos 2002b; The Annie E. Casey Foundation 1995)

jekten zu beobachten, die sich bewusst von den UNICEF-Indikatoren zur Beschreibung von „gefährdeter" und „negativer" Kindheit abgrenzen (Ben-Arieh/ Wintersberger 1997; Andrews/Ben-Arieh 1999; Moore 1995, 1997).

Allerdings handelt es sich beim zentralen Begriff der *Kompetenz* um einen schillernden Begriff. Folgt man der Definition von Engelbert und Kaufmann (2003), so lässt sich Kompetenz auf der individuellen Ebene als „Voraussetzung erfolgreicher Lebensführung" (S. 71) beschreiben; Kompetenz meine, „etwas zu vermögen". Das Aggregat der (individuellen) Kompetenzen bilde das *Humanvermögen der Gesellschaft*, so Engelbert und Kaufmann, und dieses Humanvermögen gelte es sowohl in quantitativer als auch in qualitativer Hinsicht zu erhalten. Weil die Kompetenzentwicklung im Wesentlichen im Kindes- und Jugendalter erfolge und Art und Qualität der Kompetenzentwicklung in erster Linie von den Bedingungen des familialen Umfeldes abhängig seien, darüber hinaus auch vom Bildungswesen und anderen Merkmalen der kindlichen Umwelt (ebd. S. 62f.), komme dem „Nachwuchs" eine besonders wichtige Rolle zu. Deshalb plädieren die Autoren für eine *Politik der Nachwuchssicherung* auf der Makroebene und für eine *Kinderwohlfahrtspolitik* auf der Mikroebene. Diese Politikformen sollen die herkömmliche Familienpolitik ersetzen. Ein neuer Familienpolitikbegriff sei unumgänglich, weil die bisherige Familienpolitik nur Bevölkerungspolitik gewesen sei, die ausschließlich in Quantitäten argumentiert habe.

Mierendorff und Olk (2003, S. 429) übernehmen den Begriff der Kinderwohlfahrtspolitik und ziehen diesen dem, ihrer Meinung nach zu offenen, Begriff der „Politik für Kinder" vor. Dieser neue Begriff der „Kinderwohlfahrtspolitik" sei in der Lage, die Differenz zwischen einer Politik, die auf *Kinder* und einer Politik, die auf *Kindheit* ziele, besser zum Ausdruck zu bringen als der herkömmliche Begriff „Politik für Kinder". In ihrem Begriffsvorschlag seien beide Ebenen angesprochen: die Ebene der Kinder im Sinne ihrer Lebenslagen und Lebenschancen als Bevölkerungsgruppe; durch den Begriff der Wohlfahrt werden jedoch auch strukturelle Komponenten angesprochen, so dass das Konstrukt Kindheit ebenfalls eingeschlossen sei. Sie definieren Kinderwohlfahrtspolitik als alle öffentlichen Politiken, „die die Wohlfahrt – und damit die Lebenschancen – von Kindern intentional wie nicht-intentional betreffen" (Mierendorff/Olk 2003, S. 429).

Bei dieser Definition von Kinder*wohlfahrt*spolitik kann ein klarer Bezug zur Sozialberichterstattung über Kinder hergestellt werden, die ihre Aufgabe in der Beschreibung der Wohlfahrtslage und -position und des sozialen Wandels der Lebensbedingungen von Kindern sieht (Joos 2001).

Durch die Ausführungen ist deutlich geworden, dass das Verhältnis zwischen Konzeptionen von Kindern/Kindheit und politischen Leitideen einen

Gegenstand wissenschaftlicher Untersuchung bildet, aber das Verhältnis zwischen Kinderbildern und Sozialberichterstattung über Kinder ein Desiderat darstellt[38]. Dieses Verhältnis ist jedoch zu reflektieren, weil Sozialberichte nicht lediglich Wirklichkeit beschreiben, sondern diese aus einer spezifischen Perspektive wahrnehmen und die Ergebnisse entsprechend interpretieren. Kinderberichten werden durch erwachsene Experten implizite Vorstellungen von kompetenten und nicht kompetenten Kindern, von guter und misslungener Kindheit zugrunde gelegt. Sozialberichte über die Lebensverhältnisse von Kindern basieren auf spezifischen „Normalitätsvorstellungen" – eine genuin sozialpädagogische Kategorie (Stickelmann 2003). Häufig wird nicht klar aufgezeigt, anhand welcher Kriterien die Lebenslagen von Kindern beurteilt werden und entschieden wird, was Kinder brauchen, was für sie getan werden muss und ab wann Abweichungen vorliegen. Sozialberichterstattung über Kinder kann ohne die Reflexion ihrer eigenen normativen Position und ihrer (meistens impliziten) Maßstäbe ihre Aufgabe nicht erfüllen, die darin besteht, die Lebenslagen von Kindern in ihren Konsequenzen für die Lebens-, Bildungs- und Zukunftschancen von Kindern, aber auch ihrer aktuellen, gegenwärtigen Lebensqualität einzuschätzen. Darüber hinaus bleibt das Einbringen der *Perspektive von Kindern* (Honig/Lange/Leu 1999) in die Kinderberichterstattung als Korrektiv zum erwachsenenzentrierten Blick eine Herausforderung für die Zukunft.

3 Kinder, Kindheit und Politik für Kinder im Zehnten und Elften Kinder- und Jugendbericht

3.1 Die Kinderbilder des Zehnten und Elften Kinderberichts: Das Kind als sich in aktiver Auseinandersetzung mit Lebenswelten entwickelnde Person und Kindheit als institutionalisierte Lebensphase

Im Zehnten Kinder- und Jugendbericht (BMFSFJ 1998) ist dem ‚Bild des Kindes und den kinderpolitischen Herausforderungen' ein eigenes Unterkapitel gewidmet. Hier wird das Bild des eigenaktiv sich Wissen und Können aneignenden Kindes gezeichnet (BMFSFJ 1998, S. 18) und den Kindern ein eigenständiger Wirklichkeitsbezug zugestanden. In Anlehnung an Corsaro (1992) verwendet die Berichtskommission den Begriff der *interpretativen Reproduktion*, der für dieses Kinderbild eine zentrale Bedeutung einnimmt: Die Kultur, die sich eine Gesellschaft erarbeitet hat, kann nicht wie ein materielles Gut übereig-

---

[38] Ansatzweise wird diese Fragestellung von Michael-Sebastian Honig (2001) bei der Rezension dreier Dokumente der politischen Sozialberichterstattung über Kinder berücksichtigt.

net werden, sondern die nachwachsende Generation muss sich diese Kultur neu erarbeiten und aneignen. Insofern wird dem Zehnten Kinderbericht das *Bild vom Kind als Subjekt, das sich aktiv Umwelt aneignet*, zugrunde gelegt. Diese Sichtweise entspricht der subjektorientierten Perspektive in der Sozialisationsforschung, die sich dadurch auszeichnet,

> „dass in ihr Sozialisation nicht als Formung oder gar Prägung weitgehend passiver Individuen verstanden wird, sondern als ein Prozess, der eine aktive Beteiligung der Sozialisanden als Subjekte voraussetzt. Mehr noch: Das Subjekt selbst wird nicht als eine ursprüngliche ‚Ausstattung', die dem Neugeborenen einfach mitgegeben ist, betrachtet, sondern als eine Instanz, Struktur oder als ein Ensemble von Kompetenzen, das in den sozialen Interaktionen, in die das Kind von Beginn an integriert ist, erst entsteht und sich dennoch in kritische Distanz zu den Prozessen und Institutionen zu setzten vermag, in denen dieses Subjekt sich gebildet hat." (Leu/Krappmann 1999, S. 11)

Allerdings wird der Kompetenzbegriff, der neben der Subjektgenese und der Entfaltung der Beziehungen zu anderen sowie zu Rollen und Institutionen eine bedeutende Rolle spielt, im Zehnten Kinderbericht nicht systematisch entfaltet. Und dies, obwohl letztlich der gesamte Bericht um die Kompetenzen bzw. den Erwerb von sozialen, emotionalen und kognitiven Fähigkeiten und Motivationen kreist (BMFSFJ 1998, S. 287f.), so dass Kinder in die Lage versetzt werden, die noch nicht bekannten Probleme der Zukunft lösen zu können. Kinder werden als die „moderneren" Menschen gezeichnet (BMFSFJ 1998, S. 288), und zwischen den Zeilen wird die Hoffnung auf eine neue und „bessere" Generation und Gesellschaft spürbar. Es geht der Kommission um das Projekt einer Gesellschaftsreform vom Kinde aus, wie dies Honig (2001) in seiner Rezension treffend formuliert hat, weshalb die Partizipation von Kindern einen strategischen Stellenwert erhält.

Die Kommission des Kinderberichts operiert nicht mit einem *abstrakten Begriff vom Kind* (Oelkers 1999, S. 36) ohne Geschlecht, Alter, Kontext oder kultureller Zugehörigkeit, sondern Kinder erscheinen als Mädchen und Jungen, als nicht-behinderte und behinderte Kinder, als deutsche und nichtdeutsche Kinder, als Stadt- und Landkinder sowie als ostdeutsche und westdeutsche Kinder (BMFSFJ 1998, S. 22). Das konstruierte Bild vom Kind als eigenaktives, eigenwilliges Subjekt, das mit zentralen sozialen Strukturkategorien wie Geschlecht, Alter, Region etc. verknüpft wird und die dazugehörige Kultur des Aufwachsens, die der Pluralität, Heterogenität und Multikulturalität der kindlichen Lebenswelten Rechnung trägt, wirken gleichzeitig inkludierend und differenzierend[39].

Demgegenüber wird im Elften Kinderbericht (BMFSFJ 2002a) *Kindheit als institutionalisierte Lebensphase* konstruiert. Nach der Lektüre des Berichts drängt sich eher die Frage auf, ob dieser überhaupt ein *Kinder*bild, eine explizit formulierte Vorstellung von Kindern hat und ob in diesem Dokument Kinder als Subjekte, als Akteure auftauchen, in ihrem Alltag, in ihren Beziehungen zu anderen Menschen und mit ihren eigenen Erlebnissen, Sichtweisen und Erfahrungen erfasst werden.

Der Elfte Kinderbericht hat weniger ein Bild vom Kind als vielmehr ein Kindheitsbild vor Augen, nämlich Kindheit als eigenständige, institutionalisierte Lebensphase (BMFSFJ 2002a, S. 42), die historisch durch Prozesse der Standardisierung und Institutionalisierung gekennzeichnet ist. Diese Konzeptualisierung von Kindheit entspricht einerseits dem Forschungsstand (z.B. Konrad 2001), andererseits handelt es sich aber nur um einen bestimmten Aspekt von Kindheit. Warum wird gerade dieser perspektivische Zugang zur Kindheit im Elften Kinderbericht herausgehoben? Die theoretische Entfaltung von Kindheit als institutionalisierte Lebensphase, deren Konzeptualisierung und die sich anschließenden Indikatoren sind stringent entwickelt: Die Institutionen, die an der Gestaltung von Kindheit beteiligt sind und die öffentliche Verantwortung sollen in das Zentrum der Aufmerksamkeit gelangen, wobei nach Auffassung der Berichtskommission „die Einrichtungen der Kinder- und Jugendhilfe – zusammen mit anderen Institutionen – die öffentliche Verantwortung für das Aufwachsen von Kindern und Jugendlichen tragen" (BMFSFJ 2002a, S. 42).

Die Kinder- und Jugendhilfe als Bestandteil der allgemeinen sozialen Infrastruktur gehört heute zur sozialstaatlichen Grundversorgung der Bundesrepublik. Hier zeigt sich der Zusammenhang zwischen Sozialpolitik und der Gestaltung der Lebenslagen von Kindern und Jugendlichen durch die Kinder- und Jugendhilfe, wobei sich ein Auftragswandel von der Hilfe zur Gestaltung vollzogen hat[40].

Im Unterschied zum Zehnten Kinderbericht setzt der Elfte Kinderbericht an einer veränderten Kontextualisierung von Kindheit und einer in der Bundesrepublik teilweise vollzogenen De-Familialisierung an. Einerseits ist Kindheit nach der zugrunde liegenden Vorstellung nicht mehr nur über die Institutionen Familie und Schule zu beschreiben, sondern Kinder werden als zunehmend

---

39 Nach Fthenakis (2003, S. 26) kann es aus postmoderner Perspektive kein einheitliches Bild vom Kind und der Kindheit mehr geben.
40 vgl. hierzu auch den Sammelband „Kindheit und sozialpädagogisches Handeln", herausgegeben von Stickelmann und Frühauf (2003).

freigesetzt konstruiert[41]. Andererseits wird aber gerade die frühe Kindheit zunehmend sozialpädagogisch institutionalisiert und die Bildungsanforderung richtet sich neben der Schulkindheit auch an die vorschulische Kindheit.

3.2 Die politischen Leitideen des Zehnten und Elften Kinderberichts: „Eine Kultur des Aufwachsens" und „Aufwachsen in öffentlicher Verantwortung"

Im Zehnten Kinderbericht wird eine *Kultur des Aufwachsens als politische Zielbestimmung* festgelegt, die dafür sorgt, dass Kinder und die Aufgabe, für sie zu sorgen und ihnen Begleiter in ihrer Entwicklung zu sein, als eine primäre gesellschaftliche Verpflichtung gelten (BMFSFJ 1998, S. 20). Unter einer Kultur des Aufwachsens versteht die Kommission

„ein Personen und Kräfte stimulierendes, organisatorisch in sich stimmiges und durch geteilte Bedeutungen plausibles Angebot, Kinder in die für ihr Leben und ihre Entwicklung wichtigen Sozialbeziehungen und Einrichtungen zu integrieren. Angesichts der Heterogenität der Situationen, in denen Kinder in diesem Land heute aufwachsen, kann es sich nicht um eine Einheitskultur handeln, sondern um eine Kultur, die die Vielfalt der Lebensformen und Sinnorientierungen achtet" (BMFSFJ 1998, S. 19).

Es soll eine Kultur sein, in der die Eigenwilligkeit von Kindern und abweichende Entwicklungen von Kindern genauso ihren Platz haben, wie Reibungen, Konflikte und Krisen, getragen von dem Wissen, dass sich Kinder auch an Konflikten und Krisen entwickeln (BMFSFJ 1998, S. 20). Eine Kultur des Aufwachsens verspricht Unterstützung für die je individuellen Bildungs- und Entwicklungsprozesse von Kindern[42].

Die alte, stark entwicklungspsychologisch geprägte Kindheitsvorstellung mit universell gültigen Entwicklungsabfolgen in bestimmten Zeitabschnitten, die als „altes Paradigma der Kindheitsforschung" bezeichnet werden kann, wird durch eine „neue" Konstruktion von Kindheit abgelöst, in der gerade auch Abweichungen in der kindlichen Entwicklung, Brüche und Konflikte zugelassen und diese nicht nur als bedrohlich oder riskant definiert werden, sondern als

---

41 In diesem Zusammenhang wird häufig auf die zunehmende Bedeutung des Marktes und der Medien für die Kindheit hingewiesen.
42 Eine Frage, die sich stellt, ist, ob diese Vorstellung mit den Anforderungen der Leistungsgesellschaft in Konflikt geraten muss, mit der wachsenden gesellschaftlichen und sozialpolitischen Tendenz, Ergebnisse, Produkte und Leistungen zu fordern.

Chancen für die Persönlichkeitsbildung und die Entwicklung von Ich-Kompetenzen.

Die Frage ist nun, wie im Zehnten Kinderbericht, neben der Konstruktion vom Kind und dem politischen Leitbild, das Verhältnis zwischen privater und öffentlicher Verantwortung gezeichnet wird bzw. wie Familialisierung/De-Familialisierung und Sozialpädagogik/Jugendhilfe zueinander in ein Verhältnis gesetzt werden.

Bei der Durchsicht des Zehnten Kinderberichts nach der Familie als Ort von Kindern, als zentrale Dimension von Kindheit und als Lebenssituation[43], wie sie dort bezeichnet wird, fällt auf, dass der Begriff ‚Familie' in den Überschriften nicht auftaucht. Statt dessen wird von „Kindern und ihren Beziehungen zu anderen Menschen" gesprochen. Vor dem Hintergrund des konstruierten Kinderbildes erscheint dies konsequent, da die Beziehungen und Interaktionen für die Subjektgenese und die Entwicklung von Ich-Kompetenzen die alles entscheidende Bedeutung haben. ‚Kinder und ihre Familien' wird lediglich als ein Unterkapitel (BMFSFJ 1998, S. 25) behandelt, worin die Pluralität familialer Lebensformen (z.B. Kindschaftsverhältnisse) und die ‚Kind-Eltern-Beziehungen' beschrieben werden. Ansonsten vermittelt der Zehnte Kinderbericht den Eindruck, dass der Ausdruck Familie vermieden und stattdessen von Kindern und ihren Eltern gesprochen wird. Hierdurch wird die Beziehungs- und Interaktionsebene zwischen den Familienmitgliedern in den Vordergrund gerückt und nicht die Familie als Institution mit ihren Aufgaben und Leistungen.

Dieser Befund unterstreicht eine These Honigs (2001, S. 60), die davon ausgeht, dass gegenwärtige Kinderberichte einem *Gewissheitsverlust* geschuldet sind, der mit der Veränderung verbunden ist, dass sich Kindheit als Lebensphase nicht mehr hinreichend über die Zugehörigkeit zu Familie und Schule beschreiben lasse und als plurale Lebenslage erkennbar werde. Der Kinder- und Jugendhilfe wachse die Aufgabe zu, die Lebensbedingungen zu gestalten sowie Chancen der Teilhabe zu eröffnen und nicht lediglich in Krisensituationen zu helfen. Insofern vollziehe sich eine Autonomisierung der Kindheit. Honig sieht Kinderberichte vor der Aufgabe, die veränderte Stellung von Kindern in der Gesellschaft begrifflich neu zu fassen, weshalb sie Berichte über die Lebenssituation von Kindern und kinderpolitisches Dokument in einem seien.

---

43 Andere Lebenssituationen, die im Bericht behandelt, aber nicht systematisch hergeleitet werden, sind: Kinder mit eigenen Fragen, Antworten und Ausdrucksformen, Kinder und ihre Wohnumwelt, Kinder und ihre Freizeit, Kinder in der Informationsgesellschaft, Kinderkosten und Kinderarmut, Kinder auf dem Weg in eine heterogene, plurale und multikulturelle Gesellschaft, Gewalt und Delinquenz, Knotenpunkte in den Biographien von Kindern bei Übergängen und Wanderungen, Verantwortung und Partizipation, Kinder und ihre Rechte.

Der Elfte Kinder- und Jugendbericht (BMFSFJ 2002a) verfolgt das Leitbild „Aufwachsen in öffentlicher Verantwortung". Auf den ersten Blick erscheint dieses Motto wie eine Abwandlung des Leitthemas des letzten Kinderberichts, der „Kultur des Aufwachsens". Auf den zweiten Blick zeigen sich jedoch wesentliche Unterschiede im Hinblick auf zugrunde liegende Kindheitsvorstellungen und politische Schwerpunktsetzungen zwischen beiden Berichten.

Die Kommission des Elften Kinderberichts scheint sich bewusst darüber gewesen zu sein, dass mit dem Begriff der ‚öffentlichen Verantwortung' häufig eine Verstaatlichung von Erziehung und Bildung assoziiert wird. Um diesem Missverständnis entgegenzutreten, formuliert sie, dass mit diesem Leitbild der öffentlichen Verantwortung explizit „im Gegenteil die Stärkung der Erziehungskompetenzen der Eltern und der Bildungskompetenzen der Kinder und Jugendlichen" gemeint seien (BMFSFJ 2002a, S. 53). Der genaue Wortlaut drückt dies folgendermaßen aus:

> „Wenn die Kommission den Begriff der öffentlichen Verantwortung für das Aufwachsen von Kindern und Jugendlichen als Leitbegriff dem Elften Kinder- und Jugendbericht voranstellt, so fordert sie damit ein neues Verständnis der Aufgaben, die Eltern und Kinder, die Staat und Gesellschaft heute wahrzunehmen haben. Von Kindern und Jugendlichen wird heute eine größere Selbständigkeit erwartet. Die Kommission vertritt die Meinung, dass vor diesem Hintergrund Kinder und Jugendliche zu mehr Selbständigkeit befähigt und in die Lage versetzt werden müssen, für sich selbst und ihr soziales Umfeld auch mehr Verantwortung zu übernehmen. Nach Meinung der Kommission schmälert dies die Verantwortung der Eltern für ihre Kinder, ihre Rechte und Pflichten nach Art. 6 Abs. 2 Grundgesetz (GG), jedoch keinesfalls. Diese private Verantwortung besteht weiterhin und sie wächst sogar angesichts der veränderten Lebensbedingungen. Zu dieser privaten Verantwortung tritt jedoch eine veränderte öffentliche Verantwortung hinzu. Hierbei handelt es sich nicht um die frühere, häufig übertriebene Vorstellung von einer „Verstaatlichung" der Erziehung oder von der Überwältigung der Familie durch den Staat durch angeblich fürsorgliche Eingriffe. (...) Die öffentliche Verantwortung ist heute vielmehr konstitutiv eingewoben in die private Verantwortung für das Aufwachsen der Kinder- und Jugendlichen" (BMFSFJ 2002a, S. 58f.).

Es wird von der Prämisse ausgegangen, dass die Bedingungen des Aufwachsens in dieser Gesellschaft ein verändertes Ineinandergreifen von privater und öffentlicher Verantwortung verlangen. Begründet wird dies durch eine veränderte Bedeutung der Familie: Die Familie sei zwar nach wie vor der zentrale Ort des Aufwachsens, habe aber ihre beherrschende Stellung verloren. Deshalb müssten Staat und Gesellschaft die Lebensbedingungen von Kindern und Jugendlichen so gestalten, dass die Eltern und die jungen Menschen für sich selbst und für einander Verantwortung tragen können (BMFSFJ 2002a, S. 42).

Die Bedeutung der Familie für das Aufwachsen von Kindern bzw. deren Vorrangstellung wird anerkannt, aber gleichzeitig in Zweifel gezogen. Das Bild der Familie des Elften Kinderberichts ist durch Erosionsprozesse gekennzeichnet:

> „Familie als eine funktionsfähige Haushaltsgemeinschaft von Kindern mit ihren leiblichen Eltern, als ein verlässliches, einigermaßen dauerhaftes Interaktionsgefüge, rückgebunden an stabile soziale Milieus, in tragfähige örtliche Strukturen und Netzwerke (ist, Einfügung MJ) als erwartbare, selbstverständliche Normalerfahrung für Kinder und Jugendliche brüchig geworden" (BMFSFJ 2002a, S. 57).

Die Familien schaffen es unter den veränderten sozioökonomischen Kontextbedingungen immer weniger, voraussetzungslos für die „Produktion des Humanvermögens" (Engelbert & Kaufmann 2003) zu sorgen. In diesem Zusammenhang wird häufig die These des Fünften Familienberichts (BMFuS 1994) über die strukturelle Rücksichtslosigkeit von Wirtschaft und Gesellschaft gegenüber den Bedürfnissen von Familien und Kindern (auch Kaufmann 1995) und der Niedergang des male-breadwinner-Regimes angeführt (Lewis 2001; Huinink 2002).

Der Elften Berichtskommission geht es um eine Neu-Justierung des Verhältnisses zwischen öffentlicher Verantwortung (Staat) und privater Verantwortung (Familie) mit der Intention, die öffentliche Verantwortung für das Aufwachsen von Kindern und Jugendlichen unter den veränderten gesellschaftlichen Rahmenbedingungen deutlicher in das öffentliche Bewusstsein zu rücken und auf die Grenzen der familialen bzw. privaten Verantwortung und der Fähigkeit, Verantwortung zu übernehmen, hinzuweisen.

Von zentraler Bedeutung für die Argumentationslinie des Elften Kinderberichts ist die Überzeugung, dass der Staat den Auftrag habe, auf der sozialstaatlichen Basis garantierter individueller Rechtsansprüche effektive soziale Transferleistungen zu organisieren und eine im Hinblick auf soziale Risiken kompensatorische Infrastruktur von Unterstützungsleistungen bzw. Sozialisationsinstanzen bereitzuhalten. Dazu gehörten auch soziale Dienste wie die Angebote der Kinder- und Jugendhilfe. Wichtig ist dabei die Einsicht, dass finanzielle Transfers (an Familien) die Risiken des Aufwachsens zu Beginn des 21. Jahrhunderts nicht alleine ausgleichen könnten, sondern dass es einer Bereitstellung sozialer Dienstleistungen in öffentlicher Verantwortung bedarf. Die öffentliche Verantwortung findet somit in der Kinder- und Jugendhilfe ihren Ausdruck (BMFSFJ 2002a, S. 248), deren gesellschaftsgestaltende Funktion gegenüber einer lediglich kompensatorischen Funktion betont wird.

Auch in dieser Positionsformulierung setzt der Elfte Kinderbericht andere Akzente als der Zehnte, der im Rahmen der Beschreibung von Kinderarmut – wofür dieser ein großes Medienecho gefunden hat – in erster Linie eine Verbesserung der materiellen Bedingungen von Familien gefordert hat, und erst in zweiter Linie Betreuungsmöglichkeiten für Kinder (BMFSFJ 1998, S. 94). Der Elfte Kinderbericht hat einen Perspektivenwechsel von der Familie auf die sozialstaatlichen Dienstleistungen für Kinder und Jugendliche vollzogen. Im Interesse aller Kinder und Jugendlichen wird Kinder- und Jugendhilfe verstanden als Lebenslagenpolitik mit der Zugänglichkeit der Angebote im sozialen Nahraum. Die Kinderpolitikvorstellung ist die einer Jugendhilfepolitik als Lebenslagenpolitik (BMFSFJ 2002a, S. 51), für die das Kindeswohl die Bezugsgröße bildet (ebd., S. 52).

Es kann konstatiert werden, dass der Elfte Kinderbericht mit seiner Konzeptualisierung von Kindheit und Kinderpolitik auf eine allgemeine Förderung, Unterstützung und Ergänzung der Erziehung und Bildung junger Menschen in der ganzen Bevölkerung zielt, aber auch implizit bevölkerungs- und gleichstellungspolitische Fragen berührt, die auf der Erwachsenenebene angesiedelt sind.

3.3 Die Konstruktion von Familienkindheit im Zehnten und Elften Kinderbericht: „Kinder und ihre Beziehungen zu anderen Menschen" und „Soziale Nahräume von Kindern"

„Kinder brauchen Menschen, die sie lieben und versorgen, die ihre zunehmende Eigenverantwortlichkeit unterstützen und mit denen sich ihnen die physische, geistige und soziale Welt eröffnet. [...] Ein Schwerpunkt der Bemühungen, Kindern gute Bedingungen des Aufwachsens zu sichern, muss darin bestehen, die für das Wohlergehen und die Entwicklung der Kinder zentralen Beziehungen zu stützen" (BMFSFJ 1998, S. 23).

Im Zehnten Kinderbericht wird Kindheit erst einmal nicht primär familialistisch verstanden, sondern eingebettet in ein soziales Beziehungsnetz und in die Kultur des Aufwachsens. Letztere wird von der Gesellschaft hervorgebracht, die nicht nur einzelne Beziehungen, etwa die Mutter-Kind-Beziehung, stützt, sondern Kinder und ihre Eltern in ein Geflecht von Beziehungen integriert, das Kinder (und ihre Eltern) trägt, das „Leben in guten Tagen erweitert und bereichert sowie Halt und Hilfe bei Schwierigkeiten und in Krisen gibt, etwa wenn Eltern sich trennen oder Freundschaften zerbrechen" (ebd., S. 23).

Im Kinderbericht wird einer innerfamilialen Dynamik Raum gegeben, die in ihrer „Bedrohung für eine gute Kindheit" durch die Kultur des Aufwachsens zumindest zum Teil kompensiert werden kann: „Für eine gute Kindheit ist es wichtig, dass Kindern diese für sie wichtigen Beziehungen auch über schwierige Anpassungsprozesse der Familie in neuen Lebenslagen oder über Krisen hinweg erhalten bleiben" (BMFSFJ 1998, S. 25).

Als Indikatoren, die die Voraussetzungen guter Beziehungen abbilden, werden im Zehnten Kinderbericht, die folgenden verwendet:

- *Zeit:* Als entscheidend wird die gemeinsam verbrachte Zeit, z.B. zwischen Eltern und Kindern, angesehen, wobei auf dieser Dimension eine besondere Schwierigkeit für junge Eltern und allein erziehende Eltern konstatiert wird; Zeitmangel wird als eine kritische Beziehungsdimension eingeschätzt (ebd., S. 38). Hier ist ein Hinweis auf eine *Dimension des strukturellen Betreuungsdefizits*, nämlich der Zeitmangel der Eltern. Allerdings wird nicht weiter ausgeführt, welche Ursachen die Zeitknappheit bedingen und welche Nöte die Mütter haben, um die unterschiedlichen Anforderungen miteinander in Einklang bringen zu können;
- *Raum:* Hier geht es um Räume und Plätze, die Kindern zu Hause, aber auch in der Stadt und der Erwachsenenwelt zur Verfügung stehen, getragen von der Vorstellung, dass soziales Kinderleben sichere, aber nicht eng kontrollierte Plätze brauche (BMFSFJ 1998, S. 39);
- *Kohärenz:* Auf dieser Dimension ist die Kooperation zwischen den Eltern und den Personen, die die Betreuung und Erziehung ergänzen, angesprochen, d.h. die außerfamiliale Kinderbetreuung. Die Kommission fordert eine Aufwertung der Stellung der Eltern in den Tageseinrichtungen für Kinder im Sinne von Mitsprache, Mitarbeit und Partizipation;
- *Kontinuität:* Hier geht es um Kontinuität, die im Alltag und im Lebensrhythmus von Kindern oft fehle und um mangelnde Kontinuität der Beziehungen, was für Kinder zu einer Belastung wird (z.B. durch Lehrerwechsel oder der Verlust von Freunden bei Übergängen zwischen Bildungseinrichtungen);
- *Anerkennung:* Dieser Indikator ist ein Gradmesser dafür, wie die Gesellschaft in ihrer Grundhaltung Kinder und Eltern unterstützt. Er steht in einer Linie mit der These des Fünften Familienberichts über die „strukturelle Rücksichtslosigkeit" der gesellschaftlichen Funktionsprinzipien und Strukturmerkmale gegenüber den Bedürfnissen von Eltern und Kindern (BMFus 1994).

Bezogen auf die Leitidee der Kultur des Aufwachsens und der unterstützenden Förderung der Kompetenzen von Kindern wird im Bericht deutlich gemacht, welche Lebenssituationen die Bedingungen erleichtern oder gefährden, Handlungsbefähigung auszubilden: „Durch intensiv gelebte Beziehungen, ihre bewusste Gestaltung und die gemeinsame Bewältigung von Aufgaben und Problemen wird auch die Familie zu einer Bildungsinstitution, die Kindern einen

Teil der Daseinskompetenz vermittelt, deren Bedeutung der Fünfte Familienbericht herausgestellt hat" (BMFSFJ 1998, S. 41).

Kinder, die in Familien aufwachsen, die „modernisierungsrückständig" sind, in denen nicht die gewünschte Kommunikationskultur ausgeprägt ist, in denen weniger ausgehandelt und mehr befohlen wird (vgl. hierzu auch Schneewind 2000; Grundmann 2000), haben größere Schwierigkeiten, sich in die plurale, heterogene und multikulturelle Gesellschaft einzufinden, wie sie im Kinderbericht gezeichnet wird: „Kinder mit eher restriktiver Erziehung haben größere Schwierigkeiten, mit der Heterogenität und der Multikulturalität in der Gesellschaft umzugehen" (BMFSFJ 1998, S. 106).

Wenn diesem Gesellschaftsbild und den Anforderungen, die daraus für die nachwachsende Generation resultieren, zugestimmt wird, so lassen sich familiale Milieus identifizieren, die der Ausbildung von ‚agency' weniger zuträglich sind als andere. Eine Kultur des Aufwachsens müsste aber theoretisch in der Lage sein, die Schwächen, die aus dem familialen Milieu resultieren, in familienergänzenden Institutionen und durch das soziale Netz (zumindest teilweise) zu kompensieren, so dass diese benachteiligten Kindergruppen nicht nur den Risiken ausgesetzt wären, sondern auch von Schutzfaktoren profitieren könnten (z.B. von der Infrastruktur des sozialen Kinderlebens, den Betreuungsmöglichkeiten und der Integration der Familie in soziale Netzwerke; BMFSFJ 1998, S. 41). Ziel einer *Politik für Kinder* ist deshalb die Schaffung einer Familie und einer Umwelt, die eine entwicklungsfördernde und anregende Lebenswelt für Kinder darstellt – eine *Kultur des Aufwachsens.*

Eine theoretische Inkonsistenz des Zehnten Kinderberichts ist anhand dieser Indikatoren deutlich geworden: Auf der einen Seite wird der Begriff Familie vermieden, auf der anderen Seite aber werden die Eltern-Kind-Beziehungen als die zentrale Variable für die Herausbildung von Identität und Kompetenzen gefasst, so dass dem Bericht letztlich doch ein familialistischer Kindheitsbegriff zugrunde liegt.

In Bezug auf die Ausführungen zum Thema familienergänzende und -unterstützende Institutionen für Kinder wird dem Bericht vorgeworfen, dass dieser über eine Beschreibung des Ist-Zustandes nicht hinaus gekommen sei, wie die Stellungnahme der Bundesregierung kritisiert. Sie hätte Perspektiven und Strategien für den „bedarfsgerechten Umbau des Angebots an Tagesbetreuung zugunsten von Angeboten für Kinder unter 3 und über 6 Jahren vor dem Hintergrund sinkender Kinderzahlen und dem Erfordernis einer besseren Vereinbarkeit von Familien und Erwerbstätigkeit" erwartet (BMFSFJ 1998, S. XXX).

Zwei Punkte fallen dabei ins Auge: Erstens sind die Erwartungen der Regierung an den Kinderbericht enttäuscht worden, weil er keine eigenen Perspektiven und Gestaltungsempfehlungen zur ansatzweisen Lösung der Vereinbarkeitsproblematik entwirft. Zweitens wird der Begriff des *Umbaus* und nicht des *Ausbaus* gewählt, was die Schlussfolgerung nahe legt, dass es um eine Umverteilung der vorhandenen Mittel und Kapazitäten geht und nicht um zusätzliche Investitionen.

Der Elfte Kinderbericht (BMFSFJ 2002a), vier Jahre nach dem Zehnten erschienen, geht hier eindeutig weiter. Dort wird von vornherein die Familie als Lebenslage von Kindern in ihrer Ambivalenz beschrieben. Die Erosion der traditionellen Familienkindheit bildet gleichsam die Prämisse des Elften Kinderberichts und demzufolge werden die familienergänzenden und -unterstützenden sozialpädagogischen Institutionen in ihrer Bedeutungszunahme für Kindheit erkannt und in den Fokus gerückt.

Deshalb wird die Bedeutung *sozialer Nahräume und die Angebote der Kinder- und Jugendhilfe für die Lebenswelten von Kinder und Jugendlichen* reflektiert und nicht die Familie als Institution. Wie im Zehnten Kinderbericht taucht die Familie als Lebenslage auf den ersten Blick nicht auf. Stattdessen wird von sozialen Nahräumen gesprochen, zu denen die Familie, informelle und organisierte Netze gezählt werden. Bei dieser Konstruktion fühlt man sich an das sozialökologische Modell von Bronfenbrenner (1981) erinnert. Als Indikatoren der „sozialen Nahräume von Kindern" werden aufgeführt:

- Familie: Familiale Lebensformen; Bedeutung von Familie für Kinder; Familiale Sozialisation;
- Informelle Netze: Gleichaltrigenbeziehungen;
- Organisierte Netze: Außerfamiliäre Erziehungs- und Bildungsinstitutionen wie Kindertageseinrichtungen, Schulen, Hilfen zur Erziehung und Angebote der Jugendarbeit.

Nach einer knappen Darstellung von Familie und informellen Netzen im Kinderbericht schälen sich die Versorgungsquoten mit Plätzen in Kindertageseinrichtungen, die die öffentliche Verantwortung für das Aufwachsen vor dem Hintergrund der Sozialstaatskrise verkörpern, als die zentralen Indikatoren heraus. Wichtig ist dabei die Betonung des Elften Kinderberichts, dass Kindertageseinrichtungen nicht nur der Betreuung der Kinder dienen, sondern einen *eigenständigen zentralen Bereich der Erziehung und Bildung* bilden (BMFSFJ 2002a, S. 45). Der bedarfsgerechte Ausbau in Westdeutschland und die Erhaltung der Strukturen im Osten Deutschlands sei Ausdruck der Anerkennung dieser öffentlichen Verantwortung. Eine naturwüchsige, voraussetzungslose Erziehung der Kinder in der Familie könne die Politik immer weniger voraussetzen, sondern sie müsse die Voraussetzungen für die familiäre Erziehung durch Förderung und Unterstützung erst schaffen (BMFSFJ 2002a, S. 45).

Der Ausbau und der qualitative Umbau einer solchen sozialen Infrastruktur setze jedoch voraus, dass Kinder und Jugendliche als wichtigster Faktor bei der Gestaltung der Gesellschaft der Zukunft angesehen werden und nicht als Problemgruppe in der gesellschaftlichen Gegenwart.

4 Schlussbetrachtung

Zusammenfassend lässt sich das Ziel einer Politik für Kinder nach dem Zehnten Kinderbericht als Aufgabe beschreiben, den Kindern bzw. der nachwachsenden Generation eine Umwelt in Familie sowie in Bildungs- und Tageseinrichtungen zu bieten, in der sie darin unterstützt werden, die Fähigkeiten auszubilden, die ihnen eine befriedigende Teilnahme am sozialen, beruflichen, kulturellen und politischen Leben ermöglichen (BMFSFJ 1998, S. 85). Die Schaffung einer entwicklungsfördernden Umwelt bildet das elementare Ziel einer Politik für Kinder, so dass sich Kinder mit einer anregenden Lebensumwelt und Beziehungen auseinandersetzen können, um Kompetenzen und Handlungsbefähigung zu entwickeln. Die Eltern-Kind-Beziehungen haben in dieser Konzeption vom Kind und einer Politik für Kinder eine wichtige Bedeutung, die einen Bestandteil der Kultur des Aufwachsens bilden, die jedoch über die Familien als Lebenswelten von Kindern hinausgeht.

Demgegenüber setzt der Elfte Kinderbericht an einem anderen Punkt an und richtet die Aufmerksamkeit der Adressaten des Berichts auf die Verantwortung des Staates für das Aufwachsen von Kindern, die sich in den sozialpädagogischen Dienstleistungen für Kinder und Jugendliche ausdrückt. Die Familie wird in ihrer widersprüchlichen Bedeutung für das Aufwachsen von Kindern beschrieben, weshalb zum einen die Grenzen ihrer Fähigkeiten zur Verantwortungsübernahme markiert werden und eine Politik für Kinder sich nicht in der Gewährleistung von materiellen Hilfen erschöpfen kann, sondern der privaten Verantwortung der Familien die klare Übernahme und ein Bekenntnis zur öffentlichen Verantwortung zur Seite gestellt werden muss. Kinderpolitik geht demzufolge in einer Jugendhilfepolitik auf, deren Auftrag in der Gestaltung der Lebenslagen von Kindern und Jugendlichen und damit in der Gestaltung von Gesellschaft besteht.

Gleichwohl ist jedoch das Eigeninteresse der Sozialpädagogik an einem Erhalt und weiteren Ausbau ihrer Institutionen, an ihrer „Permanenz", nicht zu unterschätzen, was sicherlich in den Intentionen des Elften Kinder- und Jugendberichtes und ihrer Kommission stärker zum Tragen kommt als beim Zehnten Kinderbericht.

Literatur

Alt, C. (2002): „Die Vielfalt familialer Lebensformen aus der Sicht von Kindern". In: Leu, H.-R. (Hrsg.): Sozialberichterstattung zu Lebenslagen von Kindern. Opladen: S. 139-170

Andrews, A. B./Ben-Arieh, A. (1999): „Measuring and Monitoring Children's Well-Being across the World". In: Social Work, 44, No. 2, March. pp. 105-115

Bacher, J./Wenzig, C. (2002): „Sozialberichterstattung über die Armutsgefährdung von Kindern". In: Leu, H.-R. (Hrsg.): Sozialberichterstattung zu Lebenslagen von Kindern. Opladen. S. 111-137

Baumert, J./Schümer, G. (2002): „Familiäre Lebensverhältnisse, Bildungsbeteiligung und Kompetenzerwerb". In: Deutsches PISA-Konsortium (Hrsg.): PISA 2000. Basiskompetenzen von Schülerinnen und Schülern im internationalen Vergleich. Opladen. S. 323-407

Ben-Arieh, A./Wintersberger, H. (Hrsg.) (1997): Measuring and Monitoring the State of Children – Beyond Survival. Eurosocial Report 62, Wien: European Centre for Social Welfare Policy and Research

Bender, B. (2002): „Mehr Bedarfsorientierung in der Kinderpolitik". In: Heinrich-Böll-Stiftung (Hrsg.): Politik für Kinder – Politik für Eltern. Dokumentation einer Tagung der Heinrich-Böll-Stiftung am 13./14. Juni 2002 in Berlin. Reihe „Dokumentation der Heinrich-Böll-Stiftung", Nr. 23. Berlin. S. 38-39

Bronfenbrenner, U. (1981): Die Ökologie der menschlichen Entwicklung. Stuttgart.

Bronfenbrenner, U./Morris, P. A. (2000): „Die Ökologie des Entwicklungsprozesses", In: Lange, A./Lauterbach, W. (Hrsg.), Kinder in Familie und Gesellschaft zu Beginn des 21sten Jahrhunderts. Stuttgart. S. 29-58

Bundesministerium für Familie und Senioren (Hrsg.) (1994): Familien und Familienpolitik im geeinten Deutschland – Zukunft des Humanvermögens. Fünfter Familienbericht. Bonn.

Bundesministerium für Familie, Senioren, Frauen und Jugend (Hrsg.) (1998): Zehnter Kinder- und Jugendbericht. Bericht über die Lebenssituation von Kindern und die Leistungen der Kinderhilfen in Deutschland. Bonn

Bundesministerium für Familie, Senioren, Frauen und Jugend (Hrsg.) (2002a): Elfter Kinder- und Jugendbericht. Bericht über die Lebenssituation junger Menschen und die Leistungen der Kinder- und Jugendhilfen in Deutschland. Bonn.

Bundesministerium für Familie, Senioren, Frauen und Jugend (Hrsg.) (2002b): Frauen in Deutschland. Von der Frauen- zur Gleichstellungspolitik. Berlin.

Colberg-Schrader, H. (1999): „Kindertageseinrichtungen – selbstverständlicher Teil kindlichen Lebens". In: Zeitschrift für Pädagogik, Beiheft 39, Erziehung und sozialer Wandel. S. 99-116

Corsaro, W. A. (1992): „Interpretive reproduction in children's peer cultures". In: Social Psychology Quarterly, 55. pp. 160-177

Engelbert und Kaufmann (2003): „Der Wohlfahrtsstaat und seine Kinder. Bedingungen der Produktion von Humanvermögen". In: Kränzl-Nagl, R./Mierendorff, J./Olk, T. (Hrsg.), Kindheit im Wohlfahrtsstaat. Gesellschaftliche und politische Herausforderungen, Frankfurt/M. S. 59-94

Engstler, H./Menning, S. (2003): Die Familie im Spiegel der amtlichen Statistik. Lebensformen, Familienstrukturen, wirtschaftliche Situation der Familien und familiendemographische Entwicklung in Deutschland, (erweiterte Neuauflage 2003), herausgegeben vom Bundesministerium für Familie, Senioren, Frauen und Jugend, Bonn.

Fthenakis, W. E. (2003): „Zur Neukonzeptualisierung von Bildung in der frühen Kindheit". In: ders. (Hrsg.): Elementarpädagogik nach PISA. Wie aus Kindertagesstätten Bildungseinrichtungen werden können. Freiburg/Basel. S. 18-37.

Grundmann, M. (2000): „Kindheit, Identitätsentwicklung und Generativität". In: Lange, A./Lauterbach, W. (Hrsg.): Kinder in Familie und Gesellschaft zu Beginn des 21sten Jahrhunderts. Stuttgart. S. 87-104

Grundmann, M. (2001): „Sozialisation und die Genese von Handlungsbefähigung". In: Uhlendorff, H. (Hrsg.): Wege zum Selbst. Soziale Herausforderungen für Kinder und Jugendliche, Stuttgart. S. 37-56

Hochschild, A. R. (2002): Keine Zeit. Wenn die Firma zum Zuhause wird und zu Hause nur Arbeit wartet, Opladen.

Honig, M.-S. (2001): „Soziale Frage, Frauenfrage - Kinderfrage? Dokumente der politischen Sozialberichterstattung über Kinder: Eine vergleichende Lektüre". In: Sozialwissenschaftliche Literaturrundschau 1/2001, 24. Jg., H. 42. S. 59-83

Honig, M.-S./Lange, A./Leu, H.-R. (Hrsg.) (1999): Aus der Perspektive von Kindern? Zur Methodologie der Kindheitsforschung. Weinheim/München.

Honig, M.-S./Joos, M./Schreiber, N. (2002): Projekt „Evaluation der pädagogischen Qualität von Kindertageseinrichtungen im Prozess der Reform der Trägerstrukturen im Bistum Trier" Zweiter Ergebnisbericht, unveröffentlichtes Manuskript, Trier.

Honig, M.-S./Joos, M. (2003): Institutionelle und familiale Betreuungsarrangements von Kindern. Entwicklung einer Betreuungstypologie als methodische Grundlage einer Sozialberichterstattung über die Betreuungsverhältnisse von Kindern. Unveröffentlichtes Manuskript, Trier.

Honig, M.-S./Joos, M./Schreiber, N. (2003): Wie ist „gute" Praxis möglich? Multiperspektivität, Multifunktionalität, Performativität pädagogischer Qualität. Ergebnisse einer empirischen Längsschnittuntersuchung über Kindertageseinrichtungen in Rheinland-Pfalz und im Saarland. Freiburg i. B.(in Vorbereitung).

Huinink, J. (2002): „Polarisierung der Familienentwicklung in europäischen Ländern im Vergleich". In: Schneider, N. F./Matthias-Bleck, H. (Hrsg.): Elternschaft heute. Gesellschaftliche Rahmenbedingungen und individuelle Gestaltungsaufgaben. Zeitschrift für Familienforschung, Sonderheft 2. Opladen. S. 49-73

Joos, M. (1996): „Wandel in den Lebens- und Betreuungsverhältnissen von Kindern in den neuen Bundesländern 1990 und 1994". In: Bien, W. (Hrsg.): Familie an der Schwelle zum neuen Jahrtausend. Wandel und Entwicklung familialer Lebensformen. DJI: Familien-Survey 6. Opladen. S. 204-212

Joos, M. (1997): „Armutsentwicklung und familiale Armutsrisiken von Kindern in den neuen und alten Bundesländern". In: U. Otto (Hrsg.): Aufwachsen in Armut. Erfahrungswelten und soziale Lagen von Kindern armer Familien. Opladen. S. 47-78

Joos, M. (2001): Die soziale Lage der Kinder. Sozialberichterstattung über die Lebensverhältnisse von Kindern in Deutschland. Weinheim.

Joos, M. (2002a): „Tageseinrichtungen für Kinder zwischen Dienstleistung und Bildungsanforderungen". In: Zeitschrift für Soziologie der Erziehung und Sozialisation (ZSE), 22. Jg., H. 3/2002. S. 231-248

Joos, M. (2002b): „Kinderbilder und politische Leitideen in der Sozialberichterstattung", In: H.-R. Leu (Hrsg.): Sozialberichterstattung zu Lebenslagen von Kindern. Opladen. S. 35-66

Jürgens, K. (2003): „Die Schimäre der Vereinbarkeit. Familienzeit und flexibilisierte Arbeitszeiten". In: Zeitschrift für Soziologie der Erziehung und Sozialisation. 23. Jg., H. 3. S. 251-267

Kaufmann, F.-X. (1995): Zukunft der Familie im vereinten Deutschland. Gesellschaftliche und politische Bedingungen. München.

Konrad, F.-M. (Hrsg.) (2001): Kindheit und Familie. Beiträge aus interdisziplinärer und kulturvergleichender Sicht. Münster/New York.

Kränzl-Nagl, R./Riepl, B./Wintersberger, H. (1998): Kindheit in Gesellschaft und Politik. Eine multidisziplinäre Analyse am Beispiel Österreichs. Frankfurt/New York.

Leu, H.-R./Krappmann, L (1999): „Subjektorientierte Sozialisationsforschung im Wandel". In: Krappmann, L./Leu, H.-R. (Hrsg.): Zwischen Autonomie und Verbundenheit. Frankfurt/M. S. 11-18

Lewis, J. (2001): „The Decline of the Male-Breadwinner-Model: Implications for Work and Care". In: Social Politics. H. 8. pp. 152-169

Liegle, L. (2003): „Kind und Kindheit". In: Dippelhofer-Stiem, B./Fried, L./Honig, M.-S./Liegle, L.: Einführung in die Pädagogik der frühen Kindheit. Weinheim/Basel.

Lüscher, K. (1999): „Politik für Kinder – ein aktueller Zugang. Grundlagen, Befunde und Empfehlungen eines Gutachtens zum Thema ‚Kinder und ihre Kindheit in Deutschland'". In: Neue Sammlung 3. S. 381-397

Mierendorff, J./Olk, T. (2003): „Kinderwohlfahrtspolitik in Deutschland". In: Kränzl-Nagl, R./Mierendorff, J./Olk, T. (Hrsg.): Kindheit im Wohlfahrtsstaat. Gesellschaftliche und politische Herausforderungen. Frankfurt/M. S. 419-464

Mills, R. (2000): „Perspectives of Childhood". In: Mills, J./Mills, R. (Hrsg.): Childhood Studies. A Reader in Perspectives of Childhood. London/New York. pp. 7-38

Moore, K. A. (1995): „New Social Indicators of Child Well-Being". In: The Family and Child Well-being Research Network (Hrsg.): Eurosocial Report, 56/1995.

Moore, K. A. (1997): „Criteria for Indicators of Child Well-Being". In: Hauser, R. M./Brown, B. V./Prosser, W. R. (Hrsg.): Indicators of Children's Well-Being. New York: Russell Sage Foundation. pp. 36-44

Nauck, B. (1993): „Sozialstrukturelle Differenzierung der Lebensbedingungen von Kindern in West- und Ostdeutschland". In: Markefka, M./Nauck, B. (Hrsg.): Handbuch der Kindheitsforschung. Neuwied/Kriftel. S.143-163

Nauck, B./Joos, M. (1996): „Wandel der familiären Lebensverhältnisse von Kindern in Ostdeutschland". In: Trommsdorff, G. (Hrsg.). Sozialisation und Entwicklung von Kindern vor und nach der Vereinigung. Opladen. S. 243-298

OECD (2001): Lernen für das Leben. Erste Ergebnisse der internationalen Schulleistungsstudie. PISA 2000 (Deutsche Übersetzung im Auftrag des Bundesministeriums für Bildung und Forschung). Paris.

Oelkers, J. (1999): Kinderbilder. Zur Geschichte und Wirksamkeit eines Erziehungsmediums, In: Schäfer, G./Wulf, C. (Hrsg.): Bild - Bilder – Bildung. Weinheim. S. 35-57

Ostner, I. (2002): „Am Kind vorbei – Ideen und Interessen in der jüngeren Familienpolitik". In: Zeitschrift für Soziologie der Erziehung und Sozialisation. 22. Jg., H. 3/2002: S. 249-265

Prout, A./James, A. (1997): „A New Paradigm for the Sociology of Childhood? Provenance, Promise and Problems". In: James, A./Prout, A. (Hrsg.): Constructing and Reconstructing Childhood: Contemporary Issues in the Sociological Study of Childhood (2. Aufl.). London/New York. pp. 7-33

Qvortrup, J. (2000): „Kolonisiert und verkannt: Schularbeit". In: Hengst, H./Zeiher, H. (Hrsg.): Die Arbeit der Kinder. Kindheitskonzept und Arbeitsteilung zwischen den Generationen. Weinheim/München. S. 23-43

Qvortrup, J. (2003): „Kindheit im marktwirtschaftlich organisierten Wohlfahrtsstaat". In: Kränzl-Nagl, R./Mierendorff, J./Olk, T. (Hrsg.): Kindheit im Wohlfahrtsstaat. Gesellschaftliche und politische Herausforderungen, Frankfurt/M. S. 95-120

Rinderspacher, J. P. (2003): „Arbeits- und Lebenszeiten im Wandel. Ansätze zu einer Politik der zeitstrukturellen Balance". In: Zeitschrift für Soziologie der Erziehung und Sozialisation. 23. Jg., H. 3. S. 236-250

Schneewind, K. (2000): „Kinder und elterliche Erziehung". In: Lange, A./Lauterbach, W. (Hrsg.): Kinder in Familie und Gesellschaft zu Beginn des 21sten Jahrhunderts. Stuttgart. S. 187-208

Scholz, G. (1994): Die Konstruktion des Kindes. Über Kinder und Kindheit. Opladen.

Scholz, G. (2001): „Zur Konstruktion des Kindes". In: Scholz, G./Ruhl, A. (Hrsg.): Perspektiven auf Kindheit und Kinder. Opladen. S. 17-30

Stickelmann, B. 2003: „Sozialpädagogische Zugänge zur Kindheit". In: Stickelmann, B./Frühauf, H.-P. (Hrsg.): Kindheit und sozialpädagogisches Handeln. Auswirkungen der Kindheitsforschung. Weinheim/München. S. 7-36

The Annie E. Casey Foundation (1995): Kids Count Data Book. State Profiles of Child Well-Being. USA.

Veil, M. (2002): „Aktuelle Debatten und kinderpolitische Maßnahmen in Europa – ein deutsch-französischer Vergleich". In: Heinrich-Böll-Stiftung (Hrsg.): Politik für Kinder - Politik für Eltern. Dokumentation einer Tagung der Heinrich-Böll-Stiftung am 13./14. Juni 2002 in Berlin. Reihe „Dokumentation der Heinrich-Böll-Stiftung", Nr. 23; Berlin. S. 16-20

Winter, C. (2003): Die „Vereinbarkeit von Beruf mit Familie" – keine Aufgabe der Gleichstellungspolitik? Unveröff. Manuskript, Trier

Wintersberger, H. (1997): „Ökonomische Verhältnisse zwischen den Generationen". In: Zeitschrift für Soziologie der Erziehung und Sozialisation. 18. Jg., H. 1. S. 8-24

Wintersberger, H. (2000): „Kinder als ProduzentInnen und als KonsumentInnen. Zur Wahrnehmung der ökonomischen Bedeutung von Kinderaktivitäten". In: Hengst, H./Zeiher, H. (Hrsg.): Die Arbeit der Kinder. Kindheitskonzept und Arbeitsteilung zwischen den Generationen. Weinheim/München. S. 169-188

Zeiher, H. (1996): „Kinder in der Gesellschaft und Kindheit in der Soziologie". In: Zeitschrift für Sozialisationsforschung und Erziehungssoziologie. 16. Jg., H. 1. S. 26-46

Geschlechtstypisierende Aspekte im Kinderleben

Barbara Rendtorff

Dass es eine Bedeutung hat und einen Unterschied macht, ob ein Kind ein Junge oder ein Mädchen ist, darüber herrscht heute (wenn auch erst seit wenigen Jahren) in der erziehungswissenschaftlichen Literatur allgemein Einigkeit – zumindest auf einer oberflächlichen Ebene von Zustimmung. Die Frage jedoch, auf welcher Ebene die Tatsache des Geschlechts Effekte macht, wie weitreichend diese einzuschätzen ist, auf welche Weise sie in den Individuen und in gesellschaftlichen Strukturen Wirkungen zeitigt und warum das so ist – diese Frage wird nach wie vor sehr kontrovers eingeschätzt.

Diese Differenzen haben im Wesentlichen zwei Gründe: erstens ist die Frage der Bedeutung von Geschlecht immer noch weit davon entfernt, zum seriösen Gegenstand des allgemeinen erziehungswissenschaftlichen Kanons und Themenkatalogs zu gehören – und zwar v.a. nicht in einer systematischen Perspektive. Wohl gibt es mittlerweile viele empirische Untersuchungen, die Geschlecht als Faktor mit berücksichtigen, auch in Einführungen in der Pädagogik fehlt oft nicht der Hinweis, wie wichtig das Geschlecht für das einzelne Kind sei. Doch gerade an der Vorstellung, man könne Geschlecht einfach so nebenbei ‚mit abdecken' (die sich in neueren Aufsätzen findet oder in den Formulierungen in Stellenausschreibungen niederschlägt), zeigt sich ja, dass Geschlecht als Personvariable oder nebengeordnete sozialstrukturelle Variable (‚race, class & gender') behandelt wird und nur selten auf seine mögliche strukturierende Bedeutung hin befragt wird. Und deshalb gibt es, zweitens, hier immer noch ein großes Theoriedefizit, das aber nicht als solches erkannt und gewürdigt wird, sondern dem meistens munter mit Oberflächlichkeiten begegnet wird, die es verdecken sollen.

Meiner Auffassung nach muss eine sozialpädagogische Beschäftigung mit Kindern und Kindheit im Unterschied zu einer soziologischen Debatte über die sozialstrukturelle Sicht hinaus immer den Subjektbezug stark machen. Aber diese beiden Perspektiven stehen sich ja nicht als Alternative gegenüber – ebenso wenig (und hier wird oft missverständlich argumentiert) wie ‚konstruiert' und ‚gegeben' immer eine einfache Alternative darstellen. Nach meiner Einschätzung der aktuellen Debatten dürfte es keinen Zweifel daran geben, dass Kindheit, Subjektivität und Geschlechtsidentität ‚konstruiert' sind in dem Sinne, dass sie Effekte eines gegenseitigen Wirkungsgeflechts darstellen, in dem Beeinflussungswünsche der Gesellschaft, getragen von weitgehend kontingenten Auffassungen und Selbstkonzepten, in Auseinandersetzung treten mit den Wünschen der Individuen, ihrem Anspruch auf Freiheit und Selbstdefinition ihres Lebensentwurfs. Und das gilt für das kleine Kind, das den Brei lieber auf der Tischplatte verstreichen als essen möchte, ganz genauso wie für den Teenager, der mit den Eltern über angemessene Heimkomm-Zeiten verhandelt.

Geschlechtstypisierende Einflüsse auf das Leben von Kindern, die in diesem Prozess wirksam werden, lassen sich nun folglich ebenfalls auf zwei verschiedenen Ebenen diskutieren: auf eine eher sozialisationsbetonende, alltagsbezogene, anschauliche Weise, die die Erfahrungsseite der Individuen betont – hier kämen Eltern/Erwachsene in erster Linie als Vermittlungsinstanzen kultureller Normen und Werte in den Blick. Oder auf eine eher systematische Weise, die die Botschaften der Erwachsenen als strukturelle Äußerungen auffasst und behandelt. Auf der einen Ebene bietet es sich dann bspw. an, die geschlechtstypische Struktur und Funktion derjenigen Objekte zu untersuchen, die Einfluss auf das sich entwickelnde Selbst- und Körperbild des Kindes haben: also z.B. den Subtext in Kinderbüchern und Schulbüchern, die Struktur des Spielzeugangebotes oder von Kinderfilmen. Hier stehen also Wirkungsweisen im Vordergrund, und Eltern/Erwachsene interessieren vorrangig als (weitgehend unbewusstes) Scharnier zwischen Gesellschaft und Individuen. Auf der anderen Ebene ginge es eher um Funktionsweisen, d.h. es wäre zu fragen, in welchem größeren Zusammenhang geschlechtstypische Einflüsse, Handlungen und Objekte ihrerseits eine Funktion erfüllen, wie die Geschlechterordnung insgesamt beschaffen ist und was sie für eine Gesellschaft und ihr Sozialgefüge bedeutet. Hier kommen Eltern/Erwachsene v.a. als Personen in den Blick, die die Geschlechterordnung repräsentieren – und d.h. auch, dass sie zwar in diese Geschlechterordnungen eingebunden und eingefügt sind, dass sie aber aus diesen auch irgendeinen Gewinn ziehen, der es ihnen nahe legt, diese Ordnung weiterzutragen.

Obwohl man nicht umstandslos die eine Ebene mit ihrem stärkeren Praxisbezug als eher pädagogische, die andere als eher soziologische oder philosophisch-spekulative bezeichnen kann, nicht zuletzt weil ja erstere kaum einen eigenen Erklärungswert besitzt, dominiert derzeit in der erziehungswissenschaftlichen Literatur der Bezug auf sozialkonstruktivistische Ansätze, die Geschlechtsidentität als Sozialisationseffekt beschreiben, meist mit zeitgemäßer Betonung der Eigenaktivität des Individuums im Prozess eines „doing gender". Dieser Begriff hat sich in den letzten Jahren seinen Weg auch in das pädagogische Vokabular gebahnt – allerdings wird meistens übersehen, dass er in erster

Linie eine ethnographische, eine Beobachtungskategorie darstellt: nämlich zu beschreiben, wie sich die Subjekte handelnd eine Position aneignen, welche Stilmittel sie dabei verwenden, welches ihre Bezugskategorien sind, in welchen Arrangements sich der Prozess organisiert usw. Diese Beschränkung verschwindet meist hinter der Aussicht, dass wir selbst in der Hand hätten, was aus uns wird – das mag auf manche tröstlich wirken, auf andere eher erschreckend.

Ein bemerkenswertes Kennzeichen dieses derzeit konjunkturell vorherrschenden Theoriemodells ist die enorm hohe Einschätzung des individuellen Spielraums der handelnden Subjekte, die man wahlweise als optimistisch oder als vermessen bezeichnen kann. Gängige Formulierung ist z.B., dass die Individuen ihre Identität im gesellschaftlichen Interaktionsprozess „selbst konstruieren", als Patchwork- oder Bastelidentität, gewissermaßen frei wählend aus dem gesellschaftlichen Fundus möglicher identitätsstiftender Versatzstücke.

Dabei findet dann leicht eine wundersame Verschiebung statt, so dass im Laufe des Textes nicht mehr Subjekte ihre individuelle Auslegung einer ansonsten symbolisch gegründeten Geschlechtsposition handelnd aneignen, sondern Geschlecht selbst wird als „geschaffen" (Gildemeister), als selbst produziert und selbst geformt dargestellt. Die Argumentation ist also ein Stück weit zirkulär: Die kognitiv induzierte Fähigkeit zu geschlechts*un*typischem Verhalten ist Effekt ihrer eigenen Wirkung.

Die Betonung des individuellen Spielraums verdankt sich natürlich einerseits der Wendung gegen Theorien, die geschlechtstypische Verhaltensweisen oder Charakteristika determinierend festlegen und auf naturhafte Gegebenheiten zurückführen (wollen). In erziehungswissenschaftlichen Einführungen taucht an dieser Stelle meist zuallererst die Psychoanalyse auf, vielfach geschmäht in meist sehr reduktionistischer Darstellung, oftmals offenbar weitgehend unbelastet von der Mühe einer seriösen theoretischen Auseinandersetzung (sondern bspw. gerne mit Bezug auf Nancy Chodorow und Christiane Olivier, über deren psychoanalytische Fundierung sich allerdings wirklich streiten lässt).

Außerdem setzt man sich distanzierend ab gegen die (von der feministischen Literatur im Übrigen seit Jahrzehnten kritisierte) konservative biologische Psychologie, Soziobiologie und Gehirnforschung, die allerdings neuerdings offenbar im Gewande von Evolutionspsychologie eine Renaissance erleben.

Soweit die gut nachvollziehbare und gewissermaßen ‚sympathische' Funktion des Sozialisations-Paradigmas im „doing-gender"-Theorem. Zugleich aber scheint mir der sozialkonstruktivistische Optimismus daraus gespeist, dass es nicht nur als politisch inkorrekt gelten würde, eine wirkmächtige leibliche Dimension von Geschlecht anzunehmen, sondern dass das Akzeptieren einer solchen Annahme auch eine persönlich und theoretisch beunruhigende Zumutung darstellen würde. Das würde plausibel machen, warum wir oftmals eine spezielle Verschiebung finden, einen Übersprung in der Darstellung – wenn Zweigeschlechtlichkeit als kulturelles und symbolisches System diagnostiziert wird, in einem zweiten Schritt dann aber die als „symbolisch" bezeichnete Dimension mutiert zu einem verfügbaren, quasi von außen an die Subjekte herangetragenen Habitus. Damit wird gewissermaßen doppelt abgesichert, dass die leibliche Dimension nicht in Anschlag zu bringen ist.

„Doing gender" als Theorieansatz zur Beschreibung von Geschlechtsidentität verspricht also, politisch korrekt und theoretisch zeitgemäß zu sein, und außerdem noch von möglichen theoretisch unhandlichen Momenten zu entlasten. Das Konzept hat nur einen gravierenden Nachteil: Es kann weder die Universalität und die Persistenz von Geschlechterordnungen erklären, noch beschreiben, wie diese Geschlechterordnungen in den Individuen verankert sind. Das Überdauern von scheinbar veralteten Geschlechterbildern könnte man noch mit der historisch typischen verzögerten Umsetzung gesellschaftlicher Modernisierungsprozesse fassen, doch die Frage, wie die Individuen innerpsychisch von diesen Geschlechterbildern affiziert sind, ist ungleich schwerer zu beantworten. So formuliert beispielsweise Peter Zimmermann in „Grundwissen Sozialisation" auf dem Hintergrund einer als allgemeingültig angesehenen „anthropologischen Aussage, dass Menschen Naturwesen und Kulturwesen zugleich sind" (Zimmermann 2000, S.193), dass jedes Kind „Subjekt seiner Entwicklung und seines Handelns" sei, aber zugleich „mit unsichtbaren Fäden" an den gesellschaftlich definierten, vorgegebenen und von ihm vorgefundenen geschlechtlichen Deutungsmustern hänge. Aber was sind das für Fäden, woraus sind sie gesponnen, wo sind sie befestigt und wer zieht an ihnen?

Dass in der Vorstellung des Menschen als selbstmächtiges Subjekt seiner Selbstsozialisation eine gehörige Portion Hybris liegt, lässt sich von verschiedenen Seiten her grundsätzlich einwenden, von soziologischer und philosophischer Seite und v.a. von Seiten der Psychoanalyse – und zwar nicht in erster Linie der Psychoanalyse als Theorie der psychosexuellen Entwicklung, auch nicht als Theorie des Unbewussten, sondern v.a. als einer Theorie der psychischen Strukturierung. Dabei will ich keineswegs unterschätzen, dass alle die Einflüsse, die man als „geschlechtstypisierende Aspekte" bezeichnen kann, weitreichende Folgen haben: von geschlechtstypisch ausgestalteten Spielsachen und Schulbüchern über Elternverhalten und Mediendarstellungen, die Strukturierung von Räumen und Verhaltenserwartungen usw. Doch das sind Oberflächenphänomene so lange wir nicht wissen, was das Geschlecht eines Menschen für den Prozess der Subjektwerdung bedeutet und wie es im leiblichen und personellen Selbstgefühl verankert ist. Ich habe in den vergangenen Jahren verschiedene Versuche gemacht, hier ein konsistentes theoretisches Erklärungsmodell anzubieten. Als zentrale begriffliche Schwierigkeit hat sich dabei immer die Frage in den Weg gestellt, wie das, was von der ethnographischen Geschlechterforschung als doing-gender-Effekt beschrieben wird, sich in das Körperbild des Kindes einlagert, und warum. Dabei hat es sich zwar als brauchbar erwiesen, das symbolische System, das Subjekt und das Wissen selbst als sexuiert zu begreifen, indem die Tatsache des Geschlechts als eine spezielle Art von „Differenz in sich" beschrieben wird (Rendtorff 1998). Doch die Verbindung zur Ebene des Alltagserlebens eines Kindes, seinem Körper- und Selbstbild ist immer ein diffiziler Punkt. Ich möchte ein Theoriemodell zur Diskussion stellen, das hier möglicherweise ein entscheidendes Bindeglied beitragen kann, obgleich es selbst aus einem anderen Kontext stammt und von sich aus die Frage der Geschlechterdifferenz gar nicht thematisiert.

Es handelt sich um einen Text des argentinischen Kinderanalytikers Ricardo Rodulfo (1996). Sein Konzept der „Menschwerdung", der „langen Geburt des Subjekts" (so der Untertitel) setzt ebenfalls an der Existenz eines symbolischen Systems an – allerdings begreift er das, von Derrida und Lacan beeinflusst, als „Signifikantenkette". Obwohl das eine sperrige und unvertraute Begrifflichkeit ist, hat sie doch unbestreitbare Vorteile. Die strukturalistisch inspirierte Theorie kehrt nämlich das Verhältnis von Signifikant und Signifikat, von Bezeichnendem und Bezeichnetem gewissermaßen um, bestreitet die in der europäischen Denktradition gewachsene Vorstellung, dass die Wirkung vom Bezeichneten (vom Signifikat) ausgehe und Sprache nur die an sich sprachlosen Gedanken und Gefühle zum Ausdruck bringe. Die Struktur der Sprache selbst wird nun zum Gegenstand des Interesses – und die wird eben als eine Verkettung von Signifikanten begriffen, deren Abstand zueinander Differenz und Sinn erzeugt. Es wird also v.a. betont, dass Sinn aus Verknüpfungen, aus Verweisungszusammenhängen entsteht, und nicht den Objekten selbst anhaftet. Damit wird zugleich auch aus einer ‚radikal freudianischen' Perspektive gegen die Ichpsychologie mit ihrer notorischen Überbewertung der Vernunftleistungen des Subjekts argumentiert – denn in der von Lacan beeinflussten psychoanalytischen Perspektive ist logischerweise Subjektivität nicht die Summe individueller Merkmale, sondern ist wesentlich Teil eines Bedeutungszusammenhangs, der seinerseits durch das Begehren in steter Bewegung gehalten wird.

Statt also zu fragen „Was hat dieses Kind?" heißt es bei Rodulfo „Wo lebt dieses Kind?", wofür wurde es gewünscht und welchem Signifikanten wurde es unterstellt? Jedes Kind, so schreibt er, jedes Subjekt wird in einem Familienkontext situiert, es wird innerhalb des Familienromans (also den Geschichten, in denen sich die Familie selbst aufbewahrt und sich ein Bild von sich macht), einer Vorgeschichte, der Erinnerungen an andere Familienangehörige usw. unter einen (oder mehrere) „Signifikanten" gestellt: z.B. als ‚das zweite Kind' (und es wird bspw. stillschweigend dazugedacht, dass die zweiten ‚doch immer so schwierig' sind); oder es ‚kommt nach seinem Vater' (der so technisch begabt ist) oder ‚nach seinem Onkel' (der vielleicht schwierig, unehrlich oder faul war); es ist ‚wie die Tante X' (die so schön und erfolgreich war) oder ist ‚diejenige, die es mal zu was bringen wird' (im Gegensatz zu ihrer Mutter) usw. Man kann das leicht auch über den Familienmythos hinaus erweitern auf eine gesellschaftliche Ebene, auf der ebenfalls auf vielerlei Weise Verhaltenserwartungen mit Signifikanten transportiert werden: arm, aber ehrlich; schön aber klug usw. – jedes Mal ist ein ganzer Verweisungszusammenhang aufgerufen, der als Konnotation in den Worten aufbewahrt wird.

Der Signifikant also „hat eine Richtung", oder: gibt eine Richtung vor, d.h. die Worte, Blicke, Zuwendungen usw. der Eltern bekommen ihren Sinn auf diesem Hintergrund. Der Familienmythos ist das „Archiv" der Signifikanten, er ist das, was ein Kind „atmet": er besteht aus der Summe alltäglicher Handlungen, Redensarten, unausgesprochenen Regeln, Erziehungsnormen oder dem Umgang mit dem Körper, so dass sich der Signifikant in das Körper- und Selbstbild gewissermaßen ‚einlagert'.

Das ist natürlich nur die *Folie* der Lebensgeschichte des Kindes. Seine Aufgabe und seine Chance ist es, aus dieser Ausgangslage etwas Eigenes zu machen – denn „das Schlimmste, das jemandem geschehen kann, ist, dass er da bleibt, wo ihn bestimmte Signifikanten der Vorgeschichte hingestellt haben, selbst wenn diese Signifikanten einen scheinbar guten Klang haben" (S. 32). Eltern müssen also dem Kind einen „Ort schenken", an dem es eine eigene „Komposition von Signifikanten" entwickeln kann, die es in seiner Individualität und Einzigartigkeit repräsentieren können, die ihm nicht zuletzt auch einen eigenen Körper verschaffen können. Dazu gehört auch, sich von vorgegebenen Signifikanten zu befreien, die ihm keinen eigenen Raum lassen. Es gibt also, so Rodulfo, in jedem Kind ein mehr oder weniger glückliches Gleichgewicht zwischen den sogenannten „Über-Ich-Signifikanten", die die Forderungen der Eltern verkörpern (Tu dies nicht, sei soundso) und dem „Subjekt-Signifikanten", der den Gehorsam dagegen zumindest partiell verweigert, dem Kind ein „Nein" ermöglicht, ihm die Chance gibt, „für sich" Differenzen zu finden. Subjekt-Signifikanten sind also in Bewegung, sie verknüpfen sich in Kompositionen (oder „Ketten"), während der Über-Ich-Signifikant – also die Erwartung, unter die das Kind gestellt ist – eher starr bleibt. Von der Fähigkeit oder Möglichkeit, die Signifikanten, denen es unterstellt ist, beweglich zu halten oder zu machen, hängt folglich das Schicksal des Kindes ab. Und so ist es im übrigen die Aufgabe der Psychoanalyse (als „Kur"), einem Kind, das es dabei schwer hat, zu helfen, die Kette der Signifikanten, die es einschnüren, zu „entblocken" (S. 77) und die Frage aufzuklären, wofür dieses Kind gewünscht wurde und „in welcher

Eigenschaft" (S. 103). Um dies mit einem Beispiel zu verdeutlichen: Rodulfo berichtet in einer Fallvignette von einem gutaussehenden jungen Mann, der unter großer Antriebsschwäche litt und die Zeitlichkeit von Aneignungsprozessen nicht ertragen konnte. Es stellte sich im Laufe der Analyse heraus, dass er in seiner Familie von klein auf „der Hübsche" war, und dass dieses „immer schon Hübsch-Sein" ihm das „Etwas Werden" versperrt hatte – der bereits abgeschlossene Vorgang des Hübschseins, mit dem er seinen Auftrag gewissermaßen bereits erfüllt hatte, hatte jedes projekthafte und prozesshafte Verwirklichen von etwas noch Ausstehendem massiv blockiert (ebd., S. 25).

Der Gewinn dieses Konzepts liegt v.a. darin, dass es plausibel machen kann, auf welche Weise die Einschreibung von symbolischen Aspekten in das Körper- und Selbstbild erfolgt und dass dieser Vorgang strukturell gegeben ist. Und es wird daraus auch ersichtlich, dass der Prozess der Sexuierung, also die Positionierung des Subjekts in eine Geschlechtsposition, insofern keine Ausnahme ist, kein herausgehobener, einzelner Sonderaspekt, sondern die spezielle Färbung eines Strukturmoments.

Das gilt grundsätzlich für Jungen und Mädchen ganz gleichermaßen. Es lässt sich auch nach meiner Kenntnis keineswegs unterstellen, dass Eltern z.B. *engere* Vorstellungen über die Entwicklung ihrer Töchter hätten als über die ihrer Söhne – möglicherweise werden heute tendenziell ‚unweibliche' Aspekte in der Entwicklung von Mädchen teilweise sogar weniger rigide beantwortet (weil sie einen Zugewinn an sozial akzeptierten Spielräumen bedeuten), als für ‚unmännlich' gehaltene Verhaltensweisen bei Jungen (die nach wie vor eher als Abweichung aufgefasst werden). Allerdings lässt sich mit Sicherheit annehmen, dass die Signifikanten, denen Kinder unterstellt werden, unterschiedliche Färbungen aufweisen – sowohl in ihren geschlechtstypischen Inhalten (‚ihren Kindern einmal eine gute Mutter sein' vs. ‚es mal zu etwas bringen', oder: ‚der Mutter eine Hilfe sein' vs. ‚ihr kleiner Kavalier sein'), als auch hinsichtlich dessen, wie viel Raum dem „Subjekt-Signifikanten" gelassen wird, um gegen den elterlichen Entwurf eine eigenwillige Richtung zu behaupten.

Eine weitere Dimension zeigt sich aber, wenn wir den Ausschnitt aus Rodulfos Theoriemodell dazu nehmen, in dem er die psychische Strukturierung des Körpers im Spiel des Kleinkindes beschreibt. Entwicklungspsychologisch wird das Spielen von Kindern meistens v.a. als „Übung" betrachtet (Einübung, Erfahrungsgewinn), differenziert nach kognitiven und emotionalen Aspekten (z.B. als Beschäftigung mit der Konstanz der Objekte und/oder als lustvolles Körper- und Sinneserleben), und allgemein als basale kulturelle Aktivität (Schäfer 1995, Kap. 11; Renner 1997; Oerter 1993). Rodulfo legt eine andere Spur (a.a.O., S. 141 ff.). Er nennt drei wesentliche Funktionen des kindlichen

Spiels, die das Spielen v.a. in Zusammenhang mit einer inneren psychischen Strukturierung sehen und damit, sich in der Welt zu situieren.

Die erste Funktion besteht darin, sich selbst einen Körper zu geben. Durch die Geburt aus dem intrauterinen Leben ausgestoßen, muss das Kind zuerst den Körper mit seiner Oberfläche entdecken, erfahren, begreifen. Anders gesagt: der Körper ist zwar im Realen vorhanden, aber noch nicht imaginär verfügbar – es gibt noch kein ‚Bild' von ihm und er hat noch keine Bedeutung. Dazu muss er zunächst imaginär ausgestaltet werden. Das kleine Kind (alle Mütter und Väter kennen das) bohrt mit seinen Fingern in alle erreichbaren Gegenstände, in Augen, Nase und Mund der Eltern, und es „nimmt den Brei und verteilt ihn, indem es einen homogenen Film daraus macht." Diese erste Funktion des Spielens besteht nach Rodulfo folglich in einer „Kombination von zwei Momenten: Löcher machen – Oberfläche machen, Löcher machen – Oberfläche machen (...)" (ebd., S. 148). Das Kind stellt Differenzen her, entwickelt die Struktur einer äußeren Abgrenzung und Oberfläche, wobei die je spezielle Haltung der Eltern, der „Familienmythos, die Strukturierungsweise der elterlichen Paarbeziehung und die Zirkulation des Begehrens" die „Bedingungen" für diese Strukturierung abgeben (was jedoch nicht bedeutet, dass sie schon mit konkreten Bildern verbunden ist).

Eine zweite, chronologisch spätere Funktion nennt Rodulfo die Beschäftigung mit dem Verhältnis Behälter – Inhalt: die Erforschung ihrer je spezifischen Möglichkeiten und ihre Vertauschung, die wechselseitige Einschließung von Gegenständen – etwa wenn kleine Kinder Gegenstände aus Schachteln und Dosen umfüllen, auswechseln, die Behältnisse ineinander stecken usw. Doch habe auch dies, so Rodulfo weiter, v.a. eine Bedeutung für die Strukturierung des Körpers. Die erschöpft sich nicht in einem einfachen Verhältnis außen – innen, sondern gestaltet v.a. das „Innen" aus (dazu gehören das „Herausreißen", das „Zutagefördern") und hängt nicht zuletzt auch mit dem Versuch zusammen, die Beziehung zum mütterlichen Körper symbolisch zu bearbeiten. Deshalb spielt die kognitive Ebene (klein passt in groß und nicht umgekehrt) hier keine wichtige Rolle – im Psychischen kann auch das Baby die Mutter fressen und im Spiel, in der Phantasie kann jederzeit die Position gewechselt werden. Es entsteht hier also das Bild eines Körpers, dessen Inneres belebt ist, flüssig, ein Herein und Heraus zulässt. Aus dieser „intensiven subjektiven Arbeit, die sich über das erste Lebensjahr hinzieht", entwickelt sich im guten Fall ein stabiles Körperbild, so dass das Kind „gegenüber autistischen, depressiven oder psychotischen Verwerfungen recht gut geschützt ist" (ebd., S. 184).

Die dritte Funktion des Spiels ist dann erst diejenige, die traditionell in der Psychoanalyse als wichtigste und als Urform angesehen wurde: das „Fort-Da"-Spiel, das Verstecken, Verschwinden- und wieder Auftauchenlassen[1]. Bis hierher bezog sich die Strukturierung auf den Körper selbst, jetzt geht es eher um den Körper im Raum und sein Verhältnis zu anderen Objekten. Sachen werden weggeworfen und wieder gesucht, zugedeckt, hineingesteckt – alles verbunden mit großer Konzentration und Begeisterung des kleinen Kindes. Auch Anwesenheit-Abwesenheit hat mit der Strukturierung des Körpers zu tun, konzentriert jetzt aber die Aufmerksamkeit auf den Anderen, auf die Objekte, auf den eigenen Körper als möglichen abwesenden. Freud sah in dem „Fort-Da"-Spiel vor allem die kindliche Fähigkeit, etwas zu symbolisieren, denn symbolisiert werden kann ja nur, was (potentiell oder zeitweise) abwesend ist, und so heißt die Frage, um die es auf dieser Ebene des Spiels geht: „Wie kann etwas als Abwesendes existieren? Wie kann etwas den Status der Existenz haben, das sich nicht als sichtbar darbietet? Wie kann man etwas suchen gehen, was nicht da ist?" (ebd., S.192).

Diese drei Funktionen des Spiels mit ihren typischen Aufgaben wiederholen sich in den verschiedenen Altersphasen bis zur Adoleszenz mit je unterschiedlichen Mitteln, wenn auch das größere Kind oder die Heranwachsende beispielsweise normative Forderungen auf diesem Wege gewissermaßen in Spielmaterial umwandelt, um dann daraus etwas Eigenes zu machen (ebd., S. 225).

So weit Rodulfo. Natürlich ist das, was er hier beschreibt, für eine psychoanalytische Perspektive nicht grundsätzlich neu. Mir scheint es aber als großer Gewinn das, was man sonst eher etwas vage die „Summe der Erwartungen der Eltern" nennt, mit einem Begriff, mit einer Denkfigur zu fassen, die den Bezug dieser Erwartungen zur je persönlichen Geschichte und zugleich der sprachlichen symbolischen Ordnung anzeigt. Das ermöglicht es auch von hier aus mit dem in ethnologischen Beobachtungen gesammelten Material etwas mehr anzu-

---

1 Es handelt sich ursprünglich um eine kleine Szene, die Freud an seinem Enkelkind beobachtet hatte, das mit einer an einem Faden hängenden Garnspule spielte, indem es diese wegwarf (verschwinden ließ) – „fort!" – an dem Faden wieder herbeiholte und ihr Auftauchen jedes Mal mit großem Entzücken begrüßte – „daaa!". Freud arbeitet an dieser Szene heraus, dass das Kind symbolisch die Abwesenheit der Mutter verarbeitete, indem es sich im Spiel vergewisserte, dass abwesende Objekte wiederkommen. So hatte es zugleich im Spiel ein eigenes Vergnügen gefunden, was aus der Verarbeitung der Abwesenheit der Mutter zusätzlich etwas Neues entstehen ließ. Triebsublimation öffnet neue Möglichkeiten des Umgehens mit Frustrationen, aber lässt diese nicht verschwinden. Vgl. Freud, Sigmund: Jenseits des Lustprinzips, StA III, S. 224 ff.

fangen – insbesondere auch hinsichtlich der Frage, wie die Vermittlung und Tradierung geschlechtstypischer Versatzstücke funktioniert.

Von hier aus wird nun auch ersichtlich, inwiefern sich die Körperbeschäftigung der kleinen Jungen und der kleinen Mädchen unterscheiden. Die Lage der weiblichen Genitalien, ihre strukturelle Offenheit, zugleich dem Blick weitgehend entzogen, lässt erwarten, dass Mädchen stärker damit beschäftigt sind, ‚sich ein Bild zu machen', dass sich ihnen Rätsel stellen über die Beschaffenheit und Funktionsweise des Körpers, die sich Jungen so nicht aufgeben: was ist das für ein ‚Behälter', der Babies hervorbringen kann, was ist das für ein ‚Loch', das ein Heraus (von Babies) und Herein (von was?) auf höchst undurchsichtige Weise zulässt? Außen und innen sind hier, wenn sie sich mit dem geschlechtlichen Körper verbinden, ganz anders besetzt als bei Jungen, deren Thema es ja gerade ist, dass ihr Körper eben nicht ein solches potentes ‚Innen' besitzt, keine Babies zutage fördern wird (wie bei der Mama, die zugleich Vorbild und Ort der eigenen Herkunft ist), aber an seiner Außenseite ebenfalls höchst unerklärliche und unbeherrschbare, veränderliche Oberflächenphänomene hervorbringt. Diese beunruhigende Erfahrung von großer Sensitivität an der Körperaußenseite könnte erwarten lassen, dass kleine Jungen ihrerseits einen stärkeren Impuls zum Schutz, zur sicheren Umhüllung des Körpers ausbilden als kleine Mädchen – was möglicherweise die Vorliebe für Körperpanzer wie Ritterrüstungen usw. oder für imaginäre Selbstbilder der Stärke und Unverwundbarkeit erklären würde.

Zusammenfassend gesagt ist die Geschlechterthematik also auf eine dreifache Weise immer präsent: real, weil an den Körper geknüpft; imaginär in den Bildern, im Habitus, dem Erwartungskomplex, den Zurückweisungen und Angeboten von den Eltern; und symbolisch-strukturell mit den Signifikanten, denen das Kind unterstellt ist, und sofern die Geschlechterordnung es über die imaginäre Welt der Bilder hinaus in Beziehung zum Anderen und zur Welt positioniert – weshalb Mädchen und Jungen die gleiche Arbeit des Großwerdens mit unterschiedlichem Werkzeug und auf verschiedenen Wegen bearbeiten müssen.

Es lassen sich von hier aus also drei Annahmen formulieren und zur Diskussion stellen.

1. Aufgrund der zweigeschlechtlichen Struktur der Kultur und der symbolischen Ordnung müssen wir davon ausgehen, dass die Signifikanten, denen ein Kind unterstellt ist, tendenziell immer sexuiert sind, also Bezug haben zur Tatsache des Geschlechts und der Geschlechterdifferenz. Das betrifft ihr Verhältnis als Signifikanten zueinander und auch ihre Funktion im Fa-

milienmythos (die allerdings ist der direkten Beobachtung und Analyse nicht ohne weiteres zugänglich).
2. Teilweise zeigen aber Signifikanten ihren Bezug zur Geschlechterordnung mehr oder weniger direkt an, selbst in den kleinen alltäglichen Zuschreibungen „meine Süße, eine richtige kleine Frau, mein Löwe, mein kleiner Prinz" usw. Hier kann also ethnographisches Material als Bebilderung, Ausgestaltung der Signifikanten „Frau" bzw. „Mann" und ihrer Bedeutungsumfelder aufgefasst und zur Differenzierung der Theoriebildung verwandt werden.
3. Drittens lässt sich an den zitierten drei Funktionen des Spielens zeigen, wie die Wirkung dieser Signifikanten von früh an die Leiblichkeit, den Körperbezug des Kindes affiziert. Zum einen werden Körperexplorationen (gerade auch da, wo sie mit „Löcher machen/Oberfläche machen" zu tun haben, also mit Schmieren, Herumsauen usw.) sicherlich oftmals (oder regelmäßig) geschlechtypisch beantwortet (also z.b. bei Mädchen eher domestiziert in Richtung auf Wohlverhalten und Reinlichkeit). Auch die Reaktionen der Eltern auf die kindliche Arbeit im Laboratorium der Dinge wirkt sich bei Jungen und Mädchen je unterschiedlich strukturierend auf das Körperbild aus.

Um mit einem letzten Zitat von Ricardo Rodulfo zu schließen: „Wenn die Psychoanalyse etwas Neues zu sagen hat, dann über den Körper" (ebd., S. 288).

Literatur
Freud, S: Jenseits des Lustprinzips. StA III
Oerter, R. (1993): Psychologie des Spiels. Weinheim
Rendtorff, B. (1998): Geschlecht und différance. Die Sexuierung des Wissens. Eine Einführung. Königstein
Renner, E. et al. (Hrsg.) (1997): Spiele der Kinder – Interdisziplinäre Annäherungen. Weinheim
Rodulfo, R. (1996): Kinder – gibt es die? Die lange Geburt des Subjekts. Freiburg
Schäfer, G. E. (1995): Bildungsprozesse im Kindesalter. Selbstbildung, Erfahrung und Lernen in der frühen Kindheit. Weinheim
Zimmermann, P. (2000): Grundwissen Sozialisation. Opladen

Kindheitserinnerungen im intergenerativen Vergleich.
Oder: Welchen Beitrag könnten biographische Studien für eine sozialpädagogische Theoriebildung zu Kindern und Kindheiten leisten?

Karin Bock

„Die Alten glauben alles, die Menschen im mittleren Alter misstrauen allem, die Jungen wissen alles."
(Oscar Wilde 1894/2000, S. 254)

1 Von der „Sozialisation des Kindes" zur „Soziologie der Kindheit": Sozialpädagogische Fragen an die Soziologie

1996 gab Jürgen Zinnecker in seinen Ausführungen zum Paradigmenstreit um die Frage nach der „Sozialisation des Kindes" und einer „Soziologie der Kindheit" zu bedenken: „Neue Kinder und neue Kindheiten erfordern auch neue Theorien und Forschungsdesigns" (Zinnecker 1996, S. 51). Diese Forderung ist inzwischen in die pädagogische wie soziologische Kindheitsforschung eingezogen und wird zunehmend empirisch eingelöst: Kinder werden nunmehr als soziale Akteure verstanden, die sich mit den vorgefundenen Realitäten produktiv auseinandersetzen, sich eigene Räume schaffen und in den vorgefundenen kreativ agieren. Zudem hat sich auch der ‚forschende Blick' auf Kinder, Kindsein und Kindheiten verändert (vgl. hierzu etwa Heinzel 2000).

In diesem Kontext wird denn auch in der sozialwissenschaftlichen (d.h.: soziologischen und pädagogischen) Kindheitsforschung seit Anfang der 1990er Jahren darauf verwiesen, dass es durch historische Rekonstruktionen von Kindheiten und Kindheitsbildern möglich wird, vertieft Aufschlüsse über sozialgeschichtliche Wandlungsprozesse, gesellschaftliche Strukturen und sozialisatorische Veränderungen zu erlangen. Insbesondere in der ‚soziologischen Annäherung' an Kinderwelten wurde in diesem Kontext herausgehoben, dass „'eine soziale Studie, die nicht auf Probleme der Biographie, der Geschichte und ihrer Schnittpunkte innerhalb einer Gesellschaft rekurriert, ihr Ziel verfehlen muss'"

(Mills zit. nach Qvortrup 1993, S. 110). Um diese Forderung tatsächlich einlösen zu können, schlägt Jens Qvortrup (1993, S. 110ff.) vor, zunächst zwei Forschungsperspektiven zu unterscheiden, die sich aus den Aspekten der Beziehungen zwischen den Generationen (Kindheit, Erwachsenenheit, Alter) ergeben:

- Danach kann die „Erforschung des Kindes" (ebd., S. 111) als biographischer, psychologischer und sozialisatorischer Ansatz identifiziert werden, wobei Kinder hier die (jeweils) „nächste Generation" darstellen. Die Erforschung des Kindes richtet sich dann auf die Analyse von Lebensverläufen, d.h. vom Kind zum Erwachsenen' bzw. Kindsein als Rekonstruktion im Erwachsenenalter.
- Die zweite Forschungsperspektive beschreibt die „Erforschung der Kindheit als soziales Phänomen" (ebd., S. 112). Gemeint ist damit, Kindheiten in unterschiedlichen historischen Zeiten zu erforschen und zu vergleichen (also etwa die Kindheit in den 1920er und in den 1950er Jahren).

Beide Perspektiven zusammengenommen, so Qvortrups Schlussfolgerung, ergebe die Einlösung der Forderung von C.W. Mills, d.h. die gegenseitige „Befruchtung von Biographie und Geschichte" (ebd., S. 113) ergibt sich aus dem Versuch, eine Einheit zwischen der Erforschung des Kindes und der Erforschung von Kindheit als sozialem Phänomen herzustellen.

Zu fragen bleibt nun, inwieweit dieser soziologisch initiierte Paradigmenwechsel von der „Sozialisation des Kindes" hin zu einer „Soziologie der Kindheit" inklusive der Verknüpfung von biographischen und sozialgeschichtlichen Perspektiven für die sozialpädagogische Theoriebildung zu Kindern und Kindheiten bedeutsam sein könnte. Denn nach wie vor ist unklar, inwieweit Kinder den so genannten „zentralen Sozialisationsinstanzen" wie Familie oder Schule etc. ausgeliefert sind oder ob sie ihre ‚dingliche und soziale Umwelt' beeinflussen und verändern können[1].

Diese Frage ist jedoch m.E. gerade für die Soziale Arbeit im Allgemeinen und für die sozialpädagogische Theoriebildung zu Kindern und Kindheiten im Besonderen bedeutsam, weil sie Möglichkeiten und Grenzen von Kindern als „soziale Akteure" antippt und damit die Alltagskulturen – und nicht zuletzt Bewältigungsstrukturen – derzeitigen wie vergangenen Kinderlebens ins Zent-

---

1 Es liegen zwar zu dieser Frage inzwischen zahlreiche Ansätze und Studien vor, gleichwohl ist hier jedoch das sozialisationstheoretische Paradigma nach wie vor wirksam bzw. stellt die Interpretationsfolie. Seit Ende der 1990er Jahre zeichnet sich eine ethnographisch orientierte Kindheitsforschung ab, die auch raum- und körpertheoretische Aspekte aufnimmt und identitätstheoretisch hinterfragt (vgl. jüngst: Hengst/Kelle 2003).

rum rückt. Falls das der Fall sein sollte, könnten sich hieraus neue Sichtweisen auf Kinder und Kindheiten wie auf Kindsein in sozialgeschichtlicher Dimension herausarbeiten lassen – und vielleicht sogar einen Beitrag für eine sozialpädagogisch fokussierte Kindheitsforschung leisten. Im Anschluss an diese Überlegungen ergeben sich also mindestens folgende Fragen:

– Wie verhält es sich mit den Erinnerungen von den heutigen Erwachsenen an ihre Kindheit? Und wie zeichnen sich hierbei insbesondere diejenigen Erfahrungen ab, die die sozialen Akteure als Kind bewältigen mussten? Welchen Einfluss haben diese Bewältigungsmuster auf biographische Prozesse?
– Welche Dimensionen von Biographie und Geschichte könnten Aufschluss über Bewältigungsprozesse von rekonstruierten Kindheiten geben? Wie zeichnen sich diese in Lebensgeschichten ab? Und was könnte sich hieraus als fruchtbarer Zugang für eine sozialpädagogische Kindheitsforschung erweisen?

Um diese Fragen sollen die folgenden Überlegungen kreisen[2]. Die Grundannahmen sind hierbei, (1) dass erinnertes Kinderleben in autobiographischen Stegreiferzählungen eingefangen werden kann und (2) – in einen intergenerativen Vergleich gestellt – darüber sozialgeschichtliche wie sozialisatorische Veränderungen in „Kindheiten" nachgezeichnet werden können. Diese Annahmen werde ich vor dem Hintergrund der methodischen Vorgehensweise knapp skizzieren (vgl. Abschnitt 2) und am Fall der Familie Schmidt veranschaulichen (vgl. Abschnitt 3). Hieraus lassen sich m.E. dann sozialpädagogische Fragen in sozialgeschichtlicher Perspektive entwickeln, die sich für eine sozialpädagogische Theoriebildung im Horizont von Kindern und Kindheiten als hilfreich erweisen könnten (vgl. Abschnitt 4).

---

2 Ich greife dazu auf eine Studie zurück, die ich im Kontext eines Forschungsprojekts zur „Sozialgeschichte, Erziehung und Bildung in familialen Generationsbeziehungen aus Ostdeutschland" durchgeführt habe (vgl. Bock 2000). Das Forschungsprojekt wurde zwischen 1993 und 1999 an der Martin-Luther-Universität Halle-Wittenberg durchgeführt (vgl. hierzu auch Bock/Ecarius 1999).

2 Empirische Zugänge zu Kindheitserinnerungen im intergenerativen Vergleich

Im Forschungsprojekt „Sozialgeschichte, Erziehung und Bildung in familialen Generationsbeziehungen aus Ostdeutschland" haben wir die Lebensgeschichten von jeweils drei Generationen einer Familie über einen Zeitraum von fünf Jahren erhoben. Insgesamt wurden 75 Interviews (also 25 Familien) befragt. Es wurden entweder männliche oder weibliche Linien der Altersgruppen 1908-1921, 1939-1946 und 1968-1973 ausgewählt:

Tabelle 1: Drei Familiengenerationen aus Ostdeutschland

Generation	Jahrgänge	historische/politische Generationsbezeichnung
Großmütter/ Großväter	1908-1921	„Weimarer Jugendgeneration" (vgl. Rosenthal 1989)
Mütter/ Väter	1939-1946	„gebrochene Generation der Kriegskinder" (vgl. Rosenthal 1989; Geulen 1993) „Aufbaugeneration der DDR" (vgl. Lindner 1997)
Töchter/ Söhne	1968-1973	Generation der „Nicht-Mehr-Eingestiegenen" (vgl. Lindner 1997) „die 89er-Generation" (vgl. Leggewie 1991)

Die Auswahl der Familiengenerationen richtete sich nach den durchlebten historischen Großereignissen, wobei die mittlere Generation der Väter und Mütter den Schnittpunkt bildete, da sie direkt in das Gesellschaftssystem der DDR hineinwuchs. Ausgehend von dieser Generation ergaben sich die beiden anderen Generationen. Um regional vergleichbares Datenmaterial zu erhalten, haben wir uns auf die Region des Saalkreises beschränkt, einem Kreis im Land Sachsen-Anhalt.

Als Erhebungsmethode für die Lebensgeschichten der drei Familiengenerationen haben wir das von Fritz Schütze (1983) vorgeschlagene autobiographisch-narrative Interview gewählt, das darauf abzielt autobiographische Stegreiferzählungen ‚hervorzulocken'. Das narrationsstrukturelle Verfahren haben wir um ein Leitfadeninterview ergänzt, das methodisch dem Erinnerungsinterview aus der Oral History folgte (vgl. Niethammer 1985). Dieses Leitfadeninterview wurde über die Generationen gespiegelt, d.h. die Fragen dieses Teils wurden jeweils auf die sozialgeschichtliche Lebenszeit der jeweils befragten Generation zugeschnitten (vgl. Abbildung oben). Das Leitfadeninterview bestand aus zwei größeren Teilen. Im ersten Teil fragten wir nach den Aufwachsbedingungen in der Kindheit und Jugend, der Berufsausbildung, nach Moden und Trends in der Kindheit und Jugend, als auch nach der erlebten Erziehung und eigenen Erziehungskonzepten sowie den Beziehungsstrukturen zwischen den verschiedenen Familiengenerationen. Im zweiten Teil des Leitfadeninterviews haben wir die biographische Verarbeitung historischer Ereignisse ins Zentrum gestellt, so bspw. die Auswirkungen des 1. Weltkrieges, den Machtantritt der NSDAP, das Leben im 2. Weltkrieg und in der Nachkriegszeit, die Gründung der DDR, den Mauerbau 1961, den Zusammenbruch der DDR 1989 und das Leben in der vereinten Bundesrepublik.

In den Ansätzen der erziehungswissenschaftlichen Biographieforschung (vgl. z.B. Krüger 1995, 1997; Schulze 1995) wird davon ausgegangen, dass Lebensgeschichten subjektive Rekonstruktionen sind, die Erlebnisse und Erfahrungen eines Subjekts enthalten. „Bios, das gelebte Leben, ist eine Konstruktion, die aber sowohl in der autobiographischen Erinnerung wie in der biographischen Untersuchung datenreich rekonstruiert werden kann" (Schulze 1995, S. 16). Damit lassen sich Lebensgeschichten als Lerngeschichten begreifen (vgl. Schulze 1993, S. 34)[3].

Die Biographie als autobiographische Reflexion und Konstruktion eigener Erfahrung umschließt die individuelle und kollektive Geschichte gleichermaßen. Schütze stellte schon Anfang der 1980er Jahre die Annahme auf, dass Identitäten bzw. Selbstkonzepte permanenten Wandlungsprozessen ausgesetzt sind und sich diese in autobiographischen Stegreiferzählungen rekonstruieren lassen: „Jeder Erzählsatz beinhaltet eine Zustandsänderung des Biographie- oder

---

[3] Das von Schütze (1983) vorgeschlagene narrationsstrukturelle Verfahren zur Erhebung autobiographischer Stegreiferzählungen kann also als ein Ansatz verstanden werden, Lernen als lebensgeschichtliches Lernen zu begreifen und Lernprozesse im Kontext von Erzählstruktur und Erzähltem zu fassen.

anderer Ereignisträger über eine zeitliche Schwelle hinweg" (Schütze 1984, S. 88). Insofern ist jedes Stegreiferzählen selbst erlebter Erfahrungen das Wiedererinnern dieser mehr oder weniger unmerklichen (Lern-)Prozesse: Es ist das Erzählen von neuen Handlungskapazitäten, der Realisierung oder Behinderung biographischer Planungen, der Erfahrung mit entsprechenden Kreativitätsschüben sowie der Verstrickung in Bedingungsnetze oder gar des Verlustes von Handlungs- und Erfahrungskapazitäten.

Insofern findet sich hier also ein zentraler Bezug zu der von Mills geforderten Verknüpfung und ‚Befruchtung' von Biographie und (Sozial-)Geschichte für eine – wie Qvortrup es nennt – Einheit zwischen der Erforschung des Kindes und der Erforschung von Kindheit herzustellen (vgl. Abschnitt 1) – mehr noch: Wie sich im Folgenden zeigen wird, lassen sich zudem die Wirkungen institutioneller und sozialpolitischer Einflüsse auf die erinnerten Lebensgeschichten als Handlungsmuster rekonstruieren, in denen sich letztlich drei Bezüge herstellen: (a) der Art des ‚In-der-Welt-Sein', (b) der Verflechtung zwischen Individuum und Gesellschaft und damit letztlich (c) der Selbst- und Fremdreferenz.

3 Kindheitserinnerungen über drei Familiengenerationen: Der Fall der Familie Schmidt

3.1 Vorbemerkungen

Die biographischen Interviews mit der Großmutter Erna, der Mutter Ursel und der Tochter Anke Schmidt wurden im Sommer 1993 erhoben. Der Kontakt zur Familie Schmidt kam durch ein Mitglied des Forschungsprojektes zustande, das zum Zeitpunkt der Erhebung mit der Tochter Anke Schmidt befreundet war. Alle drei Mitglieder der Familie Schmidt waren nach der verbindlichen Zusicherung des Datenschutzes bereit, uns ihre Lebensgeschichte zu erzählen. Die Interviews mit der Großmutter Erna, der Mutter Ursel und der Tochter Anke fanden nacheinander an verschiedenen Tagen in ihren Wohnungen statt. Erna Schmidt lebte zum Zeitpunkt der Erhebung zusammen mit ihrem zweiten Mann in einer kleinen Betriebswohnung eines Chemiewerkes inmitten einer Satellitenstadt. Die Mutter Ursel und die Tochter Anke bewohnten gemeinsam eine geräumige Altbauwohnung in einer mittelgroßen Stadt in Sachsen-Anhalt.

Die Lebensgeschichten von Erna, Ursel und Anke Schmidt werden in Form eines geschachtelten Familienportraits wiedergegeben, in das die Interpretation der Ersterzählung, die biographische Gesamtform sowie die Auswertung des Leitfadeninterviews eingeflossen sind (vgl. zur Methode und Darstellungsform Bock 2000, S. 210f.). Zentrales Thema in allen drei Biographien ist die Hoffnung auf Veränderung der Lebenssituation durch den Lauf der Geschichte, die sich als ‚biographische Suche nach Emanzipationschancen' abzeichnet[4].

3.2 Biographische Kurzportraits der Großmutter Erna, der Mutter Ursel und der Tochter Anke Schmidt[5]

Erna Schmidt wurde 1910 in einer mittelgroßen Stadt in Sachsen geboren. Ihr Vater arbeitete als Oberinspektor bei der Polizei, ihre Mutter war Hausfrau[6]. Erna wuchs zusammen mit ihren zwei älteren und einem jüngeren Bruder auf. Die Eltern sind für Erna von Anfang an „Respektpersonen", denen sie bedingungslosen Gehorsam zu leisten hatte. Erna erinnert sich genau daran, dass sowohl der Vater als auch die Mutter ihr Leben „vorherdiktiert(en)". Sie hatte die Aufgabe, den Wünschen ihrer Eltern zu entsprechen. Dabei wurde sie selbst nie nach ihren eigenen Wünschen und Bedürfnissen gefragt, denn „wir war'n doch nur so nebenbei". Diese nüchterne Beziehung zu ihren Eltern prägt Erna nachhaltig. Sie musste über jeden Schritt und jede Handlung bei ihren Eltern „Rechenschaft ablegen" und hatte nach ihrer eigenen Einschätzung in diesem Umfeld keine Möglichkeit, sich zu entfalten oder eigene Interessen für sich zu entdecken.

> E: Ja ich bin in S. aufgewachsen als Kind eines bürgerlichen Elternhauses. So besuchte ich auch die Bürgerschule und anschließend die Handelsschule. Die Bürgerschule ging ja nur bis zum 14. Lebensjahr. Als Mädchen lernte man damals keinen Beruf, sondern besuchte eben die Handelsschule um eine gute Hausfrau zu werden (lacht). Dort wurden wir dann unterrichtet im Stricken, Kochen und anderes. Als Frau wurde man darauf ausgerichtet zu heiraten und wenn man heiratet braucht man ja keinen Beruf

Erna besuchte zunächst die „Bürgerschule", danach lernte sie auf der Handelsschule Haushaltsführung und Handarbeiten. Von klein auf wird sie auf ihre

---

4   Zentral für alle drei Generationen der Familie Schmidt ist zudem die Suche nach familialer Abgrenzung gegenüber der jeweils älteren Generation, die sich in meiner Studie zu politischen Sozialisationsprozessen in der Drei-Generationen-Familie als Typ 1 (Politische Sozialisation als diskontinuierlicher Prozess über drei Generationen) herauskristallisiert hat (vgl. ausführlich: Bock 2000).
5   Die gewählten Namen der Befragten sind Synonyme; E: steht für Erna Schmidt, U: für Ursel Schmidt, A: für Anke Schmidt; der Text hinter dem Kürzel sowie die in Anführungszeichen kursiv gesetzten Textstücke sind jeweils der Originaltext aus der autobiographischen Stegreiferzählung.
6   An das Geburtsjahr ihrer Eltern konnte sich Erna nicht erinnern.

spätere Bestimmung hin erzogen, einmal eine gute bürgerliche Haus- und Ehefrau zu werden. Dabei scheint die Zeitgeschichte fast spurlos an ihr vorüberzugehen: Zwar kann sie sich an das „Hamstern" und die Suche nach etwas Essbarem in der Nachkriegszeit des Ersten Weltkrieges erinnern, aber die Weimarer Republik habe sie selbst nicht erlebt:

> E: wer war denn da eigentlich noch was für'n König. Nee die Weimarer Republik habe ich nicht erlebt. Ich bin in S. aufgewachsen

Auch die Auswirkungen der Weltwirtschaftskrise und die Zeit der Inflation hat Erna „nicht bemerkt". Sie kann sich aber sehr gut daran erinnern, dass sie sich in ihrer Kindheit oft „schrecklich" langweilte. Manchmal traf sie sich im Hausflur mit anderen Mädchen, die im selben Haus wohnten. Dann erzählten sie miteinander, bis der Hauswirt kam und sie wieder in die Wohnungen ihrer Eltern verwies.

Ernas Lebensgeschichte bleibt bis zum Machtantritt der Nationalsozialisten im Januar 1933 in den privaten Familienstrukturen des „bürgerliches Elternhauses" verhaftet. Erst an den Beginn des faschistischen Regimes in Deutschland kann sich Erna erinnern, denn die politischen Auswirkungen ragen in ihre Herkunftsfamilie hinein. Ihr Vater wird kurz nach dem Machtantritt der Faschisten vom Polizeidienst suspendiert. In dieser Zeit diskutiert Erna das erste Mal mit ihren Eltern über die politischen Ereignisse in Deutschland. Aus diesen Gesprächen mit ihrem Vater lernt Erna, „Hitler bedeutet Krieg".

Erna hofft auf die Ehe, um endlich dem verregelten Befehlshaushalt ihrer Eltern zu entkommen.

> E: dann kam diese Zeit, wo man eben reinkam, dass man eben heiratete und zu dieser Zeit, wenn man heiratete, war es selbstverständlich, dass ein Mädchen zu Hause blieb. Heiratete man nicht bleibt man eben eine Jungfer und die sind dann immer so'n bisschen zur Seite gestellt und wenn man verheiratet is muss man als Frau zu Hause sein

1936 heiratet Erna einen Bürokaufmann, mit dem sie zusammen in eine „schöne Wohnung" zieht. Auch mit der Ehe ändert sich die Situation für Erna nur bedingt. Sie kann zwar der elterlichen Kontrolle entkommen, aber sie muss sich nun an den Bedürfnissen und Wünschen ihres Mannes orientieren.

Kurz nach der Heirat wird Ernas Mann arbeitslos und findet in einem großen chemischen Betrieb in einer mittelgroßen Stadt in Sachsen-Anhalt Arbeit als Büroangestellter. Daraufhin muss Erna aus der geräumigen Altbauwohnung

in eine kleine Betriebswohnung umziehen, die ihrem Mann durch den neuen Arbeitgeber zur Verfügung gestellt wird.
1940 wird Ernas Tochter Ursel geboren. Ein Jahr darauf kommt Ernas Sohn zur Welt. Kurz nach der Geburt des zweiten Kindes wird Ernas Mann zum Kriegsdienst einberufen. Mit der Einberufung ihres Mannes ändert sich für Erna das Leben, denn sie ist mit ihren beiden kleinen Kindern zunächst auf sich gestellt und wird zum ersten Mal direkt mit den Ereignissen des Zweiten Weltkrieges konfrontiert. Ängstlich beobachtet sie, wie einige ihrer Nachbarn zu Verhören von der Gestapo abgeholt werden. Um nicht mit dem faschistischen Regime in Konflikt zu geraten, versucht Erna, nicht über die Nationalsozialisten nachzudenken und ihre Ablehnung gegenüber dem Hitlerregime für sich zu behalten. Kurz nach der Einberufung ihres Mannes wird Erna während eines Bombenangriffs zusammen mit ihren Kindern unter den Trümmern des Miethauses verschüttet, in dem sie wohnen. Mit Hilfe der Rettungstrupps können die drei unverletzt geborgen werden und Erna findet mit ihren Kindern eine Unterkunft bei Verwandten ihres Mannes auf einem nahe gelegenen Dorf.

Ursel Schmidt kann sich sehr gut an die ersten Jahre ihrer Kindheit auf dem Land erinnern:

U: Ja, also meine Erinnerungen an meine früheste Kindheit, sind . betrifft die Zeit während des Kriege . ich habe in Erinnerung, dass meine Mutter mit uns vor dem Fliegeralarm wir wohnten in F. ehm sozusagen uns in Sicherheit brachte bei Verwandten auf dem Lande . mein Vater war im Krieg. es war ein Warten immer bis dass er uns besuchen kam und wir . das hab ich also sehr intensiv erlebt, dass mein Vater kam und wieder ging . und das die Erwachsenen große Probleme hatten . keine Zeit hatten sich mit uns zu befassen . aber wir im Schatten dieser Probleme eigentlich eine sehr schöne Kindheit hatten mit sehr viel Erlebnissen und viel Freiheit also. wir wurden nich gegängelt

Trotz der schlechten Bedingungen des Krieges, die vor allem die Erwachsenen trafen, erlebte Ursel die ersten Jahre ihrer Kindheit als Freiheit und Abenteuer. Besonders intensiv erinnert sie sich an die Besuche ihres Vaters während der Zeit des Krieges, denn ihre Mutter Erna machte dann auf sie einen glücklichen Eindruck. Von ihrem Vater erfährt Ursel viel Zärtlichkeit und Zuneigung und liebt ihn mit der ganzen Kraft, die ein kleines Mädchen aufbringen kann. Sie genießt das Leben auf dem Land mit den Tieren und wartet geduldig auf die Besuche ihres Vaters.

Zum Ende des Krieges versucht Erna, mit ihren beiden Kindern aus Angst vor der Roten Armee in die amerikanische Besatzungszone zu fliehen. Doch die drei müssen zurück in die Stadt, in der sie eine kleine Wohnung zugewiesen bekommen. Durch die Flucht muss Ursel die gewohnte ländliche Umgebung verlassen. Von den Erwachsenen hört sie „furchtbare Jeschichten" über die russischen Soldaten und hat große Angst, dass ihrer Mutter etwas zustoßen könnte.

Ursel und ihr Bruder bleiben in dieser Zeit größtenteils sich selbst überlassen und sind häufig bis in den späten Abend allein. Die Nachbarinnen kümmern sich zwar notdürftig um die beiden, aber auch sie können der sechsjährigen Ursel nicht wirklich helfen. Ursel beschützt ihren fünfjährigen Bruder so gut sie kann und versucht ihm die Mutter zu ersetzen. Um dem ständigen Hunger zu entkommen, stiehlt sie in fremden Kellern eingewecktes Obst. Insgeheim hofft sie, dass ihr Vater bald aus dem Krieg zurückkehrt und sie wieder eine Familie sein können. Täglich läuft Ursel zum Bahnhof und wartet auf die Züge mit den heimkehrenden Soldaten in der Hoffnung, dass ihr Vater dabei ist. Das Warten auf den Vater bestimmt immer mehr ihren Alltag und wird zu ihrer Strategie, um mit den ungewohnten Lebensumständen fertig zu werden.

1947 wird Ursel in eine Mädchenklasse eingeschult:

> U: ich ging in die Schule es hat mir keinen Spaß jemacht das waren wahnsinnig volle Klassen und . ich weiß wir haben auch im Winter in Mänteln rumjesessen also es muss irgendwie belastend jewesen sein ich kann mich nicht erinnern dass irgend etwas in der Schule anjenehm war . also über Jahre hinweg nich das warn immer volle Klassen

Als Ursel in die Schule kommt, verstärken sich ihre Empfindungen noch, denn auch in der Schule wird sie kaum beachtet oder gefördert, weil die Klassen hoffnungslos überfüllt und die LehrerInnen überfordert sind. Ihre Sehnsucht nach einem geborgenen Zuhause ohne Hunger und Not wird zu ihrem größten Wunschtraum, den sie immer stärker an die Rückkehr ihres Vaters knüpft. Doch von Ursels Vater fehlt jede Spur.

Anfang der 1950er Jahre verfolgt Ursel interessiert das politische Geschehen in der DDR. Sie hofft auf einen sozialen und gerechten Staat, in dem sie ihr eigenes Leben organisieren und selbst gestalten kann. Die Zeit um den 17. Juni 1953 erlebt Ursel als 13-jährige. Interessiert beobachtet sie das Aufbegehren der Arbeiter und hofft auf Veränderungen im Land. In der Schule protestiert sie zusammen mit ihren Mitschülerinnen gegen den verhassten obligatorischen Russischunterricht. Sämtliche Stalinbilder entfernen sie aus den Klassenräumen. Doch die Hoffnungen werden unter der Angst vor den russischen Panzern begraben. Ursel erschrickt vor der militärischen Gewalt der Sowjetunion und zieht sich mit einer stillen Protesthaltung zurück.

Mitte der 1950er Jahre bessert sich die Lebenssituation von Erna, ihrem Sohn und der Tochter Ursel. Die Mutter Erna findet Arbeit als Aushilfskraft in einem Kleiderwerk. Über eine längere Zeitspanne kann Erna nun ihr eigenes

Leben und das ihrer Kinder selbst organisieren. In dieser Zeit beginnt Erna, sich für die Ereignisse in der DDR zu interessieren. Doch durch den Ausgang des 17. Juni 1953 wird ihr bewusst, dass kritische Meinungsäußerungen in der DDR ebenfalls schwerwiegende Folgen nach sich ziehen könnten und dass es besser ist, sich gar nicht erst mit „dieser Politik" auseinanderzusetzen.

Nachdem Erna einen anderen Mann kennen gelernt hat und dieser ihr einen Heiratsantrag macht, lässt sie ihren ersten Mann, der immer noch als vermisst gilt, für tot erklären und heiratet 1954 ihren zweiten Mann Anton, mit dem sie bis heute zusammen lebt. Auf Antons Wunsch beendet Erna ihre Berufstätigkeit und übernimmt erneut die Rolle der Haus- und Ehefrau. Hier wird offensichtlich, dass sie den einst von ihren Eltern vordiktierten Lebensentwurf inzwischen als ihren eigenen verinnerlicht hat. Damit begibt sich Erna zum zweiten Mal, jedoch diesmal bewusst, in die eheliche Abhängigkeit.

Als die Mutter Erna, um wieder heiraten zu können, ihren ersten Mann für tot erklären lässt, stürzt Ursel in eine schwere Krise. Sämtliche Erwartungen auf ein besseres Leben, die in Ursels Hoffnungen und Wünschen mit der Rückkehr des Vaters verwoben waren, gehen schlagartig verloren.

U: ja einschneidend war für mich, dass meine Mutter äh noch mal geheiratet hat . das hat se alles so stillschweigend jemacht eh mhm dass se nicht mit uns darüber jeredet hat oder nich mit mir darüber jeredet hat, dass se eigentlich nun dann meinen Vater abjeschrieben hatte, als tot erklären lassen musste, nach zehn Jahren Vermisstsein, damit sie wieder heiraten konnte obwohl ich das akzeptiert habe und och für sie richtig fand . und ich eigentlich eine Sorge los war nämlich die Sorge um meine Mutter

Bis heute kann Ursel nicht verkraften, dass Erna ihren Vater für tot erklären ließ, um ein zweites Mal zu heiraten – zumal die Hochzeit einen Tag vor Ursels Konfirmation stattfand. Verzweifelt sucht Ursel Trost bei dem Pfarrer, den sie in der evangelischen Gemeinde während des Konfirmandenunterrichtes kennen gelernt hatte. Sie nutzt zunächst jede Möglichkeit, um die Treffen der Jungen Gemeinde besuchen zu können. Doch als dieser in eine andere Gemeinde versetzt wird, wendet sich Ursel von der Kirche ab.

Mit vierzehn Jahren wird Ursel Mitglied in der FDJ: „Das ging automatisch, ich weiß nicht wie ich da reingekommen bin". Die Veranstaltungen der Jugendorganisation besucht sie nicht, aber sie spielt regelmäßig im FDJ-Jugendclub Tischtennis und singt im FDJ-Chor der Schule. Inzwischen ist für Ursel die Schule nicht mehr so unangenehm, da sie mehrere Freundinnen in ihrer Klasse gefunden hat und auch von den LehrerInnen beachtet wird, die sie für ihre guten und sehr guten Leistungen loben. Am Ende der achten Klasse empfehlen ihr deshalb die LehrerInnen, weiter zur Schule zu gehen und eventuell sogar das Abitur abzulegen. Erfreut über soviel Zuwendung plant Ursel ihren weiteren Bildungsweg und berichtet ihrer Mutter Erna von ihrem Entschluss.

Erna, die sich nach der Heirat wieder ganz in die einst gelernte Hausfrau- und Mutterrolle eingefunden hat, verbietet ihrer Tochter, weiterhin zur Schule zu gehen. Aus ihrer Sicht und nach Meinung ihres Mannes Anton sei Ursel nun für sich selbst verantwortlich und müsse deshalb eine Lehre beginnen. Entschlossen und zu keiner Diskussion bereit, organisiert Erna nach eigenem Ermessen und ohne Absprache mit ihrer Tochter einen Ausbildungsplatz in dem ehemaligen Betrieb, in dem sie bis zu ihrer Heirat gearbeitet hat. Ursel muss sich dem Wunsch ihrer Mutter fügen und beginnt im Herbst 1954 eine Berufsausbildung zur Großhandelskauffrau.

> U: un da bin ich dann mit vierzehn Jahren . das hab ich auch als schlimm . ziemlich schlimm empfunden . dass ich dann in einen Betrieb gekommen bin das is . steht noch heute jenauso wie damals das is äh 'n Handelskontor jewesen hier oben in der M-Straße . und ich musste in 'n großes Schuhlager also für Schuhe und Lederwaren un musste groß in im ersten Lehrjahr äh im Lager arbeiten wie ein Lagerarbeiter . und war nur mit Erwachsenen zusammen . mit . naja über das Niveau möcht ich mich da nich großartig auslassen aber naja es ging . und war eigentlich von eenem Tach zum andern meine Kindheit los

Nach dem Abschluss der Lehre arbeitet sie in einem Büro und erlebt einen Wechsel in der Betriebsleitung. Die „alten Kommunisten" werden abgesetzt und verhaftet. Die Leitung des Betriebes wird von „der Parteiclique (...) die aus einer Parteielitetruppe" bestand, übernommen. Ursels Bilanz ist eindeutig: „und damit war der Kommunismus in Deutschland zu Ende".

Um sich aus dieser Lage zu befreien, strebt Ursel eine Ausbildung zur Krankenschwester an. Heimlich bewirbt sie sich an einer Fachschule für die Krankenschwesternausbildung. Als sie für die Ausbildung zugelassen ist, stellt sie ihre Mutter Erna vor vollendete Tatsachen und zieht aus der elterlichen Wohnung aus, in der inzwischen Ernas Mann Anton alles daran gesetzt hat, Ursel und ihren Bruder aus der Wohnung zu vertreiben. Im Anschluss an die Fachschulausbildung arbeitet Ursel in einem Krankenhaus außerhalb der Stadt und lernt im Sommer 1960 einen jungen Mann kennen, mit dem sie sich „janz jut" versteht. Die beiden planen, sich in West-Berlin eine gemeinsame Existenz aufzubauen, da der Vater des Freundes im Westteil Berlins lebt.

Im Frühjahr 1961 wird Ursel schwanger. Von ihrer Mutter Erna wird sie aus Angst vor einem unehelichen Kind zur Heirat gedrängt. Ursel ist unsicher, wie sie als junge Mutter in der Bundesrepublik bestehen soll und verschiebt deshalb zunächst ihre Ausreisepläne und willigt in die Heirat ein. Im August 1961 sieht sie resigniert zu, wie der Bau der Mauer ihre Träume von einem neuen Leben in einer anderen Gesellschaft zerstört. Da Ursel und ihr Mann keine eigene Wohnung finden, müssen die beiden schließlich wieder mit in der kleinen Wohnung von Erna und Anton leben. Bestürzt und traurig versucht Ursel, sich eine neue Lebensperspektive zu konstruieren und konzentriert sich ganz auf die bevorstehende Geburt ihres Kindes. 1962 wird Ursels erste Tochter geboren, die zu ihrem neuen Lebensinhalt wird:

1970 wird Ursels Tochter Anke geboren. Kurz nach Ankes Geburt können Ursel und ihr Mann mit ihren beiden Mädchen endlich in eine große renovierte Altbauwohnung einziehen. Ursels Traum wird endlich Realität: „wir sind mal für kurze Zeit muss ich sagen `ne glückliche Familie gewesen". Die ersten beiden Jahre nach Ankes Geburt geht Ursel nicht arbeiten, sondern widmet sich ganz der Betreuung und Erziehung ihrer zweiten Tochter. Sie überhäuft die kleine Anke mit Liebe und versucht ihr eine bessere Mutter zu sein, als Erna es für sie war. Doch nach den beiden Jahren sind die Ersparnisse aufgebraucht und Ursel muss wieder arbeiten gehen, da der Verdienst ihres Mannes, der inzwischen als Lehrer an einer Schule tätig ist, nicht für den Unterhalt der Familie ausreicht.

Deshalb kommt Anke mit zwei Jahren zunächst in die Kinderkrippe, anschließend besucht sie den Kindergarten, in dem sie viele Freunde unter den anderen Kindern findet. Bereits im Kindergarten gerät Anke in Konflikte, weil ihre Mutter Ursel sich mit den Kindergärtnerinnen über deren Erziehungsmaßnahmen auseinandersetzt, mit denen sie nicht einverstanden ist. Anke muss im Gegenzug verschiedene Sanktionen im Kindergarten erdulden und wird von den Kindergärtnerinnen in eine Randposition gedrängt.

> A: naja und da wurd ich also ziemlich obwohl ich also, da nie bewusst äh was jemacht habe ja, hab ich eben keene Pfannkuchen jekriegt oder wurde eben von so Feiern (lacht) Festivitäten eben ausgeschlossen ja, und das war ziemlich schlimm also

Einen Ausweg aus dieser schwierigen Situation findet Anke, indem sie sich zu Hause „soweit zurückspult", bis sie „wieder spielen konnte": Sie spricht weder mit ihrer Mutter noch mit ihrer acht Jahre älteren Schwester und versteckt sich in ihrer Spielecke. Diese Rückzugsstrategie hilft ihr den Konflikt zwischen ihrer Kindergärtnerin und ihrer Mutter auszuhalten. Und sie beginnt sich stärker an ihrem Vater zu orientieren.

1977 kommt Anke in die Schule, in der ihr Vater als Lehrer arbeitet und in die auch ihre Schwester eingeschult wurde. Unter ihren MitschülerInnen kann Anke keine „echten" Freunde finden und freut sich deshalb täglich auf das Schulende, um mit ihren Freunden aus dem Kindergarten den Nachmittag verbringen zu können. Als sie in der fünften Klasse ist, muss sie auf Wunsch ihres Vaters die Schule wechseln. Ihr Vater begründet den Schulwechsel mit fehlenden Leistungsanforderungen in der bisherigen Schule, doch Anke kennt den eigentlichen Grund für diese Maßnahme:

> A: der Grund dafür war, dass mein Vater hatte also offensichtlich 'n Verhältnis mit (...) 'ner Lehrerin (...) die ich in Musik hatte (lacht) ja das hatte der schon seit seiner ersten also seit meiner ersten Klasse sag mer mal so . un ich denke also dass die Vorwände weshalb ich aus der Schule jekommen bin nich die waren dass ich in der . in der andern Schule besser lernen würde (...) eh, sondern mhm dass die also ihrem Verhältnis da nachkommen konnten ja

Anke ist enttäuscht, dass der Vater sie nicht als Vertrauensperson in dieses Verhältnis einbezieht, von dem ihre Mutter Ursel keine Ahnung hat. In der neuen Schule reagiert Anke zunächst mit einem krassen Leistungsabfall. Sie hofft, dass ihr Vater sich als „Pädagoge" um ihre schulischen Leistungen bemüht und sie beim Lernen unterstützt. Doch der Vater geht seinem Verhältnis nach und kümmert sich kaum um Ankes schulische Leistungen und ihr seelisches Befinden. Stattdessen findet Anke bei ihrer Mutter Ursel Unterstützung, die ihr bei den Schulaufgaben hilft. Traurig über das Verhalten ihres Vaters überdenkt Anke ihre Beziehung zu ihren Eltern und macht sich Gedanken über deren Partnerschaft. Nachmittags geht sie oft in den Wald und verkriecht sich in einer selbst gebauten Höhle aus Ästen und Erde. Umgeben vom Duft der Blätter und des Waldbodens kann sie in ihrer Höhle dem Konflikt entkommen als einzige zu wissen, dass sich der Traum ihrer Mutter nicht erfüllt hat.

In der Schule schafft sie es zwar, bald zu den Leistungsstärksten der Klasse zu gehören. Jedoch kann sie nicht mit ihrer Mutter über das heimliche Liebesverhältnis ihres Vaters sprechen, da sie weiß, wie sehr ihre Mutter Ursel sich ein glückliches Familienleben gewünscht hat. Deshalb versucht Anke, mit ihrem Schmerz allein fertig zu werden. In dieser Zeit besucht Anke zunehmend häufiger ihre Großmutter Erna und den Großvater Anton. Aufgrund des distanzierten Verhältnisses zwischen Ursel und Erna hatte Anke in ihrer Kindheit kaum Kontakt zu ihrer Großmutter Erna. Nun beginnt Anke, selbständig eine intensivere Beziehung zur Großmutter Erna aufzubauen. Die Großmutter Erna ist inzwischen Rentnerin und verbringt gern ihre freie Zeit mit ihrer Enkelin Anke.

Anke ist 14 Jahre alt, als ihre Eltern schließlich geschieden werden, weil ihr Vater ein Kind mit seiner Freundin erwartet. Sie hofft, dass ihr Vater um das Sorgerecht für sie kämpfen würde und träumt insgeheim davon, künftig mit dem Vater zusammen leben zu können. Doch der interessiert sich gar nicht für das Sorgerecht um Anke. Enttäuscht und verbittert wendet sich Anke von ihrem Vater ab und hilft ihrer kranken und tieftraurigen Mutter Ursel über die „Spätfolgen" der Scheidung hinweg zu kommen. In der Schule reagiert Anke erneut mit einem Leistungsabfall. Aufgrund ihrer schlechter werdenden schulischen Leistungen wird sie nicht zum Abitur an die Erweiterte Oberschule zugelassen. Enttäuscht muss sie dem wenig lukrativen Angebot zustimmen, eine Lehre als Chemiefacharbeiterin mit Abitur zu beginnen. Doch bedingt durch die schlechten Arbeitsbedingungen im Ausbildungsbetrieb wird Anke bereits im 1. Lehrjahr schwer krank und kann noch während ihrer Lehre einen Wechsel in die Abiturstufe erzwingen.

Ausgelöst durch die Ereignisse im Herbst 1989, an denen sich Ursel und Anke aktiv beteiligen und die Erna interessiert vor dem Fernseher verfolgt, rufen sich die drei Frauen ihre Lebensträume aus der Kindheit in Gedächtnis.

Doch alle drei sehen sich spätestens nach der Wiedervereinigung enttäuscht: Erna Schmidt, weil sie entdecken muss, dass sich das gesellschaftliche Korsett nicht löst; Ursel, weil für sie plötzlich Arbeitslosigkeit zur realen Bedrohung wird – und sich die Demokratie in ihren Augen keineswegs als 'gerechter' erweist; Anke Schmidt, weil für sie offensichtlich ist, dass „gerade in der Freiheit (…) Intelligenz Mangelware bleibt".

3.3 Intergeneratives Beziehungsgeflecht und Familienkonstellation zwischen Erna, Ursel und Anke Schmidt

Das Beziehungsnetz zwischen den drei Generationen der Familie Schmidt ist ein diffuses Geflecht, in dem die drei Frauen gleichzeitig verschiedene Positionen innehaben. Die Großmutter Erna Schmidt ist einerseits die älteste lebende Generation in der Familie, die aufgrund ihres hohen Alters Achtung und Respekt von ihrer Tochter Ursel und ihrer Enkelin Anke einfordert. Gleichzeitig möchte sie für die anderen Generationen Ratgeberin und emotionale Stütze sein. Doch sie kann dieser eingeforderten Rolle nicht gerecht werden, da ihr nicht genügend Wissen über die Gegenwart als auch über die Zusammenhänge zwischen Vergangenem, Gegenwärtigem und Zukünftigem zur Verfügung steht. Die Erklärung dafür liefert Erna in ihrer biographischen Erzählung und findet sie in ihrer Erziehung, die sie als Kind erlebte. Sie wächst in einem traditionellen Befehlshaushalt auf, in dem sie zu Gehorsam und Unterordnung erzogen wird. Bis zum Ende des Zweiten Weltkrieges bleibt Erna in der verordneten Unselbständigkeit verhaftet und stellt ihre Lebensumstände nicht in Frage. Erst als sich die gesellschaftlichen Verhältnisse grundlegend ändern und Erna mit völlig veränderten Lebensbedingungen konfrontiert wird, thematisiert sie den nun zum Scheitern verurteilten Lebensplan. Und als Erna trotz aller Bemühungen sich selbst eingestehen muss, dass sie nicht selbständig ihr Leben gestalten kann, nutzt sie die erfahrene Erziehung als Strategie, um sich erneut in die Hände anderer zu begeben, die für sie Leben und Biographie gestalten. Zu ihrer Tochter Ursel kann Erna keine intensive Beziehung aufbauen, da sie mit der Erziehung ihrer Tochter Ursel durch die Auswirkungen des zweiten Weltkrieges (Selbstversorgung, plötzlicher Statusverlust) überfordert ist. Das distanzierte Verhältnis zwischen Erna und Ursel bleibt bestehen. Erna bleibt in der Unselbständigkeit verhaftet und weist als 80jährige die Schuld ihren Eltern zu. Zwar erkennt sie, dass auch die gesellschaftlichen Umstände und die historischen Ereignisse entscheidend ihre Biographie beeinflusst haben, doch sie kann diese Erlebnisse nicht differenziert herauskristallisieren, weil sie nicht aktiv am politischen Geschehen teilhatte. Indem sie sich mit einer „doppelt betrogenen Generation" identifiziert, rekonstruiert sie ihre Biographie als Ereignisverstrickung, die vom einstigen Befehlshaushalt in der Kindheit überstrahlt wird und die gesamte Biographie zu beeinflussen scheint. Erna hat in ihrem Leben immer versucht, sich an die jeweiligen gesellschaftlichen Umstände anzupassen. Mit dieser Strategie wird sie stets im intergenerativen Beziehungsgeflecht konfrontiert, wenn sie ihre Position einfordert, ohne ihr gerecht werden zu können. Fordernd tritt sie an ihre Tochter Ursel heran, einschmeichelnd und bewundernd betrachtet sie ihre Enkelin Anke. Anerkennend spricht sie über Ursels Leistungen, geringschätzig urteilt sie über Ankes Lebensweg. Erna ist voller Neid und Liebe zugleich. Einerseits möchte sie ihr Leben anders gestalten können, andererseits nicht aus den alten Gewohnheiten ausbrechen müssen.

Die Mutter Ursel entwickelt bereits als Kind eine Strategie des „Wartens auf bessere Zeiten". Sie ist schon als kleines Mädchen in vielen Lebensbereichen völlig auf sich gestellt bzw. zurück geworfen. Dabei muss sie einerseits den Befehlen der Mutter gehorchen, andererseits schon früh ihr Leben selbst organisieren. Dieser Konflikt wirkt sich auf die Beziehung zwischen Ursel und Erna aus und führt in der Folge zu einem distanzierten Verhältnis zwischen Mutter und Tochter, das keine der beiden lösen kann. Im Unterschied zu ihrer Mutter Erna verfolgt Ursel interessiert die gesellschaftlichen Wandlungsprozesse in der Nachkriegszeit und hofft auf gesellschaftliche Veränderungen in der DDR bis zum Mauerbau im August 1961. Doch sie wird nicht handlungsaktiv, als sich die politische Lage in der DDR zuspitzt. Ursel zieht sich in ihre privaten Familienstrukturen zurück und klammert sich an ihre Kinder, vor allem an die Tochter Anke. Doch das gespannte Verhältnis zu ihrer Mutter Erna kann Ursel nicht lösen. Dennoch ist sie sich ihrer familialen Verpflichtung gegenüber der Mutter bewusst. Wie schon als kleines Mädchen übernimmt Ursel die Versorgung ihrer Mutter Erna (Einkäufe, Hilfe im Haushalt). Als im Herbst 1989 Tausende von DDR-BürgerInnen für einen demokratischen Staat demonstrieren, wird auch Ursel aktiv. Kurzzeitig tritt Ursel aus ihrer Wartehaltung, doch als sie merkt, dass ihre Hoffnungen und Veränderungswünsche nicht ohne weiteres durchsetzbar sind, wird sie erneut zur Beobachterin.

Die Tochter Anke erfährt als Kind eine auf ihre Bedürfnisse hin zentrierte und behütete Erziehung. Doch gerade durch dieses Erziehungsmuster fühlt sich Anke von Anfang an in eine Außenseiterinnen-Position gedrängt. Sie kann nur durch eine Strategie des Rückzugs die behütende Erziehung ihrer Mutter ertragen. Diese Rückzugsstrategie hilft ihr später, die Scheidung ihrer Eltern zu bewältigen und gleichzeitig einen Kontakt zur Großmutter Erna aufbauen zu können. Der Konflikt zwischen ihrer Großmutter Erna und ihrer Mutter Ursel ist für Anke nicht bedeutsam. Wie ihre Mutter Ursel verfolgt Anke interessiert das politische Geschehen in der DDR, wird aber ebenfalls nicht handlungsaktiv. Im Herbst 1989 nimmt sie an den Demonstrationen teil, gesteht sich gleichzeitig ihre DDR-Sozialisation ein und reflektiert ihre eigenen Handlungsspielräume. Doch als der Wunsch nach einer Wiedervereinigung beider deutscher Staaten auf den Demonstrationen lautstark ausgerufen wird, zieht sich Anke zurück und konzentriert sich auf sich selbst. Ursel strebte durch die behütende Erziehung an, Anke zu einem kritischen und selbstbewussten Menschen zu erziehen. Doch Anke kann dieser erfahrenen „Überbehütung" in der Kindheit nur durch Rückzug und Konzentration auf sich selbst entkommen. Diese Rückzugsstrategie wird für Anke auch zum zentralen politischen Handlungsmuster als der Zusammenbruch der DDR abzusehen ist. Sie nimmt damit genau wie ihre Mutter Ursel und die Großmutter Erna eine abwartende Haltung ein und wird zur Beobachterin gesellschaftlicher Wandlungsprozesse.

Charakteristisch für die drei Biographien von Erna, Ursel und Anke Schmidt ist die Angst vor biographischen Konsequenzen, mit denen sie konfrontiert werden könnten. Ähnlich gestalten sich auch die familialen Umgangsformen zwischen Großmutter, Mutter und Tochter. Zwischen Erna und Ursel besteht ein gespanntes Verhältnis. Beide sind sich dieser Problematik bewusst, aber sie thematisieren diese Spannungen nicht. Ursel und Anke verbindet eine sehr intensive emotionale Beziehung, aus der sich Anke möglichst konfliktlos lösen möchte. Erna und Anke haben ein freundschaftliches Verhältnis aufgebaut, das sie mit gemeinsamen Freizeitinteressen ausfüllen. Damit wird die Familie in allen drei Generationen zur sozialen und emotionalen Ressource:

Zwischen Erna und Ursel besteht eine Versorgungsbeziehung, die die emotionalen Probleme überlagert und zugleich kompensiert. Damit müssen Erna und Ursel ihre emotionalen Spannungen nicht thematisieren. Vielmehr können sowohl Erna als auch Ursel durch die sozialen Unterstützungsleistungen ihre individuellen Familienentwürfe weiterleben. Indem Ursel die Verantwortung für den Haushalt ihrer Mutter Erna übernimmt, wie sie es schon in ihrer Kindheit getan hat, kann sie das Bild der „überforderten Mutter Erna" aufrechterhalten.

Erna kann dadurch ihr Alter genießen, da für sie die soziale Versorgung durch ihre Tochter Ursel gewährleistet ist. Anke erhält durch den Konflikt zwischen Großmutter und Mutter emotionale Zuwendung von beiden Generationen. Für Erna ist Anke die Enkelin, auf die sie stolz sein kann und mit der sie ihre Freizeit verbringt, obwohl sie den Lebensentwurf von Anke nicht verstehen kann. Ursel sieht in ihrer Tochter Anke den Familienhalt, den sie sich seit ihrer Kindheit erträumte. Anke versucht, den Anforderungen beider Generationen zu entsprechen, indem sie mit ihrer Mutter Ursel in einem Haushalt zusammenlebt und mit der Großmutter Erna einen Teil ihrer Freizeit verbringt. Doch um ihren eigenen biographischen Entwurf leben zu können, besinnt sie sich auf ihre Rückzugsstrategie und versucht, ein eigenes Leben neben der Familie aufzubauen, allerdings ohne die familiale Bindung abzubrechen.

3.4 Familientraditionen und Familienthemen der Familie Schmidt

Das zentrale Thema in allen drei biographischen Erzählungen der Familie Schmidt ist die Suche nach einem eigenen, emanzipierten und anerkannten Lebensentwurf innerhalb einer (weiblichen) Biographie zwischen Familie und Beruf. Ein emanzipiertes Familienleben, eine emanzipierte berufliche Position, ein emanzipierter Blick auf das gesellschaftspolitische Geschehen findet sich an vielen verschiedenen Stellen der drei Biographien als zentrale Begründungszusammenhänge für ganz unterschiedliche Argumentationsstrategien in den biographischen Handlungsmustern.

Die Großmutter Erna Schmidt bleibt bis ins hohe Alter von anderen Menschen abhängig, die ihr Leben verregeln und bestimmen. Von ihnen übernimmt sie unhinterfragt die Sicht auf das gesellschaftliche Geschehen und den biographischen Lebensentwurf, in dem sie sich einrichtet. Obwohl sie vom Ende des Krieges bis in die Mitte der fünfziger Jahre versucht, sich von dem klassischbürgerlichen Familienbild ihrer Kindheit zu trennen, schafft sie es nicht, sich von den Vorstellungen einer männlichen Versorgerehe loszulösen. Aber sie benutzt ihre zweite Heiratseinwilligung dazu, ihre Tochter Ursel aus der klassischen Familienkonstellation zu stoßen und sie zu einem selbstbestimmten Lebensentwurf zu zwingen. Ihre Hoffnungen und Erwartungen konzentrieren sich auf Ursels Fähigkeiten einen neuen Weg zwischen Familie und Beruf zu finden.

Die Mutter Ursel erkennt Ernas Erwartungen und versucht sie einzulösen. Doch sie findet keine Strategie, ein ausgefülltes Berufs- mit einem „glücklichen" Familienleben gelungen miteinander zu verbinden. Zu hoch sind ihre Erwartungen an die beiden Lebensbereiche: Das Bild einer „glücklichen" Familie hat sie bereits als kleines Mädchen entworfen und hält noch im Erwachse-

nenalter daran fest. Sie kann sich nicht von diesem Bild lösen und wartet auf die
„besseren Zeiten", die für sie mit einer großen Wohnung und einem liebevollen
Ehemann und Vater anbrechen (könnten). Geduldig nimmt sie über Jahre den
Schmerz über die unerfüllten Träume hin. Während dieser Zeit des Wartens auf
das erfüllte Familienleben kann sie jedoch ihre persönlichen Vorstellungen von
einem anspruchsvollen Berufsleben realisieren. Hier findet Ursel ihren eigenen
Weg, den sie mutig beschreitet und der für sie in biographischen Krisensituationen zum Rettungsanker wird. Denn sie ist sich über ihre Leistungen bewusst
und kann zuerst die Ausbildung ihres Mannes, später die ihrer beiden Töchter
intellektuell und finanziell fördern. Diesen Mut bringt Ursel jedoch nicht auf,
wenn es um ihr individuelles Wohlbefinden und ihre Träume über einen familialen Rückhalt geht. Hier erscheint sie gelähmt, gehemmt und ähnlich den Wünschen und Erwartungen anderer ausgeliefert wie ihre Mutter Erna.

Die Tochter Anke wird von kleinauf mit den Träumen und Wünschen des
glücklichen Familienlebens ihrer Mutter Ursel konfrontiert. Sie ist nicht nur die
Tochter, die als „Rettungsanker" der elterlichen Beziehung neues Leben einhauchen soll. Sondern sie ist auch diejenige, von der (endlich) eine gelungene Symbiose zwischen Familien- und Berufsleben erwartet wird. Umsorgt und geliebt
von ihrer Mutter Ursel schafft sie es nach und nach, ihren Vater in ein anderes
Licht zu stellen und so das überzogene und idealistisch entworfene Bild einer
„glücklichen Familie", das ihre Mutter Ursel entworfen hat, neu zu konstruieren.
Diese Konstruktion gelingt ihr jenseits heterosexueller Beziehungen zwischen
Mann und Frau, jenseits von Kindern und jenseits des bürgerlichen Familienideals. In der lesbischen Liebe findet Anke Raum für ihre eigenen Bedürfnisse und
Wünsche. Dabei hilft ihr die bereits in der Kindheit entdeckte Rückzugsstrategie. Diese Strategie wendet sie immer dann an, wenn sie den Anforderungen
anderer Menschen nicht gewachsen ist oder wenn sie mit Einstellungen und
Orientierungen konfrontiert wird, die konträr zu ihren eigenen sind.

3.5 Kindheiten, Kindheitsträume und der Biographieverlauf

Im Fall der Familie Schmidt wird deutlich, wie bereits von Kindheit an die historischen Ereignisse und gesellschaftlichen Veränderungen mit individuellen
Hoffnungen, Träumen und Wünschen verknüpft werden. Jedes historische Ereignis wird von den Biographieträgerinnen mit dem Traum und der Hoffnung
verbunden, dass sich die bisherige biographische Situation verändern wird. Mit
jedem gesellschaftlichen Veränderungsprozess erwachen die noch unerfüllten
Erwartungen und Anforderungen, die von den jeweils älteren Generationen
aufgestellt worden sind. Interessant ist hier zudem, dass ‚Familie' nicht im Ge-

gensatz zwischen Öffentlichkeit und Privatheit konstruiert wird, sondern dass das Familienleben das gesellschaftliche Korsett der individuellen Lebenswelt darstellt. Die Familienwelt bietet weder sozialen Rückhalt noch eine wirkliche Ressource im Sinne eines Schonraums, sondern sie ist ein gesellschaftlich legitimiertes und zugleich erzwungenes Miteinander, aus dem sich die BiographieträgerInnen lösen wollen. Begründet werden diese Ablösungsversuche mit den Kindheitserinnerungen. Um den familialen Ablösungsprozess vollziehen zu können, hoffen sowohl Erna, als auch später Ursel und Anke auf den ‚Lauf der Geschichte', den sie mit Änderungswünschen verknüpfen. Sie wünschen sich gesellschaftliche Veränderungen, in denen sie neue Lebenswege beschreiten können und keine Rücksicht mehr auf die gesellschaftlich legitimierten Traditionen und Normen – insbesondere im Zusammenhang mit einer ‚weiblichen Normalbiographie' nehmen müssen.

Interessant ist in allen drei Biographien der Familie Schmidt, dass individuelle Wünsche und Hoffnungen direkt mit den historischen Veränderungen verknüpft werden, da sie es nicht aus eigener (biographischer) Kraft schaffen, sich dem traditionellen Familienkorsett zu entziehen. Zwar haben sie ganz klare, eigene Vorstellungen jenseits der traditionell normierten Familienbeziehungen, aber sie können diese eigenen Entwürfe nicht als biographischen Lebensweg finden. Erst wenn sich abzeichnet, dass sich die Gesellschaft, in der sie leben, ändern wird, finden sie den Mut, nach neuen Wegen zu suchen. Bezeichnend ist aber gleichzeitig die Enttäuschung, die nach den gesellschaftlichen Veränderungsprozessen eintritt, weil sich das jeweilige System nicht so ändert, wie die Biographieträgerinnen es sich wünschen:

– Die Großmutter Erna verknüpft ihre Kindheitserinnerungen mit dem ‚Warten auf ein besseres Leben' jenseits elterlicher Vorherbestimmtheit und hofft auf ein selbstbestimmtes Familienleben mit Mann und Kindern, als die Nationalsozialisten an die Macht kommen. Doch sie wird enttäuscht, weil ihr erster Mann ihr Leben genau so vorbestimmt, wie es bis zur Heirat ihre Eltern getan haben. Nach dem Ende des Krieges hofft sie, in der DDR als berufstätige Mutter leben zu können. Sie kämpft für ihre Ausbildung und kümmert sich kaum noch um ihre Kinder. Doch auch in der DDR muss sie sich schließlich wieder dem traditionellen Familienbild fügen, da sie sich nur vor einem finanziellen Ruin bewahren kann, wenn sie zum zweiten Mal heiratet. Von ihrem zweiten Mann wird sie erneut in die traditionelle Hausfrauen- und Mutterrolle gedrängt. Während sie die Hausfrauenrolle annehmen muss, wehrt sie sich gegen die Mutterrolle, indem sie ihre Kinder in die Selbständigkeit zwingt. Noch als Rentnerin hofft sie darauf, dass sich mit dem gesellschaftlichen Umbruch im Herbst 1989 etwas für sie ändern wird. Doch auch in der Bundesrepublik ist sie auf ihren Mann angewiesen, für den sie weiterhin sorgen muss. Sie merkt, dass auch in der „demokratischen Zivilgesellschaft" das traditionelle Bild der männlichen Versorgerehe keineswegs obsolet geworden ist. Denn sie ist nun auf die Fürsorge ihrer Tochter und die finanzielle Unterstützung ihres Mannes angewiesen.

- Die Mutter Ursel Schmidt hofft als kleines Mädchen darauf, dass sich nach dem Ende des Krieges ihr Traum einer vollständigen und glücklichen Familie erfüllt. Doch ihr Vater kehrt nicht nach Hause zurück und sie muss wie viele Kinder ihrer Generation aufwachsen - vaterlos und bereits frühzeitig zur Selbständigkeit gezwungen, wünscht sie sich von ganzem Herzen eine eigene Familie, in der sie eine gleichberechtigte Partnerschaft leben, sich als Mutter liebevoll um ihre Kinder sorgen und als berufstätige Frau engagieren kann. Doch auch sie wird enttäuscht. Für ihre Kinder bleibt ihr nur wenig Zeit. Die Partnerschaft wird auf Wunsch ihres Mannes durch die unkomplizierten Scheidungsgesetze in der DDR kurzerhand geschieden. Als sich im Sommer 1989 abzeichnet, dass sich endlich das Gesellschaftssystem ändern könnte, kämpft sie für sich und ihre Tochter um ein freieres Leben jenseits politischer Zwänge. Doch sie merkt schnell, dass sie auch nach dem Umbruch auf ihr ‚Frausein' zurückgeworfen ist. Die Parteien sind von Männern besetzt, die nicht einmal zuhören, was sie zu sagen hat. Auch in der Bundesrepublik findet sie nicht die Gleichberechtigung, die sie sich in der Umbruchsituation erhoffte.

- Die Tochter Anke Schmidt sieht ihre Kindheit geprägt von den nur schwer beeinflussbaren Eskapaden der Erwachsenen. Im Verlauf ihrer Kindheit und Jugend entwickelt sie Rückzugsstrategien, die sie als Gegenreaktion zu der von Überbehütung geprägten Mutter-Tochter-Beziehung entwirft. Nach der Maueröffnung, als Jugendliche, hofft sie, endlich gleichberechtigt und fern von den legitimierten Normen und Werten innerhalb und außerhalb der Familie ungestört leben zu können. Sie möchte ganz neue Wege beschreiten und die Welt, die ihr nun offensteht, mit anderen Menschen für sich entdecken. Doch sie wird enttäuscht. Es gibt nichts wirklich Neues für sie zu erkunden. Denn auch die Demokratie funktioniert nach Regeln, die aus ihrer Sicht viel zu schnell und allzu leicht zu durchschauen sind.

4 Ein Fazit: Sozialpädagogische Kindheitsforschung zwischen Biographie, Geschichte und Generation

Am Fall der drei Generationen der Familie Schmidt dokumentieren sich m.E. mindestens Antworttendenzen auf die eingangs aufgeworfenen Fragen (vgl. Abschnitt 1), die gerade für eine sozialpädagogische Kindheitsforschung interessant sein dürften. Vor dem Hintergrund des dargestellten Falls der Familie Schmidt als auch des gesamten Fallmaterials will ich nun abschließend diese möglichen Antworten skizzieren:

Erstens: In allen erhobenen Familienfällen zeichnen sich sozialgeschichtliche Wandlungsprozesse ab. Hierbei lässt sich nicht nur die „Erforschung der Kindheit als soziales Phänomen" verfolgen, sondern es werden gleichsam Kinderwelten von den BiographieträgerInnen erinnert, in denen sich institutionelle (d.h. Familie, Schule, Peers, Ausbildung) Zusammenhänge als komplexe Konstrukte wieder finden. Klar zeichnen sich auch die erlebten sozialgeschichtlichen wie sozialisatorischen Verstrickungen ab, die als ‚Befruchtung von Biographie und Geschichte' wie auch als Lern- und Erziehungsgeschichten lesbar werden. Das könnte für die sozialpädagogische Theoriebildung interessant sein – nicht zuletzt, weil sich hieraus neue Grenzen und Möglichkeiten für die Soziale Arbeit mit Kindern und Jugendlichen speisen.

Zweitens: Aus erziehungswissenschaftlicher Perspektive finden wir hier einmal mehr den diagnostizierten Wandel vom Befehls- zum Verhandlungshaushalt (vgl. Büchner/Krüger 1991), d.h. den Wandel von einer Kindheit, die – bei der älteren Generation der um 1910-1920 Geborenen – noch stark von den Erwartungen der Eltern bestimmt war über eine Kindheit in der mittleren Generation der Mütter und Väter, die im Trend zwischen erzwungener Selbstständigkeit einerseits und Gehorsam andererseits angesiedelt werden kann – hin zu einer Kindheit der jüngeren Generation der Töchter und Söhne, die zunehmend institutionell verregelt wird, aber indem gleichzeitig die Beziehungen zwischen den Generationen immer weniger durch Respekt und Gehorsam geprägt sind. Die Rekonstruktion der Erziehungshaushalte könnte für eine sozialpädagogische Kindheitsforschung in mehrfacher Hinsicht relevant sein, da sich hier die Dimension von Erziehung in der Verschränkung zwischen den (sozial-)pädagogischen Institutionen Schule, Familie und Jugendhilfe verorten ließe.

Drittens: Aus sozialisatorischer Perspektive lassen sich ganz deutlich Bezüge zu den Aufwachsbedingungen rekonstruieren, die sich als Verstrickungen zwischen erinnerter Kindheit und institutionellen Erfahrungen widerspiegeln. In diesem Kontext lässt sich zudem die Frage danach verfolgen, inwieweit sich die Befragten den so genannten „zentralen Sozialisationsinstanzen" ausgeliefert sahen bzw. ob – und wenn ja, inwieweit – sie diese selbst beeinflussen konnten;

welche Möglichkeiten ihnen zur Verfügung standen, Prozesse der ‚Selbstinitiation' in Gang zu setzen – und nicht zuletzt: wie sie ihren Kinderalltag „inmitten der Erwachsenenwelt" (Bernfeld) gelebt und bewältigt haben. Hier zeigt sich im Fallmaterial deutlich, dass sich die Ereignisverstrickungen, die die Befragten zu bewältigen hatten, im intergenerativen Vergleich ebenfalls einem Wandel unterliegen: Bei der Großelterngeneration sind es vor allem Fragen danach, wie sich die gestellten Anforderungen einlösen bzw. auch teilweise umgehen lassen. In der Elterngeneration stehen vor allem Fragen nach der Lebens- und Familienorganisation im Mittelpunkt: Diese sind in erster Linie sozialgeschichtlich, d.h. aus der Logik der durchlebten ‚Geschichte' – begründbar. Die Wirren der Nachkriegszeit, die prekäre Situation, Alltag zwischen Mangel und Ungewissheit organisieren zu müssen, z.t. Not und Armut zu begegnen, sind ein Kennzeichen. Hinzu kommt die Sorge um die Väter (Stichwort: „vaterlose Gesellschaft"). In anderen Biographieverläufen etwa wird thematisiert, wie 9- und 10-Jährige dieser Generation zuerst „fast wie Erwachsene" das Leben zu meistern hatten – nach der Rückkehr der Väter plötzlich wieder „Kinder werden sollten/mussten". Bei der jüngeren Generation ist vor allem interessant, dass sie zunehmend Probleme des Zusammenlebens ihrer Mütter und Väter bewältigen müssen – und z.t. sogar familiale Beziehungen umdefinieren – im Fall von Anke Schmidt war es die Hoffnung, mit ihrem Vater zusammen zu leben – in anderen Biographien sind es mehrere Mütter und Väter oder Konstellationen in Erwachsenen-Kinder-Konstellationen.

Mit dieser Dimension nähern wir uns m.E. schließlich dem Kern sozialpädagogischer Kindheitsforschung, denn die sozialisatorische Perspektive gibt den Weg frei für den sozialpädagogischen Blick aktueller Aufwachsbedingungen von Kindern und Jugendlichen.

Viertens: Zudem zeigt sich in den Biographieverläufen deutlich, wie stark das Kinderleben von den ökonomischen Lebenslagen seit Beginn des 20. Jahrhunderts abhängig war - insbesondere dann, wenn sich plötzlich diese ökonomischen Konstellationen ändern. Interessant ist, dass – quasi ‚nebenbei' – die BiographieträgerInnen in ihren Handlungsmustern bzw. den Begründungen die Ursachen für etwaige Lebenslagen-Veränderungen mitliefern: Biographisch werden sie als Legitimationen für bestimmte' Handlungen herangezogen und haben insofern Begründungscharakter. Sozialgeschichtlich dürften sie Kennzeichen für veränderte Lebens- und (letztlich:) Gesellschaftslagen sein. Neben veränderten ökonomischen Lebenslagen sind die sozialgeschichtlichen Ereignisse auch im Generationszusammenhang bedeutsam – nicht zuletzt auch deshalb, weil sich die BiographieträgerInnen hierüber selbst zeitlich verorten und zum Teil selbst als Angehörige bestimmter Generationen beschreiben. Hierüber lassen sich letztlich Identifikationen verschiedener Generationen sozialgeschichtlich bestimmen, denn zwei aufeinander folgende Generationen entwickeln ein anderes Verständnis für historisch-sozialgeschichtliche Probleme und „bekämpfen einen jeweils anderen Gegner in der Welt und in sich. Während die Alten etwas noch in sich, oder in der Außenwelt bekämpften und alle ihre Gefühls- und Willensintentionen, aber auch die Begriffserklärungen auf diesen Gegner hin orientierten, ist dieser Gegner für die Jugend verschwunden" (Mannheim 1928, S. 181).

Für die sozialpädagogische Theoriebildung zu Kindern und Kindheiten dürfte in der Rekonstruktion ökonomischer Lebenslagen die programmatische Hintergrundkonstruktion liegen, mit der sich Kinder und Kindheiten bzw. Lebenslagenbeschreibungen von Kindern neu verorten lassen. Dass sich hierfür ein intergenerativer Vergleich als besonders fruchtbar erwiesen hat, zeigt einmal mehr, dass es an der Zeit wäre, die Forderung nach intergenerativ vergleichenden Studien endlich einzulösen.

Abschließend bleibt mir, aus diesen Einsichten dafür zu plädieren, dass der Blick auf Biographie, Generation und (Sozial-)Geschichte einen geeigneten Zugang darstellen dürfte, wenn sowohl in Rekonstruktiven wie aktuellen Studien nach Kindern und Kindheiten im Horizont sozialpädagogischer Theoriebildung gefragt wird. Wichtig ist hier m.E. Kinder, Jugendliche und Erwachsene konsequent als soziale Akteure zu begreifen und zugleich die Sozialgeschichte mit zu berücksichtigen, innerhalb derer jeweils Kindheit und Kindsein verläuft. Und vielleicht könnte hierin eine sozialpädagogische Theoriebildung zu Kindern und Kindheiten liegen, die konsequent den Blick für soziale Probleme innerhalb sozialpolitischer Kontexte freilegt.

Literatur

Bernfeld, S. (1928): Sysiphos oder über die Erziehung. Leipzig/Wien/Zürich
Bock, K. (2000): Politische Sozialisation in der Drei-Generationen-Familie. Opladen
Bock, K./Ecarius, J. (1999): „Ich glaube nicht, irgendwann mal Mitglied einer glücklichen Familie zu sein." Sozialisationsprozess und biographisches Lernen in familialen Generationsbeziehungen. In: Fromme, J. et al. (Hrsg.): Selbstsozialisation, Kinderkultur und Mediennutzung. Opladen, S. 75-87
Büchner, P./Krüger, H.-H. (Hrsg.) (1991): Aufwachsen hüben und drüben. Opladen
Heinzel, F. (2000): Methoden der Kindheitsforschung. Ein Überblick über Forschungszugänge zur kindlichen Perspektive. Weinheim/München
Hengst, H./Kelle, H. (Hrsg.) (2003): Kinder – Körper – Identitäten. Theoretische und empirische Annäherungen an kulturelle Praxis und sozialen Wandel. Weinheim/München
Honig, M.-S./Lange, A./Leu, H. R. (Hrsg.) (1999): Aus der Perspektive von Kindern? Zur Methodologie der Kindheitsforschung. Weinheim/München

Mannheim, K. (1928): Das Problem der Generationen. In: Vierteljahreszeitschrift für Soziologie, Band 6, S. 157-185 und 311-330

Qvortrup, J. (1993): Die soziale Definition von Kindheit. In: Markefka, M./Nauck, B. (Hrsg.) Handbuch der Kindheitsforschung. Weinheim/München, S. 109-124

Schulze, Th. (1993): Biographisch orientierte Pädagogik. In: Baacke, D./Schulze, Th.: Aus Geschichten lernen. Zur Einübung pädagogischen Verstehens. Weinheim/München 1. Aufl. 1979, S. 13-40

Schulze, Th. (1995): Erziehungswissenschaftliche Biographieforschung. In: Krüger, H.-H./Marotzki, W. (Hrsg.): Erziehungswissenschaftliche Biographieforschung. Opladen, S. 10-31

Schütze, F. (1983): Biographieforschung und narratives Interview. In: Neue Praxis 13 (3) S. 283-305

Schütze, F. (1984): Kognitive Figuren des autobiographischen Stegreiferzählens. In: Kohli, M./Robert, G. (Hrsg.): Biographie und soziale Wirklichkeit. Stuttgart, S. 78-117

Wilde, O. (1894/2000): Sätze und Lehren zum Gebrauch für die Jugend. In: Kohl, N. (Hrsg.): Oscar Wilde. Essays II. Sämtliche Werke, Bd. 7. Frankfurt/M./Leipzig, S. 253-255

Zinnecker, J. (1996): Soziologie der Kindheit oder Sozialisation des Kindes? Überlegungen zu einem aktuellen Paradigmenstreit In: Honig, M.-S./Leu, H.R./Nissen, U. (Hrsg.): Kinder und Kindheit. Weinheim/München, S. 31-54

Politik für Kinder in Deutschland – Versuch einer Zwischenbilanz

Sven Borsche

Mit der Thematisierung einer Politik für Kinder in Deutschland soll ein spezifischer Aspekt des Sozialen aufgegriffen werden. Es war wohl Lüscher (1977), der das Thema „Politik für Kinder – Politik mit Kindern" zum ersten Mal explizit aufbereitet hat. Seitdem sind – vielfach auch ausgelöst oder verstärkt durch das 1979 von den Vereinten Nationen ausgerufene Internationale Jahr des Kindes und seine Nachklänge – kinderpolitische Fragen zunehmend häufiger Gegenstand politischer Auseinandersetzungen geworden, vom Steuerrecht (z.b. Familienlastenausgleich) über Strukturfragen (z.b. Einrichtung der Kinderkommission im Deutschen Bundestag) und Ausbau der sozialen Infrastruktur (z.b. Schaffung des Rechtsanspruchs auf einen Kindergartenplatz) bis hin zur Rechtsstellung von Kindern (z.b. Reform des Kindschaftsrechts).[1] Auch wurde immer wieder die Forderung erhoben, ein eigenständiges Ressort „Kinderpolitik" zu schaffen.[2]

Mit der folgenden Zwischenbilanz soll daher versucht werden, nachzuzeichnen, ob sich – auch mit Blick auf die in Frage stehenden wissenschaftstheoretischen Positionen – in den vergangenen Jahren eine konsistente Politik für Kinder und eine damit in untrennbarem Zusammenhang stehende angemessene Entfaltung von Kinderrechten entwickelt hat bzw. unter welchen Bedingungen und Voraussetzungen sich eine solche Politik plausibel entwickeln und ggf. die damit zusammenhängende Notwendigkeit eines Ausbaus von Kinderrechten begründen lassen. Dabei wird durchaus davon ausgegangen, dass es, wie auch zuvor angesprochen, bereits zahlreiche Anläufe gibt, einzelne Aspekte von Kinderpolitik oder von Kinderrechten ausführlich zu reflektieren. Es fehlt aber – so

---

1   Eine ausführliche Übersicht z.B. bei Borsche (2003) und in den beiden vorletzten Jugendberichten (BMFSFJ 1998 und BMFSFJ 2002); siehe auch Honig (2001) und Lüscher (2003).
2   So wohl zuletzt Mierendorff/Olk (2003), allerdings gehört dazu auch eine Verständigung, welche Altersgruppe gemeint ist, wenn von Kindern die Rede ist. Einzelheiten dazu unter Punkt (4) in diesem Text.

die These – noch an inhaltlichen Übereinkünften für ein Gesamtkonzept einer Politik für Kinder, das zugleich mit den erforderlichen strategischen Ansätzen verknüpft ist.[3]

In den folgenden Ausführungen geht es daher zunächst darum, einige Widersprüche der bisherigen Ansätze einer Politik für Kinder zu rekapitulieren (1). Danach werden Kriterien für ein Gesamtkonzept einer Kinder- und Jugendpolitik entworfen, die in gleicher Weise fachliche, strukturelle und wirtschaftliche Aspekte wie sowohl horizontale (Politik als Querschnitts- und Ressortaufgabe) als auch vertikale (Politik als föderale Aufgabe) Elemente enthalten bzw. einbeziehen sowie auf die kinder- und jugendpolitische Infrastruktur bezogen sind (2). Mit Hilfe dieser Merkmale werden dann einige aktuelle kinderpolitische „Baustellen" eingeordnet (3). Schließlich wird die Politik für Kinder als Ressort der Kinder- und Jugendpolitik begründet (4). Insgesamt soll ein Beitrag geleistet werden, für die seit Ende der 1970er Jahre andauernde Auseinandersetzung um eine kindorientierte Perspektive in der Sozialpolitik.

Es handelt sich um einen breit angelegten Ansatz, der – jedenfalls im ersten Zugriff und als Beitrag für einen Sammelband – nur gelingen kann, wenn er Unvollständigkeiten und auch Vergröberungen in Kauf nimmt. Der Zugang erfolgt – dies als weiterer einschränkender Ausgangspunkt – aus der Sicht der Bundesebene, was dem berufsbiographischen Hintergrund des Verfassers geschuldet ist.[4] Allerdings könnte als entlastend angeführt werden, dass sich die rahmengesetzliche Grundlage für den operativen Teil der Kinder- und Jugendpolitik mit dem SGB VIII /KJHG (noch) auf Bundesebene befindet.

1 Einige Widersprüche der herrschenden Politik für Kinder

Man kann zwar durchaus davon ausgehen, dass der zu behandelnde Gegenstand einer „Kinderpolitik" mangels Existenz durch Erschließungen und Reflexionen erst noch zu schaffen wäre. Aber es gibt gleichwohl mittlerweile in Deutsch-

---

3 Mierendorff und Olk (2003) haben aus sozialwissenschaftlicher Perspektive ein in der Sache umfassendes Konzept einer Kinderwohlfahrtspolitik entwickelt, an das hier weitgehend angeknüpft wird. Es wird aber zugleich versucht, dieses um strategische Aspekte zu ergänzen und auf aktuelle kinderpolitische Vorhaben einschließlich entsprechender Forderungen anzuwenden.
4 Der Autor war mehrere Jahrzehnte für die Kinder- und Jugendhilfepolitik eines Wohlfahrtsverbandes (Arbeiterwohlfahrt) auf Bundesebene zuständig und war viele Jahre Sekretär des Bundesjugendkuratoriums. Er hat gleichzeitig aber auch Verknüpfungen zur regionalen und örtlichen Ebene, etwa über eine langjährige Tätigkeit im Vorstand der Interessengemeinschaft alleinerziehender Mütter und Väter in Troisdorf e.V.

land, wie zuvor bereits angedeutet, doch schon eine Fülle von Anhaltspunkten, d.h. auch konkrete politische Entscheidungen, die sich zumindest als Kinderpolitik gerieren und auch explizit unmittelbare oder mittelbare Wirkungen auf bzw. für Kinder haben. Im Grunde reicht diese Erkenntnis über die letzten Jahrzehnte hinaus. Die Einführung der allgemeinen Schulpflicht am Anfang des 19. Jahrhunderts verweist schon darauf, dass sich die staatliche Gemeinschaft um das Wohlergehen von Kindern gekümmert hat.

Nun ist es zwar offenkundig, dass – national wie international – die Sorge um das Aufwachsen von Kindern zu den originären Aufgaben eines modernen Sozialstaats gehört. Gleichwohl gibt es in der Politik für Kinder auf mehreren Ebenen analytische und damit auch konzeptionelle Unzulänglichkeiten und Verkürzungen. Einige wesentliche Punkte lassen sich wie folgt zusammenfassen:

Grundsätzlich ist festzuhalten, dass zwar den Eltern grundgesetzlich zuvörderst das Recht auf Pflege und Erziehung ihrer Kinder zugeordnet ist. In den vergangenen Jahrzehnten hat aber die soziale Gemeinschaft – zumindest de facto – komplementär zunehmende Verantwortung für die Verwirklichung des Kindeswohls und die Ausformulierung und Umsetzung von Kinderrechten wahrgenommen.

Diese staatlichen Interventionen spielen sich zwar nun in sehr unterschiedlichen und vielfältigen Bereichen ab, mittels gesetzlicher Regelungen (Kinder- und Jugendschutz, Kinderarbeitsverbot, Teilmündigkeitsregelungen), durch direkte monetäre Transfers sowie durch soziale Dienstleistungsangebote in der Kinder- und Jugendhilfe und in der Bildung. Es hat aber bisher keine „integrierte kindbezogene Politik gegeben, die die einzelnen Bereiche und die auf unterschiedliche Ressorts und Verwaltungsebenen (Bund, Länder, Kommunen) verteilten Zuständigkeiten aus der Perspektive der Bevölkerungsgruppe der Kinder koordiniert und strukturiert" (Mierendorff/Olk 2003, S. 422).

Außerdem wird – um die in der Vorbemerkung erwähnte wissenschaftstheoretische Debatte aufzugreifen – bei Maßnahmen einer Politik selten offen gelegt, welche spezifischen Vorstellungen über Kinder und Kindheit zugrunde liegen. Es kommt nämlich für eine Positionierung von Kindern bei den Debatten über den Umbau des Sozialstaats entscheidend darauf an, ob Kinder „vornehmlich als entwicklungsbedürftige Wesen betrachtet werden, die erst in die Gesellschaft hineinwachsen müssen und vorrangig als ein Bestandteil des Familienhaushalts angesehen werden" (ebd., S. 435), oder ob man eine kindbezogene Politik aus der Perspektive eines Verständnisses von Kindheit entwickelt, das von Kindheit als integralem Bestandteil der modernen Gesellschaft und von Kindern als aktiven (Mit-)Gestaltern ihrer Lebenswirklichkeit ausgeht.

Ferner wird bei kinderpolitischen Maßnahmen zu wenig berücksichtigt, dass für die Wohlfahrt von Kindern – entwickelt aus der entsprechenden sozialwissenschaftlichen Forschung – im wesentlichen vier Dimensionen eine Rolle spielen: Besitzbedürfnisse (z.b. monetäre Ressourcen, Betreuung/Erziehung, Bildung, Arbeit, Gesundheit, Wohnung, Kinder- und Jugendhilfe), Zugehörigkeitsbedürfnisse (zu einer Familie, zu einer Peer-Group, zu einer Gesellschaft), Bedürfnisse nach Selbstverwirklichung (Freizeit, Mitwirkung an demokratischer Willensbildung) und gesellschaftsbezogene Bedürfnisse (soziale Wohlfahrt/lebbare Gesellschaft, Verteilungsgerechtigkeit zwischen den Generationen, Erhaltung der natürlichen Lebensgrundlagen, innerer und äußerer Friede). Darüber hinaus ist in diesem Zusammenhang zu beachten, dass sich der Bezugsrahmen für eine solche Wohlfahrtsproduktion aus vier Bereichen zusammensetzt, dem Staat, dem Markt, dem informellen (Familie, Verwandtschaft, Nachbarschaft, soziale Netzwerke) sowie dem dritten (intermediären) Sektor (Non profit-Bereich wie Bildungs- und Forschungswesen, Gesundheitswesen, soziale Dienste). Dieser Bezugsrahmen hat im übrigen zumindest zwei zentrale Bedeutungen für die Entwicklung einer konsistenten Politik für Kinder: Zum einen darf bei der Verbesserung der Wohlfahrt von Kindern nicht etwa nur auf einen der vier Sektoren der Wohlfahrtsproduktion gesetzt werden, weil ihre Qualität von vier Sektoren und deren Zusammenspiel abhängig ist. Zum anderen muss der „Mehrebenencharakter" berücksichtigt werden. So hängt die Wirksamkeit von Leistungen des öffentlichen Sektors für Kinder von der Ausgestaltung durch gesellschaftliche Akteure sowie vor allem durch den Familienhaushalt als vermittelnde Instanzen ab (Engelbert/Kaufmann 2003).

Dass die Situation von Kindern nicht ausreichend berücksichtigt wird, lässt sich wie folgt verdeutlichen: Die wohlfahrtsstaatliche Entwicklung in den vergangenen Jahrzehnten in Europa und in Deutschland hat dazu geführt, dass Renten für den Unterhalt der älteren Generation durch kollektive Alterssicherungssysteme abgedeckt worden sind, während der Aufwand für den Unterhalt der nachwachsenden Generation nach wie vor in der privaten Verantwortung der Erziehungsberechtigten geblieben ist. Diese – in Deutschland bewusst in Kauf genommene – Asymmetrie des so genannten Generationenvertrags stellt eine der wesentlichen Ursachen dafür dar, dass sich das Armutsrisiko von den Älteren zu den Kindern und insbesondere zu Familienhaushalten mit mehreren Kindern und zu allein erziehenden Haushalten verlagert hat.[5]

---

5   Dies ergibt sich u.a. aus dem ersten Armuts- und Reichtumsbericht für Deutschland; aus anderen Gründen kommen auch noch die Haushalte Einwanderer ohne deutschen Pass mit Kindern hinzu.

Schließlich haben sozialstaatliche Maßnahmen zwar erhebliche Auswirkungen auf Kinder, aber es wird oft nicht genügend deutlich gemacht, dass sie sich im Grunde auf andere Gruppen oder auf erst in der Zukunft liegende Ziele richten, nicht aber die Gegenwart von Kindern im Blick haben. Dazu gehört die seit Jahren breit geführte Diskussion über den Ausbau von Angeboten der Kinderbetreuung, die im Namen von Kindern geführt wird, im Grunde aber vorrangig die Absicht verfolgt, die herkömmlichen starren Kinderbetreuungszeiten in Tageseinrichtungen den neuen Arbeitszeiterfordernissen des Wirtschaftslebens anzupassen.

Auf diesem komplexen Hintergrund gilt es, ein tragfähiges Gesamtkonzept für eine Politik für Kinder einschließlich der für die Umsetzung erforderlichen Strategien zu entwickeln.

2 Überlegungen zu einem Gesamtkonzept einer Kinder- und Jugendpolitik

Spätestens seit Anfang der 1970er Jahre waren die Entwicklungen von Demographie, Wirtschaft und Arbeitsmarkt sowie der Strukturwandel staatlicher Politik Ursachen dafür, dass die Teilhabe am gesellschaftlichen Leben und die Sicherung der sozialen Systeme auf den Prüfstand gekommen sind bzw. die „soziale Gerechtigkeit"[6] sowohl innerhalb der jungen Generation als auch zwischen den Generationen in Frage gestellt worden ist. Die Gestaltung des gesellschaftlichen Wandels kann seitdem eigentlich nicht mehr als isolierte Adressatenpolitik, sondern muss unter dem Gesichtspunkt des Zusammenlebens der Generationen vorgenommen werden. Tatsächlich fehlt es aber an einem gesellschaftlichen Diskurs unter generationenübergreifenden Gesichtspunkten sowohl über Kindheit als auch über Jugend in Deutschland, ihre Rolle und Funktion in der Gegenwart wie für die Zukunft. Statt dessen ist Kinder- und Jugendpolitik immer wieder de facto „eine Addition von Maßnahmen und Handlungen" geblieben, „die entweder der reflexionslosen, selbstbezüglichen Fortschreibung von immer schon Praktiziertem entsprechen oder aber die immer wieder neu auftauchenden Legitimationsprobleme (s. Gewalt, Fremdenfeindlichkeit, Kinderkriminalität usw. oder zuletzt in der Bildungsdebatte die Konkurrenzfähigkeit auf internationaler Ebene) zum Auslöser haben" (Hornstein 2003, S. 880f.).

Eine tragfähige Politik für Kinder muss dagegen als ein wesentliches Element der Zukunftsgestaltung grundsätzlich und strukturell entfaltet werden.

---

6 Soziale Gerechtigkeit ist kein sich selbst erklärender Begriff: auf die entsprechende Auseinandersetzung kann an dieser Stelle aber nicht eingegangen werden.

Insoweit soll zunächst an erste entsprechende Ansätze einer Kinder- und Jugendpolitik als Teil einer expliziten Generationenpolitik angeknüpft werden (2.1.). Darüber hinaus erscheint es aber erforderlich, gleichzeitig diese Positionierungen mit Blick auf Schritte zur Umsetzung der Ziele erheblich mehr als bisher zu konkretisieren, damit auch überprüfbare Wirkungen erzielt werden können. Dazu werden zum einen Vorschläge gemacht, wo und wie Kinder- und Jugendhilfepolitik als Querschnittsaufgabe zu verdeutlichen und zu operationalisieren ist (2.2.). Zum anderen geht es darum, Herausforderungen für die Kinder- und Jugendpolitik als eine starke und selbstbewusste Ressortpolitik zu skizzieren, weil nur auf einer solchen Basis eine funktionierende Kooperation an den Schnittstellen zu anderen Ressorts gestaltet werden kann (2.3.). Schließlich wird der Versuch unternommen die kinder- und jugendpolitische Infrastruktur mit Blick auf ihre Angemessenheit bezüglich von Lösungen der anstehenden Herausforderungen zu klären bzw. transparenter zu machen (2.4.).

2.1 Eine tragfähige Kinder- und Jugendpolitik muss unter dem Vorzeichen einer Generationenpolitik konzipiert werden

Im Wesentlichen sind es in den letzten Jahren drei Ansätze gewesen, die Kinder- und Jugendpolitik als einen Teil von Generationenpolitik formulieren:

Der 1998 veröffentlichte Zehnte Jugendbericht (BMFSFJ 1998) hatte erstens eine neue Kultur des Aufwachsens als Anstrengung aller gesellschaftlichen Bereiche gefordert, wenn die Bemühungen der Kinder- und Jugendhilfe zugunsten von Kindern und Jugendlichen auch tatsächlich Erfolg haben sollten. Damit war eine Gesellschaftspolitik gemeint, die die Bedeutung aller Gruppen hervorhebt und ihren jeweiligen Platz beschreibt, statt nach Munitionierung für die eine Zielgruppe im Konflikt mit den anderen zu suchen. Diese Auffassung wurde mit Blick auf Kinder und Jugendliche durch den Anfang 2002 veröffentlichten Elften Jugendbericht (BMFSFJ 2002) unter dem Motto „Aufwachsen in öffentlicher Verantwortung" weiterentwickelt.

Das Bundesjugendkuratorium hatte zweitens Mitte 2000 mit seinen Thesen „Gegen den irrationalen Umgang der Gesellschaft mit der nachwachsenden Generation" deutlich gemacht, dass es für das Weiterbestehen der Gesellschaft insgesamt entscheidend darauf ankommt, wie die Fragen des „Generationentransfers", d.h. der Übergabe von Teilhabe und Verantwortung zwischen Älteren und Jüngeren, gelöst werden. Nach Auffassung des BJK spiegelt sich – neben den besonderen Fragen im Zusammenhang mit der Gestaltung der sozialen Sicherungssysteme – der mangelhafte Transfer insbesondere in den fünf Bereichen Zukunft als Ressource, Arbeit, Bildung, Gestaltungs- und Partizipationsprozesse für junge Menschen im Rahmen von Kinder- und Jugend(hilfe)politik sowie Familie (BJK 2000).

Im jugendpolitischen Programm der Bundesregierung „Chancen im Wandel" vom Herbst 2001 spielte drittens das Ziel der Generationengerechtigkeit eine entscheidende Rolle. Sie sollte zum einen die zur Verfügung stehenden Ressourcen auf alle Generationen in der Gegenwart gerecht verteilen. Zum anderen meinte sie die Sicherstellung der verlässlichen Übergabe ökonomischer, sozialer und kultureller Bestände an die nachwachsende Generation (BMFSFJ 2001, S. 57). Der Koalitionsvertrag 2002 hat dann an diese Vorgaben nahtlos angeknüpft. Die Vorhaben: Gerechtigkeit, Wachstum und Nachhaltigkeit zu erreichen, sind an dem Ziel der Generationengerechtigkeit ausgerichtet. Dabei sollen – ohne dass insoweit allerdings ausdrücklich von Kinder- und Jugendpolitik gesprochen wird – die Familie und das Leben mit Kindern gestärkt und wesentliche Akzente in den Bereichen „Bildung und Betreuung", bei der Realisierung des Anspruchs junger Menschen auf Arbeit und Ausbildung, Verstärkung der Förderung junger Menschen mit Migrationshintergrund sowie mit Blick auf die Teilhabe aller jungen Menschen am technologischen Fortschritt gesetzt werden (BMFSFJ 2001).

Damit hat die Kinder- und Jugendpolitik zwar programmatisch die richtigen Ziele im Blick. Erst ein generationenübergreifender Ansatz macht es jedoch möglich, die Interessen von Kindern in einer für alle nachvollziehbaren Weise zu akzentuieren. Die angedeuteten Positionierungen sind bisher allerdings bezüglich der jeweiligen damit verknüpften Forderungen an bestimmte Adressat/inn/en sowie mit Blick auf Schritte zur Umsetzung und auf überprüfbare Wirkungen – notwendigerweise? – ausgesprochen vage und damit eigentlich noch ohne Resonanz geblieben. Von daher ist zunächst die Beantwortung der Frage von erheblicher Bedeutung, ob es gelingen kann, die Rollen von Kindheit und Jugend als gesellschaftliche Fragen ins Spiel zu bringen, also die Schnittstellen von Kinder- und Jugendpolitik zu anderen Politik-Ressorts deutlicher herauszustellen.

2.2 Kinder- und Jugendpolitik ist als Querschnittsaufgabe zu verdeutlichen und zu operationalisieren

Spätestens seit dem Anfang der 1980er Jahre in Zürich ausgebrochenen Jugendprotest im demokratischen Staat ist allgemein deutlich geworden, dass Politik für junge Menschen auch eine Querschnittsaufgabe darstellt. Dies ist mittlerweile bei Gesetzgebung, Regierung und in der Literatur unbestritten:

Bereits 1990 hat der Bundesgesetzgeber bestätigt, dass Jugendhilfe auch „dazu beitragen soll, positive Lebensbedingungen für junge Menschen und ihre Familien sowie eine kinder- und jugendgerechte Umwelt zu erhalten oder zu schaffen" (§ 1 Abs.3 Nr. 4 SGB VIII/KJHG), was der Kinder- und Jugendhilfe als Legitimation für das Selbstverständnis als Träger von Querschnittsaufgaben dient (Merk 1995; Wiesner u.a. 2000). Zudem hatte bereits die Novellierung des Jugendwohlfahrtsgesetzes von 1961 festgelegt, dass das Bundesjugendkuratorium die Bundesregierung insgesamt – nicht nur das für Kinder und Jugendliche zuständige Ressortministerium – in grundsätzlichen Fragen der Kinder- und Jugendhilfe beraten sollte. Schließlich führen die Inhalte der Artikel der auch von Deutschland ratifizierten UN-Konvention über die Rechte des Kindes von 1989 eine umfassende Palette von die Kinder betreffenden Angelegenheiten auf, deren Umsetzung ohne ressortübergreifendes Vorgehen nicht zu bewältigen ist.

Auch die Bundesregierung hat in den letzten Jahren verstärkt den Charakter der Kinder- und Jugendpolitik als Querschnittspolitik massiv in den Vordergrund gestellt. Dies geschah insbesondere im Zusammenhang mit den Berichten an die Vereinten Nationen über die Umsetzung der Kinderrechtskonvention in Deutschland. Ferner spielte dies bei der Erstellung des Weißbuchs zur Jugendpolitik in Europa eine große Rolle. Zuletzt hatte das o.g. Regierungsprogramm sich explizit als das erste ressortübergreifende Programm verstanden und dabei als ein wesentliches Ziel verfolgt, Jugendpolitik als Querschnittaufgabe zu verankern (BMFSFJ 2001, S. 4). Dem war die Koalitionsvereinbarung grundsätzlich gefolgt (Bundesregierung 2002, S. 32). Schließlich wurde in der seit Anfang 2003 gültigen neuen Verwaltungsvorschrift für das Bundesjugendkuratorium der Beratungsgegenstand um „Querschnittsfragen der Kinder- und Jugendpolitik" ergänzt.

In der Literatur wird der Startpunkt der entsprechenden Debatte mit der von Mielenz (1981) ins Spiel gebrachten sog. Einmischungsstrategie verknüpft. Münchmeier (1996) hat dann bezüglich der Jugendpolitik die Ressort- und die Querschnittsaufgaben aus der historischen Entwicklung abgeleitet. Und der Zehnte Jugendbericht (BMFSFJ 1998) hat sich mit dem Versuch auseinandergesetzt, die kinder- und jugendpolitische Infrastruktur unter den Gesichtspunkten Ressortpolitik, Querschnittspolitik und Infrastruktur der Interessenvertretung für Kinder zu erfassen.

Somit gibt es zwar auf der inhaltlichen Ebene vielfältige explizite Vorgaben für die Notwendigkeit der Bearbeitung von „Schnittstellen" der Kinder- und Jugendhilfepolitik. Dies kann aber nicht darüber hinwegtäuschen, dass die Operationalisierung der Bewältigung von Querschnittsaufgaben häufig noch wenig oder gar nicht funktioniert.[7] Dies liegt im wesentlichen daran, dass es bisher nur das additive Nebeneinander von Ressort- und Querschnittspolitik gibt. Diese müssten konzeptionell und strategisch, sowohl auf den jeweiligen Ebenen von Bund, Ländern und Gemeinden als auch vertikal miteinander verknüpft bzw. in wechselseitige Bedingungsgefügen gesehen, behandelt und verdeutlicht[8] werden.

Außerdem wird die im Allgemeinen Teil des SGB VIII/KJHG festgehaltene Interessenvertretungsfunktion der Kinder- und Jugendhilfe in den Vorschriften des Besonderen Teils des Gesetzes nur blass und unzureichend abgesichert. Und da, wo sie ermöglicht wird – z.b. über die Zusammensetzung und die Aufgabenstellung des Jugendhilfeausschusses, in dem auch Vertreter aus den Bereichen Schule, Arbeitsverwaltung, Gesundheit u.a. mitwirken können und wo über die Situation von Kindern und Jugendlichen beraten werden soll – wird sie in der Praxis häufig, wenn überhaupt, nur schwerfällig oder halbherzig genutzt.

Im übrigen ist etwa das 2000 begonnene E&C-Programm, das erstmals die Schnittstelle von Stadtentwicklung und Jugendhilfe war, ein wichtiger Ansatz, dessen konkrete Erfahrungen bei der Umsetzung der Operationalisierung ausgewertet werden müssen, und zwar sowohl auf der Ebene des Bundes als auch vertikal bezüglich des Zusammenwirkens zwischen Bund, Ländern und Gemeinden sowie der Rolle bzw. der Aufgabenstellung von freien Trägern.

Für eine erfolgreiche Querschnittspolitik ist es jedenfalls erforderlich, sowohl Konzepte als auch Verfahren weiterzuentwickeln oder neu zu schaffen, die die Bedürfnisse und Interessen von Kindern in den unterschiedlichen Politikbereichen wirksam zusammenführen. Auf beispielhafte Herausforderungen für die Operationalisierung von Querschnittsaufgaben wird im einzelnen unter Punkt (3) noch näher eingegangen.

Allerdings setzt jede Operationalisierung von Querschnittsaufgaben Kooperation voraus, die – was häufig übersehen wird – neben der Aufstellung und Einhaltung von gemeinsam vereinbarten Regeln auch klare Positionierungen der jeweiligen Kooperationspartner und damit auch bedarfsgerechte und an gesellschaftliche Entwicklungen anzupassende Beiträge der Kinder- und Jugendhilfe-

---

7   In den vergangenen Jahren hat es immer wieder vereinzelte Bemühungen gegeben, die Kinder- und Jugend(hilfe)politik als Querschnittsaufgabe umzusetzen. Dazu gehörten etwa die – punktuelle – Einführung von Kinderverträglichkeitsprüfungen bei Gesetzgebungs- und Verwaltungsvorhaben oder – wie auf Bundesebene erstmals in der letzten Legislaturperiode – die Einsetzung eines Staatssekretär-Ausschusses für die Entwicklung eines ressortübergreifenden jugendpolitischen Programms der Bundesregierung. Diese Bemühungen sind auszuwerten, fortzusetzen und zu systematisieren.
8   Zur Verdeutlichung siehe die Ausführungen in den nächsten Abschnitten zur Ressortpolitik und zur kinder- und jugendpolitischen Infrastruktur.

politik selber erforderlich macht. Daher folgen im nächsten Teil Ausführungen dazu, an welchen Punkten sich Kinder- und Jugendpolitik als Ressort nach innen und nach außen profilieren muss.

2.3 Die Operationalisierung von Querschnittsaufgaben funktioniert nur auf der Basis einer starken und selbstbewussten Ressortpolitik:

Mit Blick auf eine profilierte Ressortpolitik geht es erstens darum – und das stellt auch einen Aspekt der zuvor herausgestellten Notwendigkeit der Integration von Ressort- und Querschnittspolitik dar – immer wieder zu verdeutlichen, dass die Kinder- und Jugendhilfepolitik drei Grundfunktionen zu erfüllen hat, und zwar zwei Ressort- und eine Querschnittsaufgabe:

- als Ressortaufgabe geht es zum einen darum, Angebote der allgemeinen Förderung zu machen und damit komplementäre Sozialisationsaufgaben zu übernehmen;
- die andere Ressortaufgabe besteht darin, dass sie für kompensatorische Funktionen zuständig ist, d.h. dass die Kinder- und Jugendhilfe Defizite ausgleichen oder Ersatzfunktionen wahrnehmen muss;
- als „Querschnittsaufgabe" muss sich Kinder- und Jugendhilfepolitik schließlich – wie zuvor bereits ausgeführt – mit den Ressorts auseinandersetzen, die Beiträge zum Aufwachsen von Kindern und Jugendlichen bzw. für die sie und ihre Familien betreffenden Rahmenbedingungen erbringen.

Da in diesem Zusammenhang immer wieder Missverständnisse entstehen[9], ist es erforderlich, dann, wenn man von Kinder- und Jugendhilfepolitik spricht, jeweils zu benennen, um welchen der drei Bereiche es geht. Zugleich erscheint es dringend geboten, die Hintergründe für das Schwanken der Kinder- und Jugend(hilfe)politik zwischen Machtlosigkeit und Allmachtsphantasien zu

---

9 So wird die Kinder- und Jugendhilfe – sowohl in der Selbst- als auch in der Fremdwahrnehmung – oft in unzulässiger Weise auf ihre kompensatorische Funktion beschränkt; und etwa die Jugendarbeit oder die Kindertagesstätten betrachten meist ihre Arbeit als Aufgaben sui generis und nicht als Unterfälle der Kinder- und Jugendhilfe; und noch mehr wird die Arbeit der Familienbildungsstätten oder in Erziehungsberatungsstellen, gerade auch von den professionellen Mitarbeiter/innen, und erst recht von der Öffentlichkeit nicht als Jugendhilfe verstanden.

analysieren, um Überheblichkeiten und Verzagtheiten des Ressorts bezüglich Selbst- und Fremdeinschätzung besser als bisher vorbeugen zu können.[10]

Zweitens bedarf es für die Wirksamkeit der Ressortpolitik und die Anerkennung als Partner bei der Bewältigung von ressortübergreifenden Aufgaben eines klaren Profils und eines effizienten Einsatzes von Ressourcen. Beispielhaft seien hier die Familienbildung, der Abbau von Benachteiligungen für Jungen und die Praxis der Hilfen für junge Behinderte gemäß § 35 a SGB VIII/KJHG genannt, die neu zu durchdenken und zu regeln sind.[11] Außerdem muss sich auch die Kinder- und Jugendhilfe mit der Frage auseinandersetzen, ob die bisherigen Aufgaben anders gelöst, d.h. die bisherigen Mittel auch umgeschichtet werden können, wenn Steigerungen nicht mehr zu erwarten sind bzw. auch hier – zumindest in einzelnen Bereichen – mit Einsparungen gewirtschaftet werden muss.

Insgesamt ist – als inhaltliche und strukturelle Frage – zu klären, ob angesichts der sehr heterogenen Handlungsfelder und vielfältigen Schnittstellen zu anderen Politikbereichen sowie der zuvor hervorgehobenen drei verschiedenen Ebenen als Ressort- und Querschnittsaufgaben der Begriff „Jugendhilfe" als Oberbegriff noch hilfreich bzw. aufrechtzuerhalten ist, zumal er, wie weiter oben bereits angedeutet (siehe Fußnote 9), selbst „intern" häufig nicht gebraucht oder erst gar nicht verstanden wird. Die Arbeiterwohlfahrt hatte bereits 1973 aus den gleichen Gründen im Rahmen der Reform des Jugendhilferechts als Alternative ein „Gesetz zur Förderung der Jugend" entworfen, zu dem es bis heute begrifflich keine bessere Alternative gibt.

2.4 Die kinder- und jugendpolitische Infrastruktur ist zu klären bzw. transparenter zu machen

Eine die Generationenverhältnisse reflektierende Kinder- und Jugendpolitik und ihre notwendige Differenzierung in Ressort- und Querschnittsaufgaben sind so

---

10 Wenn man sich etwa der Hackordnung von Ressorts auf der Bundesebene unterwirft, kann das „schwache" Jugendressort gegen das „starke" Innenressort mit Blick auf die Rücknahme der Interpretationen im Kontext der Ratifizierung der UN-Kinderrechtskonvention nicht viel ausrichten.
11 So muss etwa die Familienbildung quasi „vom Kopf auf die Füße" gestellt werden, und zwar unter klarer Beachtung der Zuständigkeiten von Bund, Ländern und Gemeinden; wie der Beschluss der Jugendministerkonferenz 2003 deutlich gemacht hat, ist die Situation von Jungen im Bereich der Kinder- und Jugendhilfe viel dramatischer als die der Mädchen, ohne dass dies bisher ausreichend zur Kenntnis genommen worden ist; und muss der Grundsatz, dass junge Behinderte zuerst junge Menschen und erst in zweiter Linie behindert sind erneut bezüglich der verbundenen Implikationen reflektiert werden.

zugleich vielfältig, komplex und heterogen, so dass sie als Gesamtheit nur bewältigt werden können, wenn eine Infrastruktur der Kinder- und Jugend(hilfe)politik zur Verfügung steht, die geeignet ist, den gesellschaftlichen Diskurs über die Rolle und Perspektive von Jugend in der Gesellschaft angemessen und wirkungsvoll auszutragen. Dazu müsste diese Infrastruktur in angemessener Weise aufgeschlüsselt, differenziert und transparent sein und bei Bedarf weiterentwickelt werden. Interessanterweise gibt es bisher so gut wie keine Analysen, geschweige denn Bewertungen der kinder- und jugendpolitischen Infrastruktur insgesamt in offiziellen Verlautbarungen von Politik, Verbänden oder in der Literatur. Allerdings hat der Zehnte Jugendbericht versucht, die Politik für Kinder in ihren vorhandenen Formen zumindest zu beschreiben und dabei auch die Infrastruktur für die Interessenvertretung für Kinder zu erfassen[12], auf deren Vielschichtigkeit und Komplexität im Rahmen dieser Ausführungen verwiesen wird. Die folgenden Aspekte können nur einer allerersten Annäherung an eine Aufbereitung und Aufarbeitung dienen. Dabei geht es im Wesentlichen um drei Neuerungen: Die Bundesregierung formuliert, dass die Sachverständigen von ihr direkt berufen werden, und dass dem BJK eine eigene Geschäftsstelle zur Verfügung gestellt wird, die außerhalb der Bundesregierung angesiedelt ist und über die es unmittelbar verfügen kann. Diese Aspekte müssen bei der weiteren Debatte berücksichtigt werden.

Auch eine Politik mit Blick auf das Wohlergehen von Kindern und Jugendlichen ist – entgegen dem Wunschdenken und/oder Selbstverständnis mancher Insider – interessengeleitet und damit nicht jenseits von Gut und Böse. Gesellschaftspolitische Machtfragen dürfen daher nicht ausgeklammert werden.[13] Die hier vertretene, auf den Generationentransfer orientierte Kinder- und Jugendpolitik kann insoweit Türen gegenüber anderen Ressorts öffnen.

Jede Ressort- oder Querschnittspolitik muss auch den Strukturwandel der staatlichen Politik, etwa vom Sozialstaat zum aktivierenden Sozialstaat, ausreichend berücksichtigen. Wenn sich etwa das Verständnis der Rolle der Träger

---

12 Aufgeteilt ist der Abschnitt D 1.3 „Ansatzpunkte einer Politik für Kinder" in die Teile Ressortpolitik, Querschnittspolitik und Infrastruktur der Interessenvertretung von Kindern (BMFSFJ 1998, 282 ff.). Ferner hat der IJAB 2003 den Band Kinder- und Jugendpolitik in Deutschland veröffentlicht, der sich auf eine schematische Beschreibung der Jugendpolitik einschließlich einer Übersicht über sämtliche einschlägige Verbände beschränkt, aber keinerlei Verdeutlichung der Komplexität und Bewertung der Funktionalität von Kinder- und Jugendpolitik vornimmt (IJAB 2003).
13 siehe dazu beispielhaft die interessanten Ausführungen von Hornstein (2003).

der Freien Jugendhilfe wandelt[14], muss dies auch Auswirkungen auf Anforderungen und Gestaltung von Kinder- und Jugendpolitik haben.

Von der Bundesebene her kann nur dann eine gehaltvolle Kinder- und Jugendpolitik betrieben werden, wenn versucht wird, Länder und Kommunen und die Partner in Wirtschaft, Verbänden und gesellschaftlichen Gruppen ohne Übergriffe für Kooperation und Dialog zu gewinnen.

Das Bundesjugendkuratorium – eben auch ein Instrument der kinder- und jugendpolitischen Infrastruktur – ist im Verlauf der letzten Legislaturperiode neu strukturiert worden, was sich schließlich in der ab Anfang 2003 gültigen neuen Verwaltungsvorschrift niedergeschlagen hat. Nach ersten positiven Auswirkungen bleibt abzuwarten, ob und wie sich das BJK und seine Geschäftsstelle als belebende Elemente der kinder- und jugendpolitischen Infrastruktur auf Bundesebene etablieren werden.

In Ergänzung zu diesen wenigen exemplarisch aufgeführten Fragen und Gesichtspunkten werden noch einige konkrete, verschiedene aktuelle, neuralgische Punkte mit Blick auf die notwendige Ausdifferenzierung und Weiterentwicklung der kinder- und jugendpolitischen Infrastruktur im folgenden Abschnitt angesprochen.

3 Zu aktuellen kinderpolitischen „Baustellen"

Die für eine konsistente Kinder- und Jugendpolitik angedeuteten Inhalte sowie die Erfordernisse an die Wahrnehmung von Ressort- und Querschnittsaufgaben und die Gestaltung einer tragfähigen kinder- und jugendpolitischen Infrastruktur lassen sich an einigen zentralen aktuellen „kinderpolitischen Baustellen" verdeutlichen. Dabei kommen diese unterschiedlichen Aspekte bei den einzelnen Baustellen bedarfsgemäß in jeweils unterschiedlicher Intensität zum Tragen.

---

14 Hier können, ohne dass an dieser Stelle näher darauf eingegangen werden kann, traditionell gewachsene Prinzipien wie Pluralität, Wahlfreiheit und korporatistisches Zusammenwirken zulasten/zugunsten eines Auftraggeber-, Aufragnehmerverhältnisses genannt werden; mehr Service-Agenturen, weniger mitverantwortliche Zentralstellen unterliegen einer Wandlung, die realisiert werden muss, damit sie mitgestaltet werden kann.

3.1 „Aufwachsen in öffentlicher Verantwortung"

Ein zentrales Hindernis für eine kindorientierte Sozialpolitik ist immer noch ein nachhaltig wirkendes ideologisch verkürztes Verhältnis zur Familie. Historische Ursache dafür ist im wesentlichen, dass zum einen in den alten Bundesländern auf dem Hintergrund der Furcht vor Eingriffen eines „totalitären Staates" in die Familie seit dem zweiten Weltkrieg ein Verständnis von Privatheit von Familie und deren alleiniger/überwiegender Verantwortung für das Aufwachsen von Kindern vorhanden ist. Zum anderen ist durch die deutsche Wiedervereinigung die nahezu entgegengesetzte Vorstellung von der vorrangigen Verantwortung der Gesellschaft für die nachwachsende Generation – auf die sich die Eltern in der Regel auch eingestellt hatten – als Denkmuster hinzugekommen. Die sich aus dieser „Addition" ergebenden Konsequenzen haben sowohl der Zehnte Kinder- und Jugendbericht (BMFSFJ 1998a) als auch das Gutachten des Wissenschaftlichen Beirats für Familienfragen beim BMFSFJ zum Thema „Kinder und ihre Kindheit in Deutschland – Eine Politik für Kinder im Kontext von Familienpolitik" (BMFSFJ 1998b) noch nicht geklärt. Während ersterer die Subjektstellung von Kindern und die damit verbundene unmittelbare Verantwortung der sozialen Gemeinschaft für das Aufwachsen von Kindern und Jugendlichen in einzelnen Punkten hervorgehoben hatte, hat letzteres versucht, familienorientierte Ansätze für die Förderung von Kindern zu begründen. Der Elfte Jugendbericht hat zwar dann das „Aufwachsen in öffentlicher Verantwortung" – und damit die „Kultur des Aufwachsens" des Zehnten Jugendberichts in gewisser Weise fortschreibend – zu seinem Leitmotiv erklärt, aber weder die einer Umsetzung entgegenstehenden Barrieren herausgearbeitet noch systematische Lösungen für die Operationalisierung der Übernahme der öffentlichen Verantwortung mit Blick auf Veränderungen von Zuständigkeiten und Entscheidungsstrukturen auf den Ebenen von Bund, Ländern und Gemeinden entwickelt.

De facto ist es daher rechtlich bis heute bei der ausschließlichen Ableitung/Nachrangigkeit der Kinder- und Jugendhilfe gegenüber der Familien geblieben. Gewisse Widersprüche bzw. Durchbrechungen dieser radikalen Abgrenzung haben sich aber in der Vergangenheit gezeigt. Beispielhaft dafür seien angeführt:

– Die Durchsetzung des Rechtsanspruchs auf einen Kindergartenplatz Anfang der 1990er Jahre als Ergebnis des Familienhilfegesetzes anlässlich der Beibehaltung der Strafbarkeit der Abtreibung ist nach überwiegender Auffassung als Erfolg der Familienpolitik gewertet worden, obwohl er seit

Jahrzehnten im Rahmen der Jugendhilferechtsreform gefordert und begründet worden war
- Die Aussage des letzten Koalitionsvertrags „Ein bedarfsgerechtes und verlässliches Betreuungsangebot für Kinder bis 16 Jahre ist oberstes Ziel der Familienpolitik in den nächsten Jahren" übersieht, dass auch unter veränderten familienpolitischen Vorgaben eine eigenständige Kinder- und Jugendhilfepolitik erforderlich ist und dass das Jugendamt – es gibt kein Familienamt! – ein zentrales Instrument einer umfassend verstandenen Familienpolitik darstellen könnte.[15] Dies ist etwa angesichts der Aufgaben von Kinderkrippe, von Familienbildung, von Beratung für Alleinerziehende oder von sozialpädagogischer Familienhilfe besonders deutlich, ungeachtet der Tatsache, dass diese jeweils mehr oder weniger aktualisiert werden müssen.

Auf jeden Fall muss endlich die Ideologie aufgegeben werden, dass – wider den Wortlaut des Elften Jugendberichts und damit wider besseren Wissens – mit dem Begriff des Aufwachsens in öffentlicher Verantwortung eine Aushöhlung der Familie verbunden sei, wie es wieder bei der Stellungnahme der Bayerischen Staatsregierung im Bundesrat zu diesem Bericht formuliert worden ist. Umgekehrt macht es Sinn: Wenn keine angemessene soziale Infrastruktur zur Verfügung steht, können Familien ihre unverzichtbare Verantwortung und ihre für das Aufwachsen von Kindern maßgebliche Rolle nicht ausreichend wahrnehmen[16] oder – mit anderen Worten – kann der im internationalen Vergleich immer noch unverhältnismäßig enge Zusammenhang zwischen sozialer Herkunft und erfolgreicher Lebensbewältigung nicht abgebaut werden. Deswegen müssen die Interessen der Eltern und deren Vertretung konzeptionell

---

15 In gleicher Weise könnte man auch familienpolitische Maßnahmen im engeren Sinne, etwa zum Familienlastenausgleich, als Ausdruck einer weit gefassten Kinder- und Jugendpolitik verstehen (s. dazu etwa das Nürnberger Konzept für das Bündnis für Familie).
16 Dabei müssen sich die Aktivitäten im Rahmen der Wahrnehmung der öffentlichen Verantwortung um Widerspruchsfreiheit bemühen: So kann man etwa nicht auf der einen Seite für konzeptionelle Qualifizierung plädieren und auf der anderen Seite praktisch vorhandene Standards zusammenstreichen (z.B. Abbau der Ganztagsplätzen in Kindertageseinrichtungen), wobei es auch nicht geht, einen fehlenden Bedarf dadurch zu erreichen, dass man die Kosten der Inanspruchnahme ins Unerschwingliche erhöht.

und strukturell eine wichtigere Rolle bei politischen Entscheidungsprozessen spielen als bisher.[17]

3.2 Jugendhilfe und Bildung

Schon durch das von Bundesregierung und den Ländern eingesetzte Forum Bildung, auch durch die Streitschrift des BJK, aber sicher maßgeblich aufgrund der Veröffentlichung der Ergebnisse der PISA-Studie ist mit der Forderung nach besserer Zusammenarbeit zwischen (Familie), Jugendhilfe und Schule ein uraltes Thema aktualisiert worden. Dabei wurde u.a. deutlich, dass es weder innerhalb, noch außerhalb der Kinder- und Jugendhilfe klare Vorstellungen für ein Konzept der gesellschaftlichen Bildung und einer daraus abgeleiteten aktuellen Aufgabenstellung für die Kinder- und Jugendhilfe gibt. Fehlendes Wissen über die Transfers zwischen formeller, nicht-formeller und informeller Bildung, erschreckende Unkenntnis über die Strukturen und Wirkungsweisen der jeweils anderen Seite, ungeklärte Status- und Ausbildungsfragen und – angesichts der außerordentlichen Herausforderungen – unzureichende Initiativen der Kinder- und Jugendpolitik eigentlich auf allen Ebenen (Bund, Länder und Gemeinden) zur strukturierten Verzahnung der beiden Institutionen Schule und Jugendhilfe prägen noch immer die Landschaft.

Diese Defizite müssen spätestens jetzt aufgearbeitet werden, wenn es darum geht, die Konzipierung und Umsetzung von Ganztagsangeboten den Bildungsbedürfnissen von Kindern und Jugendlichen unter der Vorgabe „Bildung ist mehr als Schule" (Bundesjugendkuratorium u.a. 2002) als allgemeine bildungspolitische und nicht nur als schulpolitische Auseinandersetzung zu gestalten.

In diesem Zusammenhang ist ausdrücklich zu unterstreichen, dass „die gezielte und nachhaltige Verbindung von Maßnahmen der Bildungspolitik mit Maßnahmen der Familien-, Kinder- und Jugendhilfepolitik die wichtigste Folgerung ist, die aus den Ergebnissen der PISA-Studie zu ziehen ist" (Wissenschaftlicher Beirat für Familienfragen 2002). Dies ist im Übrigen auch eine Herausforderung für die zu verbessernde kinder- und jugendpolitische Infrastruktur.

---

17 Insoweit ist es zu begrüßen, dass sich etwa in den vergangenen Jahren die Mitwirkung des Bundeselternrats bei bildungspolitischen Entwicklungen tendenziell verstärkt hat. Gleichzeitig gilt aber für alle Handlungsfelder selbst, dass die Einbindung der Erziehungsberechtigten noch mehr als bisher als maßgeblicher Bestandteil der Professionalität ausgebaut werden muss.

Auf der Steuerungsebene auf Bundesebene kommt jetzt viel darauf an, wie das unter Federführung des BMBF gestartete Investitionsprogramm „Zukunft Bildung und Betreuung" tatsächlich von den Ländern angenommen und umgesetzt wird. Darüber hinaus bleibt abzuwarten, wie sich die gemeinsame Arbeitsgruppe Schule und Jugendhilfe von KMK und JMK verständigen wird, die im Jahre 2002 einen ersten Bericht vorgelegt hat.

Die Kinder- und Jugendhilfe muss deutlich machen, wo und in welcher Form sie Beiträge zur Ganztagsbildung erbringt sowie über ihr Ressort hinaus gesellschaftliche Verantwortung übernimmt, indem sie darauf insistiert, dass Bildungspolitik auch Sozialpolitik ist (Otto 2002). Dazu gehört auch, dass die rechtlichen Grundlagen für die Operationalisierung der Querschnittsaufgaben grundsätzlich verbessert werden. Dies bedeutet ferner, dass die Konkretisierung des KJHG eine Verdeutlichung der Bildungsaufgaben der Kinder- und Jugendhilfe allgemein und für die einzelnen Handlungsfelder (Bundesjugendkuratorium 2002; BMFSFJ 2002) enthalten und sich dabei insbesondere mit den damit zusammenhängenden verfassungsmäßigen, jugendhilferechtlichen und schulrechtlichen Fragen (Schoch 2003) befassen muss.[18]

3.3 Nationaler Aktionsplan „Für eine kindergerechte Welt" (NAP)

Nach dem ersten „Weltkindergipfel 1990" zur Umsetzung der UN-Kinderrechtskonvention war es in Deutschland aus regierungspolitischen Gründen nicht zu dem vereinbarten Aktionsplan auf nationaler Ebene gekommen. Nach dem zweiten Weltkindergipfel im Mai 2002 in New York hat die Bundesregierung die Vorbereitung für einen Nationalen Aktionsplan in die Wege geleitet. Als thematische Schwerpunkte sind die zentralen Bereiche Bildung, Abbau von Gewalt, Gesundheit, Beteiligung, angemessener Lebensstandard für alle Kinder und internationale Aufgaben vorgegeben worden. Ein solcher Aktionsplan ist aus der Natur der Sache heraus eine Querschnittsaufgabe, weil die UN-Kinderrechtskonvention – wie oben bereits angesprochen – Gegenstände aus nahezu allen Ressorts beinhaltet. Und die so genannten Concluding Observations des UN-Ausschusses für die Rechte des Kindes böten einen der seltenen

---

18 Sehr erhellend sind hierzu auch die Ausführungen von Hornstein (2002), weil sie anregen, aus der Geschichte zu lernen.

Anlässe im Deutschen Bundestag beispielgebend die dringend erforderliche kinder- und jugendpolitische Generaldebatte zu führen.[19]

Geschieht dies in einem generationenübergreifenden, gesamtgesellschaftlichen Kontext, wird dies ein Höchstmaß an Interessenausgleich und damit an Verantwortungsbereitschaft aller Ressorts erfordern – zur Bewältigung von wichtigen Querschnittsaufgaben, wie die Verwirklichung einer qualifizierten und individuellen Bildung für alle und die Herstellung eines angemessenen Lebensstandards für jedes Kind.[20] Ansonsten droht der Aktionsplan zu einem unverbindlichen politischen Dokument zu werden, das allen recht und niemandem weh tut, aber keine notwendigen Entwicklungen befördert.

3.4 Rechtsstellung von Kindern

Es wird immer noch die Auffassung vertreten, dass die Position von Kindern in der Gesellschaft deswegen schlecht, marginalisiert u.ä. sei, weil sie in ihrer Rechtsstellung den Erwachsenen nicht genügend gleichgestellt seien. Hier darf sozusagen „das Kind nicht mit dem Bade ausgeschüttet" werden. Dies soll an drei Beispielen verdeutlicht werden.[21] Dabei wird hier – wie schon im Zehnten Jugendbericht geschehen – von der Besonderheit von Kinderrechten ausgegangen. Diese besagt, dass Kinder gegenüber den Erwachsenen gleichwertige Rechtssubjekte darstellen, sie aber aufgrund ihres besonderen Angewiesenseins auf Förderung durch die Erwachsenen nicht in allen Fällen rechtlich gleichgestellt sind und das auch nicht werden können, ohne dass damit im einzelnen eine weitere Verbesserung ihrer Rechtsstellung ausgeschlossen ist. Mit anderen Worten: Kinder müssen – im Unterschied zu Erwachsenen – das Recht auf eine Entwicklungsphase haben, in der sie die Chance erhalten, ohne den Druck einer

---

19 Auch die von der Bundesregierung herauszugebenden Jugendberichte geben dazu die Möglichkeit. Sie sind aber mit dem Strukturfehler behaftet, dass sie zwar die Situation von jungen Menschen betrachten, aber nur die Leistungen der Kinder- und Jugendhilfe bewerten sollen.

20 In Anknüpfung an eine Reihe von einschlägigen Entscheidungen seit den 1980er Jahren hat es Ende 1998 mehrere Urteile des Bundesverfassungsgerichts hinsichtlich der Unzulänglichkeit des Status quo des Familienlastenausgleichs gegeben (Bundesverfassungsgericht 1999). Die Bedeutung dieser Urteile des Bundesverfassungsgerichts liegt vor allem darin, dass sie mit höchstrichterlicher Autorität die Bedeutung von Kindern und die Bedeutung der Erziehungsleistungen der Familien für die Gesellschaft hervorgehoben haben und dass dies mit Kosten verbunden ist, die nicht zu einer Schlechterstellung der unmittelbar davon Betroffenen führen dürfen.

21 Informative Übersichten über die Rechte von Kindern z.B. bei Borsche (2001) und Wiesner (2003).

umfassenden Verantwortung für andere, eigene Bedürfnisse und Fähigkeiten auszubilden (Rauschenbach 1996).

Elterliche Sorge
Beim Übergang von der Elterlichen Gewalt zur Elterlichen Sorge im Rahmen der Reform des Elterlichen Sorgerechts in den 1970er Jahren gab es eine im heutigen politischen Alltag längst aus der Erinnerung geschwundene Auseinandersetzung über das Verhältnis zwischen Eltern und Kindern, die sich an der Einführung des § 1626 Abs. 2 Bürgerliches Gesetzbuch (BGB) festmachte. Die Formulierung „Bei der Pflege und Erziehung berücksichtigen die Eltern die wachsende Fähigkeit und das wachsende Bedürfnis des Kindes zu selbständigem verantwortungsbewusstem Handeln. Sie besprechen mit dem Kind, soweit es nach dessen Entwicklungsstand angezeigt ist, Fragen der elterlichen Sorge und streben Einvernehmen an" rüttelte für weite Kreise an dem hergebrachten Grundverständnis von Familie und damit an den Grundfesten unserer gesellschaftlichen Ordnung.[22] Die Realisierung dieses Leitgedankens vollzog sich in den einzelnen gesellschaftlichen Bereichen unterschiedlich. In der familiären Praxis ist das neue Leitbild zwar bis heute nicht überall eingelöst. Seit 1990 ist es aber auch Maxime für alle Angebote der Kinder- und Jugendhilfe durch wortgleiche Übernahme in § 9 des Sozialgesetzbuches (SGB VIII/KJHG). Hier hat – sicher schon seit längerem vorbereitet – ein Umbruch stattgefunden, der sich auf den verschiedenen gesellschaftlichen Ebenen noch immer ein- und auspendelt.

Wahlrecht ab Null
Mit Hinweis auf die abnehmende Zahl von Kindern und dem Sinken ihres Anteils an der Gesamtbevölkerung wird seit einiger Zeit die Herabsetzung des Wahlalters auf Null gefordert. Damit sollen die Interessen von Kindern – auch wegen Nachhaltigkeitswirkungen von politischen Entscheidungen auf sie im Guten wie im Schlechten – stärker in den Blick der Politik kommen und ihre Einflussmöglichkeiten verstärkt werden. An dieser Stelle soll nicht auf die verschiedenen Implikationen verfassungsrechtlicher Art eingegangen werden. Alleine der Umstand, dass in der UN-Kinderrechtskonvention und in ihrer Entstehungsgeschichte das Wahlrecht von Kindern keinerlei Rolle spielt, lässt diesen Weg – auch auf dem Hintergrund der zuvor angesprochenen Besonderheit von Kinderrechten – als Irrweg erscheinen. Die gewählten Abgeordneten sind Ver-

---

22 Die Heftigkeit dieser Auseinandersetzung hatte u.a. zur Konsequenz, dass sich die damalige Bundesregierung so lange wie möglich gegen das Zustandekommen der UN-Kinderrechtskonvention bei den Vereinten Nationen wandte.

treter des ganzen Volkes und daher den Kindern in gleicher Weise wie allen anderen verpflichtet. Im übrigen darf es auch nicht so weit kommen, dass die Kinder der Erwachsenen Last tragen müssen.[23]

Kinderrechte in die Verfassung
Wichtiger erscheint es demgegenüber, sich dafür einzusetzen, dass endlich das Recht der Kinder auf eine angemessene Förderung ihrer Entwicklung als Ergänzung der Elternrechte und -pflichten Eingang in die Verfassung (Artikel 6 Grundgesetz) findet.[24] Dies würde der mittlerweile nahezu unbestrittenen Forderung nach dem Aufwachsen in öffentlicher Mitverantwortung Rechnung tragen und zugleich die Förderung von Kindern zu einer expliziten verfassungsrechtlichen Leitnorm für alle gesellschaftlichen Bereiche machen. Eine solche Verankerung bzw. die dafür erforderliche Debatte im Vorfeld würde einer differenzierten Wahrnehmung von Kindheit als für die Gesellschaft existenzielles Strukturelement und von Kindern als eigensinnige Akteure wie als auf Unterstützung angewiesene Heranwachsende erheblichen Vorschub leisten.

3.5 Vertretung der Interessen von Kinder

Immer wieder in den vergangenen Jahrzehnten ist – unbeschadet der zuvor angesprochenen Auseinandersetzung um das Wahlrecht für Kinder – die Frage gestellt worden, wer in der Gesellschaft die Interessen von Kindern vertritt und wie effizient. In diesem Zusammenhang werden – wiederum ohne Anspruch auf Vollständigkeit – einige Aspekte angesprochen, die insbesondere auch die Bedeutung der kinder- und jugendpolitischen Infrastruktur beleuchten und die Notwendigkeit deren größerer Transparenz bestätigen.

Beteiligung von Kindern und Jugendlichen
Die Beteiligung von jungen Menschen[25] hat in den vergangenen Jahren, auch befördert durch die internationale Ebene, etwa im Zusammenhang mit der Erstellung des EU-Weißbuchs für eine Jugendpolitik in Europa, einen zunehmenden Stellenwert in der politischen Agenda erhalten. Dabei wurde und wird aller-

---

23 So die Überschrift eines entsprechenden Beitrags von Devivere u.a. (1993).
24 Einen entsprechenden Beschluss hatte bereits die Jugendministerkonferenz Anfang der 1990er Jahre gefasst. Auch der Überlegung von Wiesner, eine Ergänzung von Art. 2 vorzunehmen, müsste nachgegangen werden (2003, 160).
25 Zum Begriff siehe etwa Bundesjugendkuratorium (2001) mit weiteren Verweisen und die Ergebnisse des entsprechenden Workshops für die Erarbeitung des NAP.

dings weniger der Umstand ausgewertet, dass – wie zuvor angesprochen – seit langem von Eltern und Jugendhilfe die wachsende Fähigkeit und das wachsende Bedürfnis des Kindes zu selbständigem verantwortungsbewusstem Handeln zu berücksichtigen ist. Auch die Diskrepanz zwischen Anspruch und Wirklichkeit der Mitwirkung von Kindern und Jugendlichen auf der Grundlage der entsprechenden Schulgesetze in den Ländern spielt keine besondere Rolle. Ferner werden demokratiepraktische Aspekte nicht besonders hervorgehoben. Schließlich wird auch kaum der Frage nachgegangen, ob und wie junge Menschen von der Möglichkeit des SGB VIII/KJHG Gebrauch machen können und inwiefern sie das Recht haben, sich in allen Angelegenheiten der Erziehung und der Entwicklung an das Jugendamt zu wenden.[26]

Vielmehr wird darauf abgestellt, dass junge Menschen an politischen Beratungs- und Entscheidungsprozessen von den Vereinten Nationen bis zur örtlichen Ebene mitwirken sollen. Weiter sieht das Regierungsprogramm für diese Legislaturperiode eine breite Allianz mit der Jugend vor. Wird nach Wegen einer Beteiligung von Kindern bei der Erstellung des NAP gesucht, soll das Bundesjugendkuratorium junge Menschen in geeigneter Weise in seine Beratungen einbeziehen.

Im vorliegenden Rahmen kann der Aspekt der Beteiligung von Kindern zwar nicht vertieft werden, bei der weiteren Verfolgung muss aber sehr darauf geachtet werden, dass es nicht zu einem Aktionismus kommt, der mangels Relevanz als kinder- und jugendpolitischer Bumerang zurückkommt.

Bundeskinderbeauftragter/Kinderkommission im Deutschen Bundestag
Die Forderung nach Kinderbeauftragten Anfang der 1980er Jahre mündete auf der Bundesebene 1988 in einem Kompromiss, nämlich der Einsetzung einer Kommission für die Belange der Kinder im Deutschen Bundestag. Die damit aufgeworfenen Fragen des Stellenwerts der Kinderkommission in der kinder- und jugendpolitischen Infrastruktur sind bis heute nicht systematisch gestellt, geschweige denn – über den Umstand hinaus, dass sich seitdem die Kinderkommission zu Beginn jeder Legislaturperiode wieder neu konstituiert hat – wenigstens ansatzweise beantwortet worden.[27] Ferner wurden Landeskinderbeauftragte in Nordrhein-Westfalen, Schleswig-Holstein und Sachsen-Anhalt eingesetzt, die bis heute um inhaltliche Anerkennung und strukturelle Absicherung ringen. Und im Zusammenhang mit vielfältigen Formen der Interessenvertretung von Kindern auf örtlicher Ebene wie Kinderparlamente, Kinderbüros

---

26 Dies haben Glinka u.a. (1999) in einer Expertise für den Zehnten 10. Jugendbericht ausführlich erörtert.
27 Einzelheiten zu dieser Frage siehe Zehnter Jugendbericht (BMFSFJ 1998, S. 285).

u.ä. ist die Rolle von Parlamenten, Jugendhilfeausschüssen oder der Exekutive/Verwaltung grundsätzlich ungeklärt. Der „Erfolg" hängt von den handelnden Personen ab.

National Coalition
Im Zusammenhang mit der UN-Kinderrechtskonvention ist mit Blick auf die kinder- und jugendpolitische Infrastruktur von Bedeutung, dass sich für die Umsetzung der Kinderrechtskonvention in Deutschland 1995 eine National Coalition gebildet hat, die erstmalig auf der einen Seite Träger der Kinder- und Jugendhilfe und auf der anderen Seite Organisationen außerhalb dieses Spektrums, die gleichwohl mit den Bedingungen des Aufwachsens von Kindern und Jugendlichen zu tun haben (z.B. Hebammen, Kinderärzte, Schulpsychologen, Familienrichter, Verbände im Asylbereich u.ä.), zusammengeführt hat. Die National Coalition hat sich mittlerweile etabliert, ohne deshalb ungefährdet zu sein und vor allem ohne dass die bisherigen infrastrukturellen Erfahrungen ausgewertet worden wären. Sie müsste bei dem Monitoring für den vorgesehenen Nationalen Aktionsplan für eine kindergerechte Welt eine tragende Rolle spielen, da dieser einen zentralen Bestandteil ihrer originären Aufgabe bilden wird. Für ein solches Monitoring gibt es allerdings in Deutschland noch keine Vorbilder, so dass Bund, Länder und Gemeinden sowie die Nicht-Regierungsorganisationen gefragt sind.

Föderalismus
Andres als in anderen europäischen Ländern bildet in Deutschland auch für die Kinder- und Jugend(hilfe)politik der Föderalismus ein wesentliches Merkmal. Dabei spielt insbesondere die Verdeutlichung der Zuständigkeiten von Bund, Ländern und Gemeinden eine große Rolle. Dies bedeutet gegenwärtig zum einen die Auseinandersetzung über das Konnexitätsprinzip, also über den Zusammenhang zwischen Festlegung von Aufgaben und deren Finanzierung. Zum anderen gilt es, die aktuelle Reichweite der „öffentlichen Fürsorge" zu bestimmen, die nach Art. 74 Nr. 7 GG einen Gegenstand der konkurrierenden Gesetzgebungskompetenz des Bundes darstellt.

In diesen Zusammenhang muss auch der Vorschlag des UN-Ausschusses für die Rechte des Kindes eingeordnet werden, der nunmehr Deutschland zum zweiten Mal aufgefordert hat zu prüfen, wie die Kinder- und Jugendpolitik ressortübergreifend, aber insbesondere auch in gemeinsamer Verantwortung von Bund, Ländern und Gemeinden gesteuert werden kann, um die bisherigen Reibungsverluste aufgrund der föderalistischen Struktur – etwa in Form des Hin- und Herschiebens der Verantwortung – zu verringern.

4 Kinder- und Jugendpolitik als eigenes Ressort

Um nochmals die Frage zu stellen, wer für Kinder zuständig ist: De facto sind Belange der Kinder bisher im Wesentlichen der Jugend- und Familienpolitik zugeordnet. Selbst wenn eine deutliche Stärkung der politischen Interessenvertretung von Kindern noch erreicht werden muss, wird hier gleichwohl die Position vertreten, dass es auf der Ebene der politischen Ressorts nicht sinnvoll erscheint, Kinderpolitik neben der Jugendpolitik als eigenes Ressort zusätzlich zu etablieren. Zum einen ergäben sich immer wieder schwierige Abgrenzungsprobleme. Zum anderen würde es durch eine Aufteilung zu einer (weiteren) Schwächung der beiden Teilpolitiken im politischen Raum kommen. Vielmehr wird befürwortet, mit einer „Kinder- und Jugendpolitik", in der Kinder auch im Begriff ausgewiesen sind, das umfassende Dach für eine „Minderjährigenpolitik" zu schaffen.

Kinder- und Jugendpolitik in diesem Verständnis muss alle durch sie repräsentierten Altersgruppen von 0 bis 17 Jahren mit ihren unterschiedlichen Bedürfnissen und Interessen berücksichtigen. Sie muss deshalb differenzierter als bisher je altersspezifische bedarfsgerechte Arbeitsschwerpunkte und Handlungsformen entwerfen und umsetzen. Dabei ist Tendenzen entgegen zu wirken, die Jugendpolitik wegen ihrer in der Öffentlichkeit deutlicher in Erscheinung tretenden Schwierigkeiten als Problem- bzw. Randgruppenpolitik zu betrachten, während Kinderpolitik auf schöne, kinderkulturelle Ereignisse reduziert wird. Insgesamt soll erreicht werden, dass durch die deutlichere Kennzeichnung der Zuständigkeit dieses Politikressorts für die Belange von Kindern notwendige Ressourcen mobilisiert und notwendige Umdenkungsprozesse eingeleitet werden können.

Die Etablierung einer „Kinder- und Jugendpolitik" entspricht auch dem Weg, den der Bundesgesetzgeber unversehens bei der Neuordnung des Jugendhilferechts für die Jugendhilfe gegangen ist, indem er die gesetzliche Grundlage vom Jugendwohlfahrtsgesetz in das Kinder- und Jugendhilfegesetz umbezeichnet hat. Dies bedeutete zwar in der Sache keine Neuerung, da die Jugendhilfe von Anfang an Kinder aller Altersgruppen und ihre Familien fördern wollte. Man wollte aber zum einen dem Umstand Rechnung tragen, dass unter Jugend zumeist junge Menschen ab 14 Jahre verstanden werden. Zum anderen sollte die explizite Aufnahme der Kinder in den Namen des Gesetzes verdeutlichen, dass das Aufwachsen von Kindern in Gegenwart und Zukunft mehr Aufmerksamkeit bedürfe als dies häufig in der Praxis der Fall gewesen sei (Wiesner u.a. 2000, S. 9). In diesem Zusammenhang ist allerdings zu fordern, dass die Intention des Gesetzgebers nicht nur im Titel auftauchen darf, sondern sich auch im Gesetz selbst widerspiegeln müsste. Dies betrifft insbesondere die Verwendung des

Begriffs der Jugendhilfe in den allgemeinen Vorschriften des SGB VIII/KJHG sowie den Jugendhilfeausschuss, das Jugendamt, die Jugendhilfeplanung, das Bundesjugendkuratorium und den Jugendbericht, deren Namen ebenso explizit zum Ausdruck bringen sollten, dass Kinder einbezogen werden.

Auch die Formulierung des „politischen Mandats der Jugendhilfe" spricht für die Zusammenfassung der Kinder- und Jugendpolitik. Kinder und Jugendliche sind nämlich grundsätzlich in gleicher Weise betroffen, wenn es darum geht, „positive Lebensbedingungen für junge Menschen (!) und deren Familien sowie eine kinder- und familienfreundliche Umwelt zu erhalten oder zu schaffen" (§ 1 Abs. 3 Nr. 4 SGB VIII/KJHG).

Eine gemeinsame Kinder- und Jugendpolitik entspricht auch dem Geltungsbereich der UN-Kinderrechtskonvention, die sich auf den Status der Minderjährigkeit und damit auf alle Kinder und Jugendlichen bis zum vollendeten 18. Lebensjahr bezieht.

5   Schlussbemerkungen

Resümierend ist festzuhalten, dass man wohl zunächst in den 1960er und 1970er Jahren des vergangenen Jahrhunderts auf Kinder bezogen zwei fundamentale Umbrüche feststellen kann: Zum einen die Veränderung des generativen Verhaltens und den damit verbundenen Umstand, dass Kinder in der Gesellschaft – tendenziell – nicht mehr als selbstverständlich angesehen werden, sowie die auf der Ebene der einfachen Gesetzgebung durch die Reform des Elterlichen Sorgerechts eingeleitete Respektierung der eigenen Subjektstellung des Kindes. Alle übrigen kinderpolitischen Ereignisse lassen sich dann als Bestandteile einer Entwicklung einordnen, die diese Umbrüche reflektieren und weitergestalten oder zu bremsen versuchen.

Die Komplexität der Bedingungen des Aufwachsens erfordert eine an der Generationengerechtigkeit und dem Generationenausgleich orientierte Kinder- und Jugend(hilfe)politik, die sich eng mit anderen Ressorts abzustimmen hat. Dies muss auf der Basis einer reflektierten Ressortpolitik geschehen, und große Anforderungen sind angesichts einer vielfältigen kinder- und jugendpolitischen Infrastruktur an die politische Steuerung zu stellen, sowohl auf horizontaler wie auch auf vertikaler Ebene. Dabei geht es zugleich um das Spannungsfeld zwischen Privatheit von Kindern einerseits und öffentlicher Verantwortung für ihr Aufwachsen andererseits.

Eine besondere Aufgabe für eine tragfähige Kinder- und Jugendpolitik stellt die Bewältigung der Schnittstelle zwischen Jugendhilfe und Integration/Migration dar. Bereits der Zehnte Jugendbericht hat darauf hingewiesen, dass

„in der Fremdenfeindlichkeit und den verständlichen Reaktionen der Zugewanderten zur Zeit die größte Gefahr für die moderne Gesellschaft liegt. Erziehung und Bildung müssen in ganz anderer Intensität als bisher für ein Zusammenleben in einer multikulturellen Gesellschaft vorbereiten (...)" (Bundesregierung 1998, S. 105). Der Elfte Jugendbericht hat diese Einschätzung bestätigt. In der Erstellung des Europäischen Weißbuchs zur Jugendpolitik in Europa und bei der Auslotung und Umsetzung seiner Ziele sowie insgesamt im Zusammenhang mit der Internationalisierung[28] und Globalisierung werden enorme Herausforderungen an eine Weiterentwicklung der Kinder- und Jugend(hilfe)politik deutlich, sowohl hinsichtlich der Ressort- als auch hinsichtlich der Querschnittsaufgaben. Dabei müssen die Organisationen, die unmittelbar Interessen von Bürgern nichtdeutscher Herkunft vertreten, aufgewertet bzw. in die kinder- und jugendpolitische Infrastruktur integriert werden.

Im Übrigen: Auf der einen Seite besteht in der Kinder- und Jugendhilfe – wie in anderen Ressorts auch – gegenüber den bestehenden Erkenntnissen ein eklatantes „Vollzugsdefizit". Auf der anderen Seite fehlt es in vielen Bereichen an elementarem Wissen über differenzierte Wirkungen der Leistungen und Angebote in der Kinder- und Jugendhilfe ebenso fehlt die Anpassung der Ausbildungen an die sich verändernden Rahmenbedingungen. Das macht mehr Forschung erforderlich.

Last but not least: Für eine tragfähige Kinder- und Jugendpolitik wäre es so notwendig wie hilfreich, wenn sie eine gewisse Linie und Entwicklung über aktuelle Ereignisse und Aktionen oder auch einzelne Legislaturperioden hinaus erkennen ließe. Dabei geht es insgesamt darum, das Konzept einer Kinder- und Jugendhilfepolitik, die aus miteinander vielfältig verzahnten Ressort- und Querschnittsaufgaben bestehen muss, noch weiter zu entfalten. Dazu sollten die vorstehenden Anmerkungen erste Anhaltspunkte geben.

---

28 Es ist zwar eine Vision, aber angesichts mancher dramatischer Entwicklungen in verschiedenen Teilen unserer Erde stellt sich die Frage, ob zur Bewältigung der anstehenden Herausforderungen und Konflikte nicht langfristig eine „Weltinnenpolitik" intendiert werden muss. Jedenfalls scheint das Ziel der EU, zum besten Wirtschaftsraum unseres Globus zu werden, zu kurz gegriffen, baut es doch zwangsläufig immer noch auf Konkurrenz und Dominanz auf, die bisher im Sinne der Verbesserung des allgemeinen Wohls noch nicht erfolgreich gewesen sind.

Literatur
Borsche, S. (2001): Kinderrechte. In: Otto, H.-U./Thiersch, H.: Handbuch Sozialarbeit - Sozialpädagogik. Neuwied. S. 949-963
Borsche, S. (2003): Umbrüche in der Interessenpolitik für Kinder. In: Kränzl-Nagl, R./Mierendorff, J./Olk, Th. (Hrsg.): Kindheit im Wohlfahrtsstaat – Gesellschaftliche und politische Herausforderungen. Frankfurt/New York. S. 395-418
Bundesjugendkuratorium (BJK) (2000): Thesen „Gegen den irrationalen Umgang der Gesellschaft mit der nachwachsenden Generation". In: Münchmeier, R./Otto, H.-U./Rabe-Kleberg, U. (Hrsg.) (2002): Bildung und Lebenskompetenz. Kinder- und Jugendhilfe vor neuen Aufgaben. Opladen. S. 175-183
Bundesjugendkuratorium (BJK) (2001): Direkte Beteiligung von Kindern und Jugendlichen. Berlin/Bonn
Bundesjugendkuratorium (2002): Zukunftsfähigkeit sichern! Für ein neues Verhältnis von Jugendhilfe und Bildung. Eine Streitschrift. Bonn
Bundesjugendkuratorium (BJK)/Mitglieder der Elften Jugendberichtskommission/AGJ-Vorstand (2002): Bildung ist mehr als Schule. Bonn
Bundesministerium für Familie, Senioren, Frauen und Jugend (BMFSFJ) (1998a): Zehnter Jugendbericht – Zehnter Kinder- und Jugendbericht, Bericht über die Lebenssituation von Kindern und die Leistungen der Kinderhilfen in Deutschland. In: Bundestagsdrucksache 13/11368
Bundesministerium für Familie, Senioren, Frauen und Jugend (BMFSFJ) (Hrsg.) (1998b): Kinder und ihre Kindheit in Deutschland – Eine Politik für Kinder im Kontext für Familienpolitik. Band 154 der Schriftenreihe. Stuttgart/Berlin/Köln
Bundesministerium für Familie, Senioren, Frauen und Jugend (BMFSFJ) (Hrsg.) (2001): Chancen im Wandel – Jugendpolitisches Programm der Bundesregierung. Bonn.
Bundesministerium für Familie, Senioren, Frauen und Jugend (BMFSFJ) (Hrsg.) (2002): Elfter Kinder- und Jugendbericht. Bericht über die Lebenssituation junger Menschen und die Leistungen der Kinder- und Jugendhilfe in Deutschland. Berlin
Bundesministerium für Familie und Senioren (BMFuS) (Hrsg.) (1994): Fünfter Familienbericht. Familien und Familienpolitik im geeinten Deutschland. In: Bundestagsdrucksache 12/7560. Bonn.
Bundesregierung November (2002): Regierungserklärung Kinderfreundliches Land und bessere Bildung für alle u.a.
Devivere, B. v./Irskens, B./Lipp-Peetz, Ch./Preising, Ch. (1993): Die Kinder tragen der Erwachsenen Last – Kinderpolitik für oder mit Kinder. In: Nachrichtendienst des deutschen Vereins. 1. S. 16-21
Engelbert, A./Kaufmann, F.-X. (2003): Der Wohlfahrtsstaat und seine Kinder. Bedingungen der Produktion von Humanvermögen. In: Kränzl-Nagl, R./Mierendorff, J./Olk, Th. (Hrsg.): Kindheit im Wohlfahrtsstaat – Gesellschaftliche und politische Herausforderungen, Frankfurt/M. S. 59-94
Glinka, H.-J./Neuberger, C. (1999). Interaktionsformen des Jugendamts mit Kindern und Jugendlichen – Umbruch und Irritationen im Sinn- und Orientierungsmilieu von sozial-helfenden Instanzen. Eine milieuanalytische Studie. In: Expertise zum 10. Jugendbericht zu § 8 KJHG. In: Sachverständigenkommission Zehnter Kinder- und

Jugendbericht (Hrsg.): Kulturelle und politische Partizipation von Kindern. Band e. DJI Verlag. Deutsches Jugendinstitut, München.

Herzka, H. St. (1989): Die neue Kindheit – Dialogische Entwicklung, autoritätskritische Erziehung. Basel.

Honig, M.-S. (2001): Kinderpolitik. In: Otto, H.-U./Thiersch, H.: Handbuch Sozialarbeit – Sozialpädagogik. Neuwied. S. 936-948

Hornstein, W. (2002): Jugendhilfe und Bildung zu Zeiten der Bildungsreform der 70er-Jahre und im Zeichen der PISA-Debatte – Parallelen, Unterschiede, Entwicklungen. In: Diskurs 2/2002. S. 45-50

Hornstein, W. (2003): Was macht die Politik mit der Jugend – über die nicht einlösbaren Versprechungen, mit denen die Politik die Jugend zu gewinnen sucht. In: Zeitschrift für Pädagogik, H. 6, Jg. 49. S. 870-884

Internationaler Jugendaustausch- und Besucherdienst der Bundesrepublik Deutschland (IJAB) (Hrsg.) (2003): Kinder- und Jugendpolitik – Kinder- und Jugendhilfe in der Bundesrepublik Deutschland. Strukturen – Institutionen – Organisationen. Bonn.

Joos, M. (2003): Der Umbau des Sozialstaats und Konsequenzen für die Konstituierung von Kindheit – diskutiert am Beispiel des Gutscheinmodells für Kindertageseinrichtungen. In: Kränzl-Nagl, R./Mierendorff, J./Olk, Th. (Hrsg.): Kindheit im Wohlfahrtsstaat – Gesellschaftliche und politische Herausforderungen. Frankfurt/M. S. 121-150

Lüscher, K. (1977): Sozialpolitik für das Kind. In: Kölner Zeitschrift für Soziologie und Sozialpsychologie. Sonderheft Soziologie und Sozialpolitik 19. S. 591-628

Lüscher, K. (2003): Kinderpolitik: Die Ambivalenzen der Rolle des Kindes gestalten. In: Kränzl-Nagl, R./Mierendorff, J./Olk, Th. (Hrsg.): Kindheit im Wohlfahrtsstaat – Gesellschaftliche und politische Herausforderungen. Frankfurt/M. S. 333-362

Merk, P. (1995): Kinderfreundlichkeit – Das Mandat der Jugendhilfe nach § 1 Abs. 3 Nr. 4 des KJHG; im Auftrag des Ministeriums für Arbeit, Gesundheit und Soziales des Landes NRW. Düsseldorf.

Mielenz, I. (1981): Die Strategie der Einmischung. Soziale Arbeit zwischen Selbsthilfe und kommunaler Politik. In: neue praxis (np). Sonderheft 6.

Mierendorff, J./Olk, Th. (2003): Kinderwohlfahrtspolitik in Deutschland. In: Kränzl-Nagl, R./Mierendorff, J./Olk, Th. (Hrsg.): Kindheit im Wohlfahrtsstaat – Gesellschaftliche und politische Herausforderungen. Frankfurt/M. S. 419-464

Münchmeier, R. (1996): Kinder- und Jugendpolitik. In: Kreft, D./Mielenz, I.: Wörterbuch Soziale Arbeit. 4. Auflage. Weinheim/Basel. S. 357-359

Otto, H.-U.: (Beitrag auf der jugendhilfepolitischen BMFSFJ-Fachtagung im November 2002 in Hannover)

Peschel-Gutzeit, L. M. (1999): Subjektstellung des Kindes – Kinderrechte in die Verfassung. In: AGJ-NC-Fachtagung „Politik für Kinder – Politik mit Kindern: Gesellschaftliche Herausforderungen und Konsequenzen vor dem Hintergrund der Ergebnisse des Zehnten Kinder- und Jugendberichts" (unveröffentlichtes Manuskript)

Rauschenbach, B. (1996): Demokratie in den Kinderschuhen. Braucht ein demokratisches Gemeinwesen die Mitbestimmung von Kindern und Jugendlichen? In: Boogaart, H. van den u. a. (Hrsg.): Rechte von Kindern und Jugendlichen –

Wege zu ihrer Verwirklichung: Beiträge zum Frankfurter Rechte-Kongress 1995. Münster. S. 21-40

Schoch, F. (2003): Kompetenz- und Finanzierungsfragen für (Tages-) Einrichtungen für „zwischen" Schule und Jugendhilfe. In: Zentralblatt für Jugendrecht (ZfJ).S. 301-310

SPD/Bündnis 90 - DIE GRÜNEN (2002): Koalitionsvertrag: Erneuerung - Gerechtigkeit - Nachhaltigkeit. (http.//www.spd.de)

Wiesner, R. (2003): Die rechtliche Stellung von Kindern im Sozialstaat. In: Kränzl-Nagl, R./Mierendorff, J./Olk, Th. (Hrsg.): Kindheit im Wohlfahrtsstaat – Gesellschaftliche und politische Herausforderungen. Frankfurt/M. S. 153-182

Wiesner, R./Mörsberger, Th./Oberloskamp, H./Struck, J. (2000): SGB VIII Kinder- und Jugendhilfe. München. 2., völlig neu überarbeitete Auflage

Kindheit in der Dritten Welt – gegen die Marginalisierung der Mehrheit in der Theorie der Kindheit

Volker Lenhart

1 Die Öffnung der Theorie der Kindheit

Die aktuelle internationale Theorie der Kindheit ist weitgehend eine der nördlichen Hemisphäre[1]. Sie ist innerhalb dieser in hohem Maß noch einmal eingeschränkt, nämlich lediglich vor dem Anschauungssubstrat westlicher demokratisch-kapitalistischer Industriegesellschaften gewonnen. Kindheit in anderen Weltregionen ist dagegen weder in historischer noch gegenwartsbezogener Orientierung für die Theoriekonstruktion wichtig geworden. Das gilt für beide Pole der Debatte, sowohl den kindheitstheoretischen mit der Betonung von Kindheit als sozialem Konstrukt, der Interpretation des Generationenverhältnisses als Herrschaftsverhältnis mit Kindern in der beherrschten Position und der begriffsstrategischen Option eine Konstruktion der Kategorie childhood in Analogie zu race, gender oder class, als auch den kindertheoretischen mit dem Blick auf konkrete Kinder, der Interpretation der Generationenbeziehung als erzieherischen Verhältnisses und der Unterstreichung der Entwicklungstatsache. Ähnlich wie bei anderen pädagogischen Semantiken, etwa der Reformpädagogik (vgl. Lenhart 2002; Seitz 2002), ist der Einbezug der Verhältnisse im Süden nicht nur geeignet, verfestigte Perspektiven zu verändern, sondern zu einer komparativen erziehungswissenschaftlichen Theorie zu gelangen, die der Globalisierung gesellschaftlicher Bereiche in der Weltgesellschaft Rechnung trägt.

---

1 Vgl. die kinderbezogenen Artikel im 2. Band der International Encyclopedia of Education 1985, p. 675-696; im 3. Band der International Encyclopedia of the Social and Behavorial Sciences 2001, p. 1672-1732, dort mit Ausnahme des kulturanthropologischen Beitrags von T.S. Weiser, p. 1697-1701 und gelegentlichen weiteren Bezügen insbesondere im Kontext der UN-Kinderrechtekonvention, sowie die deutschen Handbücher von Behnken/Zinnecker 2001 und von Markefka/Nauck 1993, dort mit Ausnahme des Aufsatzes von Boehnke/Yaradigi Reddy, S. 177-189.

2 Strukturen von Dritte Welt-Gesellschaften als Rahmenbedingung kindlicher Lebenswelten

Das Reden von Kindheit in der Dritten Welt erreicht keinen hohen Auflösungsgrad. Denn selbstverständlich sind Kinderwelten in den Entwicklungsländern ganz unterschiedlich. Das Straßenkind in einer lateinamerikanischen Großstadt (vgl. Adick 1997) lebt ein anderes Kinderleben als das in eine relativ intakte ethnische Gemeinschaft eingebundene Kind im ländlichen Afrika. Auch innerhalb einer Einzelgesellschaft sind die Unterschiede unverkennbar: Der Sohn des botswanischen Bergbauingenieurs z.B., dem sein Vater bei den Mathematikaufgaben hilft, erlebt eine andere Kindheit als der Sohn des botswanischen San, den sein Vater das Auffinden einer Wasserstelle lehrt. Dennoch gibt es Gemeinsamkeiten, die aus der Sozialstruktur der Dritte Welt-Gesellschaften herrühren.

Im Gegensatz zu europäischen Gesellschaften, die alternde Sozietäten sind, handelt es sich bei denen der Dritten Welt um junge Gesellschaften. Nirgendwo hat freilich der Umstand, dass die Mehrheit der Menschen jung ist, zu einem radikalen Umschlag des Machtverhältnisses zwischen den Generationen geführt. Zwar hat es auch in der Dritten Welt gelegentlich politische Jugendrevolten gegeben, z.B. in Sri Lanka in den 1970er Jahren, und die afrikanischen Kindersoldaten wurden von Erwachsenen der anderen Bürgerkriegsparteien durchaus auch mit Recht als Bedrohung empfunden. Aber die etwa 10% Waisenkinder unter allen afrikanischen Kindern empfinden ihren Status als einen des Mangels an Schutz und Fürsorge und nicht etwa als einen Zuwachs an Freiheit. Entsprechend werden die Ressourcen, die im Norden notwendig vom Aufbau gerontologischer Einrichtungen absorbiert werden, durch die aktive Erwachsenengeneration im Süden eher in Institutionen der Jugendbildung investiert. Für die Entwicklungsländer war die „Kolonialisierung der Lebenswelt" keine analogisierende Metapher, sondern zumindest zwei Jahrhunderte lang sinnlich direkt erfahrbare Wirklichkeit. Kolonialisierung bedeutete das direkte Ausgreifen der über das Geldmedium stabilisierten kapitalistischen Ökonomie und der über das Machtmedium strukturierten, positiv-rechtlich fundierten Staatsanstalt auf Gesellschaften, die ganz unterschiedlichen evolutionären Pfaden gefolgt waren und auf diesen Entwicklungswegen unterschiedlich weit fortgeschritten waren. Die Ausdifferenzierung eigener gesellschaftlicher Teilsysteme wurde entweder unterbrochen oder gar gewaltsam zurückgedrängt, indem nach dem Muster der okzidentalen Moderne eine koloniale Staatsadministration errichtet und eine Eingliederung des Produktionssystems in den Weltmarkt vorgenommen wurde. Die meisten Dritte Welt-Gesellschaften stehen heute auf der Verliererseite der Globalisierung. In der Folge bestimmen die Defizite der gleichwohl kindlichen Lebenswelten überformenden Systeme Wirtschaft und Politik die kindliche

Lebenssituation. Mangel und Not aufgrund ungenügenden Wirtschaftswachstums und extrem ungleicher Einkommens- und Güterdistribution, politische Marginalisierung, Repression oder Friedlosigkeit aufgrund nicht demokratisch übertragener und kontrollierter, zum Teil in Staatsklassen konzentrierter politischer Macht oder aufgrund von Kriegen und Bürgerkriegen bilden in vielen Fällen in verschiedenen Ausprägungen und Konstellationen den Rahmen kindlicher Lebenswelten.

Freilich würde man der sorgenden Liebe von Millionen Eltern, der hingebenden erzieherischen Bemühung von Millionen Lehrkräften und vor allen den aktiven Bewältigungsstrategien zahloser Kinder Unrecht tun, wollte man Kindheit in der Dritten Welt nur in Begriffen des Defizits oder gar der Katastrophe beschreiben. Auch dort gelingt in den Kinderjahren unter schwierigen Bedingungen ein basaler Persönlichkeitsaufbau auf dessen Grundlage aus den Kindern von heute unsere Welt-Mit-Bürger von morgen werden.

3 Merkmale von Kindheit in der Dritten Welt

Kindheit in der Dritten Welt heute lässt sich durch sechs Merkmale kennzeichnen.

1. Für die Mehrheit der Kinder der Dritten Welt ist Kindheit Familienkindheit. Freilich ist z.B. im subsaharischen Afrika die Familienform eine andere als im Norden. Auch in Afrika gibt es Kinder, die in monogamen, neolokalen (d.h. weder bei der väterlichen noch der mütterlichen Abstammungsgruppe wohnenden) Kernfamilien aufwachsen. Diese Familienform hat sich z.T. unter dem Einfluss der christlichen Kirchen, besonders aber aus wirtschaftlichen Gründen und durch Willensentscheidungen gut ausgebildeter jüngerer Frauen verbreitet. Das bedeutet aber keineswegs ein allgemeines Ende des polygamen Familienmusters. Besonders „auf dem Land (...) wird in einer großen Zahl von Ehefrauen ein größeres Arbeitskraftpotential und verteiltes Risiko gesehen, was auch der Ansicht vieler auf dem Land lebender Frauen entspricht" (Bauer/Schultz 1985, S. 87). In einer Familienserie des nigerianischen Fernsehens der 1980er Jahre war das Aufeinandertreffen beider Familienmodelle der Grundkonflikt der realitätsnahen Spielhandlung: Ein verheirateter innerstaatlicher Arbeitsmigrant hatte an seinem Arbeitsort eine Beziehung zu einer Frau aufgenommen. Diese betrachtete sich als zweite Ehefrau nach den polygynen Familienvorstellungen und beanspruchte für sich und ihre Kinder entsprechende Rechte. Die erste Frau des Mannes aber definierte die Neue als außereheliche

Geliebte und Rivalin und billige den Kindern der anderen keine Unterhaltsleistungen zu. Kinder können unter diesen Bedingungen ihr familiales Umfeld als in Spannung zur Sozialisationsinstanz Schule erleben. Das staatliche kenianische Familienrecht etwa kennt nur die Monogamie. Entsprechend sind die Lehrpläne und Schulbücher gestaltet. Lediglich an einer unauffälligen Stelle des Lehrplans für das Grundschulfach Hauswirtschaftslehre wird unter dem Stichwort „family and child care" (Voss-Lengnik/Lenhart/Sifuna u.a. 1995) auf die tatsächliche Situation eingegangen, in der sich hunderttausende Kinder des Landes erleben. Sie wissen, dass sie Geschwister haben, deren Mutter nicht die ihre ist.
2. Für die Mehrheit der Kinder in der Dritten Welt ist Kindheit heute Schulkindheit. Schule als Institution der Erziehung und Unterrichtung der Kinder hat sich weltweit durchgesetzt. Man hat von der Universalisierung der modernen Schule gesprochen. Das Education for All Assessment, Dakar 2000 (World Education Forum 2000), lieferte die statistischen Daten für die fortschreitende Inklusion der Kinder-Kohorten in den Schulunterricht. Danach wuchs weltweit zwischen 1990 und 1998 die Zahl der Primarschüler/innen von knapp unter 600 Mio auf 680 Mio, der Prozentsatz der Kinder im Primarschulalter, die tatsächlich eine Schule besuchen, von 80% auf 84%. Bei den Einschulungen in die erste Grundschulklasse waren die Zuwächse in den Entwicklungsländern außerordentlich, sie betrugen 11%, wobei die größte Steigerung im subsaharischen Afrika mit 40% oder 4 Mio Schüler/innen erreicht wurde (World Education Forum 2000, S. 7). Freilich auch im Jahre 2000 hatten mehr als 113 Mio Kinder noch keinen Zugang zur Primarschule, geschlechtsbezogene Diskriminierung durchzieht viele Bildungssysteme im Süden und die Qualität der Bildung in den vier vom Delors-Bericht (Learning the Treasure Within 1996) definierten Dimensionen „learn to know, to do, to live together, to be" lässt zu wünschen übrig.
3. Für die Mehrheit der Kinder in der Dritten Welt ist im Gegensatz zu der ihrer Altersgenossen in den Industriegesellschaften Kindheit Armutskindheit. Wenn Armut an dem von der Weltbank vorgeschlagenen Indikator des Einkommens von bis zu einem US-Dollar pro Tag gemessen wird, leben 1,3 Milliarden Menschen in Armut. Wird die Grenze auf zwei Dollar heraufgesetzt, wie es Kritiker der politischen Definitionsmacht der Weltbank vornehmen, leben fast 3 Milliarden Menschen, die Hälfte der Menschheit, in Armut (Causes of Poverty 2000). Auch in den nördlichen Ländern gibt es Kinderarmut (UNICEF Innocents Research Centre 2000), aber die Mehrheit der armen Kinder lebt in der Dritten Welt (vgl. zur Situation in den ärmsten Ländern UNICEF, Poverty and Children 2000). Eine lateinamerikanische Stimme wird im Weltkinderbericht 2002 mit der

Feststellung zitiert, „die Mehrheit der Kinder ist arm, und die Mehrheit der Armen sind Kinder" (UNICEF, The State of The World's Children 2002, S. 12).

Das folgende Kindheitsbild entstammt einem eigenen Untersuchungsprojekt Ende der 1980er Jahre:

„Im September 1987 stehe ich in Bonkai, einem der über tausend Slums von Bangkok. Die meisten Haushalte haben ein monatliches Einkommen unter B 3000 (ca. 210 DM). Die Wohnungen bestehen aus Holzhütten/Bretterhäusern. Der Slum hat eine hierarchische Sozialstruktur. Einem relativ reichen (und politisch im Slum-Komitee einflussreichen) Bewohner gehören zahlreiche (auf städtischem Grund stehende) Hütten, die er an Mitbewohner vermietet. Er war Bauer mit eigenem Land, erhält von seinen Söhnen Geldüberweisungen, die er in Hütten investiert. Eine Frau wäscht vor einer Hütte in einer Zinkwanne Wäsche, ihr etwa 9jähriger Junge, der dabeisteht, ist deutlich unterernährt. Sie gibt den begleitenden Projektmitarbeitern über ihre Einkommenssituation Auskunft. Der Vater bringt als Bauhilfsarbeiter ein ungesichertes Familieneinkommen von B 1500 (ca. 105 DM) monatlich nach Hause, die Miete für einen Raum in der Hütte (daneben bewohnen sie noch zwei Familien) beträgt B 500, ein Drittel des Monatseinkommens. Der von seinen Eltern mit allen ihren Kräften versorgte, gleichwohl unterernährte Junge erfährt täglich, was absolute Armut heißt." (Lenhart 1989, S. 201).

Für Kindheit in Armut und materieller Not gibt es keinen universalistischen „Fluchtpunkt". Pestalozzis Überlegung, der Arme solle zu Armut erzogen werden, war im ständischen Denken des historischen Übergangs zur industriellen Gesellschaft befangen und kann heute keine entwicklungspolitische Perspektive abgeben. Es kann nur darum gehen, Kinder (sowie Jugendliche und Erwachsene) aus der Drangsal der Armut zu befreien. Armutsüberwindung durch Maßnahmen auf zwischengesellschaftlicher (Stichwort: Weltwirtschaftsordnung), innergesellschaftlich-staatlicher (Stichwort: soziale Gerechtigkeit) und lokaler Ebene (z.B. durch Vorhaben der Gemeindeentwicklung) hat erstes Entwicklungsziel zu sein.

4. Für eine veritable Minderheit von Kindern in der Dritten Welt ist Kindheit Arbeitskindheit. Gegenwärtig arbeiten etwa 250 Millionen Kinder im Alter von fünf bis vierzehn Jahren, davon 60 Millionen im Alter von sechs bis elf Jahren. Mit Kinderarbeit ist Einkommen schaffende oder zumindest die eigene Subsistenz sichernde Arbeit gemeint. In Asien (ohne Japan) leben 61%, in Afrika 32%, in Lateinamerika und den karibischen Staaten 7% der Kinderarbeiter (UNICEF 2000). Wegen mangelnder Vergleichbarkeit (z.B. Arbeitsmotiv, sich Konsumwünsche zu erfüllen) taucht die Kinderarbeit in

westlichen Industrieländern nicht in der Statistik auf. Die Arbeitstätigkeiten sind vielfältig. Millionen Mädchen sind zur eigenen Subsistenz ohne Bezahlung als Haushaltshilfen tätig. Es gibt eine Beschäftigung von Mädchen und Jungen an (manufaktur-) industriellen Arbeitsplätzen, z.b. der Textilindustrie. Der informelle Wirtschaftssektor, also die landwirtschaftlichen kleinen Wirtschaftseinheiten, die kaum registrierten Kleinproduzenten und Kleinhändler, beschäftigt die meisten Kinder. Rund 60 Millionen Kinder sind zu Tätigkeiten gezwungen, die die ILO Convention von 1999 zu den „schlimmsten Formen" der Kinderarbeit zählt: Schuften in Schuldknechtschaft oder in sklavereiähnlichen Verhältnissen nach Entführung oder „Verkauf" durch die Familie, Tätigkeit in der Prostitution und in der Pornographie, Einsatz im Drogenkleinhandel, Dienst als Kindersoldat. Auch Arbeit, die mit hoher Wahrscheinlichkeit die Gesundheit, die Sicherheit oder die Moral von Kindern schädigt, ist durch die Konvention erfasst (ILO, C 182 1999, Art. 3).

Die angesichts der Kinderarbeit in der Dritte Welt-bezogenen Sozialpädagogik vertretenen Handlungsoptionen sind den oben genannten Positionen der Theorie der Kindheit analog. Die Maxime „arbeitende Kinder stärken" wird vertreten von Einrichtungen in Entwicklungsländern, von einigen Nichtregierungsorganisationen im Norden, aber auch von den inzwischen gegründeten Organisationen arbeitender Kinder selbst. Die Maxime „Kinderarbeit abschaffen" verfechten vor allem das Weltkinderhilfswerk UNICEF und die internationale Arbeitsorganisation ILO. Von der letzteren wird ein „International Program for the Elimination of Child Labor" (International Labor Organisation 2002) koordiniert.

Trotz der sehr unterschiedlichen sozialpolitischen und sozialpädagogischen Perspektiven können beide Position mittelfristig zur Verbesserung der Situation arbeitender Kinder beitragen. Unter der obersten Norm des Kindeswohls sind sie im Kampf gegen die „schlimmsten Formen" der Kinderarbeit einig. Die Forderung nach Bildung und Qualifizierung von arbeitenden Kindern ist ihnen gemeinsam. Indem die Abschaffungsinitiative die Verbesserungen der Arbeitsbedingungen in nicht unmittelbar gefährdenden Tätigkeitsfeldern als Ziel für eine Übergangszeit anerkennt, trifft das Programm sich mit dem alternativen Postulat nach einer geschützten Arbeitskindheit.

5. Für eine sichtbare Minderheit von Kindern in der Dritten Welt ist Kindheit Kriegskindheit.

Die (Bürger-)kriege seit 1990 von Somalia über Bosnien-Herzegowina bis Afghanistan und Osttimor betrafen Millionen Kinder.

Als Grunddokument über die Betroffenheit von Kindern durch Kriegshandlungen und über die Pflichten und Handlungsmöglichkeiten kollektiver Aktoren zu Prävention und Intervention liegt seit August 1996 der Bericht „Impact of Armed Conflict on Children" vor, den eine Expertenkommission unter dem Vorsitz der mosambikanischen Lehrerin und Politikerin Graca Machel dem Generalsekretär der UN überreichte.

Unter der Überschrift „Die Milderung der Auswirkungen bewaffneter Konflikte auf Kinder" wendet sich das Dokument folgenden Betroffenengruppen und Problemfeldern zu:

- Kindersoldaten
- Kinderflüchtlingen und landesintern vertriebenen Kindern
- sexuelle Ausbeutung mit geschlechtsbezogener Gewalt im Krieg
- Landminen und nicht explodierten Bomben und Granaten
- Auswirkungen von Wirtschaftssanktionen auf Kinder
- Gesundheit und Ernährung.
- Bewältigung psychischer Traumta und sozialer Reintegration.

Bei diesem letztgenannten besonders relevanten Aufgabenfeld werden etwa für afrikanische Lebenswelten nicht-therapeutische, eher sozialpädagogische Programme der Reintegration in eine stabile soziale Gemeinschaft mit liebevollen erwachsenen Bezugspersonen und eine allmähliche Einübung von Alltagsnormalität vor westlicher Psychotherapie bevorzugt. Bei entsprechenden kulturellen Voraussetzungen haben sich auch traditionelle Reinigungs- und Heilungszeremonien bewährt.

Im Hinblick auf das Thema Bildung: Dabei wird nicht nur herausgearbeitet, wie sehr Kriege massiv in das Bildungsrecht von Kindern beeinträchtigend oder verhindernd eingreifen, sondern es werden internationale Geberorganisationen aufgefordert, diesseits ihrer üblichen Grundsätze der Unterstützung langfristiger Aufbauprozesse gerade die Bildungsnotfallhilfe als Aufgabe ernst zu nehmen.

6. Kindheit ist für eine sichtbare Minderheit von Kindern in der Dritten Welt eine gesundheitsgefährdete Lebensphase. Zwei Gefährdungen haben dabei besondere internationale Aufmerksamkeit auf sich gezogen: die durch HIV/AIDS und die von Mädchen durch die Praxis der weiblichen Genitalverstümmelung.

Kinder werden von HIV/AIDS in mehrfacher Weise affiziert: durch eigene Infizierung, durch Zusammenbruch des sozialen Umfeldes, insbesondere durch Verwaisung, durch erhebliche Minderung der Bildungschancen.

Wegen mangelnden Zugangs zu lebensverlängernden Medikamenten zeigt sich bei infizierten Kindern der Dritten Welt ungebremst der Krankheitsverlauf: Ausbruch der Krankheit mit einer Serie von Sekundärerkrankungen, Siechtum und früher Tod.

Wenn AIDS in einer Familie aufgetreten ist, sind (selbst nicht infizierte) Kinder häufig als Pflegepersonen gefordert. Neben der psychischen Belastung sind sie besonderer Diskriminierung durch ihre Umwelt ausgesetzt. Vor allem aber werden gesunde Kinder durch AIDS-bedingte Verwaisung betroffen. Um das Jahr 2000 leben mindestens 10,4 Mio. Kinder, die zumindest ein Elternteil durch AIDS verloren haben (United Nations Special Session on HIV/AIDS 2001). Verstärkte Kinderarmut und andere Beeinträchtigungen der Lebenschancen sind die Folge. Darüber hinaus schränkt HIV die Bildungschancen von Millionen Kindern ein. Die Seuche lähmt durch Erkrankung und Tod von Lehrkräften und Schulverwaltungsfachleuten manche Bildungssysteme oder droht sie gar zu zerschlagen (z.B. die von Malawi, Sambia oder Mozambique).

Solange kein wirklich durchschlagender Impfstoff oder ein sicheres Heilmittel gegen die Krankheit gefunden ist, bleibt die im sozialen Bereich aufzubauende Vorbeugung die wichtigste Maßnahme der HIV-Eindämmung. Die durchgeführten Programme umfassen:

- Informations- und Aufklärungskampagnen, die das Risikoverhalten minimieren. Obwohl dabei bestehende Wertvorstellungen, z.B. über die Geschlechterrollen, geändert werden müssen wird zugleich eine möglichst kultursensitive Verfahrensweise gefordert.
- Einbeziehung der AIDS-Thematik mit dem Ziel der Einstellungs- und Verhaltensänderung im Kontext nonformaler Bildung und Schulunterricht. Für letzteren sind quer über die Kontinente zahlreiche Curricula, Unterrichtssequenzen und Materialserien entwickelt worden. Anti-AIDS-Bildung wird als eigener Lehrgang, als Bestandteil eines Faches Gesundheitslehre, schließlich in einzelnen über den ganzen Lehrplan verteilten Einheiten implementiert. Entsprechende Programme sind auch in der Lehreraus- und -weiterbildung eingerichtet.
- Entwicklung sozialer Dienste, die es den Betroffenen erlauben jene „lebenspraktischen Fertigkeiten" zu erwerben, die die Infektionsgefahr im Alltag minimieren. Hierbei ist z.B. an die Einrichtung von Beratungsstellen gedacht (UNAIDS 2001).

Weibliche Genitalverstümmelung umfasst verschiedene Formen nichttherapeutischer chirurgischer Eingriffe in die äußeren weiblichen Genitalorgane. Die Praxis ist bei bestimmten Gruppen der arabischen Welt, Asiens, Lateinamerikas, auch bei Immigranten in Europa, vor allem aber in Afrika zu finden. Dort sind gegenwärtig rund 130 Millionen Frauen beschnitten und ihre Zahl wächst (aufgrund der allgemeinen Bevölkerungszunahme) jährlich um zwei Millionen. Das Alter, in dem die Prozedur vorgenommen wird, variiert zwischen den verschiedenen ethnischen Gruppen, jedoch handelt es sich mehrheitlich um eine Praxis, von der tatsächlich Kinder, Mädchen im Alter von vier bis zwölf Jahren, betroffen sind.

Folgen der Genitalverstümmelung treten sowohl im psychischen als auch im somatischen Bereich kurz- und langfristig auf: lebenslange gesteigerte Angstbereitschaft, beständiges Misstrauen und gesteigerte Aggression als Abwehrbereitschaft, körperliche Gefährdungen, z.B. durch Blutverlust bis hin zum Verbluten, Entzündungen und Infektionen, darunter neuerdings die durch AIDS, chronische Unterleibserkrankungen, Geburtskomplikationen, verstärkte Schmerzen beim Geburtsvorgang, auch im Zusammenspiel psychischer und somatischer Faktoren, eingeschränkte sexuelle Empfindungsfähigkeit.

Bei dieser Sachlage sind alle Bemühungen internationaler, darunter auch westlicher, gouvernmentaler und nichtregierungsbezogener, Organisationen gerechtfertigt, die Praktik zurückzudrängen und mittelfristig ganz zu beseitigen. Schließlich haben sich auch in den Ländern selbst Vereinigungen gebildet, die die gegenwärtigen und künftigen Mädchengenerationen vor dem Verstümmelungsschicksal bewahren wollen. Was das Eingreifen westlicher Institutionen betrifft, ist der Vorwurf des Kulturimperialismus zu beachten. Gewiss darf nicht etwa unbesehen westlicher Feminismus in die Gesellschaften transportiert werden. Doch können angesichts von Gewalt (und die Verstümmelung stellt direkte physische und psychische Gewalt dar) die Vorgänge nicht allein aus der Sichtweise der Beteiligten wahrgenommen werden. Besonders wichtig ist aber, dass sich die Frauen in den Ländern selbst gegen die Praktiken stellen und sie abschaffen wollen, gerade auch für ihre Töchter (zusammengestellt nach Stephen 2001). Ein darauf bezogenes Empowerment wird durch sozialarbeiterische Hilfen unterstützt.

4 Die UN-Kinderrechtekonvention – weltgesellschaftliche normative Theorie der Kindheit

Die Kinderrechtekonvention (International Convention 1989/1990) kann als der Versuch gelesen werden, die Positionen der nördlichen Kindheitsdebatte durch die Kinderbilder aus dem Süden zu verflüssigen und gerade durch die Einbeziehung der Erfahrungen von und mit Kindern der Dritten Welt zu einer weltweit akzeptablen, auf Kindheit bezogenen Theorie vorzustoßen. Bei der freilich mussten Kompromisse zwischen je nach Einzelfrage unterschiedlichen Koalitionen quer durch Nord und Süd eingegangen werden.

Die Konvention definiert als Kind ein menschliches Individuum bis zum achtzehnten Lebensjahr und ebnet damit definitorisch den Unterschied zwischen Kindheit und Jugendalter ein. Zugleich aber werden in einzelnen Artikeln niedrigere Altersgrenzen festgelegt oder aber deren Normierung, z.B. bei der sexuellen Zustimmungsfähigkeit, der einzelstaatlichen Gesetzgebung überantwortet. Die Konvention verbietet jede (negative) Diskriminierung von Kindern aufgrund von Rasse, Hautfarbe, Geschlecht, Sprache, Religion, politischer oder weltanschaulicher Überzeugung, ethnischer oder sozialer Herkunft, Eigentum, Behinderung oder sonstigem attribuiertem Status. Freilich werden begründete Rechteeinschränkungen für Kinder auf der Grundlage von Alter und Reife zugelassen. Besonders bei den zivilen Rechten betont die Konvention, dass das Kind Träger aktiv auszuübender Rechte ist. Das gilt für Rechtskomplexe wie die Informations- und Meinungsfreiheit oder die Respektierung der Privatsphäre. Die aktivische Wahrnehmung des Kindeswohls durch das Kind selbst wird dabei auch im Konflikt mit den Elternrechten durchgehalten – so die Rechtsauslegung seitens der in die Konventionsmechanismen eingebauten Kommission (vgl. Hodgkin/Newell 1998), die freilich auch die Notwendigkeit zugesteht, in angemessener Weise eine Balance zwischen elterlicher Autorität und der Rechtswahrnehmung durch die Kinder herbeizuführen. Die Konvention ist durchzogen von der Unterstreichung der Teilhaberechte von Kindern (participation), hebt aber hinsichtlich der Mangel- und Notlagen auch die Kindern zustehende Fürsorge (provision) und angesichts von Missbrauchs- und Ausbeutungserfahrungen die Schutznotwendigkeit (protection) hervor: Die Ausgewogenheit zwischen den drei „p" der internationalen sozialpädagogischen und -politischen Kinderdebatte ist ein Kennzeichen des Übereinkommens (Sünker 1993; Lenhart 2003).

Die Konvention ist aber nicht nur integrative Theorie der Kindheit. Ihr Normanspruch muss herausgestellt werden. Die Konvention ist geltendes Völkervertragsrecht. Alle 191 Staaten der Erde haben sie anerkannt (Lenhart/Savolainen 2002). Die Unterzeichnerstaaten haben sich verpflichtet, die Konventionsvorschriften in innerstaatliches Recht umzusetzen. Der Rechtscharakter schließt Normenschelte zwar nicht aus, aber z.B. in der Ausbildung von Sozialpädagogen/innen sind die Festlegungen nicht nur eine mögliche Lehrmeinung neben anderen. Sie setzen Standards für professionelles Handeln in den

Erziehungsberufen. Dieses Umstandes müssen sich akademische Lehrer/innen bewusst sein.

Literatur

Adick, Ch. (Hrsg.) (1997): Straßenkinder und Kinderarbeit. Sozialisationstheoretische, historische und kulturvergleichende Aspekte. Frankfurt/M.

Bauer, A./Schultz, M. (1985): Konstituierende Merkmale von Kindheit in Afrika. In: Wulf, Ch./Schöfthaler, T. (Hrsg.): Im Schatten des Fortschritts. Gemeinsame Probleme im Bildungsbereich in Industrienationen und Ländern der Dritten Welt. Saarbrücken/Fort Lauderdale. S. 71-93

Behnken, I./Zinnecker, J. (Hrsg.) (2001): Kinder, Kindheit, Lebensgeschichte. Ein Handbuch. Seelze-Velber

Causes of Poverty. Poverty Facts and Stats. www.globalissues.org/TradeRelated/Facts.asp. Download: 26.01.02

Hodgkin, R./Newell, P. (1998): Implementation Handbook for the convention on the rights of the child. New York

ILO: C 182 Worst Forms of Child Labor Convention 1999 www. ilo.org/public/english/standards/cpec/ratification/convention/text.htm, (download: 26.01.02)

Impact of Armed Conflict on Children. Report of the Expert of the Secretary General, Ms. Graca Machel, submitted pursuant to General Assembly resolution 48/157. New York 1996, gopher://gopher.un.org.70/00ga/does/51/plenaring/A51-306.EN, download 18.01.02

International Convention on the Rights of the Child (1989/1990). www.unhcr.chr/html/menu3/b/crc.htm (download 18.05.01)

International Encyclopedia of Education. Research and Studies. Ed. by Torsten Husen/N. Neville Postlethwaite, Vol. 2. Oxford/New York 1985

International Encyclopedia of the Social and Behavorial Sciences ed. Neil J. Smelser/Paul B. Baltes, Vol. 3. Amsterdam/Paris/New York 2001

International Labor Organization. International Programme on the Elimination of Child Labor: IPEC 2002, www.ilo.org/public/english/standards/ipec/simpoc.html (download 01.02.02)

Learning the Treasure Within. Report to UNESCO of the International Commission on Education for the Twenty First Century. Paris 1996

Lenhart, V. (1989): Kindheit in der Dritten Welt. In: Melzer, W./Sünker, H. (Hrsg.): Wohl und Wehe der Kinder. München. S. 190-222

Lenhart, V./Savolainen, K. (Ed.) (2002): Special Issue on Education and Human Rights. International Review of Education (48). S. 145-300

Lenhart, V. (2003): Pädagogik der Menschenrechte. Opladen.

Lenhart, V. (2002): Nachwort: Zehn Thesen zum Verhältnis der klassischen nördlichen zu der eigenständigen südlichen Reformpädagogik. In: Datta, A./Lang-Wojtasik, G. (Hrsg.): Bildung zur Eigenständigkeit – vergessene reformpädagogische Ansätze aus vier Kontinenten. Frankfurt/London. S. 289-295

Markefka, M./Nauck, B. (Hrsg.) (1993): Handbuch der Kindheitsforschung. Neuwied

Seitz, K. (2002): Bildung in der Weltgesellschaft: gesellschaftstheoretische Grundlagen globalen Lernens. Frankfurt/M.

Stephan, M. (2001): Sozialarbeiterische Interventionen bei weiblicher Genitalverstümmelung. Landesstudien in Benin und Tansania. Magisterarbeit Heidelberg

Sünker, H. (1993): Kinderpolitik und Kinderrechte. Politische Strategien im Kontext der UN-Konvention für die Rechte des Kindes. In: Neubauer, G./Sünker, H. (Hrsg.): Kindheitspolitik international. Problemfelder und Strategien. Opladen. S. 44-58

UNAIDS (2001): Children and adolescents under the threat of HIV www.unicefbac.org/ ingles/VIH_Sida/index_02.html download 20.01.02

UNICEF (2001): Beyond Child Labour. Affirming Rights

UNICEF: The State of the World's Children 2002. www.unicef.sowcol.pdf.sowc2002-final-eng-allmod.text download: 26.01.02

UNICEF Innocents Research Centre: Children in industrialized countries. Report Card One: A League Table of Child Poverty in Rich Nations.www.unicef-icdc.org/research/ESP/CIIC1.html download 27.01.02

United Nations Special Session on HIV/AIDS. Declaration of Commitment on HIV/AIDS 2001. www.unaidsorg/whatsnew/others/unspecial/declaration02801_en.htm (download 21.01.02)

Voss-Lengnik, I./Lenhart, V./Sifuna, D. u.a. (1995): Strengthening Practical Subjects in Primary Schools in Kenya. Project Preparatory Mission for German Agency for Technical Cooperation (GTZ). Nairobi/Eschborn

World Education Forum (2000): Education 2000 Assessment Global Synthesis. Paris

Frühe Kindheit und pädagogische Konzepte in BRD – DDR

Heide Kallert

Wenn von pädagogischen Konzepten in Zusammenhang mit der frühen Kindheit die Rede ist, wird in der Regel der Kindergarten mit seiner weit über 150jährigen Geschichte seit Friedrich Fröbel assoziiert. Bekannt ist die Einschätzung Klaus Mollenhauers: „Unter allen sozialpädagogischen Theorien ist die Kindergartenerziehung die älteste und stabilste" (Mollenhauer 1993/1964, S. 151). Dieser Satz legt die Vermutung nahe, die frühe Kindheit habe ihren festen und kontinuierlich gepflegten Ort im erziehungswissenschaftlichen Diskurs. Bei näherem Hinsehen ist jedoch gleichmäßige Aufmerksamkeit der Disziplin für diese Lebensphase nicht zu bemerken, eher kann von „Konjunkturen" der frühen Kindheit in der Sozialpädagogik gesprochen werden (vgl. Beinzger/Diehm 2003, S. 9). Hinzu kommt, dass unter der „frühen Kindheit" Unterschiedliches verstanden werden kann. In dem folgenden Beitrag wird die spezifische Gegebenheit in den Blick gerückt, dass in pädagogischen Diskursen die frühe Kindheit relativ strikt in zwei Phasen geteilt ist: in die früheste Kindheit von der Geburt bis zum Alter von drei Jahren und die „Kindergarten-Kindheit" von drei Jahren bis zum Schuleintritt.

Während für die Kindergartenerziehung, darauf weist der Satz Mollenhauers hin, eine eigene Produktion von Theorien und pädagogischen Konzepten – beginnend mit der Fröbelschen Kindergartenbewegung bis in die Gegenwart – nachgezeichnet werden kann, geht es bezüglich der frühesten Kindheit zunächst vor allem darum zu untersuchen, welche Theorien und Theoriestücke genutzt wurden, um die je eigene Ansicht argumentativ zu stützen. Denn – anders als im Falle des Kindergartens als einer akzeptierten familienergänzenden Einrichtung – gab es um das Pro und Contra institutionalisierter Kleinkinderziehung stets heftige Kontroversen.

Das Thema wird daher fokussiert auf die Frage, welche expliziten und impliziten Theorien über die frühe Kindheit und über Kinder im frühen Lebensalter die Diskurse über sozialpädagogische Institutionen für Kinder unter drei Jahren bestimmen.

Die exemplarisch angelegte Bearbeitung des Themas erfolgt in mehreren Schritten, bei denen berücksichtigt wird, wie unterschiedlich die Geschichte der öffentlichen Kleinstkinderziehung in den 40 Jahren ihres Bestehens in der DDR und der (ehemaligen) Bundesrepublik verlief.

Zunächst wird versucht, den von Beginn an streitbaren Diskurs um das grundsätzliche Für und Wider nachzuzeichnen, der die Entwicklung des Bereichs der institutionellen Kleinkinderziehung in den westlichen Bundesländern nachhaltig beeinflusste (1). Dem gegenüber wird betrachtet, welche theoriegeleiteten Konzepte von früher Kindheit die Krippenforschung der DDR bestimmten (2). Anschließend wird an einigen Beispielen untersucht, welche theoretischen Ansätze über die frühe Kindheit explizit oder implizit in Qualitätskonzepte der 1990er Jahre für Einrichtungen öffentlicher Kinderbetreuung eingehen (3).

In einem Ausblick werden Herausforderungen für sozialpädagogische Kindheitsforschung skizziert, die sich aus aktuellen Entwicklungen im Bereich institutioneller Kleinkinderziehung ergeben.

Bevor jedoch Theorien und Theoriestücke betrachtet werden, die in dem genannten Feld öffentlicher Erziehung für junge Kinder eine Rolle spielen, werden zwei Bilder vorangestellt, um die Emotionalität nachfühlbar zu machen, mit der die Kontroversen ausgetragen wurden und werden. Denn solche Bilder wirken offen oder hintergründig immer mit, nicht nur in Debatten über Praxis und Ausbau des Bereichs, sondern ebenso in der Forschung und in der Nutzung von Theorien. Die beiden Bilder sind von krasser Gegensätzlichkeit:

– Auf der einen Seite sehen wir das individuell und seinen wechselnden Bedürfnissen entsprechend versorgte, geliebte Familienkind in der häuslichen Umgebung, die seinen Aktivitäten Raum bietet;
– auf der anderen Seite erscheint das zwar vor äußeren Gefahren geschützte, aber schematisch versorgte Krippenkind. Es befindet sich in der Reihe mit anderen Kleinkindern – seinen individuellen Bedürfnissen entfremdet und an selbständigen Aktivitäten gehindert – etwa auf der Topfbank oder in einem von vielen nebeneinander aufgestellten Gitterbettchen beim verordneten Mittagsschlaf.

Selbstverständlich wird in den Debatten um die öffentliche Kleinkinderziehung jederzeit zugestanden, weder das eine noch das andere Bild entsprächen der durchschnittlich empirisch zu erfassenden Realität, vielmehr seien Differenzierungen auf beiden Seiten angebracht. Doch erweist sich die Macht und Resistenz dieser Bilder als stärker, weil sie die Menschen emotional in ihren frühen Sehnsüchten und Ängsten ansprechen.

1 Der von Beginn an streitbare Diskurs um das Für und Wider außerfamilialer Kleinkinderziehung

Bekanntlich geht die Geschichte der öffentlichen Kleinkinderziehung bis zu den am Anfang des 19. Jahrhunderts gegründeten Kleinkinderbewahranstalten zurück, als zu Beginn der Industrialisierung alle Mitglieder von Familien der niederen sozialen Schichten in die Fabrik zur Arbeit gehen mussten, nämlich die Väter, die Mütter und die älteren Geschwister, während die jüngsten Kinder unversorgt zu Hause blieben oder zwischen den Maschinen in der Fabrik unbeaufsichtigt herumspielten. Da solche Lebensumstände zu hoher Unfallgefährdung und stark erhöhter Säuglings- und Kleinkindersterblichkeit führten, entstanden bald – getragen von privaten Wohltätigkeitsvereinen oder auch von Fabrikunternehmern – an vielen Orten öffentliche Einrichtungen für die Kleinkinder der Armen. Eine Voraussetzung dafür war allerdings neben der aus der Praxis ersichtlichen Notwendigkeit auch die theoretische Begründbarkeit; diese basierte auf Wissensbeständen, die bereits im 18. Jahrhundert gewonnen wurden.

Auf der einen Seite beginnt die Erkenntnis über die Bedeutung und Prägekraft der frühen Kindheit für den gesamten Lebenslauf eines Menschen sich auszuwirken. Sie wird ergänzt durch Einsichten in den Zusammenhang der physischen mit der psychischen und geistigen Entwicklung in der frühen Kindheit. Die fördernde Umgebung für eine gesunde Entwicklung bietet – und diese Ansicht entspricht mehr und mehr dem allgemeinen Verständnis – natürlicherweise die Familie und innerhalb der Familie vor allem die Mutter-Kind-Dyade. Auf der anderen Seite – aber nicht im Gegensatz hierzu – gibt es bereits recht elaborierte theoretische Vorstellungen über den Zusammenhang von industrieller Entwicklung, Verarmung insbesondere der ländlichen Bevölkerung (die einen Großteil der Fabrikarbeiter stellt), mütterlicher Erwerbstätigkeit, Unversorgtsein und Verwahrlosung der kleinen Kinder mit der Folge, dass der Nachwuchs an brauchbaren Arbeitern für die Industrie gefährdet sein würde. Analysen dieser Art mit einer systemischen Perspektive beförderten die Einrichtung von Bewahranstalten, in denen gesunde Entwicklung und sittliche Erziehung gewährleistet wären – für die Kinder der Armen und als Notbehelf, wenn die Familie, insbesondere die Mutter ihrer Aufgabe nicht nachkommen konnte.

Die Ideen Fröbels für den Kindergarten hatten dieselben Erkenntnisse zu ihrer Grundlage, wurden aber in anderer Weise rezipiert. In bürgerlichen Schichten wurden sie vor allem wegen ihrer kindzentrierten Anteile aufgegriffen, denn sie waren geeignet, die Mütter für ihre verantwortlichen Aufgaben bei der Erziehung der jungen Kinder zu befähigen; sie wurden aufgenommen und akzeptiert, obwohl – wie Mollenhauer (1959) zeigt – Fröbel mit seinen Erziehungsideen ebenfalls von einer umfassenden Vorstellung von der neuen industriellen Gesellschaft mit ihren Gefährdungen und ihren Spaltungstendenzen in getrennte gesellschaftliche Klassen ausging und dem Kindergarten in diesem Kontext eine wichtige Funktion zugedacht hatte.

Bis über die Mitte des 20. Jahrhunderts hielt sich in der öffentlichen und auch in der wissenschaftlichen Meinung die Ansicht fast unverändert, nur in Notlagen sei es legitim, Kleinkinder tagsüber in Einrichtungen betreuen zu lassen. Die Zahl der Plätze blieb deswegen äußerst beschränkt. Aber auch für Kinder über drei Jahren war der Besuch eines Kindergartens nicht selbstverständlich und wegen der geringen Zahl an Plätzen und Einrichtungen für viele Kinder auch nicht möglich.

Erst ab den 1970er Jahren des 20. Jahrhunderts verändert sich die Situation: Der Kindergarten ist als Elementarbereich anerkannter Teil des Bildungswesens geworden. Was die unter dreijährigen Kinder betrifft, so entstehen in den Kinderkrippen, aber auch neben den Krippen z.B. in von Elterninitiativen gegründeten sog. Krabbelstuben, Projekte mit dem Ziel, für die Klein- und Kleinstkinder förderliche, pädagogisch gestaltete Angebote in Ergänzung zur Familie zu schaffen. Die fast revolutionäre Idee wird formuliert, solche Angebote sollten allen Kindern offenstehen. Sie entspricht der Einsicht, die allerdings bis heute nicht Allgemeingut ist, der Gedanke an Notbehelf sei – wegen der veränderten Lebensbedingungen für Familien mit Kindern und wegen der veränderten Lebensentwürfe von Eltern, insbesondere von Müttern – nicht mehr zeitgemäß. Ein anschauliches Beispiel für die Kontroverse im letzten Drittel des 20. Jahrhunderts ist der Streit um das Anfang der 70er Jahre vom DJI konzipierte und wissenschaftlich begleitete Modellprojekt „Tagesmütter". Diese Debatte wurde seinerzeit in der Zeitschrift für Pädagogik (vgl. ZfPäd 1974) dokumentiert, so dass gut nachvollziehbar ist, welche Theorien über die frühe Kindheit von Befürwortern und Gegnern öffentlicher Kleinkinderziehung genutzt wurden. Ihre Argumente werden im Folgenden in Form eines fiktiven Streitgesprächs skizziert.

Die Befürworter des Projekts:
Der Bedarf an Betreuungsplätzen für Kinder unter drei Jahren ist mit der vorhandenen Platzzahl bei weitem nicht zu befriedigen und die Zahl erwerbstätiger Mütter steigt weiter. Die Zahl der Betreuungsplätze ist daher mit Hilfe des Modellprojekts dringend zu erhöhen, denn heute entspricht es dem Lebensentwurf von Vätern und Müttern, Beruf und Familie miteinander vereinbaren zu wollen. Die Kinder sollen in anregender Umgebung qualitativ gut betreut werden von Tagesmüttern, die ausgebildet und kontinuierlich beraten werden.

Die skeptischen Gegner des Projekts:
Diese Argumentation ist in hohem Grade problematisch, denn sie vernachlässigt die Entwicklungsbedürfnisse des kleinen Kindes. (Die Entwicklungsbedürfnisse werden gemäß dem – für die 70er Jahre – aktuellen Stand der entwicklungspsychologischen und pädiatrischen Forschung referiert, dabei wird besonders auf die Bindungstheorie nach Bowlby eingegangen. Das Statement schließt:) Erst mit anderthalb bis zwei Jahren ist der Bindungsprozess abgeschlossen; der als bekannt erlebte Mensch gewinnt für den Säugling und das Kleinkind mit der Bekanntheit die Eigenschaft eines Zufluchtsortes bei Gefahr. Deshalb ist die Bindung an eine Dauerbezugsperson, in der Regel also die Mutter, die wichtigste Bedingung gesunder Entwicklung in der frühen Kindheit.

Die Befürworter weichen zurück und geraten in die Nähe des Argumentierens mit Not- oder Sonderfällen: Aber manche Mütter können und wollen das nicht leisten. Sie wünschen für ihre Kinder eine verantwortbare, gute Lösung für die Zeit des Tages, in der sie ihrer Berufstätigkeit oder einer Ausbildung nachgehen. (Bei diesen Stichworten gewinnen die Befürworter ihre Sicherheit zurück und verweisen auf empirische Studien, in denen das gesamte familiale System in den Blick genommen wurde mit dem Ergebnis, es gebe keinen regelmäßigen Zusammenhang zwischen der Berufstätigkeit von Müttern und ungünstigen Entwicklungsdaten von Kindern. Als wichtigere Faktoren erwiesen sich intervenierende Variablen wie die Einstellungen der Mutter und des Vaters zur Berufstätigkeit der Frau und die Qualität der Kinderbetreuung). Abschließend gehen die Befürworter auf das kindzentrierte Argument ein und modifizieren es vor dem Hintergrund von Ergebnissen empirischer Studien: Die Intensität und Wärme in der Zuwendung zum Kind und in der Beschäftigung mit dem Kind scheinen wesentlichere Faktoren für den Aufbau von Objektbeziehungen zu sein, als die Zeitdauer der Interaktion und die räumliche Kontinuität.

Die Gegner des Projekts wechseln die Strategie und verweisen auf die Verantwortlichkeit der Mutter, zu verhindern, dass das kleine Kind in Angst gerät, denn Angst ist ein starkes Entwicklungshemmnis: Der tägliche gleichzeitige Wechsel der Bezugsperson und der Umgebung überfordert einen Säugling und ein Kleinkind völlig. Bekanntheit bedeutet existentielle Bindung und emotionale Sicherheit; Abwesenheit bekannter Partner, Unbekanntes bedingen Angst. Das gilt nicht nur für Personen, sondern auch für den Tagesablauf mit seinen Ritualen und für die dingliche Umwelt. Je weniger Bindungssicherheit, desto mehr Angst, Misstrauen, Hemmungen, auch körperliche Krankheit.

Die Befürworter zeigen sich einsichtig: Der Hinweis auf die „Beziehungslosigkeit" zwischen mehreren Betreuungspersonen und Sozialisationsumwelten bezeichnet tatsächlich ein Problem jeder familienergänzenden Kleinkindererziehung, insbesondere in den Fällen, in denen Beziehungslosigkeit gleichzeitig unterschiedliche Erziehungsstile und Werthaltungen impliziert und das Kind damit zur Anpassung an unterschiedliche Erwartungen veranlasst wird. Die Befürworter haben aber dieses Problem bereits bedacht und eine „systemische" Lösung geplant, nämlich die Förderung von gegenseitigen Beziehungen und von gleichgerichteter Zusammenarbeit zwischen den beiden Lebensumwelten der Kinder.

Die Gegner des Projekts halten eine solche Lösung für unmöglich, jedenfalls für nicht ausreichend und verstärken den Druck: Je mehr Grundangst in dem kleinen Kind entstanden ist, desto mehr werden Dinge und Personen als gefährlich und feindlich empfunden, desto weniger als Ziel des Erkundens, Spielens und als mögliche Partner und Freunde. Es ist also durchaus mit langfristigen Entwicklungsschäden zu rechnen, die durch die Angst des Kindes im Kleinkindalter bewirkt werden.

Die unterschiedlichen theoretischen Orientierungen von Gegnern und Befürwortern sind deutlich geworden: Die Gegner konzentrieren ihre Argumente – gestützt auf Erkenntnisse der Entwicklungspsychologie und der Bindungstheorie – auf die Erfüllung kindlicher Bedürfnisse und die Abwehr von Gefahren für die Entwicklung der kindlichen Persönlichkeit, die ihrer Ansicht nach nur in der Familie garantiert seien. Die Befürworter stimmen bezüglich der Bedeutung entwicklungspsychologischen Wissens mit den Gegnern überein, aber aus ihrer Sicht ist die Befriedigung kindlicher Bedürfnisse abhängig von den Lebensbedingungen, insbesondere der Familie. Sie nutzen die systemische Perspektive und sehen das Kind in einem Zusammenhang mit seinen Bezugspersonen und den übrigen Personen seiner Umwelt, deren Bedürfnisse ebenfalls zu berücksichtigen seien. Dies sei die Voraussetzung, um förderliche Bedingungen für das Aufwachsen von Kindern zu schaffen.

In der fiktiven Debatte wird sowohl die Stärke als auch die Schwäche der Position, bei der kindzentrierte Theorien genutzt werden, deutlich. Die Stärke liegt darin, dass es von dieser Position aus in der Geschichte der öffentlichen Kleinkinderziehung immer wieder möglich war, Verbesserungen zum Wohl der Kinder in den Einrichtungen durchzusetzen. Besonders deutlich ist das bei der Bindungstheorie, deren Berücksichtigung die Entwicklung von Konzepten zur behutsamen und allmählichen Eingewöhnung bewirkte, die heute überall Anwendung finden. Die Schwäche dieser Position ist dadurch bedingt, dass ihre Vertreter zu keiner Zeit in der Lage waren, die Lebensbedingungen für Kinder und Familien so herzustellen, wie es ihren Postulaten entsprach. So lag und liegt das Umschlagen ihrer Argumentation in dem moralisierenden Appell an die Mütter nahe, als sicherheitgebende Bindungsperson stets für das Kind verfügbar zu sein, ein Appell, der die Befürworter öffentlicher Kleinkinderziehung, ebenso wie die Mütter und Väter, unfehlbar in die Defensive drängt.

2 Die frühe Kindheit in der Krippenforschung der DDR

An den Anfang dieses Abschnitts werden zwei Tabellen zur zahlenmäßigen Entwicklung der Krippenbetreuung in der ehemaligen DDR gestellt. Sie können in eine enge Verbindung zu der aktuell erneut diskutierten Frage gebracht werden, ob es bezüglich der institutionalisierten Kleinkindbetreuung angemessen sei, die frühe Kindheit noch einmal in zwei Phasen zu teilen, in das Alter von der Geburt bis zu einem Jahr und von einem bis drei Jahren. In der DDR scheint sich seit der Einführung des sog. „Babyjahrs" für Mütter die Meinung allgemein durchgesetzt zu haben, die Kinderkrippen – mindestens in ihrer bestehenden Form – seien geeignete Lebensorte erst für Kinder vom zweiten Lebensjahr an.

Aus den Dokumenten zur Altersverteilung der Kinder in den Kinderkrippen wird ersichtlich, dass der Anteil unter einjähriger Kinder in der Krippe seit 1980 stetig abnahm und Ende der 80er Jahre nur noch verschwindend gering war. Die Erklärung dafür liegt darin, dass das sog. „Babyjahr" von nahezu allen Müttern in Anspruch genommen wurde. Die Zahlen zum „Betreuungsgrad" sind mit dem Zusatz versehen „in 1000 der für die Betreuung in Frage kommenden Kinder". Sie beziehen sich bis zum Ende der 80er Jahre zunehmend nur auf über Einjährige, denn nur sie waren die „für die Betreuung in Frage kommenden Kinder", und nur für diese erreichte der Betreuungsgrad einen Wert von über 80%.

Die Reaktionen in den westlichen Bundesländern kurz nach der Vereinigung angesichts der Selbstverständlichkeit der Krippenbetreuung in den neuen Bundesländern sind noch gut in Erinnerung. Sie reichten von der Hoffnung auf einen Entwicklungsschub im Bereich der öffentlichen Kleinkinderziehung bis zu heftigen Kommentaren über die angeblichen Konsequenzen für die psychische Befindlichkeit und die Verhaltenstendenzen ganzer Bevölkerungsteile der neuen Bundesländer, die entweder selbst in ihrer frühen Kindheit eine Krippe besucht oder als Eltern ihre Kinder einer solchen Einrichtung anvertraut hatten. Eine bekannte Veröffentlichung des Pädiaters Pechstein, der sich vehement an der Debatte beteiligte, trägt den Titel: „Elternnähe oder Kinderkrippe?" Die geschickte Suggestion dieses Titels wird durchsichtig, wenn man sich die zu Anfang einander gegenübergestellten Bilder in Erinnerung ruft.

Neben den quantitativen Gegebenheiten, die häufig irreführend zitiert wurden, und neben den damals neu entbrannten Debatten über die Konsequenzen früher Krippenbetreuung für die Persönlichkeitsentwicklung ist ein anderer

Aspekt – jedenfalls in den alten Bundesländern – noch kaum zur Kenntnis genommen worden: die in der DDR durchgeführte Forschung zur Krippenbetreuung und -erziehung, die aufgrund der staatlichen Förderung und des quantitativen Umfangs der öffentlichen Kleinkinderziehung ermöglicht und erforderlich wurde. Deren Ansätze wie deren Ergebnisse blieben so gut wie unbekannt. Ein guter Überblick darüber findet sich in dem Band „Sozialisation und Entwicklung von Kindern vor und nach der Vereinigung" (Trommsdorf 1996). Danach existierten sehr unterschiedliche Forschungsrichtungen, von denen drei im Folgenden skizziert werden.

Auf der einen Seite gab es medizinisch orientierte Studien in großer Zahl. Sie untersuchten das sog. „Morbiditätsgeschehen", d.h. die Art und Häufigkeit von (Infekt-)Erkrankungen bei Krippenkindern. Ebenso wie die Studien zum sog. „Adaptationssyndrom" – den Schwierigkeiten der Kleinkinder bei der Eingewöhnung in die Institution – weisen sie mit ihren Untersuchungsfragen auf eine Ähnlichkeit der Probleme aus kinderärztlicher Sicht mit denen in den westlichen Bundesländern hin.

Auf der anderen Seite lassen sich vor allem zwei verschiedene psychologisch-pädagogische Forschungsstränge unterscheiden. Unter vollständigem Ausschluss der Öffentlichkeit, aber bezüglich ihrer Heftigkeit bis in Veröffentlichungen der Nachwendezeit ablesbar (vgl. z.B. Zwiener u.a. 1994), gab es lang andauernde Konflikte zwischen diesen beiden Forschungsrichtungen. Bei der einen ging es um ein minutiös genaues Verfahren, um die Entwicklungsfortschritte von Säuglingen und Kleinkindern in der Kinderkrippe zu messen, auch zu kontrollieren, um bereits bei geringer Abweichung von der Norm intervenieren zu können. Die Arbeiten der anderen Forschungsrichtung bereiteten das neue Krippenprogramm vor, das ab 1985 eingeführt wurde. „Erkenntnisse Wygotzkis zur Entwicklung von Sprache und Denken spiegeln sich in den psychologischen Grundpositionen der Untersuchungen und später auch in denen des Programms wider." Es wurde „überprüft, wie sich die Schaffung bestimmter Bedingungen und ein dem Kind zur Verfügung gestelltes Angebot, das es ihm ermöglichen sollte, eigene Erfahrungen zu machen und sie gemäß seinem ‚eigenen' individuellen Programm zu verarbeiten, auf die Entwicklung bildnerischer und sprachlicher Fähigkeiten und auf die Spieltätigkeit auswirkten" (Weber 1996, S. 198). Untersuchungen zur Förderung musikalischer Tätigkeiten und Bewegungsaktivitäten des Kindes ergänzten das Programm.

Alle genannten Untersuchungsansätze der DDR-Krippenforschung richteten sich auf die Kinder. Die Erhebung sozialer Daten (kind- und familienbezogen) und die Erhebung ausgewählter Rahmenbedingungen der Kinderkrippe gehörten stets zum Untersuchungsdesign, aber sie wurden nicht in einem interaktiven, sich wechselseitig bedingenden Zusammenhang gesehen, sondern dienten der Information über den Kontext der auf das Kind bezogenen Beobachtungen. Untersuchungen, welche darüber hinaus nach der Funktion der Krippenerziehung im gesellschaftlichen Zusammenhang gefragt hätten, erschienen bei der Deutlichkeit des politischen Willens als unnötig und wären Forschungsgruppen in der DDR sicher nicht gestattet worden.

Im Kontext der aktuellen Debatte um „Bildung" in den Angeboten öffentlicher Kinderbetreuung wäre es lohnend, diejenigen der oben skizzierten Untersuchungen zu berücksichtigen, die auf der Grundlage prinzipiell offener Entwicklung und selbsttätiger Aneignung jedes einzelnen Kindes unterschiedliche Bereiche des Lernens und der kindlichen Bildung ausleuchten und sie in curriculare Angebote für Kinder vom frühesten Alter bis zu drei Jahren in Kindereinrichtungen umsetzen (vgl. Weber u.a. 1991).

3 Implizite Theorien über die frühe Kindheit in aktuellen Qualitätskonzepten für Einrichtungen öffentlicher Kinderbetreuung

An der Wende vom 20. zum 21. Jahrhundert spielen in den alten wie den neuen Bundesländern Fragen der Qualität und der Qualitätssicherung in der Kinderbetreuung eine bedeutende Rolle (vgl. Gröning-Schäffer/Hansen 2003). Dabei ist die Lage hinsichtlich der Qualitätsdiskussion im Bereich der Institutionen öffentlicher Kleinkinderziehung anders als in anderen Feldern der sozialen Arbeit. Während dort vielfach sehr formalisierte Qualitätskonzepte aus der Wirtschaft adaptiert und nur die Punkte im Prozess der Anwendung bezeichnet werden, an denen Inhalte und Ziele zu bestimmen wären, gibt es für die Betreuung in der frühen Kindheit Qualitätskonzepte mit inhaltlichen Aussagen, so dass es möglich ist, die theoretischen Orientierungen ihrer Autorinnen und Autoren zu erschließen.

Im Folgenden werden zwei Beispiele skizziert, die zur Qualitätsentwicklung für beide Bereiche, den der Betreuung im Kindergartenalter wie den für jüngere Kinder, entwickelt wurden.

Bei der Kindergarteneinschätzskala (KES) handelt es sich um ein aus dem Amerikanischen ins Deutsche übertragenes Instrument zur Messung der Qualität in Kindertagesstätten. Das Original mit dem Titel „Early Childhood Environment Rating Scale (ECERS)" wurde 1980 entwickelt, die Adaptation 1997 in Deutschland veröffentlicht. Anschließend erarbeitete die Forschergruppe gemeinsam mit Expertinnen und Experten eine Erweiterung für Einrichtungen mit Kindern unter drei Jahren. Die KES bietet einen Katalog fachlicher Standards, die zur Bewertung einer Einrichtung herangezogen werden, und zwar so, dass zu jedem Standard verschiedene Qualitätsmerkmale je nach ihrer Ausprägung

einer bestimmten Punktzahl von 1 = Unzureichend bis 7 = Ausgezeichnet zugeordnet werden.
Das Instrument ist – nach eigenem Bekunden seiner Autoren – „nicht auf einen bestimmten pädagogischen Ansatz bezogen, dennoch repräsentiert es ein bestimmtes pädagogisches Leitbild" (Tietze 2000, S.72). Das Leitbild zeigt deutliche Nähe zu Einsichten der neuen Kindheitsforschung und wird wie folgt beschrieben:
„Dazu gehört u.a.
– dass das Kind als ein durch Eigenständigkeit gekennzeichnetes Subjekt und als ein aktiver Lerner gesehen wird,
– dass das Kind in seiner Erfahrungserweiterung auf Interaktionen mit Erwachsenen und anderen Kindern angewiesen ist,
– dass es eine räumlich-materielle Umgebung braucht, in der es eigenständig und erfolgreich handeln kann,
– dass es Gelegenheit zu produktiven Interaktionen und Freude mit anderen Kindern hat
– und dass es eine Umgebung hat, die auch sein Bedürfnis nach emotionaler Wärme und Geborgenheit befriedigt" (Tietze 2000, S. 72).

Der Katalog fachlicher Standards umfasst die Bereiche:

1. Betreuung und Pflege der Kinder
2. Möbel und Ausstattung für Kinder
3. Sprachliche und kognitive Anregungen
4. Fein- und grobmotorische Aktivitäten
5. Kreative Aktivitäten
6. Sozialentwicklung
7. Erzieherinnen und Eltern (Tietze u.a. 1997, S. 13).

Bei genauer Betrachtung der den Bereichen subsumierten Items und der Beschreibungen für die Skalenpunkte, mit deren Hilfe die Einschätzung vorgenommen wird, zeigt sich, dass das Instrument weit eher geeignet ist, die Rahmenbedingungen einer Kinderbetreuungseinrichtung zu bewerten als die Möglichkeiten der Kinder, sich darin zu bewegen. Diejenigen Items, bei denen Aktivitäten bewertet werden, lenken überdies den beobachtenden Blick stärker auf die Angebote und das Verhalten der Erwachsenen als auf Interaktionen, an denen Kinder beteiligt sind. Vermutlich ist es ungerechtfertigt, von diesen Diskrepanzen auf Widersprüche zwischen dem formulierten Leitbild und dem Instrument zu schließen. Vielmehr zeigt sich hier eine grundlegende Schwierigkeit, den von den Autor/innen selbst an die Kindergarteneinschätzskala gestellten

Anspruch einzulösen, nämlich dem Leitbild entsprechende beobachtbare Indikatoren zu benennen, die – unabhängig vom jeweiligen Kontext – als förderlich für die kindliche Entwicklung und somit als Qualitätsmerkmale der Einrichtung zweifelsfrei zugeordnet werden können.

Von anderer Art und anderer Zielsetzung sind die empfohlenen Qualitätsziele des Netzwerks Kinderbetreuung der Europäischen Kommission, die im Folgenden als weiteres Beispiel skizziert werden. Das Netzwerk ist Mitte der 1980er Jahre entstanden mit der Hauptaufgabe, die Chancengleichheit für Frauen und Mütter im Beruf in den Mitgliedsstaaten der EU zunächst zu untersuchen und dann zu verbessern. In diesem Kontext richtete sich bald die Aufmerksamkeit auf Fragen der Kinderbetreuung und der Familienpolitik. Vor dem Hintergrund dieser Entstehungsgeschichte des Netzwerks und seiner Empfehlungen ist nachvollziehbar, dass das Insgesamt der Bedingungen, welche die Vereinbarkeit von Familie und Beruf für Frauen begünstigen oder behindern, in den Blick genommen und deshalb die öffentliche Kinderbetreuung unter systemischer Perspektive betrachtet wurde. Der Umfang dessen, was als relevant angesehen und in die Empfehlungen einbezogen wurde, wird aus der folgenden Übersicht deutlich. Es handelt sich um die Bereiche, zu denen das Netzwerk Kinderbetreuung im Jahr 1996 „Qualitätsziele in Einrichtungen für kleine Kinder" formulierte:

1. Politischer Rahmen
2. Finanzen
3. Versorgungsgrad und Einrichtungsformen
4. Bildungsziele
5. Personalschlüssel
6. Beschäftigung, Aus- und Weiterbildung des Personals
7. Innen- und Außenräume/Gesundheit
8. Eltern/Gemeinwesenarbeit
9. Evaluation/Qualitätssicherung.

Die Qualitätsziele sind in 40 „Vorschläge für ein 10jähriges Aktionsprogramm" untergliedert und werden darin in differenzierter Weise operationalisiert. Als Beispiel wird hier einer der Vorschläge (Nr. 18) im Bereich IV. Bildungsziele zitiert:

„Die Konzeption sollte umfassend sein und die Förderung vielseitiger Kompetenzen zum Ziel haben, u.a.

- Selbstständigkeitsentwicklung und die Entwicklung eines positiven Selbstkonzepts
- Gute Beziehungen der Kinder untereinander und zwischen Kindern und Erwachsenen
- Lernmotivation
- Sprachkompetenzen u.a. unter Berücksichtigung sprachlicher Vielfalt in der Gruppe
- Ein Verständnis für mathematische, biologische, naturwissenschaftliche, technische und ökologische Konzepte
- Musikalischer Ausdruck und ästhetische Fähigkeiten
- Soziodramatisches Rollenspiel, Handpuppenspiel, Mimik/Körpersprache
- Grob- und feinmotorische Fähigkeiten
- Gesundheit und Ernährung
- „Sich in der Gemeinde orientieren können."

Vor der Formulierung von Zielen für die Rahmenbedingungen und das Curriculum war es den Vertreterinnen und Vertretern der Mitgliedsstaaten, die in dem Netzwerk zusammenarbeiteten, schon zu einem frühen Zeitpunkt – nämlich Anfang der 1990er Jahre – wichtig, auch konkrete kindbezogene Ziele zu formulieren:

Die Mitglieder des Netzwerks „sind der Meinung, dass hochwertige Kinderbetreuung darauf abzielen sollte, sicherzustellen, dass den Kindern die Möglichkeit geboten wird, folgende Erfahrungen zu machen:

- ein gesundes Leben,
- spontane Meinungsäußerung,
- Respektierung der eigenen Persönlichkeit,
- Würde und Selbständigkeit,
- Selbstvertrauen und Begeisterung beim Lernen.
- ein ausgeglichenes Lern- und Betreuungsumfeld,
- Geselligkeit, Freundschaft und Zusammenarbeit mit anderen,
- kulturelle Diversivität und Vielfalt,
- Zugehörigkeit zu einer Familie und Gemeinschaft,
- Glück" (Netzwerk 1992, S. 8).

Bei der Qualitätsentwicklung im Bereich der Kinderbetreuung geht es also vor allem um das Ermöglichen von produktiven Interaktionen, welche die Erfahrungen der Kinder erweitern und um die Gestaltung einer fördernden Umgebung. Auffallend sind der Bezug zur modernen Kindheitsforschung in beiden Beispielen und – beim Netzwerk Kinderbetreuung der Europäischen Kommission – die Deutlichkeit, mit der die ethische Fundierung der Betreuung, Erziehung, Bildung von kleinen Kindern betont wird.

4 Ausblick

Seit den 1990er Jahren des 20. Jahrhunderts ergibt sich bezüglich der Pädagogik der frühen Kindheit und der Konzepte sozialpädagogischer Einrichtungen für Kinder im frühen Alter eine – im Vergleich zu den 1970er Jahren – stark veränderte Situation in der Bundesrepublik. Für die 3- bis 6-Jährigen ist der Anspruch auf einen Kindergartenplatz durchgesetzt, auch wenn es nicht überall die genau geeigneten – z.b. Ganztagsplätze – in ausreichender Zahl gibt. Die Qualitätsdiskussion, in deren Kontext die im vorangehenden skizzierten Beispiele gehören, wurde in diesem Bereich früh und positiv aufgenommen, schien sie doch die Chance zu bieten, Qualität auch bei rasch expandierender Quantität an Plätzen zu sichern.

Die Betreuungsangebote für unter Dreijährige haben sich vielfältig ausdifferenziert, aber die Versorgungsquote liegt im gesamten Bundesgebiet weit unter 10%, in den jungen Bundesländern – nach massivem Platzabbau – noch bei 41%. Der fachliche Diskurs hat sich verändert, jedoch kommt der folgenden Einschätzung von 1998 noch immer Gültigkeit zu: „Die Betreuung von Säuglingen und Kleinkindern in Tageseinrichtungen hat sich zwar in den letzten 20 Jahren vom Notbehelfcharakter weitgehend lösen können und ihre Qualität verbessert. Auch ist in der Fachwelt inzwischen anerkannt, dass Tageseinrichtungen für Kinder bereits in diesem Alter einen wesentlichen Beitrag zur Erziehung und Bildung leisten – aber dieser Fortschritt hat sich bisher noch nicht als öffentliche Meinung durchgesetzt" (DJI 1998, S. 15).

Die Aufgaben öffentlicher Kinderbetreuung angesichts raschen Wandels der familialen Lebensformen werden erneut – und auch aus der Perspektive der Kinder – diskutiert. Ein Aufsatz mit dem Titel „Was brauchen Kleinkinder?" (Schneider/Wüstenberg 1995) enthält innovative Antworten: Die Autorinnen gehen von der selbstverständlichen Anerkennung des kindlichen Bedürfnisses nach guten Beziehungen zu Mutter, Vater und Geschwistern sowie nach emotionaler Zuwendung aus. Zur Förderung der kindlichen Entwicklung sei aber ein „Mehr" nötig, das sie (basierend auf Forschungen zum sozialen Netzwerk und zu social support) als „sozialen Begleitschutz" für Kinder und Familien bezeichnen, der unter den gewandelten Lebensbedingungen erforderlich sei und den gute Kinderbetreuungseinrichtungen bieten könnten. Ein wachsendes Selbstbewusstsein und ein Bewusstsein des Wertes der eigenen Tätigkeit bei Erzieherinnen und Bezugspersonen wären die Folge.

Eine Konsequenz der heutigen Lebensbedingungen von Familien sind aber auch gestiegene Anforderungen an die Fachkräfte und daraus resultierend wachsender Druck, für immer mehr Lebensbereiche der Kinder verantwortlich zu sein. Das zeigt sich nicht nur an der lebhaften Diskussion um den Bildungsauftrag von Kindertageseinrichtungen, sondern auch Aspekte der körperlichen Versorgung rücken in den Vordergrund, z.B. beim Thema „Essen". Erzieherinnen beklagen, gemäß ihren Beobachtungen stehe es mit der Ernährung der Kinder nicht zum Besten. Was an Esswaren von den Kindern in die Kindertagesstätte mitgebracht werde, sei unter gesundheitlichen Gesichtspunkten fragwürdig und aus gelegentlichen Erzählungen der Kinder lasse sich vermuten, in vielen Familien gebe es überhaupt keine gemeinsamen Mahlzeiten mehr. Der Bereich „Essen" sei aber so privat und intim, dass es schwierig sei, Eltern oder Kinder direkt nach den familialen Gewohnheiten zu fragen, besonders bei Eltern mit Migrationshintergrund sei das ein ganz heikles Thema. Viele Erzieherinnen sehen für sich selbst als Professionelle in der Kindereinrichtung eine kompensatorische Aufgabe, die nicht leicht zu bewältigen sei. Das Kind in seiner Leiblichkeit kommt in den Blick und die einander ergänzende gemeinsame Zuständigkeit von Familie und Kindertagesstätte (vgl. IFOEBB 2003).

Das Thema Ernährung kann als „elementar" und „exemplarisch" bezeichnet werden; als „elementar", weil es den Bereich elementarer körperlicher Bedürfnisse anspricht (traditionell wurde die körperliche Versorgung unter „Pflege" subsumiert und – außer in Notzeiten – nur für die jüngsten Kinder ausführlich bedacht); und als „exemplarisch", weil die Art und Weise wie Bezugspersonen (Eltern und Erzieherinnen) das Essen und die Essensituation handhaben und wie Kinder die Bedeutung und Gestaltung des Essens wahrnehmen als exemplarisch für den erzieherischen Umgang insgesamt anzusehen sind.

Angesichts der skizzierten aktuellen Anforderungen entsteht für Theoriebildung und Konzeptentwicklung die Notwendigkeit, Pflege, Erziehung und Bildung – für ganz kleine wie für größere Kinder – nicht als getrennte Bereiche, sondern in ihrem Zusammenhang neu zu durchdenken.

Literatur

Beinzger, D./Diehm, I. (Hrsg.) (2003): Frühe Kindheit und Geschlechterverhältnisse. Konjunkturen in der Sozialpädagogik. Frankfurt/M. (Frankfurter Beiträge zur Erziehungswissenschaft. Kolloquien. 6)

Deutsches Jugendinstitut (Hrsg.) (1998): Tageseinrichtungen für Kinder. Pluralisierung von Angeboten. Zahlenspiegel. München

Erning, G./Neumann, K./Reyer, J. (1987): Geschichte des Kindergartens. Bde. I-II. Freiburg

Fuchs, D. (Hrsg.) (1995): Das Tor zur Welt. Krippenerziehung in der Diskussion. Freiburg

Gröning-Schäffer, B./Hansen, B. (2003): Qualität der Qualitätsentwicklung in Kindertagesstätten. Grundlagen, Konzepte und deren Einschätzung durch pädagogische Fachkräfte. Frankfurt/M. (Beiträge zur frühkindlichen Erziehung. 14.)

Institut für familiale und öffentliche Erziehung, Bildung, Betreuung e.V. (IFOEBB) (2003): Essen in Kinderbetreuungseinrichtungen. Ergebnisse aus Beobachtungen und Befragungen. Frankfurt/M. (IFOEBB – Materialien.)

Kallert, H. (2000): Institutionalisierung der Kleinkinderziehung als globale Notwendigkeit und Problem. In: Lingelbach, K.-C./Zimmer, H. (Hrsg.): Das Jahrhundert des Kindes? Neuwied u.a. (Jahrbuch für Pädagogik 1999). S. 193-203

Kolloquium Öffentliche Kinderbetreuung (1995): Untersuchungsinstrumente – Leitfäden zur aktivierenden Befragung, erprobt in empirischen Studien zur Qualität im Bereich familienergänzender Kinderbetreuung einschließlich deren betrieblicher Förderung. Hrsg. v. H. Kallert. Frankfurt/M.: Institut für Sozialpädagogik und Erwachsenenbildung der Universität Frankfurt

Kuhn, D. (1971): Krippenkinder. Eine empirische sozialpädagogische Untersuchung zur Problematik der Kinderkrippe. Wien

Laewen, H.-J./Andres, B. (Hrsg.) (2002): Bildung und Erziehung in der frühen Kindheit. Bausteine zum Bildungsauftrag von Kindertageseinrichtungen. Weinheim

DeMause, L. (2000): Evolution der Kindheit. In: Ders.: Was ist Psychohistorie? Eine Grundlegung. Hrsg. von Boelderl, A.R. und Janus, L. Gießen. S. 16-117

Mollenhauer, K. (1959): Die Ursprünge der Sozialpädagogik in der industriellen Gesellschaft. Eine Untersuchung zur Struktur pädagogischen Denkens und Handelns. Weinheim, Berlin

Netzwerk der Europäischen Kommission für Kinderbetreuung (1992): Die Frage der Qualität in Kinderbetreuungseinrichtungen. Ein Diskussionspapier. Brüssel

Nyssen, F. (Hrsg.) (1991): Zur Diskussion über die Kinderkrippe. Frankfurt/M. u.a.

Pechstein, J. (1990): Elternnähe oder Kinderkrippen? Grundbedürfnisse des Kindes. Neuwied

Reyer, J. (1979): Kinderkrippe und Familie – Analyse eines geteilten Sozialisationsfeldes. In: Neue Praxis H.1. S. 36-51

Reyer, J. (1985): Wenn die Mütter arbeiten gingen... Eine sozialhistorische Studie zur Entstehung der öffentlichen Kleinkinderziehung im 19. Jahrhundert in Deutschland. Köln

Reyer, J./Kleine, H. (1997): Die Kinderkrippe in Deutschland. Sozialgeschichte einer umstrittenen Einrichtung. Freiburg

Schneider, K./Wüstenberg, W. (1995): Was brauchen Kleinkinder? In: Fuchs, D. (Hrsg.): Das Tor zur Welt. Krippenerziehung in der Diskussion. Freiburg

Tietze, W. (2000): Die Kindergarten-Einschätz-Skala (KES). Entstehung, Instrumentarium, Einsatzmöglichkeiten. In: Irskens, B./Vogt, D. (Hrsg.) Qualität und Evaluation. Frankfurt/M. (Sonderdruck des Deutschen Vereins für öffentliche und private Fürsorge)

Tietze, W./Schuster, K.-M./Roßbach, H.-G. (1997): Kindergarten-Einschätz-Skala (KES). Deutsche Fassung der Early Childhood Environment Rating Scale von Thelma Harms und Richard Clifford. Neuwied

Trommsdorff, G. (Hrsg.) (1996): Sozialisation und Entwicklung von Kindern vor und nach der Vereinigung. Opladen

Weber, Ch. (1996): Erziehungsbedingungen im frühen Kindesalter in Kinderkrippen vor und nach der Wende. In: Trommsdorff, G. (Hrsg.): Sozialisation und Entwicklung von Kindern vor und nach der Vereinigung. Opladen. S. 173-242

Weber, Ch. u.a. (1991): Entdeckerland – Ein Modell für die pädagogische Arbeit mit Kleinkindern. BIK e.V. (Hrsg.) Neuwied

Zwiener, K./Zwiener-Kumpf, E./Grosch, C. (1994): Kinderkrippen in der DDR. Materialien zum 5. Familienbericht, Bd. 5. München: DJI

Was ist eigentlich ein Schüler?
Pädagogische Ansätze für eine ethnologische Bildungsforschung

Gerold Scholz

1 Vorbemerkung

Einen Hintergrund des Beitrages bildet eine Erfahrung im Kontext der wissenschaftlichen Begleitung einer Freien Alternativschule. Die infrage stehende Freie Schule wurde 1986 gegründet. Am ersten Schultag der neuen Schule wurde den Schulanfängern von den Lehrern ein Kasperle-Stück vorgeführt. Seine wesentliche Botschaft hieß: Dies ist eine Schule, die Spaß macht. Davon, d.h. von dieser Rahmung der Anfangssituation, hat sich die Schule nie wieder erholt. Ich nehme die Szene zum Anlass, um für eine empirische Unterrichtsforschung zu plädieren, die kulturorientiert ist und der Komplexität von Unterricht angemessen, also für eine qualitative Schul- und Unterrichtsforschung, die als Feldforschung empirisch erhebt, was die Schule zur Schule macht. Dies erfordert eine differenzierte Analyse von schulischer und außerschulischer Perspektive als theoretische Rahmung.

2 Erste Annäherung: Beschreibung des Phänomens

Ein Schüler dieser Freien Schule antwortete in einem Interview auf meine Frage, was ihm an der Schule nicht gefalle: „Es gibt hier keine Pausen."

Es gab wirklich keine Pausen, denn die Schule hatte, wie die anderen Freien Alternativschulen auch, keine Klingel und keinen festen Stundenrhythmus. Es war den Kindern durchaus möglich, einen Teil des Schultages im Spiel mit anderen Kindern zu verbringen. Dies wurde in dem Moment zum Konflikt, als die Schulen den Eindruck bekamen, dass sich dieser offene Umgang mit Zeit nicht mit der Notwendigkeit der Vermittlung dessen vereinbaren ließ, was die Freien Schulen „Kulturtechniken" nannten. Lesen, Schreiben und Rechnen wurden für relativ verbindlich erklärt, was zu häufigen Verhandlungen zwischen Kindern und Lehrern führte. Schon die Tatsache von Verbindlichkeiten an sich war immer wieder neu zu verhandeln (vgl. Borchert/Maas 1998).

Die Freien Alternativschulen lassen sich als Aushandlungsinstitutionen bezeichnen. In den Kategorien „Raum" und „Zeit" formuliert, stellte sich die Freie Schule als ein kultureller Ort dar, in dem die Frage, wer darüber bestimmen kann, was wann an welchem Ort geschieht, nicht von vornherein festgelegt, sondern immer neu verhandelbar ist. Im Rahmen der für die Kinder freien Verfügung über Raum und Zeit wurde von den Lehrerinnen versucht, Ordnungen zu etablieren. Es ist nicht einfach, in wenigen Worten die Unterschiede zwischen Freien Alternativschulen zu Regelschulen, aber auch zu staatlichen Versuchsschulen zu erklären. Jutta Wiesemann verweist auf die folgenden Aspekte: Sie sind Schulen im Prozess, d.h. dass sie sich dauernd verändern; schultypische Verfahren der Organisation eines institutionellen Lernens werden täglich ausgehandelt oder finden überhaupt nicht statt; es wird versucht, pädagogisch-psychologische Konzepte der Selbstregulierung des Lernprozesses institutionell und pädagogisch umzusetzen; ein Professionalitätsverständnis der Lehrenden weg von Belehrung hin zu Beratung und Supervidierung und weg von der Konsumierung des Unterrichts hin zur aktiven Gestaltung des eigenen Lernprozesses (Wiesemann 2003).

Es gibt unter Kindern in Bezug auf die Frage, was unter Schule und Schüler zu verstehen ist, Konzepte – oder besser gesagt – „Bilder". Diese sind nach meiner Erfahrung weitgehend stabil und intersubjektiv. Sie werden von Kindern im gemeinsamen Spiel tradiert. Die „Als-ob-Spiele" der Kinder zum Thema „Schule" zeigen, dass diese Bilder sich gelöst haben von der gesellschaftlichen Realität. Alle beobachtbaren entsprechenden Spiele stellen eine autoritäre Schule dar, wie sie historisch im 19. Jahrhundert anzutreffen war.[1]

Die Spiele verweisen auf die Existenz von Bildern über Schule. Sie sind einerseits konkret: zur Schule gehört die Pause und – andererseits durchaus abstrakt. Den „Als-Ob-Spielen" über Schule unterliegt ein Bild, das klärt, wer darüber bestimmt, wer in der Schule was mit wem zusammen tun darf. Die Antworten darauf bestimmen, was ich weiter oben „als kulturellen Ort" bezeichnet habe.

Die Praxis der Freien Schule entsprach weder dem in diesen Spielen repräsentierten Bild von Schule, noch dem, das sich der Junge aufgrund seiner Informationen von anderen Kindern von einer Schule gemacht hatte.

Die fehlende Pause ließ ihn unsicher sein darüber, ob er denn nun ein Schüler sei oder nicht. In einer anderen Begrifflichkeit formuliert lautet die Interpretation: Das Kind war unsicher in Bezug auf sein eigenes Selbstbild. Konkret hieß dies, dass er in Gesprächen und Auseinandersetzungen mit anderen Kin-

---

1   Das gleiche lässt sich übrigens auch über die Spiele sagen, die „Familie" zum Thema haben.

dern aus Regelschulen die Erfahrung gemacht hatte, seinen Status als „Schulkind" nicht gut begründen zu können. Das ist unter Kindern zu Beginn der Grundschulzeit durchaus riskant, denn ein Schimpfwort lautet: „Du Kindergartenkind".

Theoretisch ist mir an dem Beispiel wichtig, dass „Kind" und „Schüler" hier einen nicht lösbaren Zusammenhang bilden: Der Junge sieht sich als Kind und gleichzeitig als Schüler. Eine Gegenüberstellung von Lebenswelt und System ist problematisch. Anders formuliert: Schule und Lebenswelt lassen sich relational bestimmen. Was „Spiel" ist und was „Arbeit", was eine „Pause" und was „Unterricht" ist, lässt sich aus meiner Sicht nur relational beantworten. Der Spielbegriff ist abhängig vom Arbeitsbegriff und umgekehrt; ebenso die Begriffe „Unterricht" und „Pause". Die Bilder und Begriffe haben sich historisch entwickelt; sie werden gelehrt und gelernt. Man kann die Tatsache, dass Kinder Schule und Familie als autoritär darstellen auch entwicklungspsychologisch interpretieren. Mein Ansatz besteht allerdings darin, in solchen Spielen, Bildern und Begriffen Ergebnisse von Lernprozessen einer Kultur zu sehen. Gleiches gilt für die Konzepte und Bilder von Schule, die Erwachsene leiten und auch die Schulpädagogik.

Für die Frage, was eigentlich ein Schüler ist, heißt dies einerseits, nach den durchaus verschiedenen kulturellen Konzepten und Bildern zu suchen, die den „Schüler" ausmachen. Anderseits bedeutet es, dass „Kind" und „Schüler" kein klares Unterscheidungskriterium sind, sondern Begriffe innerhalb eines Sprachspieles. „Kind" und „Schüler" sind Perspektiven der Konstruktion von Bildern.

Erziehung, Schule, Schüler, Unterricht etc. lassen sich als Konzepte einer Kultur lesen, die sie sich über sich selbst macht. Wenn man Erziehung als kulturelle Tatsache versteht, dann eignet sich das Konzept von Erziehung in einer Kultur für einen Forscher dazu, das Selbstverständnis der Kultur in den Blick zu bekommen. Denn die mit Erziehung notwendig gegebene Aufgabe der Vermittlung von Kultur an die nachkommende Generation zwingt zur Konzentration auf das, was der Kultur wichtig ist.

Ich plädiere dafür, dass die Schulpädagogik verstärkt eine ethnologische Perspektive einzunehmen hätte.

3 Zweite Annäherung: Der Schulpädagogik fehlt Empirie

Eine begriffliche Bestimmung des „Schülers" scheint mir zur Zeit nicht möglich. Dies aus zwei Gründen: Der Schulpädagogik fehlen Theorie wie Empirie. Ich beginne mit der Empirie.

Zu behaupten, der Schulpädagogik fehle Empirie, scheint angesichts der Vielzahl an Publikationen zur Schulpädagogik und Unterrichtsforschung aus didaktischer, soziologischer und psychologischer Perspektive verwegen. Was ich meine ist, dass die Erforschung von Unterricht als komplexe soziale Situation erst am Anfang steht. Dies hat eine Reihe von Gründen. Zwei davon lassen sich an einer These von Fürstenau diskutieren.

1972 schrieb Peter Fürstenau:

„Der Lehrer als Amtsträger verhält sich nicht zu Kindern als Personen mit individuellen Motiven und Eigenarten, sondern zu Schülern, d.h. nur zu den Eigenschaften von Kindern, die von der Schülerrolle beansprucht und gefordert sind" (Fürstenau 1972, S. 11).

Die Aussage trifft zu, wenn man sich auf „Amtsträger" und „Schüler" beschränkt. Sie wird allerdings der Komplexität von Unterricht und Schule nicht gerecht. Denn empirisch trifft man immer Kinder und Schüler, Lehrende als Menschen und als Amtspersonen an.

Fürstenaus These unterschlägt die Komplexität von Realität. Nun ist sie nicht empirisch gemeint, nicht auf konkrete Menschen und Situationen bezogen. Vielmehr ist sie als deduktiv gewonnene Theorie zu lesen. „Schüler" und „Amtsträger" sind Exempel eines Allgemeinen, hier Ausdruck einer psychoanalytischen Kritik der Schule.

Der Mangel an Empirie in der Schulpädagogik hängt aus meiner Sicht mit der Tatsache zusammen, dass Unterricht komplex ist und dass in der Schulpädagogik eine im Kern naturwissenschaftliche, an Sequenzierung und Codierung von Phänomenen orientierte Methode der Komplexitätsreduktion vorherrscht.

Die Unterrichtsforschung als der scheinbar empirische Teil der Schulpädagogik betrachtet nur bestimmte Aspekte von Unterricht und verfehlt dabei systematisch das, was Unterricht als Komplex ausmacht. Die Konzentration auf den Lehrer, auf seine Methoden, auf seinen Führungsstil, auf seine Frageweisen, auf seine Darbietungsformen, auf die Formen von Unterricht und so weiter haben lange Zeit systematisch ausgeblendet, dass der Schüler nicht das lernt, was der Lehrer lehrt. Eine ausschließliche Betrachtung aus der Perspektive des Kindes, die Unterstellung „natürlicher Lernformen" etc. unterschlägt, dass es in einer Kultur so wenig eine Natur gibt wie in einer Gesellschaft. Die Unterstellung von Rationalität wird der Situation Unterricht so wenig gerecht wie eine bloß lebensweltliche Perspektive, die die gesellschaftlich-historische Perspektive auf Unterricht unterschlägt.

Mit der Frage: „Was hat ein Schüler in einer bestimmten Situation gelernt?" eröffnet sich meines Erachtens eine Perspektive, die der Komplexität von Wissen, Beziehungen, Strukturen, Normen, Deutungen und Bedeutungen mit Blick auf beide Aspekte, der Schule als Lernraum und als Lebensraum, nahe kommen kann.

Um dies zu illustrieren, verweise ich auf einen Aufsatz von Jens Holger Lorenz (1992): „Unterricht ist, was wir für Unterricht halten". Der Aufsatz vereint einen kurzen transkribierten Text aus dem Mathematikunterricht einer ersten Klasse mit Interpretationen von fünf Wissenschaftlern: einem Fachdidaktiker, einem Pädagogen, einem Psychologen, einem Soziologen und einem Linguisten. Alle widersprechen sich fundamental. Einige Ausschnitte:

> Fachdidaktiker: „Gerade durch Rückbezug auf eine Fülle lebensweltlicher Situationen aus dem Erfahrungsschatz der Kinder wird das Abstrakte, das die Mathematik ausmacht, deutlich."
> Pädagoge: „Leider versäumt es die Lehrerin, an die Lebenswelt des Kindes anzuschließen."
> Psychologe: „Diese und damit die Interpretation des Textes bzw. der Geschichte fällt von Kind zu Kind unterschiedlich aus, denn Lernen ist ein individueller Akt."
> Soziologe: „Lernen ist nichts Individuelles, sondern geschieht in unserer Gesellschaft in organisierter Form durch Schule."
> Fachdidaktiker: „Gerade durch den Sachbezug gelingt auch den schwächeren Kindern, einen konkreten Bezug herzustellen und die Aufgaben zu lösen."
> Linguist: „Die ganze Szene ist ein Sprachspiel. Die Kinder werden in die ihnen ungewohnte Form der Interaktion eingeübt, die man Unterricht zu nennen pflegt."
> (S. 34)

Nun kann man sagen, dass die gleichen Wörter nicht das gleiche meinen müssen, dass also unter dem Begriff „individuell" Psychologen und Soziologen etwas Unterschiedliches verstehen oder Pädagogen und Mathematikdidaktiker etwas Verschiedenes mit dem Wort „Lebenswelt" verbinden. Man kann auch feststellen – dies fällt vor allem bei dem Fachdidaktiker auf –, dass eine Verwechselung von Sein und Sollen stattfindet. Etwa, wenn er schreibt: „Auf diese Weise lernen die Kinder, die Macht der Zahlen und Ziffern, die für vieles stehen können, zu erfassen" (Lorenz 1992, S. 34). Genau das ist hier zu bezweifeln. Die Unterrichtsforschung, so die These, ist häufig spekulativ.

Man kann auch sagen, dass es zu den Grundlagen von Wissenschaften gehört, aus ihrer Perspektive und mit ihren Methoden den Gegenstand zu konstruieren – hier also Unterricht –, den sie wiederum aus ihrer Perspektive und mit ihren Methoden analysiert. Das Problem ist nur, dass das Konkrete seine Funktion dann allein darin hat, Beleg für ein Allgemeines zu sein. Was damit Unterricht zu Unterricht macht, das Kind zum Schüler oder was der

Schüler hier gelernt hat, wird so nicht sichtbar. Keine Forschung kann auf eine theoriegeleitete Reduktion von Komplexität verzichten. Problematisch wird es, wenn aus der Komplexität ein Ausschnitt herausgeschnitten und dieses Teilstück dann semantisch als das Ganze bezeichnet wird.

Nun ist das Forschungsprojekt, aus dem der Aufsatz von Lorenz stammt, eines der wenigen, die sich auf Unterrichtsprotokolle stützen. Der größte Teil der Unterrichtsforschung untersucht nicht, was ein Schüler gelernt hat, sondern die Differenz zwischen dem, was er hat lernen sollen und dem, was er davon gelernt hat.

Diese Art von Unterrichtsforschung – und dies gilt auch für die PISA-Studie – kann wiederum nur die Differenz von Sollen und Sein erheben und darüber spekulieren, worin die Ursachen der Differenz liegen mögen. Quantitative Studien im Bildungsbereich sind von daher notwendige Vorarbeiten für qualitative Studien. Sie können auf Differenzen hinweisen – die Ursachen für die Differenzen lassen sich allerdings nur qualitativ erheben, jedenfalls sofern sie Unterricht betreffen. Nur hermeneutisch lässt sich eine belastbare Theorie einer Schulpädagogik entwickeln, die die Beziehung zwischen Mikroebene und Makroebene, zwischen Unterricht und Kultur berücksichtigt.

4 Dritte Annäherung: Konkrete Kinder und Lehrerinnen

In der ersten Schulwoche des Langzeitprojektes, das ich mit Gertrud Beck (Beck/Scholz 1995) durchgeführt habe, spielte sich die folgende Szene ab. Singh wunderte sich, warum außer der Lehrerin noch zwei Erwachsene im Klassenraum sind und mit an seinem Tisch sitzen. Er fragte mich: „Kannst du lesen, kannst du schreiben, traust du dich, allein in den Wald zu gehen?"

Aus der Frage werden Aspekte des Bildes von Schule sichtbar, auf die Singh zurückgreift. In der Schule lernt man lesen und schreiben und die Schüler sind Kinder und keine Erwachsenen. Erwachsen sein heißt zum Beispiel, keine Angst zu haben, allein in den Wald zu gehen. Singhs Bild der Schule entspricht dem, was Ariès für die Zeit vor der Durchsetzung der Schulpflicht beschreibt. Erst mit der Durchsetzung der Schulpflicht etabliert sich der Gedanke der Alterskohorten und der Homogenität der Schüler. Aus der Sicht des Jungen ist Schule die Einrichtung, die man zum Erwachsenwerden durchläuft und in der man die Dinge lernt, die er bei den Erwachsenen als Fähigkeiten wahrnimmt und damit als Attribute von Erwachsenheit.

Seine Perspektive ist individuell auf seine Person bezogen. Mit anderen Worten: Singh hat einen Körper, er hat Wünsche, ein Selbstbild und Vorstellungen über sich, seine Aufgabe in der Schule und seine Zukunft. Singh hat eine

Zeitperspektive, er sieht die Gegenwart als Moment einer Entwicklung aus seiner Vergangenheit heraus in seine Zukunft.

Beide mir wesentlichen Aspekte gelten auch für Lehrer und Lehrerinnen. Auch für sie ist Schule durch die Zeitperspektive bestimmt. Handlungen in ihrer Gegenwart werden wahrgenommen und interpretiert in Bezug auf die Zukunft, sei es die des einzelnen Kindes oder die Etablierung dessen, was man Kultur und Regeln in einer Klasse nennen kann. Der Zukunftsbezug der Lehrerin ist Grundlage ihrer pädagogischen Verantwortung, generell Grundlage von Erziehung.[2] Und die Lehrerin hat einen Körper. Die Art und Weise, wie sie mit ihrem Körper einen Inhalt präsentiert, bestimmt mit darüber, was die Schüler über den Inhalt lernen. Wer als Lehrerin mit dem Bruchrechnen selbst Mühe hat, wird dies auch vermitteln. Und wenn eine Lehrerin sich im Sachunterricht mit Spinnen beschäftigt und Angst vor ihnen hat, dann wird sie noch so häufig betonen können, wie nützlich Spinnen sind. Zumindest der Widerspruch zwischen präsentativer und diskursiver Aussage wird bei den Schülern als Botschaft ankommen.

Eine empirische Unterrichtsforschung kann nicht erst mit der Datenaufzeichnung beginnen, wenn die Beteiligten sprechen.[3] Sie wird die Körper ebenfalls beachten müssen.

5 Vierte Annäherung: Zum Situationsbegriff

Hermann Schmitz bestimmt „Situation" aus einer phänomenologischen Position und in der Sprache der Phänomenologie. Situationen enthalten danach „chaotische Mannigfaltigkeit", „Ganzheit", „Sachverhalte" (vgl. Schmitz 1994, S. 70).

---

2   Aus dieser Sicht wird ein Streit zwischen „Neuer Kindheitsforschung" und Sozialisationstheorie bzw. Entwicklungspsychologie überflüssig. Wenn die Entwicklungspsychologie den Prozess der Entwicklung zum Erwachsenen hin untersucht und die Neue Kindheitsforschung das Hier und Heute des Kindes betont, so sehe ich darin keinen Widerspruch. Die konkreten Kinder leben jeweils in einer Gegenwart, die mitbestimmt ist von dem Wissen darüber, dass sie sich in der Entwicklung befinden. Die Schule ist eingebettet in ein kulturelles Konzept von Lebenslauf. Die Kinder selbst interpretieren ihre Handlungen auf beiden Ebenen, dem der Gegenwart und dem der Zukunft. Die in unserer Kultur geltende Differenz zwischen Kind und Erwachsenem ist eine Strukturkategorie ähnlich der des Geschlechts. Der Prozess der Ausbildung eines Selbstbildes ist angewiesen auf den Rekurs auf diese beiden Strukturkategorien. Und auch die moderne Sozialisationstheorie hat sich von allen Rollenmodellen verabschiedet, die implizit eine Trennung in Selbst- und Fremdsozialisation konstruieren. Das aktiv handelnde Kind, das autonom realitätsverarbeitende Subjekt, steht der sozialisierenden Umwelt nicht gegenüber. Vielmehr verändern sich beide im Zuge ihres wechselseitigen Einflusses.

3   So die „Objektive Hermeneutik".

In einer gemeinsamen Situation, die sich als Beziehung zwischen Menschen, aber auch zwischen einem Menschen und einem Gegenstand herstellen kann, ist „ (...) ein gemeinsamer Hof der Bedeutsamkeit mit Sachverhalten, Programmen und Problemen (...)" enthalten (S.76).[4]

In diesem Sinne kann man wohl von Unterricht als einer gemeinsamen Situation sprechen. Nicht nur, weil im Unterricht viele Menschen beisammen sind, sondern vor allem deshalb, weil es Aufgabe der Inszenierung von Unterricht ist, Gegenstand und Schüler durch Sachverhalte, Programme und Probleme aufeinander zu beziehen. Unterricht ist eine gemeinsame Aktivität von Lehrerin und Schülern. Beide sind in Programme, Sachverhalte und Probleme eingebunden, die ihnen gewissermaßen von außen aufgegeben werden und die gleichzeitig nur kommunikativ im Innenraum der Schule bearbeitet werden können. Subjektive und objektive Sachverhalte verschränken sich ineinander. Was ich weiter oben „Komplexität" genannt habe, bezeichnet Schmitz als „chaotisch-mannigfaltig".

Aus einer anderen Perspektive formuliert, besteht das Gemeinsame einer Situation darin, dass sich die in der Situation Beteiligten darüber verständigen, was das bedeutet, was sie gerade tun. „Tun" meint dabei die Gesamtheit dessen, was ein Mensch von sich äußern kann: Sprache, Mimik, Gestik, Handlungen und die Spannungsverhältnisse zwischen diesen verschiedenen Ausdrucksmöglichkeiten. Unterricht, Schule, Schüler etc. sind von daher keine Begriffe, die einen Gegenstand beschreiben. Sie sind Begriffe, die intersubjektiv geteilte Bedeutungen bestimmen bzw. sprachlich voneinander unterscheiden. Eine empirische Schulpädagogik, die versucht, zu bestimmen, was ein Schüler ist, kann deshalb diese Bedeutungen untersuchen. Ein Ansatz in dieser Richtung findet sich bei Jutta Wiesemann und Klaus Amman. Sie schreiben: „Der ethnographische Zugang zum Unterricht sucht Antworten auf die Frage nach den Herstellungspraktiken der Akteure für pädagogische Situationen." (Wiesemann/Amman 2002, S. 139) Und weiter: „Im Mittelpunkt stehen deshalb die Situationen und ihre Menschen und nicht die Menschen und ihre Situationen" (S.140).

6 Fünfte Annäherung: Komplexe Reduktion von Komplexität

Gemeint sind jene intersubjektiven Verständnisse, die einer gemeinsamen Situation eine Bedeutung verleihen. Eine bestimmte Bedeutung ist in diesem Sinne

---

[4] Ich kann dies hier aus Platzgründen nur andeuten. Es wäre lohnend den Situationsbegriff für die Schulpädagogik genauer aufzuarbeiten. Kritisch gegen Schmitz wäre die kulturelle Historizität von Situationen zu betonen.

Ergebnis von Kommunikation. Nur in seltenen Fällen ist es notwendig, in einer Situation unter den Beteiligten die Bedeutung sprachlich zu klären. In der Regel handeln die Beteiligten auf der Grundlage einer geteilten Bedeutung, die sie ihren Handlungen unterlegen. Erst im Konfliktfall muss man darüber sprechen. Dies ist der Grund dafür, dass sich Entstehung und Geltung von Bedeutungen auch empirisch erforschen lassen. Allerdings nur dann, wenn der Forscher in die Kommunikation einbezogen ist. Bedeutungen lassen sich im hier gemeinten Sinne nicht von den Situationen trennen. Wenn ich meinen Arm strecke und auch einen oder mehrere Finger, so wird dies im Kontext von Unterricht verstanden als „melden"; in einer Sitzung u.U. als „abstimmen", bei einer Segeltour als Versuch, die Windrichtung zu bestimmen. Den erhobenen Finger als „melden", „abstimmen" oder „die Windrichtung prüfen" zu verstehen, ist Ergebnis eines Lernprozesses. Handlungen werden im Kontext von Situationen gelernt und damit die Bedeutung von Handlungen in Situationen.[5]

Die Bedeutung von Handlungen ist für Forscher erfahrbar, wenn sie an der Handlung teilnehmen. Deshalb plädiere ich für den Vorrang teilnehmender Beobachtung als Methode der ethnographischen Forschung. Denn als die Situation reflektierender Teilnehmer – die Reflexion macht die Differenz zwischen Forscher und Erforschten aus – kann ich mir die mitgeteilten Bedeutungen bewusst machen. Für die Erforschten bilden sie in aller Regel die Selbstverständlichkeiten ihres Umganges miteinander.

Was Geertz (1987) „Perspektive der Teilnehmer" nennt, ist nämlich nicht das subjektive Wissen der Teilnehmer, sondern jener Kontext, der im Zusammenwirken mit mehreren Menschen gemeinsam produziert wird und den Rahmen abgibt, auf den sich die individuellen und subjektiven Sinndeutungen beziehen. Die einzelnen Individuen produzieren zusammen etwas, sie schaffen eine Situation.[6]

Empirisch beobachten und interpretieren lassen sich auch Körperhandlungen. Die Interpretation von Körperlichem ist dann schwierig, wenn man versucht, einem bestimmten Zeichen, einer bestimmten Mimik oder Gestik eine von der Situation losgelöste Bedeutung zuzuschreiben. Tatsächlich beobachtbar ist aber nur die Zuschreibung und nicht der Zusammenhang von Mimik und dem, was die Mimik tatsächlich bedeutet.

---

5   „Melden" oder „Abstimmen" in einem Forscherprotokoll sind Formulierungen im Sinne einer „dichten Beschreibung", denn sie beschreiben nicht den erhobenen Finger, sondern die Bedeutung des erhobenen Fingers.
6   Wenn ich die konkrete Perspektive des einzelnen Individuums beschreiben will, so muss ich nach seinem Verhältnis zu dem von ihm mit produzierten Kontext fragen, also nach der Beziehung von Kontext und Biographie. Lasse ich die biographische Frage weg, erfahre ich etwas über die Kultur – und zwar über eine konkrete Kultur.

Die Komplexitätsreduktion, die jede Forschung braucht, besteht hier darin, Bedeutungen in Situationen aufzusuchen. Das sind Fallstudien im realen Feld und Interpretationen im Sinne „dichter Beschreibungen", d.h. Beschreibungen darüber, welche Bedeutung eine Aussage oder eine Körperhaltung in der Situation für die Beteiligten hat. Wenn man dies mit den Naturwissenschaften vergleicht, so wäre die Schulpädagogik mit den Fallstudien in einer Phase, die in Bezug auf die Erkenntnis der Natur „Naturkunde" hieß. Sie bestand im Sammeln, im Ordnen, im Vergleichen. Der empirischen Wende – so meine These – fehlt nach dem Ende der Vorherrschaft der geisteswissenschaftlichen Pädagogik genau jene Phase des Erkundens, Sammelns, Ordnens und Vergleichens als Grundlage für eine Theorie der Schulpädagogik. Das wäre eine Sammlung von Fällen als Grundlage für den Versuch, das in den Fällen enthaltene Ähnliche aufzusuchen.

7 Sechste Annäherung: Inszenierte Situationen

Wer sich mit der Beziehung von schulischen und außerschulischen Lernsituationen beschäftigt, weiß, dass das Präfix „außer" keine räumliche Kategorie ist. Man kann im Wald Schule machen und – mit etwas Mühe – in der Schule keinen Unterricht. „Unterricht" ist eine bestimmte Bedeutung, die den Handlungen unterliegt. Unterricht ist eine Situation, die als Unterricht gedeutet wird. Dieser Annahme lässt sich am leichtesten nachgehen, wenn man die Transformationen verfolgt, mit denen Unterricht aus einem Inhalt einen Unterrichtsinhalt macht oder wie Unterricht aus einer Situation eine Unterrichtssituation macht. Eigentlich gehören beide Aspekte zusammen. Die soziale und die inhaltliche Transformation geschehen gleichzeitig, lassen sich allerdings nur schwer gleichzeitig beschreiben.

Unterricht ist eine Situation, in der die Repräsentation gesellschaftlicher und kultureller Ordnungen, Konzepte oder Bilder präsentativ vermittelt wird. Ich will damit sagen: Was im Unterricht geschieht, ist nur zum geringen Teil offiziellen Anweisungen, Lehrplänen, Schulbüchern oder Unterrichtsvorbereitungen zu entnehmen. Durch die Bedeutung von Handlungen, also performativ, werden in der Schule Ordnungen vermittelt, die in der Schule selbst und auch kaum in der Schulpädagogik reflektiert werden. Anders formuliert: Unterricht unterscheidet sich von anderen Situationen dadurch, dass er unreflektiert gesellschaftliche und kulturelle Ordnungen repräsentiert und in Handlungen und deren Bedeutungszuschreiben praktiziert. Unterricht vermittelt durch Unterricht, was unter Unterricht zu verstehen ist.

Die folgende Szene ist Beispiel für diese Vermittlung. Zweite Schulwoche des 1. Schuljahres:

> Die Lehrerin sagt:
> „Said, ich möchte sehen, was du gearbeitet hast."
> Es geht um eine kleine Schreibarbeit. Said antwortet: „Was du mir gezeigt hast" und denkt nicht daran, das Heft aus der Tasche zu holen. Die Lehrerin: „Ich möchte sehen, wie viel du gearbeitet hast." Nun holt er das Heft heraus (vgl. Beck/Scholz 1995, S. 62).

Für die Interpretation sind zwei kleine Wörter entscheidend: „was" und „wie viel".

Said meint, er sei in der Schule, um etwas zu lernen, er will arbeiten und er gibt sich aus seiner Sicht alle denkbare Mühe. Wenn die Lehrerin vom „was" zum „wie viel" als Begründung wechselt, so ändert sie damit fundamental die Begründung ihrer Funktion und die Begründung seiner Aufgaben als Schüler. Nun ist sie – und nicht Said – zuständig für seine Motivation, für seinen Arbeitseifer und seinen Leistungswillen. Ihr zuliebe und nicht sich selbst soll er sich nun anstrengen. Und der Gedanke, dass die Anstrengungen für die Lehrerin (oder die Noten) ihm selbst nützt und nicht der Lehrerin, bedarf in der Folge einer eigenen Begründung.

Wie Schule Inhalte transformiert, kann man exemplarisch am Sachunterricht beschreiben. Unterricht organisiert die Durchsetzung eines Deutungsmusters in Bezug auf einen Inhalt. Das herrschende Deutungsmuster verbindet einen bestimmten Inhalt mit einer bestimmten Sichtweise. Das „Wasser" ist im Sachunterricht Gegenstand der Physik oder Chemie; für den Apfel ist die Biologie zuständig usw. Dabei fällt dann auf, dass die in der Schule gelehrten Konzepte oft wissenschaftlich überholt sind. Das ist aber offensichtlich kein Problem. Denn relativ unabhängig von wissenschaftlichen, gesellschaftlichen und kulturellen Entwicklungen haben Unterrichtsthemen eine lange Lebensdauer. Man kann vielleicht davon sprechen, dass Unterrichtsthemen in die Didaktik abgesunkene Bilder der gesellschaftlichen Realität sind. Damit schafft sich Schule eine Eigenständigkeit, ohne ihren doppelten Bezug zum Schüler und zur Kultur zu verletzen. Das in der Schule vermittelte Wissen gilt zunächst nur für die Schule. Es wäre aber falsch, dieses Wissen im Übergang zur Realität außerhalb der Schule nur im Sinne eines Tauschwertes zu fassen. Die Herkunft des schulischen Wissens, die Tatsache, dass es aus realem kulturellem Wissen transformiert ist, hat zur Folge, dass es auch außerhalb der Schule real als Gebrauchswert auftreten kann.

Der Punkt ist, dass sich Schule nicht primär dadurch bestimmt, dass es nur „richtig" und „falsch" gibt, nicht nur dadurch, dass allein der Lehrer über

Wissen verfügt, sondern dadurch, dass die Schule definiert, was Wissen ist. Nicht erfolgreiche Grundschüler zeichnen sich dadurch aus, dass sie nicht in der Lage sind, diese Perspektive auf Wissen und damit auch auf Lernen einzunehmen. Ein erfolgreicher Schüler kann dagegen zwischen schulischer und nicht-schulischer Situation unterscheiden. Schule als die Einrichtung, die die Wechsel von einer Generation zur nächsten organisiert, setzt damit einen Habitus, ein Welt- und Selbstverständnis durch, das vor der Schulpflicht in Jahrhunderten mühsam von den Erwachsenen gelernt werden musste. Ich meine die Aufspaltung in Wissen und Können und die damit verbundene Notwendigkeit, in der Lage zu sein, eine Distanz zu sich selbst herstellen zu können.

8   Siebte Annäherung: Vor der Schule

Ich begreife Schule und Unterricht als Institutionalisierungen von Erziehung. Erziehung wiederum beruht auf der Unterscheidung von Kind und Erwachsenem. Die Unterscheidung, die hier vorgenommen wird, verstehe ich im Sinne von Norbert Elias als eine kulturell erworbene Unterscheidung. Unterschieden werden Möglichkeiten, sich zu verhalten oder anders formuliert: Haltungen einzunehmen. Haltungen beschreiben die Art der Beziehung zwischen mir und meiner Umwelt und darin eingeschlossen die Beziehung, die das Ich zu sich selbst einnehmen kann. Haltungen beschreiben die Möglichkeiten, sich selbst in seiner Beziehung zu seiner Umwelt denken und sich entsprechend verhalten zu können.

Die Möglichkeit, sich zu Kindern in einer Weise verhalten zu können, die man als Erziehung beschreiben kann, ist Ergebnis einer kulturellen Entwicklung. Dies setzt – worauf ich nicht weiter eingehen möchte – die Fähigkeit zur Unterscheidung von Kind und Erwachsenem voraus. „Erziehung", „Kind", „Erwachsener" sind von daher keine anthropologischen Begriffe. Sie gibt es nicht von Natur aus, sondern eben als Ergebnis eines Lernprozesses.

Ich versuche, dies an einem Beispiel zu verdeutlichen. Es gibt einen historischen Prozess der Ausdifferenzierung der Verhaltensmöglichkeiten von Erwachsenen gegenüber Kindern.[7] Ein Aspekt dieser Entwicklung besteht darin, dass Erwachsene lernten, nicht nur mit Kindern zusammen zu leben, sondern ihre Aufmerksamkeit auf Lernprozesse von Kindern zu richten. Das heißt: Die eigene Produktion wurde unterbrochen, die eigene Lebenszeit nicht der

---

7   Die Bilder in Mollenhauers „Vergessene Zusammenhänge" (1983) machen dies deutlich.

Produktion oder sich selbst gewidmet, sondern dem Lernen des Kindes. Einem Kind zu zeigen, wie man eine Kuh melkt, bedeutet eben: Nicht die Kuh zu melken, sondern zu lehren, wie man eine Kuh melkt. Nicht die Menge an erzielter Milch ist entscheidend, sondern die Frage, ob das Kind diesen Vorgang gelernt hat. Hier wird deutlich, dass die „andere Haltung" sich sowohl auf das Kind wie auf die Umwelt bezieht. Erziehen und Unterrichten sind also Verhaltensmöglichkeiten von Erwachsenen vor aller Institutionalisierung und Organisierung.

Erziehung, Schule, Unterricht gehören in unserer Kultur zu den Selbstverständlichkeiten, die als Selbstverständlichkeiten gar nicht mehr in den Blick geraten. Zu untersuchen ist die Tatsache der Erziehung als Tatsache, der Institutionalisierung der Institution Schule als Institution, des Unterrichts als bestimmte Form des Lehrens und Lernens, unabhängig davon, was und wie dort gelehrt und gelernt wird. Dabei besteht das Problem darin, dass sich nur in dem Was und dem Wie das zeigt, was Schule und Unterricht ausmachen.

In diesem Sinne ist meine Formulierung zu verstehen, dass wir uns im Sinne einer Theorie der Schule noch in der Sammelphase befinden. Unterricht und Schule als Erfahrungswirklichkeit für die dort Beteiligten ist ein recht junger Forschungsgegenstand. Und dieses Sammeln wird wiederum riskant, wenn es seine Voraussetzungen nicht reflektiert.

Denn die Erziehungswissenschaft hat eine kulturelle Funktion unabhängig davon, mit welchen Fragen sie sich beschäftigt, mit welchen Methoden und zu welchen Ergebnissen sie gelangt.

9 Achte Annäherung: Schule und Kultur

Gero Lenhardt (2002) kritisiert in seinem Aufsatz „Die verspätete Entwicklung der deutschen Schule", was ich Betriebsblindheit der Schulpädagogik nenne. Lenhardt sieht im Festhalten am naturalistisch gedachten Begabungsbegriff in Deutschland die Erklärung für die Ergebnisse der PISA-Studie. Anders als in den anderen europäischen Ländern ist es hier nicht gelungen, die innige Verbindung von Schule und Sozialordnung einer feudalistischen Gesellschaft zu Gunsten einer offenen Gesellschaft zu durchbrechen. „Begabung" ist in diesem Sinne eine Wertorientierung in einer Kultur. Lenhardt stellt den Zusammenhang so her:

> „Der Glaube an ungleiche Begabung steht dem Glauben an ungleiche ständische Würde nahe, und der Glaube an den gesellschaftlichen Qualifikationsbedarf erinnert an die alte Standesordnung, der sich alle zu beugen hatten. Statt Gottes Wille scheint die Natur in den Einzelnen und in der Sozialordnung zu walten. Aber

gleichviel ob Gott oder Natur, beide scheinen individueller Autonomie und einer freien Gesellschaft entgegenzustehen" (S. 21).

Lenhardt macht dies auch deutlich im Vergleich zu den USA und relativiert damit die These, dass sich eine bestimmte Schicht über die Schule Konkurrenzvorteile verschafft. Er schreibt:

> „Obwohl eine solche Erklärung vielleicht nicht ganz unzutreffend ist, ist sie doch schwach. Gesellschaften mit sehr ausgeprägten Konkurrenzbeziehungen wie die Vereinigten Staaten haben Einheitsschulen und eine weiter fortgeschrittene Bildungsexpansion. Beides ist dort Sache eines gesamtgesellschaftlichen Konsensus, an den niemand rührt"(S. 20f)

Dies scheint mir eine entscheidende Aufgabe der Schulpädagogik, nämlich zu untersuchen, worin eigentlich in Bezug auf die Schule jener Konsens besteht, an dem niemand rührt, worin das besteht, was alle Beteiligten für selbstverständlich halten. Alle Beteiligten meint auch die Schüler. Auch ihr Verständnis über ihren Erfolg oder ihr Scheitern in der Schule basiert auf dem allgemeinen Konzept von Begabung. „Die Schüler machen sich den Begabungsglauben auch selbst zu Eigen und geraten damit in ein problematisches Verhältnis zum Leistungsprinzip" (Lenhardt 2002, S. 18). Man kann dies „Tabuforschung" nennen. Sie würde sich mit der unreflektierten kulturellen Repräsentation durch Schule beschäftigen. Dies ist noch einmal eine andere Perspektive als die, soziologisch nach den gesellschaftlichen Funktionen von Schule zu fragen. Eine Klammer zwischen Bildungsökonomie und Tabuforschung bietet der Ansatz der Legitimationsfunktion von Schule. Sie legitimiert ja nicht diskursiv, sondern performativ, d.h. im Handlungsvollzug. Man könnte auch sagen, dass die Schule im Verhältnis zur Kultur ein komplexes Ritual darstellt, wobei Rituale eine Form der Welterkenntnis darstellen, die durch Handlungen erworben wird, deren Bedeutung die Handelnden nicht kennen und die ihnen auch nicht erklärt wird. Rituale haben die Aufgabe, unhinterfragte Selbstverständlichkeiten an die nachfolgenden Generationen weiterzugeben. Die Herrschaft des Begabungsbegriffes ist m.E. ein solcher Konsens.

Wie entscheidend das nicht reflektierte Selbstbild einer Kultur die Schule bestimmt, hat Heike Deckert-Peaceman (2002) in ihrer Dissertation „Holocaust als Thema für Grundschulkinder?" beschrieben. Die Arbeit zielt eigentlich auf die Frage nach dem Sinn, den Bedingungen und den Möglichkeiten der Beschäftigung in der deutschen Grundschule mit dem Thema Holocaust. Untersucht hat sie Konzept und Praxis der „Holocaust-education" in einer Fallstudie in den USA. Die Fallstudie beschreibt die Bedingungen, die diesen Unterricht möglich machten. Diese Bedingungen haben eine Außen- und eine Innenseite, die wie bei einer Münze nicht voneinander zu trennen sind. Die Innenseite meint die Art und Weise der unterrichtlichen Inszenierung; die Außenseite die Anschlussfähigkeit dieser Inszenierung an die kulturellen und gesellschaftlichen Selbstinterpretationen einer Gemeinschaft. Deckert-Peaceman bezeichnet die Artikulation dieser kulturellen und gesellschaftlichen Selbstinterpretation in ihrem Bezug auf ein Thema als „gesamtgesellschaftliches Narrativ". Sie arbeitet ein Narrativ in den USA heraus, das es ermöglicht, dort das Thema Holocaust auf eine bestimmte Weise und nur auf diese Weise zum Unterrichtsthema in der Grundschule zu machen. Sie arbeitet aber durch die Methode der Langzeitstudie und teilnehmenden Beobachtung auch heraus, wie dieser kulturelle Rahmen gefüllt wird, wie sehr die Schüler an dem beteiligt werden, was sie lernen. Unterricht wird so deutlich als Prozess.

Die Arbeit von Heike Deckert-Peaceman ist aus meiner Sicht eine der wenigen veröffentlichten Beispiele für eine Schulforschung, die die Mikroebene mit der Makroebene verbindet. Es ist eine Feldforschung, und zwar als Langzeitforschung.

Deckert Peaceman bezeichnet ihre Studie als „ethnographisch". Dies trifft für die Methode im engeren Sinne zu. In einem weiteren Sinne kann man aber durchaus von einem ethnologischen Verständnis sprechen. Schule und Unterricht werden hier als Teil einer Kultur verstanden, in der sich die Kultur selbst repräsentiert und diese Repräsentation wiederum zum Verständnis ihrer eigenen Kultur benötigt. Es mag bei dem Thema Holocaust besonders deutlich werden, dass es diesen Zusammenhang zwischen der innerunterrichtlichen und der kulturellen Erzählung gibt. Ich bin allerdings sicher, dass bei Anwendung der gleichen Methode in einem anderen thematischen Kontext deutlich werden würde, wie sehr dies generell für Unterricht zutrifft.

Wenn eine Schultheorie tatsächlich dazu beitragen will, eine Gesellschaft darüber aufzuklären, was sie ihren Nachkommen über sich vermittelt, so kommt sie aus meiner Sicht an dieser ethnologischen Fundierung nicht vorbei. Die Arbeit stellt allerdings implizit auch die Frage, ob die Schultheorie dies will. Vielleicht gelingen die dargestellten Einsichten auch gerade deshalb, weil sich die Fallstudie von Deckert-Peaceman mit einer fremden Kultur beschäftigt.

10 Schluss

Der Anfang der Rechenstunde verlief so:

> „L: als ich heute morgen aus dem Fen..., aus dem Fenster geguckt habe, da saßen auf der Wiese zwei schwarze Drosseln
> S: was sind denn Drosseln
> L: schwarze Vögel, welche Zahl kam denn da vor
> S: zwei
> L: und dann kam noch ein kleiner Spatz dazu und setzte sich auf den, auf das Gras
> S: drei ...
> L: fünf saßen auf dem Gras und dann kam die schwarze Katze und zwei sind weggeflogen
> S: weil sie Angst haben
> L: Ja und die anderen drei die haben die Katze auch gesehen und sind auf den nächsten Baum
> S: auf diesen (zeigt aus dem Fenster)
> L: ja.. und wieviel saßen noch auf dem Gras" (Lorenz 1992, S. 33).

Deutlich wird, die Lehrerin fördert jene Antworten, die sich auf das mathematische Sprachspiel beziehen und weist andere mehr oder wenig vorsichtig ab. Wenn es keine Mathematikstunde, sondern eine Sachunterrichtsstunde gewesen wäre, so hätte sie sicher jene Fragen und Antworten gefördert, die sich auf das Aussehen und die Gewohnheiten von Drosseln, Spatzen und Katzen beziehen. Die Rahmung, die sie durchzusetzen versucht – oder in anderer Formulierung – die Bedeutung von Handlungen in dieser Situation, heißt: Dies ist eine Mathematikstunde und da geht es um Mathematik. Die Schüler lernen, dass es darauf ankommt, welche Bezeichnung die Situation hat, in der man gerade handelt. Der Soziologe Lorenz schreibt und ich stimme dem zu: „Es gibt nicht die Sache, hier die Mathematik, die irgendwo existiert und darauf wartet in den Kopf des einzelnen Schülers zu gelangen. Die Mathematik entsteht im sozialen Kontext des Klassenzimmers. Und sie entsteht, indem soziale Konventionen für bestimmte Situationen eingeübt werden" (Lorenz 1992, S. 34). Die Anforderung an die Schüler besteht darin zu lernen, ihre eigenen Bedeutungen zurückzustellen. Dieser Schulanfang ist gekennzeichnet von diesem Lernprozess, nämlich zu verstehen, dass Unterricht nicht die Auseinandersetzung mit einer Vielfalt von Deutungen ist, sondern der Erwerb eines mehr oder minder strikten Musters in Bezug auf bestimmte Situationen.

Ein Problem für die heutige Schülergeneration ist, dass ihnen das nicht gesagt wird. Man kann fragen, warum es sich die moderne Grundschule so schwer macht mit ihren Anforderungen, warum diese hier zitierte Lehrerin die Mathematik mit Erzählungen von Vögeln verbindet, warum die Schulpädagogik von

„Kindorientierung" redet und die Didaktik davon, dass Lernprozesse von den Erfahrungen der Kinder auszugehen hätten. Eine Antwort wäre lernpsychologisch: Vermutlich kann man mit Recht sagen, dass Verstehensprozesse darauf angewiesen sind, dass sich Unterricht mit den Deutungsmustern der Schüler auseinandersetzt. Aber das geschieht in dem Beispiel nicht. Es geht nicht um „Verstehen", sondern um Einübung. Eine zweite Antwort könnte lauten, dass, um eine Bedeutung durchsetzen zu können, sie als besondere Bedeutung erst von den anderen abgehoben werden muss. Die Antworten der Kinder wären aus dieser Sicht der notwendige Hintergrund, vor dem sich erst das Bild der Lehrerin abhebt. Dagegen lässt sich sagen, dass in Deutschland zu anderen Zeiten und in der Gegenwart in anderen Kulturen Schule insgesamt eindeutig und nicht mehrdeutig gerahmt war und ist.[8] Das, was als Methode erscheint, was der Fachdidaktiker „Rückbezug" nennt, nämlich auf „eine Fülle lebensweltlicher Situationen aus dem Erfahrungsschatz der Kinder" (Lorenz 1992, S. 34), ist eher erklärbar als Ausdruck des Verhältnisses zwischen den Generationen. In dem Unterrichtsbeispiel wird das ungeklärte Verhältnis zwischen den Generationen präsentiert.

Die Unsicherheit der Erwachsenen hat viele Aspekte. Ich möchte nur wenige nennen. Konsens ist als Ergebnis der Neuzeit im Zuge der Durchsetzung von Schrift und Naturwissenschaft eine Sicht auf die Welt, die das Konkrete als Exempel eines Abstrakten versteht. Dies wird den Schülern in der Szene auch vorgeführt. Nur konkrete Vögel haben einen konkreten Baum, auf den sie fliegen. Konsensfähig ist die Einübung in die Abstraktion. Unsicherheit herrscht heute in den Schulen über den Wissenskanon. Denn das kulturelle Erbe, das die Schule vermitteln soll, kann nur dann kanonisch auftreten, wenn die Erwachsenenkultur eine klare und weitgehend übereinstimmende Vorstellung über ihre Gegenwart und ihre Zukunft hat. In einer kapitalistischen Gesellschaft, die auf Umbrüche und Flexibilität angewiesen ist, gibt es weder den Kanon noch die Übereinstimmung. Aus dieser Unsicherheit über die eigene Gesellschaft und über das Generationenverhältnis resultiert die Figur der Scheindemokratie. Weder werden Schüler im Sinne von Walter Benjamin ernst genommen, nämlich als diejenigen, die für sich verantwortungsvoll etwas zu lernen haben, noch werden sie ernst genommen in dem Sinne, dass die Kultur bereit ist, die eigene Offenheit, den eigenen Streit über die Gegenwart und die Zukunft auch in der Schule zuzulassen. Dies hieße u.a. Unterricht so zu gestalten, dass die Deutungsmuster der Schüler über die Situation, also was das bedeutet, was man gerade tut, zuzulassen ebenso wie die Deutungsmuster von Kindern über die

---

8 Zur historischen Seite vgl. Petrat (1979)

Welt. Der Unterricht müsste sich dann mit konkreten Gegenständen und den Deutungsmustern oder Theorien der Kinder beschäftigen. Dies geschieht auch dort nicht, wo die Lehrerin davon überzeugt ist, einen „Offenen Unterricht" zu halten. Hier wiederholt sich auf der Mikroebene, was Lenhardt für die deutsche Gesellschaft beschreibt: richtig demokratisch ist sie nicht und richtig undemokratisch auch nicht.

Die Schule, deren Beginn die Schulanfänger dringend erwartet haben, als eine Einrichtung zu bezeichnen, die Spaß macht, ist Ausdruck dieser Unsicherheiten. Zum Problem wird diese Konstruktion erstens, weil sie nicht eingelöst werden kann, zweitens, weil sie im Widerspruch zu den Erwartungen der Kinder steht und drittens, weil sie eine Scheinlösung darstellt, die als solche erkannt wird. Die Schule verstrickt sich in „double bind"-Aussagen (Combe 1992; Scholz 1994). Zu erwähnen bleibt noch die Bedeutung von Schlüsselsituationen. Am jeweiligen Beginn der Begegnung von Mensch und Institution erwarten die Menschen, gleich ob Kinder oder Studenten, eine Aussage der Repräsentanten der Institution darüber, was sie von denen erwartet, die sie aufnimmt. Das macht die Gestaltung des jeweiligen Anfanges so wichtig.

Literatur
Bateson, G. (1985): Ökologie des Geistes. Anthropologische, psychologische, biologische und epistemologische Perspektiven. Frankfurt/M.
Beck, G./Scholz, G. (1995): Beobachten im Schulalltag. Ein Studien- und Praxisbuch. Frankfurt/M.
Benjamin, W. (1969): Über Kinder, Jugend und Erziehung. Frankfurt/M.
Combe, A. (1992): Bilder des Fremden. Romantische Kunst und Erziehungskultur. Opladen
Deckert-Peaceman, H. (2002): Holocaust als Thema für Grundschulkinder? Ethnographische Feldforschung zur Holocaust Education am Beispiel einer Fallstudie aus dem amerikanischen Grundschulunterricht und ihre Relevanz für die Grundschulpädagogik in Deutschland. Frankfurt/M.
Elias, N. (1988): Über die Zeit. Frankfurt/M.
Fürstenau, P. (1972): Zur Psychoanalyse der Schule als Institution. In: Zur Theorie der Schule. Weinheim/Basel. S. 9-26
Geertz, C. (1987): Dichte Beschreibung. Beiträge zum Verstehen kultureller Systeme. Frankfurt/M.
Honig, M.-S. (1999): Entwurf einer Theorie der Kindheit. Frankfurt/M.
Krappmann, L./Oswald, H. (1995): Alltag der Schulkinder. Beobachtungen und Analysen von Interaktionen und Sozialbeziehungen. Weinheim und München
Lenhardt, G. (2002): Die verspätete Entwicklung der deutschen Schule. In: Pädagogische Korrespondenz, Heft 29, Sommer. S. 5-22

Lorenz, J. H. (1992): Unterricht ist, was wir für Unterricht halten – Wahrnehmungen verschiedener Wissenschaftler bei Unterrichtsbetrachtungen. In: Die Grundschule. S. 33-34

Mollenhauer, K. (1983): Vergessene Zusammenhänge. Über Kultur und Erziehung. München

Petrat, G. (1979): Schulunterricht. Seine Sozialgeschichte in Deutschland. München

Wiesemann, J. (2000): Lernen als Alltagspraxis. Lernformen von Kindern an einer Freien Schule. Bad Heilbrunn/Obb

Wiesemann, J./Amman, K. (2002): Situationistische Unterrichtsforschung. In: Breidenstein, G. u.a. (Hrsg.): Forum Qualitative Schulforschung 2. Interpretative Unterrichts- und Schulbegleitforschung. Opladen. S. 133-156

Man muss auch anders können:
Über den Umgang mit Krisensemantik in der Erziehung

Jürgen Oelkers

1 Autoritätsverlust und das Erbe der „Achtundsechziger"

„Tabus sind unverzichtbar", heißt ein Kapitel aus dem Buch *Gute Autorität: Grundsätze einer zeitgemäßen Erziehung,* das 2001 in München erschienen ist (Bergmann 2001). Der Verfasser wird auf der Rückseite des Buches als „einer der profiliertesten Kinderpsychologen Deutschlands" bezeichnet.[1] Er sagt zu Beginn des Kapitels:

> „Lange Zeit haben wir Pädagogen und Psychologen daran mitgewirkt, die Tabus aus der Welt zu schaffen. Tabus, sagten wir, haben mit Philisterei, Spießertum, geistiger Enge und Lebensfeindlichkeit zu tun. Wir wollten sie überwinden, vorbehaltlos und unterschiedslos, alle. Und wenn ich wir sage, dann meine ich auch mich selbst. Ich habe in den Siebzigerjahren in diese Richtung argumentiert und publiziert. Wozu sollten Tabus schon gut sein? Sie führten ja nur dazu, dass dem einzelnen Menschen – dem freien Individuum – das selbstbestimmte Denken untersagt wurde. Und nicht nur das Denken, auch die Gefühle wurden untersagt. Gefühle wurden verboten. Gerade das schien uns unerträglich" (Bergmann 2001, S. 152).

Die „Spätschäden von Achtundsechzig" heißt das erste Kapitel eines Erziehungsbestsellers, der paradoxerweise mit *Die Erziehungskatastrophe* überschrieben ist. Die Verfasserin – Jahrgang 1967 – ist Journalistin und arbeitet bei der deutschen Wochenzeitschrift DIE ZEIT. Sie schreibt:

> „Die Achtundsechziger-Debatte mag man kaum noch führen, aber wir werden mit ihr noch lange zu tun haben. Dabei ist es vollkommen egal, welche idealistischen Hoffnungen, hehren Ziele und furchtbaren Gegner diese ewige Generation hatte: alles geschenkt, die rituelle Verbeugung vor der neuen sexuellen Freiheit und den

---

[1] Wolfgang Bergmann ist Erziehungswissenschaftler und Vater von drei Kindern. Er arbeitet als Familien- und Kinderpsychologe mit eigener Praxis in Hannover. Er war lange Zeit Chefredakteur der Deutschen Lehrer Zeitung.

Garaus eines bestimmten Spießermiefs inklusive. Weil sie uns heute Probleme machen, müssen uns allein *die unbeabsichtigten ‚Nebenfolgen' von Achtundsechzig* interessieren" (Gaschke 2001, S. 22/23; Hervorhebung J.O.).

Die pädagogische Verwendung des Begriffs „ungewollte Nebenwirkungen" geht auf den deutschen Erziehungsphilosophen Eduard Spranger (1965)[2] zurück. Formuliert hat das Prinzip Wilhelm Wundt[3], der in der dritten Auflage seiner *Ethik* von 1903 von der „Heterogonie der Zwecke" sprach und darunter eine grundlegende Bedingung der menschlichen Erfahrung und so auch des Fortschritts verstand.

„Mit diesem Namen wollen wir die allgemeine Erfahrung bezeichnen, daß in dem gesamten Umfang menschlicher Willensvorgänge die *Wirkungen* der Handlungen mehr oder weniger weit über die ursprünglichen Willens*motive* hinausreichen, so daß hierdurch für künftige Handlungen n e u e Motive entstehen, die abermals n e u e Wirkungen hervorbringen, an denen sich nun der gleiche Prozess der Umwandlung von Erfolg in Motiv wiederholen kann" (Wundt 1903, S. 274/275; Kursivstellung J.O.).

Damit könnte man es bewenden lassen: Die Wirkungen von Handlungen reichen immer über das hinaus, was ursprünglich intendiert war. „Infolge nie fehlender Nebeneinflüsse" deckt sich der „Effekt einer Handlung" im Allgemeinen nicht mit ihrem ursprünglichen Zweck, der aber nur dadurch, mit Hilfe abweichender Erfahrungen, korrigiert werden kann (ebd., S. 275). Fortschritt ist also nicht das Befolgen eines ursprünglichen Plans, sondern die Anpassung der Zwecke an *nachfolgende* Erfahrungen, aus denen sich neue Motive ergeben, die die alten ersetzen.

Man versteht, so Wundt, besonders die „sittliche Entwicklung" falsch, „wenn man annimmt, was uns auf einer späteren Stufe als Beweggrund einer Handlung entgegentritt oder wahrscheinlich dünkt, das sei von Anfang an für diese bestimmend gewesen" (ebd.). Die Konstruktion der „Achtundsechziger"

---

[2] Eduard Spranger (1882-1963) habilitierte sich 1909 für Philosophie und wurde 1911 als Professor für Philosophie und Pädagogik an die Universität Leipzig berufen, 1920 wechselte er in gleicher Position an die Universität Berlin und 1946 an die Universität Tübingen. Spranger ist Begründer einer „geisteswissenschaftlichen Psychologie" und stand der „geisteswissenschaftlichen Pädagogik" nahe.

[3] Wilhelm Wundt (1832-1920) promovierte in Medizin und habilitierte sich 1857 für Physiologie. Er wurde 1874 als Professor für induktive Philosophie an die Universität Zürich berufen und ging ein Jahr später in gleicher Position an die Universität Leipzig. Wundt gründete in Leipzig das erste Experimentelle Labor der Psychologie (1879) und gilt als Begründer der modernen (empirisch-experimentellen) Psychologie.

dient in vielen neuen Erziehungsbüchern als Bezeichnung einer Zäsur, deren Beweggründe sich ins Gegenteil verkehrt hätten. Daher wird das „Erbe von 1968" (Gerster/Nürnberger 2002, S. 255ff.) *negativ* bestimmt. Die Motive der „Achtundsechziger" hätten sich mindestens auf die Erziehung verheerend ausgewirkt, aber das kann nicht lediglich mit „Nebenfolgen" erklärt werden. Wären es nur ungewollte oder nicht beabsichtigte Nebenwirkungen, so könnte niemand Schuld sein. Aber es muss jemand Schuld sein, wenn der schlechte Zustand der Gegenwart erklärt werden soll. Von Anfang an hätte von „Achtundsechzig" nichts anderes herauskommen können als:

- „die latente Feindseligkeit gegen gewachsene Strukturen und Traditionen jeder Art, die in der neuen Unübersichtlichkeit Orientierung und Identität hätten stiften können";
- „die Verunglimpfung der zivilisierenden Umgangsformen";
- „die Relativierung aller Tabus";
- „die Entwertung von Liebesbeziehungen zu Konsumgütern".
- „In der heutigen Erziehungspraxis sind diese Haltungen kein bewusstes Programm, sondern bewusstlose Ablagerungen, die mit der natürlichen menschlichen Bequemlichkeit eine zähe Verbindung eingehen" (Gaschke 2001, S. 22).

Auf dieser Linie können und müssen die „Achtundsechziger" noch für die Rechtschreibfehler heutiger Schüler verantwortlich gemacht werden:

„Natürlich ist ein individueller Straßenkämpfer wie Joschka Fischer nicht schuld an den individuellen Rechtschreibfehlern von Dennis, Kevin oder Patrick. Aber die Achtundsechziger als prägende Generation haben ein gesellschaftliches Klima geschaffen, in dem man auf der Einhaltung von Rechtschreibregeln nicht mehr bestehen konnte, ohne sich ein bisschen lächerlich zu machen – und das gilt auch für andere Arten von Regeln" (ebd.)

Aber hat die Generation der „Achtundsechziger" wirklich die kulturellen Tabus aufgelöst, Sexualität zur Ware gemacht, zivilisierende Umgangsformen verunglimpft oder eben die Erziehung unter ein allgemeines Emanzipationsgebot gestellt? Zunächst muss hierzu bemerkt werden, dass die „Achtundsechziger" als Generationsbehauptung und Legende ein rein deutsches Phänomen darstellen (Oelkers 1998), während in allen westlichen Gesellschaften zwischen 1960 und 1990 ein starker kultureller Wandel zu beobachten ist. Dieser Wandel hat tatsächlich mit einer starken Veränderung der Einstellungen zur Sexualität und zur Moral zu tun, die auch dort zu verzeichnen sind, wo „Achtundsechzig" gar nicht stattfand. In Finnland etwa gab es keine „Studentenbewegung" im deutschen Sinne, dafür einen frühen Wandel der intimen Tabus und bis heute ein überzeugendes Rechtschreibprogramm in den Schulen. Aber auch in Deutschland sind heutige Paarbeziehungen nicht einfach identisch mit einem Warenaustausch und einer Konsumbeziehung, und auch hier sind die Veränderungen dadurch zu erklären, dass nicht mehr religiöse Dogmen die Definitionsmacht darüber haben, was ein Tabu ist und was nicht.

Seit Alan Bloom (1987)[4] wird der Verdacht einer linken Unterwanderung der westlichen (protestantischen) Kultur immer wieder vorgebracht. Blooms Buch *The Closing of the American Mind*, seinerzeit viel diskutiert, behauptete, dass europäische Dekadenzphilosophie, vor allem im Anschluss an Friedrich Nietzsche, den amerikanischen Geist von sich selbst entfremdet hätte, was die Ursache für die permissive Kulturrevolution der sechziger Jahre gewesen sei, die die amerikanische Erziehung radikal verändert hätte. Dieser Verdacht unterstellt, es habe Anstifter wie den deutschen Philosophen Herbert Marcuse gegeben, der pädagogische Anhänger rekrutiert hätte, die mit einer „neuen" und „permissiven" Erziehung die Kinder auf Abwege bringen konnten. Aber Marcuses Lehren der ästhetischen Permissivität und der Revolution der Randgruppen waren längst nicht an allen amerikanischen Universitäten wirksam. Sie verdanken ihren Einfluss auf die „Studentenbewegung" vor allem der *edition suhrkamp* und sind eher ein deutsches Phänomen.

Von „neuer Erziehung" ist im 20. Jahrhundert unentwegt die Rede, nur so schillernd, vielstimmig und einheitlich, dass davon unmöglich die Wirkungen ausgehen konnten, die die Kritik voraussetzt. Zudem neigen gerade die Philosophen der „Kritischen Theorie" zu Verhängniskonstruktionen, die wenig Platz lassen für „progressive" Erziehung. Marcuse sprach 1964 vom „eindimensionalen Menschen", der von Arbeitsmarkt und Kulturindustrie so nahtlos beherrscht werde, dass er nicht begreift und sich nicht einmal vorstellen kann, was alternative Formen des Lebens wären. Gemäß dieser Prognose hätte „Achtundsechzig" gar nicht stattfinden können oder wäre auf akademische Lebenswelten beschränkt gewesen, also hätte nicht die Wirkungen auf die allgemeine Erziehung haben können, die von heutigen Autoren angenommen werden.

Man kann natürlich behaupten, es sei die linke Kulturrevolution gewesen, die die Grundlagen der Erziehung zerstört habe. Derartiges ist schon in den zwanziger Jahren im Blick auf den „Bolschewismus" gesagt worden, auch damals mit dem Effekt, die Ursachen für vermuteten Zerfall externalisieren zu können. Aber die Erziehung im 20. Jahrhundert hat sich nicht einfach durch Unterwanderung verändert, und sie ist auch nicht fortlaufend schlechter gewor-

---

4   Alan Bloom (1938-2000) war Professor für Soziologie und Co-Direktor des *John M. Olin Center for Inquiry, Theory and Practice of Democracy.*

den. Das würde bedeuten, zu Beginn des Jahrhunderts sei eine Art Qualitätspeak erreicht gewesen, von dem aus ein sich beschleunigender Abstieg mit Tiefpunkt „Achtundsechzig" eingesetzt hätte. Tatsächlich sind langfristige Modernisierungsprozesse zu verzeichnen, die kulturelle und soziale Kosten verursacht haben, also nicht in freundlicher Reformpädagogik endeten, aber die auch nicht, nur weil bestimmte Tabus gebrochen wurden, in einem Untergang der Erziehungskultur endeten.

2 Man muss auch anders können: Die Normalität von Modernisierungsprozessen

Apokalypsen dieser Art werden auf auffällige Weise vornehmlich in der deutschen Literatur beschworen. Sie übersieht – sozusagen leidenschaftlich – die Normalität von Modernisierungsprozessen:

- Grundlegend ist der Vorgang der Säkularisierung, also der Herauslösung der Erziehung aus konfessionellen Milieus, die bis Mitte des 20. Jahrhunderts Reflexion und Praxis nachhaltig bestimmen können.
- Damit geht einher die Auflösung inter-generativer Überlieferung, Erziehung wird zur individuellen Aufgabe für Familien und Paare.
- Die Grundform der bürgerlichen Familie des 19. Jahrhunderts wandelt sich und verliert ihren dominanten Einfluss.
- Die Verschulung trennt sich allmählich von ihrer Milieubindung und wird bei starker staatlicher Steuerung durchlässig.
- Die Schulabschlüsse werden mit Berechtigungen verbunden, die in ihrer selektiven Bedeutung zunehmen.
- Die Wahl von Lebensformen wird zunehmend individuell, das gilt auch für den Verzicht auf Kinder oder das Leben mit Kindern.

In diesen Prozessen wird die an Tradition und Überlieferung orientierte Erziehung allmählich aufgelöst oder bis zur Unkenntlichkeit angepasst. Aber die Folge ist nicht Nihilismus, Chaos oder Wertezerfall, sondern zunächst nur Differenzierung der Formen zugunsten von größeren individuellen Freiheiten und Entscheidungsmöglichkeiten, die nicht einfach nur die Irrtümer des Zeitgeistes von „1968" darstellen können. Zudem: Niemand würde sie aufgeben und zu einer Erziehung zurückkehren, in der, wie um 1900,

- Väter bestimmen, was in der Erziehung geschieht,
- Mütter die Praxis der Erziehung besorgen,

- Väter und Mütter die eigene Sexualität als Tabu betrachten,
- Kinder „Nachkommen" ohne Mitsprache sind,
- soziale Milieus die zulässige Praxis vorgeben
- und öffentliche Kontrolle fraglos akzeptiert werden muss.

Ohne Tabus könne man nicht erziehen, heißt es in dem Buch über die „Gute Autorität", das erklärtermaßen die Folgen von „1968" pädagogisch kompensieren will. Vom „autoritären Charakter"[5] soll ein Weg zur guten Autorität gefunden werden, deutlich verstanden als Absage an die Emanzipationspädagogik. Sie setzt auf Freiheit und Vernunft, und das sei ihr Fehler gewesen. Erziehung ist gleichbedeutend mit Verinnerlichung und Triebkontrolle. Tabus, liest man, werden in „langen Reifungsprozessen" innerseelisch verankert und können dann nicht mehr „abgeschüttelt" werden. Begründet wird dies mit Freuds Triebtheorie:

> „Unter Schmerzen und durch die Verdrängung elementarer Triebwünsche und Bedürfnisse, so verrät (!) uns die Psychoanalyse (die mit diesen Erkenntnissen das Bild der menschlichen Psyche revolutionierte), nehmen wir soziale Werte, moralische und mystische Glaubenssätze in uns auf. Hemmungen und Verbote pressen die Moral in die kaum erwachte kindliche Psyche. Sie werden dort buchstäblich verstaut, festgezerrt im Unbewussten. Nur nicht aufrühren, was in den Tiefen der Psyche verborgen liegt, man wirbelt sonst gleich die ganze Seele durcheinander" (Bergmann 2001, S. 153/154).

So entstehen Triebhemmungen, die als „psychische Basis für Werthaltungen" und Tugenden angesehen werden, „die auch dann gelten, wenn sie uns das Leben schwer machen". Und dann liest man eine Schlussfolgerung, die im Kontext heutiger Erziehungsbücher überraschen muss. Auf der Grundlage von Triebhemmung und Verinnerlichung der Werte gedeihe jene „protestantische Tapferkeit", die sich in dem Satz Martin Luthers offenbare: „Hier stehe ich, ich kann nicht anders" (Ebd., S. 154).

Für den Historiker der Erziehung ist die Bezugnahme auf Luther allerdings nicht überraschend, auch nicht, in welcher Art das geschieht. „Hier stehe ich, ich kann nicht anders" ist bis ins 20. Jahrhundert ein pädagogischer Appell, der unabhängig von seinem Kontext zitiert und Kindern vorgehalten wurde, um sie auf den richtigen Weg zu bringen. Sie sollten sich einer Autorität gegenübersehen, die nicht wankt oder fällt und die nicht davon abgebracht werden kann zu

---

5   1950 erschien die Studie *The Authoritarian Personality*, an der Theodor W. Adorno mitarbeitete und die als empirische Grundlage der „Kritischen Theorie" gelten kann.

erziehen, während erfolgreiche Erziehung nur dann möglich ist, wenn man auch anders können kann.[6]

Der Satz Luthers fiel bekanntlich 1521 auf dem Reichstag zu Worms. Luther war am 6. März zu einem Disput eingeladen worden und wurde am 17. April von dem Trierer Offizial Johann von der Eck aufgefordert, seine ketzerischen Schriften zu widerrufen. Die Verteidigungsrede hielt Luther am darauf folgenden Tag, es wurde die wichtigste Rede seines Lebens, aber dies aus rein theologischen Gründen. Er widerrief nicht und blieb bei seiner Lehre, wonach sowohl der Papst als auch das römische Konzil sich irren können und sich auch des öfteren schon geirrt haben. Die Wahrheit des Glaubens sei allein aus der Bibel zu entnehmen, und sie werde durch keine Autorität außer der Gottes abgesichert.

Die Rede ist als Flugschrift unmittelbar nach dem Reichstag durch einen unbekannten Anhänger Luthers veröffentlicht worden. In dieser Fassung schließt die Rede mit den Sätzen: „Mein Gewissen ist im Wort Gottes gefangen. Und ich kann und will auch nichts widerrufen, da gegen das Gewissen zu handeln weder sicher noch einwandfrei ist. Ich kann nicht anderst, hie stehe ich. Gott helf mir! Amen" (Buch der Reformation 1989, S. 249).

Von einer protestantischen Innerlichkeit kann bei dem Augustinermönch Luther keine Rede sein, auch nicht davon, dass der Satz am Ende der Rede diese Innerlichkeit begründet habe. Luther bezieht *„Gewissen"* auf seine *Gewissheit*, den Text der Schrift richtig ausgelegt zu haben, also dem Wort Gottes, das aus der Schrift spricht, näher zu sein als Papst oder Konzil. „Hier stehe ich, ich kann nicht anders" verweist so auf Hermeneutik, nicht auf Verinnerlichung, die Standfestigkeit ist eine der Philologie, nicht der durch Erziehung befestigten inneren Sicherheit. Die Begebenheit ist denkwürdig, weil Luther sich weigerte, vor der höchsten weltlichen Autorität, nämlich Kaiser Karl V.[7], zu widerrufen. Aber sie markiert nicht die protestantische Vorwegnahme und vorgängige Bestätigung der Psychoanalyse.

Das in dem geschichtslosen Zitat des Kinderpsychologen unterstellte „protestantische Gewissen" als Ergebnis einer „Kinderzucht" war zu diesem Zeitpunkt noch gar nicht erfunden. Luther musste erst pädagogisches Vorbild werden, bevor von einer eigenen Erziehung überhaupt die Rede sein kann, und man muss bezweifeln, ob die protestantische „Kinderzucht" außerhalb von

---

6   Das handlungstheoretische Prinzip *He/she could have acted otherwise* geht in der Ethik auf G.E. Moore (1966, S. 102ff.) zurück.
7   Karl V. (1500-1558) war von 1519 bis 1556 römisch-deutscher Kaiser. Nach dem Reichstag zu Worms versuchte der streng katholisch gesinnte Karl alles, um die Reformation einzudämmen. Er dankte 1556, ein Jahr nach dem Augsburger Religionsfrieden, ab.

Pfarrhäusern jemals so wirksam gewesen ist, wie dies zum Beispiel in Max Webers *protestantischer Ethik* unterstellt wird. Auf jeden Fall ist nicht hier das Urbild der wahren und richtigen Erziehung zu verorten, von dem die moderne Erziehung zum Schaden der Kinder abgewichen ist, als sei Luthers Satz der Garant für die pädagogische Tugend.

Tugend aber, Hemmungen und Scham, so der Autor der „guten Autorität", habe man den heutigen Kindern „genommen", die gleichsam ohne pädagogisches Rückgrat heranwachsen müssen. Das wird als dramatischer Verfall formuliert:

> „Sie haben keine Tabus, keine Hemmungen mehr. Und deshalb haben sie auch kaum noch Werte. Sie mögen die eine oder andere soziale Norm für richtig halten, verinnerlicht haben sie wenig davon. Das macht sie in gewisser Weise freier, aber auch instabil und angreifbar, wenn die Zeiten schwierig werden. Das macht sie so ängstlich, etwa vor jeder negativen Schulbewertung. Das macht sie unsicher, wenn ihre Freunde anderer Meinung sind. Das macht sie opportunistisch" (Bergmann 2001, S. 154).

Wie aber sollen solche Kinder erzogen werden? Die „gute Autorität" soll ja die Grundlage einer Gegenwehr gegen die Spätfolgen der „Achtundsechziger" sein, die – nach der Logik des Zitats – verantwortlich wären für instabile, angreifbare, unsichere, ängstliche und opportunistische Kinder, für die es eigentlich zu spät sein müsste, weil das Verhängnis längst eingesetzt hat. Aber es muss einen Ausweg geben, kein Erziehungsratgeber lässt es dabei bewenden, dass das Verhängnis immer größer wird. Aber wie kann es Rettung geben, wenn keine Tabus mehr vorhanden sind, keine Verinnerlichung mehr stattfindet und Hemmungslosigkeit um sich greift, also wenn, anders gesagt, die eigene Konstruktion hinderlich zu werden beginnt? Die Antwort ist in diesem Falle: *Elterliche Autorität.*

> „Wohl dosiert, mit richtigem Timing, dann aber uneingeschüchtert und kräftig, so wünsche ich mir elterliche Autorität. Grundlage ist immer tiefe Ruhe, die Beständigkeit, die Gelassenheit und Großzügigkeit von Vater und Mutter. Ist sie ausreichend vorhanden, gelingt Erziehung immer. Fehlt das, können Sie hundert und mehr Ratgeber lesen, keiner davon bringt Sie wirklich weiter" (ebd.).

Aber das gilt natürlich auch für den Ratgeber der „guten Autorität". Das richtige Timing ist nicht das Ergebnis seiner Lektüre, er sagt nichts über die Belastungsgrenzen der Gelassenheitsattitüde, über die Strapazierung von Großzügigkeit in Konsumwelten oder die Aufregung, die mit Kindern verbunden ist; er sagt, was eine bestimmte Leserschaft bestätigt wissen will. Sie wird dort angesprochen, wo Sinnprobleme vermutet werden, die sich als Effekt eines strapaziösen Alltags einstellen, in dem es offenbar so leicht nicht ist, das richtige „Timing" zu finden. Aber auch da gibt es natürlich einen Weg:

> „Wagen Sie doch einmal, am Ende eines erschöpfenden Tages, nachdem Sie ein wenig zur Ruhe gekommen sind, ganz gelassen und vorbehaltlos in sich hineinzuhorchen. Schauen Sie einfach mal, ob da nicht Gefühle in Ihnen aufsteigen, die eine enorme Ähnlichkeit mit Gewissheit haben. Wenn Sie diese Gewissheit nun in einen simplen Satz fassen sollen, dann könnte der vielleicht so lauten: Es ist schön, dass die Kinder da sind, Stress hin oder her. Es ist auf völlig unvernünftige Weise bereichernd und schön!" (ebd., S. 199).

Die Liebe zu den Kindern ist „unvernünftig" bereichernd und schön, sofern sie mit Gegenleistungen verbunden ist. Auch dieser Gedanke entsteht als Intuition:

> „Und zugleich, mit derselben Intensität – wagen Sie es einfach mal – drängt sich ein zweiter Gedanke auf, und wenn es kein Gedanke ist, so doch ein Gefühl, das sich ungefähr so zusammenfassen lässt: Es wäre verdammt schön, *gehorsame* Kinder zu haben. Und wenn Sie schon einmal soweit sind, dann stellen Sie sich gleich die nächste Frage: Und was hindert mich eigentlich daran? Vergessen Sie bitte nicht (...): Die Forderung nach kindlichem Gehorsam hat ganz viel mit elterlicher Liebe zu tun. Im Großen und Ganzen ist beides ein und dasselbe" (ebd.).

Diese Strategien sind solche des pädagogischen Diskurses selbst. Sie sind nicht erst in Abgrenzung von „Achtundsechzig" wirksam, und sie sind auch nicht durch „Achtundsechzig" außer Kraft gesetzt worden. Auf „Gehorsam", „Elternliebe" und den bereichernden Besitz von Kindern konnte man nicht erst seit Pestalozzi zurück greifen, und es ist sicher kein Zufall, dass der geschichtslose Kinderpsychologe fast wörtlich auf Herman Nohls Theorie des „pädagogischen Bezuges" eingeht, ohne sie zu nennen, aber in genauer Angleichung an ihre beiden Pole, nämlich *Gehorsam* und *Liebe*. Auch diese Theorie verlangte nichts als Gewissheit, die aus innerer Anschauung hervorgeht (Miller 2001).

Die ideale Struktur ist wichtiger als der Prozess, den ja Ratgeber auch unmöglich vor Augen haben können. Irgendwie geht es immer um die Herausbildung „wahrer" Verhältnisse, „echter" Beziehungen oder „richtiger" Gesinnungen, statt sich auf einen Prozess einzulassen, der von Bilanzen lebt und durch Korrekturen lernt. Man will vorher wissen, was kommt, während man immer nur dosiert erfährt, was als Realität bearbeitet werden kann. Es gibt in der Erziehung keinen Masterplan, der die Erfahrungen sicher leiten könnte. Aber die Ratgeberliteratur wird geschrieben, um Sicherheiten dieser Art bereit zu stellen, während die Erfahrung sich nur selbst korrigieren kann, nützliche Hinweise von außen nicht ausgeschlossen. Der Hinweis jedoch muss zum Problem passen, nicht umgekehrt, und dabei hilft es nicht, auf die Rede von „Gehorsam" und „Disziplin" zurückzukommen.

Das sind wenig mehr als Gedankenspiele in Ratgebern, die suggerieren, was sich entweder von selbst versteht oder praktisch nie eintritt. Aber wozu dient dann dieser ganze Reflexionsaufwand? Er kommt nicht etwa zufällig zustande oder ist die Schrulle eines bemühten Autors, die an sich nicht der Rede wert ist. Offenbar besteht eine *diskursive* Neigung, Erziehung möglichst von *Bedrohungen* her zu verstehen, also nicht als lakonisch zu handhabende Normalität, die gelegentlich von Eltern wie von Kindern durchbrochen wird, sondern als strukturelles Drama, das auf die ganze Welt ausgedehnt werden kann und nie einen bedrohungsfreien Punkt erreicht. Es gibt immer Gefahren, ständig muss gewarnt werden und permanent droht der Anfang eines neuen Übels.

3   Erziehung und der hohe Gebrauchswert von Bedrohungen

Die heutige Erziehung, das zeigt ein Blick in die Bestseller-Liste, kann als „Notstand" erscheinen und sogar als eine einzige „Katastrophe"; der Horror kann sozusagen nicht groß genug sein, während die gesamte Diskussion unterstellt, dass Abhilfe nicht nur möglich, sondern zugleich unmittelbar wirksam ist.

„Erziehung" ist zugleich eine negative und eine positive Kausalität, sie verursacht, was sie nur selbst beseitigen kann, wobei es dann nahe liegt, die „gute" von der „schlechten" Erziehung zu unterscheiden und damit für Beruhigung zu sorgen.

Die gute Erziehung ist die, die man selbst besorgt, die schlechte ist die der Anderen, möglichst solcher, die fern von der eigenen agieren.

Man beherrscht den eigenen Nahraum, auf den alles *nicht* zutrifft, was im Allgemeinen die pädagogische Welt bestimmt, nämlich die negativen Nachrichten und der abstrakte Horror. Dazu passt, dass Schulen von Eltern und Kindern umso schlechter beurteilt werden, je weniger die eigene Schule betroffen ist. Und dazu passt auch, dass Ratgeber sich mit Vorliebe an Eltern wenden, denen gesagt wird, wie sie trotz des Zustands der Welt richtig erziehen können, wobei eigentlich nur ihre Kontrollüberzeugungen bestärkt werden. Dieser Befund verweist auf ein eigentümlich strukturiertes Feld der öffentlichen Reflexion, das Mühe hat mit der Realität, weitgehend ohne Zahlen auskommt, Einzelfälle verabsolutiert, merkwürdige Ideologien pflegen kann und dafür hohe Schutzzäune zur Verfügung hat. Frei nach Hegel: Wenn sich die Wirklichkeit dem nicht fügt, dann ist die Wirklichkeit schuld, nicht die Theorie.

Es gibt sehr viele Wörter, mit denen sich pädagogischer Schrecken verbinden soll. Genannt habe ich fünf, die auf aktuelle Befürchtungen und deren Diskussion verweisen, nämlich

- „Wohlstandsverwahrlosung",
- „Scheidungskinder",
- „Burn Out",
- das „ADS-Syndrom"
- und „PISA".

Die Reihe ließe sich fortsetzen, man denke an „Einzelkinder", „Leistungsverweigerung", „Schulversagen", die „gelernte Unselbständigkeit", den „heimlichen Lehrplan", die „Medienkindheit" und Ähnliches mehr. Interessant ist dabei, dass auch scheinbar positive Wörter wie zum Beispiel „Hochbegabung" nicht ohne Schrecken kommuniziert werden können. Hochbegabte Kinder, so liest man, leiden unter ihrer Begabung, sind sozial isoliert oder werden in der Schule nicht ausreichend gefördert, was zum Beispiel von Migrantenkindern in Hauptschulen wesentlich eher gesagt werden könnte. Aber „Hochbegabung" ist ein Thema mit hohem Elterninteresse, „Migrantenkinder in Hauptschulen" ist es nicht.

Alle genannten Stichworte entstammen Forschungskontexten oder sind mindestens in der pädagogischen Literatur prominent geworden. In allen Fällen löste sich das Stichwort vom Kontext und wurde zu einem frei verfügbaren Label, das kausale Kraft anzunehmen vermag. Die Stichworte verweisen so auf Ursachen, mit denen sich unmittelbare Plausibilität zu verbinden scheint. Notwendig ist das, weil der pädagogische Alltag weit mehr Rätsel aufgibt, als dass er Lösungen zur Verfügung hätte, so dass kurzgeschlossene Kausalitäten für Entlastung sorgen können. Wer das Konsumverhalten von Kindern missbilligt, es aber weder reduzieren noch abschaffen kann, ist mit der Kategorie „Wohlstandsverwahrlosung" gut bedient, obwohl oder weil nichts weiter geschieht als ein Schlagwort zu einer Ursache zu stilisieren.

Wirksam ist diese Strategie, weil „Wohlstand" immer eine pädagogisch zweifelhafte Größe gewesen ist, man denke an die Diskussion über „Luxus" zwischen Voltaire und Rousseau und daran, dass und wie das antike Ideal der Askese die christlichen Vorstellungen über „Erziehung" geprägt hat und offenbar immer noch prägt (Oelkers 2003). Wohlhabenden Eltern kann leicht unterstellt werden, dass für sie der Wohlstand wichtiger sei als ihre Kinder, vor allem aber kann unterstellt werden, dass der Wohlstand die Kinder verderbe, weil sie „zu früh" „alles" haben, was immer das heißen mag. Dahinter steht das alte erziehungskritische Motiv der „Verwöhnung", nur dass diesmal nicht einzelne

Personen Kinder zu deren Nachteil verwöhnen, sondern ganze Milieus. Ab wann zu viel Wohlstand in schlechte Erziehung umschlägt, muss nicht gesagt werden, die einfache Milieutheorie genügt, um zu erklären, dass auch und gerade Kinder aus wohlhabenden Familien „verwahrlosen"[8] können. Früher waren nur Kinder aus unteren Schichten verwahrlost, heute hat der pädagogische Schrecken – mindestens in der Literatur – auch die bürgerlichen Schichten erreicht[9].

Im Ton des Schreckens kann weitgehend unwidersprochen behauptet werden, viele Eltern zögen sich aus der Erziehung ihrer Kinder zurück, statt pädagogische Verantwortung zu übernehmen, würden sie lediglich an der eigenen Emanzipation interessiert sein, und die Grundlage jeder Erziehung, die Familie, sei in jeder Hinsicht „ausgebrannt" und „ausgebeutet" (Jäckel 2000). Basis für solche Behauptungen sind zumeist Fallbeispiele, oft solche aus der unmittelbaren Nachbarschaft der Autoren, die anhand der Ausdeutung ihrer Beispiele ein generelles Bild der pädagogischen Wirklichkeit zu entwerfen versuchen. Unterstellt wird, dass diese Wirklichkeit einer bestimmten Tendenz folge, und dass diese Tendenz im Kern negativ sei – „Wohlstandsverwahrlosung" oder „Verwöhnung" kann schon vom Ausdruck her nichts Positives sein. Was „Verwöhnung" oder „Verwöhntsein" tatsächlich sind, muss dann nicht geklärt werden. Kinder und Jugendliche sollen Opfer ihrer Milieus und Medien sein, keine Botschaft ist besser geeignet, den Ton des Schreckens zu erzeugen. Was kleine Kinder mit Pokémon wirklich lernen, ist dann nebensächlich, während niemand mehr reale Games durch gutes Holzspielzeug ersetzen kann.

Ähnlich wie in dem Buch zur „Guten Autorität" warnt auch ein Bestseller auf dem Sachbuchmarkt (Gerster/Nürnberger 2002) vor den „Folgen grenzenloser Liebe" (ebd., S. 58). Das Wort „Gehorsam" wird vermieden, dafür werden „Problemkinder" konstruiert, die sich aus einer kausalen Digression ableiten. Von Anfang an wird alles falsch gemacht, wobei nie gesagt wird, wie oft so etwas vorkommt, wer genau betroffen ist und in wie vielen Fällen es nicht so ausging, wie behauptet wird:

---

8   Die Wortgeschichte verweist nicht auf milieubedingte Vernachlässigung, sondern auf mangelnde Achtung. Das mittelhochdeutsche Wort *verwarlosen* lässt sich mit „unachtsam behandeln" übersetzen. Damit verbunden ist das althochdeutsche *waralos* oder „achtlos".

9   Dass „Verwahrlosung" die Folge mangelhafter oder fehlender Erziehung ist, wird am Ende des 19. Jahrhunderts lexikalisch verbürgt. „Verwahrloste Kinder (sind) solche, die aus Mangel einer entsprechenden Erziehung (Aufsicht, Bewahrung, Unterweisung) in einen Zustand geraten, der sie selbst unglücklich und zur würdigen Teilnahme an der allgemeinen menschlichen Aufgabe und Gesellschaft untüchtig macht" (Közle 1899, S. 412).

- „Die Eltern, liebevoll und stets verzeihend, (…) werden sehr gelassen und ‚vernünftig' (auf Aggressionen) reagieren, ihren kleinen Wilden sogar heimlich oder offen ein bisschen bewundern und einander versichern, was für Power und kindliche Leidenschaft doch in ihrem Sprössling steckt" (ebd., S, 58).
- „Im Kindergarten wird das Kind dann als ‚ein bisschen schwierig', vielleicht sogar als ‚verhaltensauffällig' wahrgenommen (…) Doch (der kleine Wilde) lernt bald, dass er schon beim kleinsten Rempler gegen sich nur so laut wie möglich brüllen muss. Dann werden die Kindergärtnerinnen schon herbeieilen und ihm helfen" (ebd., S. 58/59).
- „Nicht selten wird aus einem Kind ein Problemkind, weil die Eltern die Ursachen für die Probleme ihres Kindes nie bei sich, ihrer Erziehung und in ihrem Kind sehen, sondern sich lieber über die Rüpeleien seiner Spielgefährten beschweren" (ebd., S. 59).
- „Die Angst der Erwachsenen vor Konflikten mit dem Kind, das Bestreben vieler Eltern, ihren Kindern gute Kumpels oder Freunde zu sein, (…) sind schon so weit verbreitet, dass sie in Teilen unserer Gesellschaft als normal empfunden werden, etwa in der Schule. Dort haben Generationen von verwöhnten Kindern und verwöhnenden Eltern die Schulleitungen auf Schmusekurs gebracht" (ebd.).

Auch „Scheidungskinder" werden für Kausalkonstruktionen gebraucht, ohne auch hier eine klare empirische Datenbasis voraussetzen zu können. Scheidungen sind nicht in jedem Falle mit traumatischen Folgen für die Kinder verbunden, aber genau dieser Eindruck muss entstehen, damit von einer negativen Ursache und einem wirklichen Schrecken die Rede sein kann. Mit Zunahme der Scheidungsrate kann nur die pädagogische Bedrohung wachsen, ohne in Rechnung zu stellen, wie ungeschiedene, aber unglückliche und hoch konflikthafte Ehen Kinder behindern.

Unglück ist gleichermaßen Ereignis und Schicksal, also die nicht korrigierbare Entwicklung des Lebens. Das Schicksal des Lehrerberufs scheint heute zu sein, den Verschleiß und das Schwinden der Kraft nicht beeinflussen zu können. In diesem Sinne ist vom „Ausgebranntsein" die Rede; mit zunehmender Erfahrung wächst unter Lehrkräften offenbar nicht die berufliche Zufriedenheit oder die positive Routine, sondern schwindet die Belastbarkeit und nimmt die Perspektivlosigkeit zu. Dieses Bild dominiert die Wahrnehmung, und es ist ausschließlich negativ. Auffällig ist dabei, dass auch die seriöse Forschung kaum vergleichend angelegt ist, also nur *Teacher Burnout* untersucht (Vandenberghe/Huberman 1999) und so ein spezifisches Schicksal nahe legt, das bei allen

Präventionsversuchen doch unabwendbar scheint, mit der Folge, dass je näher man dieses Schicksal kennt, desto unattraktiver der Lehrerberuf wird.

„Burnout" von *Eltern* ist demgegenüber kaum ein Thema, was insofern unmittelbar einleuchtet, als man diesen Beruf nicht verlassen kann und schon aus diesem Grunde die Larmoyanz beschränken muss. Inzwischen liegen detaillierte Studien zur Belastung von Lehrkräften vor (etwa: Forneck/Schwiever 2001), während der Stress von Eltern – und von Kindern im Umgang mit Eltern – der Ratgeberliteratur überlassen wird, die mit Sätzen hervorsticht wie den, dass man sein Kind „wirklich kennen" muss, wenn man seine Persönlichkeit fördern will (Zöllner 1994, S. 84).[10] Aber Kinder sind nie transparent; wenn man sie zu verstehen sucht, täuscht man sich leicht selbst, und allzu viele Gelegenheiten dafür stehen gar nicht zur Verfügung. Knappe Zeit, gehetzter Umgang oder die Flüchtigkeit einer Problemlösung sind Alltag, jedoch nicht Thema pädagogischer Beratung, es sei denn, das Leben unter diesen Bedingungen wird als Zumutung hingestellt, das mit dem „Mut zur wahren Erziehung" konfrontiert wird (Zeltner 1996).

Was Erziehung ist, wird dann oft einer rätselhaften Trivialisierung überlassen. Ich zitiere nochmals aus dem „Erziehungsnotstand": „Immer ja zu sagen, immer jeden Wunsch erfüllen, ist sehr bequem. Neinsagen führt zu Begründungszwängen, Konflikten, Liebesentzug der Kinder und kostet auch Zeit. Die Jasager ersparen sich das alles.

Prinzipielle *Neinsagerei* ist indes auch nicht die Lösung. Sie liegt dazwischen. Den richtigen Punkt zwischen Härte und Nachgiebigkeit zu finden, darin besteht die Kunst der Erziehung" (Gerster/Nürnberger 2002, S. 63; Hervorhebung J.O.).

Wie dieser „richtige Punkt" erreicht werden kann, wird nicht gesagt, dass es ihn gibt, steht fest. Ob sich dadurch irgendetwas bessert, bleibt offen, und vermutlich ist es diese Strukturlosigkeit der Aussagen, die die Neigung befördert, die pädagogische Welt schwarz zu betrachten.

4 Die Magie des Trichters angesichts der Dominanz des Negativen

Damit lässt sich eine andere Frage verbinden, die nämlich, warum Erziehung unablässig wirksam sein muss, und dies ausschließlich positiv. Gerade, wer von

---

10 „Nur auf dieser Basis wird es möglich zu unterscheiden, was unechte, von außen geweckte Schein-, Luxus- und Konsumbedürfnisse sind und welche dagegen die person-nahen Antriebe sind, die auszuleben wichtig ist für die Entfaltung und Stärkung der kindlichen Persönlichkeit" (Zöllner 1994, S. 84f.).

der Wechselseitigkeit der Beziehung zwischen Eltern und Kindern oder zwischen Lehrern und Schülern ausgeht, müsste eigentlich von gebrochenen, langfristig verketteten, dabei oft paradoxen und nie linearen Wirkungen ausgehen, während heute Ausdrücke wie „Outputsteuerung", „Qualitätsmanagement" oder die „Zielgenauigkeit" von Maßnahmen suggerieren, dass auf überraschende und durchaus magische Weise im pädagogischen Feld der Nürnberger Trichter doch noch erfunden wurde.

Georg Philipp Harsdörffers[11] „Poetischer Trichter" behauptete, die Didaktik soweit verfeinert und effektiviert zu haben, dass sie in der Lage sei, innerhalb von wenigen Stunden[12] jedem Laien die Prinzipien der Dicht- und Reimkunst beizubringen.[13] Das war Mitte des 17. Jahrhunderts keine ungewöhnliche und auch keine unglaubwürdige Behauptung, die Didaktik – und nicht nur die der Dichtkunst – bestand aus großen Verheißungen, wie Lehren und Lernen auf wunderbare Weise erleichtert werden können. Mit der richtigen Methode sollte es möglich sein, Erziehung und Bildung ebenso rasch wie preisgünstig und nachhaltig zu verbessern. Das heutige Problem der „Effizienz", anders gesagt, hat seine eigene Geschichte, deren Anmut es ist, eine Geschichte der fehl geschlagenen Projekte zu sein. Allerdings ist das nicht immer leicht zu durchschauen gewesen, es dauerte fast hundert Jahre, bis aus dem „Poetischen" der „Nürnberger Trichter" geworden war, eine Verballhornung, die anzeigen sollte, wie grotesk widersinnig allein nur die Metapher des Trichters für die Beschreibung von Lehr- und Lernprozessen ist.

Der „Weisheitstrichter" wird in der deutschen Literatur vermutlich zuerst in Michael Stifels Buch *Deutsche Arithmetic* von 1545 erwähnt, interessanterweise von einem Autor, der für den 18. Oktober 1533 früh um 8 Uhr den Weltuntergang berechnet hatte.[14] Die Metapher des „Trichters" lässt sich bis auf die arabische Astrologie zurückführen, die schon im 11. Jahrhundert das

---

11 Georg Philipp Harsdörffer (1607-1658) studierte in Altdorf und Straßburg Jura und wurde nach einer ausgedehnten Bildungsreise durch Europa 1637 Gerichtsassessor in seiner Heimatstadt Nürnberg. 1655 wurde er Ratsmitglied, nachdem er zuvor zusammen mit Johann Klaj den „Pegnesischen Hirten- und Blumenorden" zur Pflege der deutschen Sprache und Literatur gestiftet hatte.
12 Gemeint sind *Lehrstunden*.
13 Georg Philipp Harsdörffer: Poetische Trichter/Die Teutsche Dicht- und Reimkunst/ohne Behuf der Lateinischen Sprach/in VI Stunden einzugiessen" (Nürnberg 1648-1653).
14 Michael Stifel (1487?-1567) war zunächst Augustiner-Mönch, schloss sich dann der Reformation Luthers an und wurde 1527 auf Empfehlung Luthers Pfarrer in Lochau (heute Annberg) in der Nähe von Wittenberg. 1532 veröffentlichte er *Ein Rechen Büchlein Vom End Christ*. Auf der Basis der „Wortrechnung" glaubte er, aus Bibelstellen geheime Informationen gewinnen zu können. Das Besondere an dem nach ihm benannten „Stifel-Quadrat" ist, dass durch Entfernen der äußeren Zeilen und Spalten ein magisches Quadrat entsteht.

„Eingießen" der Weisheit plausibel zu machen verstand.[15] Fehlprognosen wie die des Weltuntergangs beeinträchtigten die Plausibilität des „Trichters" nicht. Harsdörffer benutzte 1648 eine historisch sehr erfolgreiche, ebenso einfache wie einleuchtende Metapher und verband sie mit Zeitökonomie. Der didaktische Erfolg sollte sich nach Stunden berechnen lassen, etwa so wie schulische Effektivität im 19. Jahrhundert nach einem einheitlichen Zeitmaß berechnet wurde, das zwar „Schulstunde" hieß, aber ironischerweise nie 60 Minuten umfasste.

Obwohl der „Nürnberger Trichter" inzwischen in Verruf geraten war, hielten sich die damit verbundenen Effektannahmen: Es soll zum Beispiel im Schulunterricht möglich sein, einer größeren Gruppe von nicht gleich aufmerksamen, de facto oft unaufmerksamen Schülerinnen und Schülern innerhalb einer bestimmten Zeitspanne mit identischem Erfolg den gleichen Inhalt zu vermitteln, und dies über Jahre bei nicht nachlassender Motivation. Das erinnert tatsächlich an die Magie des Trichters, nur dass bei Harsdörffer der einsame Leser und nicht eine Gruppe von Schülern vorausgesetzt war, die zu keinem Zeitpunkt dem Gang des Unterrichts so Folge leisten, wie der Leser den Zeilen des Buches. Was für den Unterricht angenommen werden muss, gilt für die Erziehung generell, sie kennt kein gleichmäßiges Fließen, wie es die Metapher des Trichters unterstellt. Demnach hätte „Erziehung" folgende Voraussetzung: Die Grenze des Trichters ist die Fassungskraft des Kopfes, je größer der Kopf, desto mehr geht hinein; das Fließen selbst wird davon nicht berührt. Die Erziehung aber hat ihre Grenze darin, dass sie unstet ist, Intervalle kennt, mit Brüchen auskommen muss, Höhen und Tiefen zu überwinden hat – kurz: nicht linear verläuft, und dies weder nach oben noch nach unten. Es gibt weder einen geraden Aufstieg noch einen geraden Niedergang.

Davon sind die theoretischen Vorstellungen oder die pädagogischen Erwartungen zu unterscheiden, die mit „Erziehung" verbunden werden. Sie gehen davon aus, dass eine Bewegung stattfindet, die von unten nach oben erfolgt, auf steten Zuwachs angelegt ist und keinen wirklichen Verlust kennt. Das Verb „erziehen" spielt auf *Heraufziehen* an und bezeichnet im übertragenen Sinne einen Handlungskomplex, der Kinder so zu beeinflussen vermag, dass sie am Ende geworden sind, was als Erziehungsziel für sie vorgegeben war. Ein solcher direkter, heute würde man sagen „zielgesteuerter" Zusammenhang zwischen Anfang und Ende der Erziehung hat immer schon Plausibilitätsprobleme erzeugt. Er galt im 15. und 16. Jahrhundert als so unwahrscheinlich, dass es üblich wurde, für Neugeborene Horoskope erstellen zu lassen, um wenigstens ein Mi-

---

15 Etwa: Almansor: *Aphorismi seu propositiones sententiae astrologicae ad Saracenorum regem* (Druck Basel 1530). Alamansor lebte um die Mitte des 12. Jahrhunderts.

nimum an Sicherheit über den Ausgang zu erhalten, mit der Pointe, dass Schicksalslehren Erziehung überflüssig machen.

Heutige Eltern vertrauen Therapeuten, Ratgebern[16] oder immer noch Astrologen, ohne mehr Gewissheit zur Verfügung zu haben. Es scheint schwer erträglich zu sein, sich Erziehung als anstrengenden Prozess mit offenem Ausgang vorzustellen, aber viel mehr bleibt nicht übrig, wenn „Trichter" nichts sind als fragwürdige didaktische Metaphern, wenn auch die beste Planung die Zukunft nicht wirklich antizipiert und wenn das Unvorhergesehene die stärkste Kraft des Erlebens ist. Woher aber kommt dann die Neigung, „Erziehung" vom Ziel her zu erwarten und nicht vom fortlaufenden Prozess? Und warum werden ständig Diskurse über Ziele oder die besten aller Absichten geführt, ohne die unvermeidlichen und produktiven Abweichungen unterwegs in Rechnung zu stellen?

Ich vermute, dass das etwas mit der Dominanz des Negativen zu tun hat: Man kann sich die politische Reaktion auf PISA kaum als unsicheren Prozess mit hohen Abweichungen vorstellen, die die Systemkorrekturen auf unvorhergesehene Weise, aber wirksam zu verändern verstünden. Das Ziel, die Qualität der Schulen zu verbessern, muss erreicht werden, während die Erklärung der Absicht oft so abstrakt ist, dass konkrete und erreichbare Ziele damit gar nicht verbunden werden können. Die starke Negativität zwingt zur perfekten Reaktion, die wie ein fortlaufender und zielgenauer Prozess vorgestellt wird. Auch das gilt generell:

- „Wohlstandsverwahrlosung" ist ein so dramatischer Missstand, dass nicht einfach Teilziele angestrebt werden können, sondern das gesamte Übel beseitigt werden muss und dies möglichst unmittelbar.
- Es kann nicht ein *bisschen* „Lehrer-Burnout" geben,
- *alle* „Scheidungskinder" müssen irgendwie Schaden erleiden
- und das „ADS-Syndrom" muss sich *ganzheitlich* zeigen, wenn es wirksam bekämpft werden soll.

Was damit zur Rede steht, ist die öffentliche Sprache der Erziehung und Bildung, die Art und Weise, wie wir versuchen, uns über die Probleme zu verständigen, was als gute Lösung gilt und was nicht. Der Austausch von Patentrezepten ist dabei wesentlich nachhaltiger als die Suche nach echten Lösungen. Das zeigt sich dort, wo sich sehr schnell schwierige Probleme in scheinbar plausible Strategien verwandeln.

---

16 Auch und gerade literarischen Ratgebern (Oelkers 1995; Keller 2000).

Aber die „Ganztagsschule" wird keine Lösung für die Betreuungsausfälle sein, die sich unweigerlich mit den knappen Erziehungszeiten verbinden, gleichwohl wird sie als Patentrezept angeboten, ohne mit der Lösung zugleich die erwartbaren Nachteile zu thematisieren.

Die „Hyperaktivität" vieler Kinder wird nicht dadurch verschwinden, dass der Therapieaufwand erhöht wird, wenn zugleich die Reizumwelten verdichtet werden und eine Kindheit in Muße immer unmöglicher wird.

Und die Abnutzung der Motivationsprofile von Lehrkräften wird nicht dadurch geringer, dass ständig die intrinsische Motivation der Schüler beschworen wird.

Bestimmte Übel der Erziehung sind nicht zu beseitigen, andere sind ganz überflüssig und wieder andere sind gar nicht vorhanden und gleichwohl diskursbestimmend, man denke an die „heile Welt", die es nie gab und die doch die Vorstellungen bestimmen kann. Die heile Welt ist als Fiktion bedroht und scheint doch unverzichtbar zu sein, wenn man vor Augen hat, wie Paare vor dem ersten Kind die Zukunft mit dem Kind erwarten. Empirische Untersuchungen zum Verhalten und den Einstellungen von Eltern verschiedener Länder ergaben für westdeutsche Eltern

- die höchsten Belastungswerte,
- zugleich das egalitärste Rollenverständnis vor der Elternschaft,
- die stärkste kognitive Auseinandersetzung mit Geburt und Säuglingspflege
- und die größten Diskrepanzen im anschließenden Rollenverhalten.
- Gleichzeitig sind die Individualisierungstendenzen besonders ausgeprägt (Nickel/Quaiser-Pohl 2001, S. 301ff., 309).

Auf der anderen Seite können bestimmte Wirklichkeiten, vor allem der Ökonomie und des kulturellen Wandels (Lebergott 1993; Steinberg/Kincheloe 1997; Boyles 1998) nicht einfach durch pädagogische Beschwörungen außer Kraft gesetzt werden:

- Kinder wachsen in für sie kreierten kommerziellen Umwelten auf,
- es gibt eine unausweichliche Medienkindheit,
- die Beziehungen zwischen Kindern und Erwachsenen folgen nicht mehr einem einheitlichen Modell
- und in den meisten Familien ist die zur Verfügung stehende Zeit knapp und schon aus diesem Grunde kostbar.

In diesem Rahmen muss sich die Erziehung bewegen, was eigentlich Anlass sein sollte, ihre Zieloptik zu verändern. Sie stellt nicht etwas her, das zuvor nicht vorhanden war. Aber die *creatio ex nihilo* ist vermutlich der Preis, der für die magische Vergangenheit der Erziehungstheorie bezahlt wird, die immer allzu leicht mit Schöpfungsvorstellungen operiert hat, ohne konkrete Kinder vor Augen zu haben, die in keiner anderen Welt leben können als in ihrer eigenen.

5 Erziehung und reale Kinder

„Erziehung" ist nicht einfach „Einwirkung" auf erwartungsvolle Kinder, die froh sind, dass sie erzogen werden. Fragt man Kinder, was sie von der Erziehung halten, die sie erleben[17], dann spiegeln sich in den Antworten keine pädagogischen Ideologien, sondern konkrete Erfahrungen, zumeist solche, die den Eigenanteil genau registrieren.

- Im Blick auf die eigene Erziehung verstehen sich Kinder nur im Extremfall wirklich als bedürftig,
- sie sind normalerweise auch keine Opfer, etwa ihrer Milieus,
- sie sehen ihre Eltern und Erzieher nicht verklärt, sondern realistisch,
- und sie sind erstaunt, wenn man ihnen vorliest, wie Ratgeber „Erziehung" zugleich idealisieren und zum eigentlich unlösbaren Problem erheben.

Kinder beziehen sich auf die Geschichte des Umgangs mit Eltern und Erziehern, auf konkrete Ereignisse und Vorfälle, auf Erfahrungen, von denen sie ein Teil sind, ohne dafür Theorien zu benötigen. Es wäre auch eine seltsame Idee, würde man sich Kinder vorstellen, wie sie allmählich den Erziehungszielen immer näher kämen.

Der Umgang mit Kindern und Jugendlichen ist als Wechselwirkung zu verstehen. Kinder sind nicht einfach ihrer Erziehung ausgesetzt, sondern sind daran beteiligt, was auch so zu verstehen ist, dass sie von einem bestimmten Alter an Verantwortung für ihre Erziehung übernehmen. „Wechselwirkung" lässt sich mit der Feedback-Theorie erläutern, also der Theorie, dass es keine Wirkungen ohne Rückwirkungen geben kann. Kinder übernehmen also nicht, was ihnen vorgegeben wird, sondern geben zurück, was sie erfahren. Sie reagieren auf Reaktionen, stellen sich auf Einstellungen ein und testen alle Zumutungen, wie dies Erwachsene in direkter und indirekter Kommunikation auch tun. Man würde also Kinder unterschätzen, stilisierte man sie als „erziehungsbedürftig" in dem Sinne, dass sie auf Erziehung warten und froh sind, dass sie da ist.

---

17 Etwa im Blick auf Glückserfahrungen (Bucher 2001).

Versucht man, den heutigen Alltag mit Kindern zu beschreiben, dann liegt es nicht selten nahe, eine Metapher wie *slapstick* zu verwenden, die auf kreatives Stolpern verweist, auf unfreiwillige Komik und Belehrtwerden über die Grenzen der Belehrung. Offen bleibt nur, wer über wen und wann lachen kann. Die Ordnung des Tages muss je neu gefunden werden, was man als „Erziehung" bezeichnen kann, ist eine *Day-by-Day-Practice*, die wie eine unablässige Stabilisierungsleistung zu verstehen ist, und zwar beider Seiten (Oelkers 2001). Es geht ständig weiter, aber es ist unklar, wie genau man vorankommt. Dafür gibt es kein passendes Menschenbild und keine geneigte pädagogische Theorie, wohl aber die Erfahrung von Eltern mit Kindern und von Kindern mit Eltern, die mit wechselseitigen Absichten und ständiger Rückkopplung zu tun hat.

Das wirft die Frage auf, was hinter der Magie der Worte anzunehmen ist, eine kunstvolle Praxis oder ein banaler Alltag? Die Wörter verweisen auf Glanz und Elend gleichermaßen, Erziehung und Bildung sind Perfektionserwartungen ausgesetzt, die so leicht so enttäuschend sind, dass die Ratgeberproduktion kaum nachkommt. Vermutlich ist die Kommunikation auch deswegen so leicht und einfach auf *negative* Befunde einzustellen. Aber besteht überhaupt Bedürftigkeit oder lösen Eltern und Erzieher zusammen mit den Kindern die Probleme, die sie lösen können, ohne sich durch die Last der großen Worte beeindrucken zu lassen?

Den magischen Wörtern der Erziehung und Bildung scheint Kritik nichts anhaben zu können. Die Logik ist immer dieselbe, auch hinter positiven Wörtern verbirgt sich ein Defizit, das möglichst umgehend behoben werden muss.

- Wörter wie „Selbstorganisation" verweisen nicht auf Tatbestände, sondern darauf, dass zu wenig oder gar keine Selbstorganisation vorhanden ist, woraus die paradoxe Konsequenz gezogen wird, Kinder zur „Selbstorganisation" erziehen zu müssen.
- Ähnlich wirkt der Ausdruck „vernetztes Denken": Obwohl alles Denken vernetzt ist, kann erfolgreich der Eindruck erweckt werden, es herrsche große Not und im Gegenzug müsse unbedingt und überall „vernetztes Denken" ausgebildet werden, wobei schon über die Definition nur babylonische Verwirrung angenommen werden kann.
- Das gilt paradoxerweise auch für die Erziehung zur Ganzheit. Eigentlich müsste „Ganzheit" ein unbestrittener Begriff sein, während das Konzept so oft seine Bedeutung wechselt, wie ein neuer Verwendungskontext gegeben ist.

Als Ausweg aus den babylonischen Sprachspielen wird gelegentlich die Rückwendung auf ein klares Menschenbild empfohlen, das der Erziehung zugrunde liegen müsse. Aber es gibt so viele Menschenbilder, wie es Erziehungs- und Bildungstheorien gibt (Oelkers 2001a), ohne dass sich die Vielfalt reduzieren ließe, da ja Menschenbilder per definitionem letzte Größen sein sollen. Zudem kann man über ein religiöses oder philosophisches Menschenbild nicht einfach abstimmen und auch kaum diskutieren, es sei denn als Austausch von unverrückbaren Positionen. Menschenbilder wären keine, könnte man sie beliebig relativieren, auflösen und vermischen. Sie haben auch nur dann Anhänger, wenn sie für Glaubenssicherheit sorgen, aber genau die passt nicht zu einer Erziehungserfahrung, die mit offenen und beweglichen Prozessen zu tun hat, bei denen es praktisch nicht sehr hilfreich ist, sich mit dem richtigen Menschenbild verbunden zu wissen.

Es gibt noch einen Einwand: In einer pluralistischen Gesellschaft mit sehr verschiedenen Kulturen und Lebensstilen kann und darf es nicht ein verpflichtendes Konzept der Erziehung geben, während die pädagogische Ideologie immer behaupten kann, sie und nur sie habe Recht. Aber die meisten Eltern und Erzieher folgen heute keiner bestimmten Ideologie der Erziehung, sondern versuchen, sich pragmatisch zu verhalten, also auf die Probleme einzugehen, die mit ihren Mitteln lösbar erscheinen. Nicht das vorausgesetzte Menschenbild entscheidet, sondern die Problemlösung, so gering sie gemessen an den eigenen Erwartungen auch immer ausfallen mag. Befragt man Eltern und Kinder dann nochmals, spiegelt sich nicht die Ideologie, sondern wird auf eine Kasuistik gelungener oder misslungener Problemlösungen verwiesen, wobei oft nur eines auffällig ist, nämlich dass die schlechten Lösungen im Augenblick der Befragung keine Rolle mehr spielen.

Das Gleiche gilt im übrigen auch für Lehrkräfte: Legt man ihnen nicht einfach Fragebögen vor, sondern befragt sie, also lässt sie persönlich zu Wort kommen, dann findet sich in den Antworten nicht eine starke Degression in Richtung „Burn Out", sondern eine Beschreibung fortlaufender Problembearbeitung, bei der das zugestandene Misslingen mit der Dauer des Interviews zunimmt. Die Lehrkräfte beschreiben die Nöte der Zensurengebung, den Aberwitz von Selektionsentscheiden, das schlechte Gewissen über die mangelhafte Vorbereitung des Unterrichts oder auch die Freude über eine unerwartete Danksagung, aber nie, ob die „Erziehung zur Mündigkeit" sich hat realisieren lassen oder ob die Schüler in „Unmündigkeit" verharren mussten. „Mündigkeit" ist wenn, dann eine Zielformel, die sich in der fortlaufenden Problembearbeitung des Alltags nicht wiederfindet.

Die Zeit der harten Dualismen und der unverrückbaren Gegensätze scheint demnach vorbei zu sein. Die Antwort auf PISA, auf das ADS-Syndrom oder auf die „Wohlstandsverwahrlosung" kann nicht dort gefunden werden, wo in der Vergangenheit die großen Antinomien konstruiert wurden, man denke nur

- an die „autoritäre" oder die „anti-autoritäre" Erziehung,
- an die „emanzipatorische" oder die „repressive" Pädagogik,
- an die Bildung zur „Selbstverwirklichung" oder zur gesellschaftlichen „Anpassung",
- überhaupt an populäre Gegensätze wie „Haben" oder „Sein" oder das „wahre Leben" und das „falsche".

Das hat die unangenehme Folge, nicht auf der richtigen Seite stehen zu können, sondern sich auf eine Praxis einlassen zu müssen, die die Gegensätze der Theorie ständig mischt. Davor schützt keine Berufung auf Autoritäten; vor der Mischung der Motive und so der Grenzen ist man nicht dadurch gefeit, dass man sich auf die „humanistische Psychologie", die „Reformpädagogik", das „Flow-Erlebnis" oder die „Gruppendynamik" beruft. Erziehung und Bildung bringen eigene und eigentümliche Formen der Praxis hervor, die sich nicht ableiten lässt und die daher auch nicht mit Rekurs auf Dritte entlastet werden kann.

Fragt man, was diese Praxis heute bestimmt, dann sind mindestens drei Veränderungen gegenüber der früheren Erziehung und Bildung augenfällig:

- Es gibt immer weit mehr Möglichkeiten als realisiert werden können;
- es gibt immer weit weniger Zeit als nötig erscheint;
- und es muss weit mehr verhandelt werden als je zuvor.

Die unablässige Bewältigung dieser Rahmenprobleme kann man als kunstvolle Praxis bezeichnen, versteht man darunter nicht die Anwendung vorgegebener Regeln der Kunst, sondern die fortlaufende Stabilisierung des Alltags, für den kennzeichnend ist, dass permanent ausgewählt und entschieden werden muss, der Modus der Entscheidung in vielen Fällen auf Verhandlungen verweist und der Ausgleich der Interessen immer unter hohem Zeitdruck erfolgen muss. Es gibt nicht einfach das richtige Timing oder die kunstvolle Mitte der wahren Erziehung. Die Beziehungen zwischen Eltern und Kindern sind mit existentiellen Gefühlen besetzt, die fortlaufend balanciert werden müssen, ohne je zu verschwinden. Betroffen sind immer Lebensentwürfe, die auch Ignoranz einzuholen vermögen – wenn etwas, dann steht das hinter der Magie der pädagogischen Wörter.

Bleibt die Frage nach dem Objekt, das zugleich Subjekt ist, also den realen Kindern, von denen man ebenso sehr fasziniert sein kann, wie man sich im nächsten Augenblick über sie ärgert. Wie sind Kinder, wenn man sie nur in einem beleidigenden Sinne als „durchsichtig" hinstellen kann? Durchsichtige wären langweilige Kinder, also solche, die nur in der Anpassung an Erwachsenenerwartungen existent sind. Reale Kinder geben Rätsel auf, entziehen sich den Perfektionsansprüchen und müssen von ihren Äußerungen her erschlossen werden. Eine direkte Einsicht gibt es nicht, auch wenn noch so sehr „Partnerschaft" oder „gleichsinniges Erleben" betont werden mag. Kinder entziehen sich der angestrengten Nähe, und was sie für ihre Eltern und Erzieher „sind", müssen die erschließen und nicht sie.

Äußerungen von Kindern sind spontaner, eigensinniger, verquerer und rätselhafter, als die meisten Erziehungstheorien dies wahrhaben wollen, ohne dabei unstrukturiert zu sein.

Das lässt sich etwa mit Kinderzeichnungen belegen, die zu verstehen sind als Kommentare zur Welterfahrung des jeweiligen Kindes, also der Erfahrung von Personen, Ereignissen, Umständen und Vorkommnissen, die eindeutig und klar oder auch verschlüsselt und rätselhaft sein können. Freie Zeichnungen von Kindern sind seismographische Versuche, die eigene Welt zu erfassen, also ihr mit den Mitteln des Kindes Form und Sinn zu geben. In diesen Versuchen finden sich gleichermaßen Witz, Scharfsinn, Naivität, Abstraktion, die große Geste und das Glück des absurden Moments, ohne dass irgendjemand dies angeleitet hätte. Für das Zustandekommen solcher Bilder brauchte es keine künstliche „Selbstorganisation", keine Didaktik des „vernetzten Denkens" und keine verbissen herbei geführte pädagogische „Ganzheit". Der Charme der Bilder kann weder mit Hinweis auf „Wohlstandsverwahrlosung" noch mit dem „ADS-Syndrom" eingeschränkt werden, die Negativität greift nicht und die ganze Defizitmaschinerie gerät in Leerlauf, wobei das die Bedingung dafür ist, Vertrauen in die Zukunft des Kindes zu haben und in Einsicht seines Könnens sich auf das nächste Problem einzulassen. Was für Bilder gilt, ist wiederum generell anzunehmen: Die Zweifel der Erwachsenen, das Richtige zu tun, kann nur das Kind widerlegen – wenn man es lässt.

Literatur
Bergmann, W. (2001): Gute Autorität. Grundsätze einer zeitgemäßen Erziehung. München
Bloom, A. (1987): The Closing of the American Mind. New York.
Boyles, D. (1998): American Education and Corporations. The Free Market Goes to School. New York/London.
Buch der Reformation. Eine Auswahl zeitgenössischer Zeugnisse (1476-1555). Bearb. u. hsrg. v. D. Plöse/G. Vogler. Berlin 1989.
Bucher, A. (2001): Was Kinder glücklich macht. Historische, psychologische und empirische Annäherungen an Kindheitsglück. Weinheim/München
Forneck, H.J./Schriever, F. (2001): Die individualisierte Profession. Belastungen im Lehrerberuf. Bern
Gaschke, S. (2001): Die Erziehungskatastrophe. Kinder brauchen starke Eltern. 3. Aufl. Stuttgart/München

Gerster, P./Nürnberger, Chr. (2002): Der Erziehungsnotstand. Wie wir die Zukunft unserer Kinder retten. 7. Aufl. Berlin

Jäckel, K. (2000): Deutschland frisst seine Kinder. Familien heute: ausbeutet – ausgebrannt. Reinbek

Keller, N. (2000): Pädagogische Ratgeber in Buchform – Leserschaft und Leseverhalten eines Erziehungsmediums. Lizentiatsarbeit Universität Bern, Institut für Pädagogik (Abt. Allgemeine Pädagogik). Ms. Bern

Közle, G. (1899): Verwahrlosen, verwahrlost, Verwahrlosung. In: Rein, W. (Hrsg.): Encyklopädisches Handbuch der Pädagogik. Bd. VII: Tabakrauchen – Zwingli. Nachträge, Register. Langenalza. S. 412-419

Lebergott, St. (1993): Pursuing Happiness. American Consumers in the Twentieth Century. Princeton, N.J.

Miller, D. (2001): Herman Nohls ‚Theorie' des pädagogischen Bezuges. Eine Werkanalyse. Bern (= Explorationen. Studien zur Erziehungswissenschaft, hrsg. v. J. Oelkers, Bd. 32)

Moore, G.E. (1966): Ethics. London et.al: Oxford University Press (erste Ausgabe 1912)

Nickel H./Quaiser-Pohl, C. (Hrsg.) 2001: Junge Eltern im kulturellen Wandel. Untersuchungen zur Familiengründung im internationalen Vergleich. Weinheim/München

Oelkers, J. (1995): Pädagogische Ratgeber. Erziehungswissen in populären Medien. Frankfurt/M.

Oelkers, J. (1998): Die kurze privilegierte Anarchie. Beobachtungen zum amerikanischen „1968". In: Zeitschrift für Pädagogik 44, 6. S. 869-888

Oelkers, J. (2001): Einführung in die Theorie der Erziehung. Weinheim/Basel

Oelkers, J. (2001a): Der Mensch als Maß des Bildungswesens? In: E. Harms (Hrsg.): Menschenbild und Menschenwürde. Gütersloh. S. 118-137

Oelkers, J. (2004): Erziehung. In: Benner, D./Oelkers, J. (Hrsg.): Historisches Wörterbuch der Pädagogik. Weinheim/Basel. S. 303-340

Spranger, E. (1965): Das Gesetz der ungewollten Nebenwirkungen in der Erziehung. Heidelberg, 2. Aufl. (erste Aufl. 1961)

Steinberg, S. R./Kincheloe, J. L. (1997): Kinder-Culture: The Corporate Construction of Childhood. Boulder/Co.: Westview Press

Vandenberghe, R./Huberman, M. (1999): Understanding and Preventing Teacher Burnout. A Sourcebook of International Research and Practice. Cambridge/New York/Oakleigh.

Wundt, W. (1903): Ethik. Eine Untersuchung der Tatsachen und Gesetze des sittlichen Lebens. Erster Band. Stuttgart, 3., umgearb. Aufl. (erste Aufl. 1886)

Zeltner, E. (1996): Mut zur Erziehung. 5. Aufl. Bern (erste Aufl. 1995)

Zöllner, U. (1994): Die Kinder vom Zürichberg. Was der Wohlstand aus unseren Kindern macht. Zürich

Verzeichnis der Autorinnen und Autoren

Bock, Karin Dr., Wissenschaftliche Assistentin, Technische Universität Chemnitz, Philosophische Fakultät, Lehrbereich Allgemeine Erziehungswissenschaft, Reichenhainer Str. 41, 09107 Chemnitz, Email: karin.bock@phil.tu-chemnitz.de

Borsche, Sven, Sekretär, Geschäftsstelle des Bundesjugendkuratoriums, Rheinweg 6, 53113 Bonn, Email: borsche.bjk@t-online.de

Brumlik, Micha Prof. Dr., Universitätsprofessor, Johann Wolfgang Goethe-Universität, Fachbereich Erziehungswissenschaften, Institut für Allgemeine Erziehungswissenschaft, Robert-Mayer-Str. 1, D-60054 Frankfurt am Main, Email: M.Brumlik@em.uni-frankfurt.de

Bühler-Niederberger, Doris Prof. Dr. phil, Universitätsprofessorin, Bergische Universität - Gesamthochschule Wuppertal, Erziehungswissenschaften Pädagogik, Soziologie der Familie, der Jugend und der Erziehung, Gaußstraße 20, 42097 Wuppertal, Email: buehler@uni-wuppertal.de

Göhlich, Michael Prof. Dr., Universitätsprofessor, Friedrich-Alexander-Universität Erlangen-Nürnberg, Lehrstuhl I, Institut für Pädagogik, Bismarckstr. 1, 91054 Erlangen, Email: Michael.Goehlich@rzmail.uni-erlangen.de

Joos, Magdalena Dr., Akademische Rätin, Universität Trier, FB I/Pädagogik, Abteilung: Sozialpädagogik II, Universitätsring 15, 54286 Trier, Email joos@uni-trier.de

Kallert, Heide Prof. Dr., Universitätsprofessorin i.R., Johann Wolfgang Goethe-Universität, Fachbereich Erziehungswissenschaften, Institut für Sozialpädagogik und Erwachsenenbildung, Robert-Mayer-Str. 1, D-60054 Frankfurt am Main, E-mail: kallert@em.uni-frankfurt.de

Lenhart, Volker Prof. Dr. phil., Honorarprofessor an der Humboldt-Universität zu Berlin, Ordinarius, Ruprecht-Karls-Universität Heidelberg, Institut für Bildungswissenschaft, , Akademiestr. 3, 69117 Heidelberg, Email:lenhart@ibw.uni-heidelberg.de

Oelkers, Jürgen Prof. Dr., Universitätsprofessor, Universität Zürich, Pädagogisches Institut, , Freiestraße 26, CH-8032 Zürich, Email: oelkers@paed.unizh.ch

Rendtorff, Barbara PD Dr., Universität zu Köln, Seminar für Pädagogik, Abt. Schulpädagogik, Gronewaldstr.2, D 50931 Köln, Email barbara.rendtorff@uni-koeln.de

Scholz, Gerold Prof. Dr., Universitätsprofessor, Johann Wolfgang Goethe-Universität, Fachbereich Erziehungswissenschaften, Institut für Pädagogik der Elementar- und Primarstufe, Senckenberganlage 15, D-60054 Frankfurt am Main, Email: gerold.scholz@t-online.de

Sünker, Heinz Prof. Dr. phil., Universitätsprofessor, Bergische Universität - Gesamthochschule Wuppertal, Erziehungswissenschaften, Pädagogik, Sozialpädagogik/Sozialpolitik, Gaußstraße 20, 42097 Wuppertal, Email: suenker@uni-wuppertal.de

Winkler, Michael Prof. Dr., Universitätsprofessor, Friedrich-Schiller-Universität Jena, Institut für Erziehungswissenschaft, Lehrstuhl für Allgemeine Pädagogik und Theorie der Sozialpädagogik, Carl-Zeiß-Platz 1, 07737 Jena, Email: michael.winkler@uni-jena.de

Zu den Herausgeberinnen

Andresen, Sabine Prof. Dr., Universität Bielefeld, Fakultät für Pädagogik, Allgemeine Erziehungswissenschaft, Postfach 10 01 30, 33615 Bielefeld, Email: sabine.andresen@uni-bielefeld.de

Diehm, Isabell Prof. Dr., Universität Bielefeld, Fakultät für Pädagogik, Interkulturelle Bildung und Kulturarbeit, Postfach 10 01 30, 33615 Bielefeld, Email: isabell.diehm@uni-bielefeld.de

Lehrbücher Soziale Arbeit

Bernd Dollinger / Jürgen Raithel (Hrsg.)
Aktivierende Sozialpädagogik
Ein kritisches Glossar
2006. ca. 250 S. Br. ca. EUR 16,90
ISBN 3-531-14973-3

Katharina Gröning
Pädagogische Beratung
Konzepte und Perspektiven
2006. 166 S. Br. EUR 16,90
ISBN 3-531-14874-5

Franz Herrmann
Konfliktarbeit
Theorie und Methodik Sozialer Arbeit
in Konflikten
2006. 211 S. Br. EUR 19,90
ISBN 3-531-15067-7

Hans J. Nicolini
Finanzierung für Sozialberufe
Grundlagen – Beispiele – Übungen
2006. ca. 200 S. Br. EUR 19,90
ISBN 3-531-15012-X

Hans J. Nicolini
**Kostenrechnung
für Sozialberufe**
Grundlagen – Beispiele – Übungen
2005. 155 S. Br. EUR 19,90
ISBN 3-531-14600-9

Herbert Schubert (Hrsg.)
Sozialmanagement
Zwischen Wirtschaftlichkeit
und fachlichen Zielen
2., überarb. und erw. Aufl. 2005. 352 S.
Br. EUR 22,90
ISBN 3-531-14613-0

Erhältlich im Buchhandel oder beim Verlag.
Änderungen vorbehalten. Stand: Juli 2006.

www.vs-verlag.de

VS VERLAG FÜR SOZIALWISSENSCHAFTEN

Abraham-Lincoln-Straße 46
65189 Wiesbaden
Tel. 0611.7878 - 722
Fax 0611.7878 - 400